人力资源管理专业应用型本科教材

人力资源管理概论

王瑞永　主编

中国劳动社会保障出版社

图书在版编目（CIP）数据

人力资源管理概论 / 王瑞永主编. -- 北京：中国劳动社会保障出版社，2025. --（人力资源管理专业应用型本科教材）. -- ISBN 978-7-5167-6312-4

Ⅰ . F243

中国国家版本馆 CIP 数据核字第 2025DM1178 号

人力资源管理概论
RENLI ZIYAUN GUANLI GAILUN

中国劳动社会保障出版社出版发行

（北京市惠新东街 1 号　邮政编码：100029）

*

北京盛通印刷股份有限公司印刷装订　　新华书店经销

787 毫米 ×1092 毫米　16 开本　27.5 印张　373 千字

2025 年 6 月第 1 版　　2025 年 6 月第 1 次印刷

定价：80.00 元

营销中心电话：400-606-6496

出版社网址：https://www.class.com.cn

版权专有　　侵权必究

如有印装差错，请与本社联系调换：（010）81211666

我社将与版权执法机关配合，大力打击盗印、销售和使用盗版图书活动，敬请广大读者协助举报，经查实将给予举报者奖励。

举报电话：（010）64954652

序

随着信息化和大数据的发展，人力资源管理有着很大的变化与发展，尤其是新趋势、新技术在人力资源管理中的应用，对于人力资源管理专业的学习有着更高的要求，我国高等学校的人力资源管理专业领域的科研、教学和应用等方面都取得了长足的进步，培养了一大批优秀的人才，但由于各所高等学校在相关专业的发展历史、特点和背景上的差异，以及企业对人才需求的多样化、实务化，使得我国人力资源管理专业教育面临着机遇和挑战。

"人力资源管理专业应用型本科教材"以人力资源管理专业学科体系为依托，涉及人力资源规划、工作分析、招聘与配置、培训与开发、绩效管理、薪酬管理、人员素质测评、劳动关系管理等方方面面的内容。本系列教材包括《人力资源管理概论》《工作分析》《人员招聘与配置》《人力资源培训与开发》《绩效管理》《薪酬管理》《人员素质测评》《员工关系管理》《人力资源服务概论》和《职业生涯规划》共 10 本，特色归纳如下：

第一，呈现了最新的理论和系统性的知识。本系列教材在整个高等学校人力资源管理专业设计过程中，不仅强调基础理论知识的学习，而且从整个教材体系的搭建到各书内容的安排，系统性地呈现了人力资源管理的理论知识。

第二，提供了实务操作技能的方法和工具。本系列教材从方法、工具到所选择的各个模块，充分反映了人力资源管理专业的技能运用，为读者提供了全方位的人力资源管理教学指导与依据，是人力资源管理专业教师开展教学和学生在学习、工作中必不可少的参考书。

第三，增加了课程实训的演练内容。本系列教材在"学习目标"和"本章自测题"的基础上，增加了在人力资源管理实践中的"课程实训"模块内容，增强了教材的实用性，以期辅助读者更快地领会与掌握人力资源管理的基本理论以及技术方法。

当然，本系列教材存在许多可以不断完善和修改的地方，我们殷切地希望广大读者，能够在使用过程中，给我们提供好的意见和建议，使之日臻完善，共同为中国的人力资源管理事业添砖加瓦。

编者

2024 年 3 月

目　　录

第一章　人力资源管理导论……………………………………001
　　学习目标……………………………………………………001
　　引导案例……………………………………………………001
　　第一节　人力资源管理概述………………………………002
　　第二节　人力资源管理理论基础…………………………012
　　第三节　人力资源管理发展趋势…………………………023
　　本章自测题…………………………………………………034

第二章　人力资源管理的组织基础……………………………035
　　学习目标……………………………………………………035
　　引导案例……………………………………………………035
　　第一节　组织文化…………………………………………037
　　第二节　组织架构…………………………………………043
　　第三节　人力资源部门组织结构…………………………056
　　本章自测题…………………………………………………061

第三章　工作分析与胜任力模型………………………………062
　　学习目标……………………………………………………062
　　引导案例……………………………………………………062
　　第一节　工作分析与评价…………………………………063
　　第二节　岗位说明书的编写………………………………069

第三节　胜任素质模型的构建·················075
　　本章自测题·····························082

第四章　人力资源规划·························083
　　学习目标·····························083
　　引导案例·····························083
　　第一节　人力资源规划概述·················084
　　第二节　人才盘点·······················087
　　第三节　人力资源供需预测与平衡·············089
　　第四节　人力资源规划程序与执行·············103
　　本章自测题·····························115

第五章　招聘、甄选与再配置·····················116
　　学习目标·····························116
　　引导案例·····························116
　　第一节　人员招聘管理···················117
　　第二节　甄选方法·······················125
　　第三节　人员再配置·····················150
　　本章自测题·····························158

第六章　培训管理·····························159
　　学习目标·····························159
　　引导案例·····························159
　　第一节　培训管理概述···················161
　　第二节　培训体系概述···················172
　　第三节　培训课程开发···················194
　　第四节　培训运营管理···················217
　　本章自测题·····························233

第七章　职业生涯规划 ··· 234

学习目标 ··· 234
引导案例 ··· 234
第一节　职业生涯规划概述 ··· 235
第二节　个人职业生涯规划 ··· 243
第三节　企业职业生涯管理 ··· 249
第四节　职业生涯规划评估与调整 ··· 254
本章自测题 ··· 257

第八章　绩效管理 ··· 258

学习目标 ··· 258
引导案例 ··· 258
第一节　绩效管理概述 ··· 259
第二节　绩效管理体系设计 ··· 261
第三节　绩效计划与考核 ··· 270
第四节　绩效沟通与辅导 ··· 290
第五节　绩效反馈与改进 ··· 292
本章自测题 ··· 297

第九章　薪酬管理 ··· 298

学习目标 ··· 298
引导案例 ··· 298
第一节　薪酬管理概述 ··· 299
第二节　薪酬体系设计 ··· 304
第三节　激励机制设计 ··· 321
第四节　薪酬控制与运行管理 ··· 331
本章自测题 ··· 356

第十章　员工关系 ······ 357
学习目标 ······ 357
引导案例 ······ 357
第一节　员工关系概述 ······ 358
第二节　劳动关系管理与劳动保护 ······ 362
第三节　员工援助计划 ······ 396
本章自测题 ······ 399

第十一章　人力资源服务 ······ 400
学习目标 ······ 400
引导案例 ······ 400
第一节　人力资源服务的发展现状与趋势 ······ 401
第二节　人力资源服务业态 ······ 404
本章自测题 ······ 429

第一章　人力资源管理导论

学习目标

- 目标1　了解人力资源管理思想的演进
- 目标2　掌握人力资源管理基础理论
- 目标3　知晓人力资源管理发展趋势
- 目标4　了解战略人力资源管理的角色

引导案例

> 有一天，某公司副总经理问人事经理："老王，自从上个月加薪及增加员工福利后，员工们都很高兴吧？"
>
> 人事经理老王决定亲自调查员工的感受，以下是他的发现。
>
> 小倩说："自从公司在这里装了冷气后，我的脖子就酸疼不停，跟负责人讲了好多次，看能不能改一下出口，但他都不当一回事。"
>
> 老吴说："你看看我必须弯腰才能拿到这些零件，一个月前我就和领班建议装个简单的料架，既可省掉无谓的动作，又可以避免我一直弯着身子，但一直没下文。"

> 美美说:"这份工作我已经做了五年了,闭着眼睛都能做,一点意思都没有,我自己都不知道还要做多久。"
>
> 小力说:"上次参加同学聚会,同学名片上的抬头不是经理就是主管的,我在公司都干七年了,好不容易才升到组长,名片实在不敢拿出来。更令人不服的是,他们的薪水也不见得比我多。"
>
> 由此案例可知,激励不一定都是物质的,激励应根据员工不同的需求设定,实现激励方式的多样化。请问本案例中都涉及了哪些人力资源管理的基本理论和人力资源管理的基本原理?

第一节 人力资源管理概述

一、人力资源与人力资源管理

(一)人力资源

1. 人力资源的定义

人力资源(Human Resources,HR)的概念最先是由现代管理学之父彼得·德鲁克(Peter F. Drucker)在其1954年出版的《管理的实践》(*The Practice of Management*)一书中提出的。他认为,人力资源和其他所有资源相比,唯一的区别是人力资源拥有其他资源所没有的特质——协调力、融合力、判断力和想象力。

彼得·德鲁克认为,企业只有一项真正的资源,那就是人力资源。可以说,人力资源是第一资源,人力资源管理是所有管理工作的核心。

人力资源又被称为"劳动资源"或"劳动力资源"。人力资源有广义和狭义之分:广义的人力资源是指以人口的存在为自然基础、以人的生命为载体的社会资源;狭义的人力资源的定义有很多种,以下列举其中几种。

（1）一个国家或地区有劳动能力的人口的总和。

（2）能够推动整个经济和社会发展的劳动者的能力。

（3）包含在人体内的一种生产能力（包括潜在的生产能力和现实的生产能力）。

（4）能够推动整个社会和经济发展的、具有劳动能力的人口的总和（包括数量和质量）。

（5）一切能够为社会创造物质文化财富、为社会提供劳务和服务的人。

综合来说，人力资源是指存在于人们身上的能够推动整个经济和社会发展、为社会创造财富和价值的一切体力、智力、知识和技能，即直接投入建设和尚未投入建设的人口的能力。

2. 人力资源的构成

人力资源包括人力资源的数量和人力资源的质量。

人力资源的数量包括绝对数量和相对数量。人力资源的绝对数量，即一个国家或地区中具有劳动能力、从事或将要从事社会劳动的人口总数。人力资源的相对数量，即人力资源率，是指人力资源的绝对数量占总人口的比例。

人力资源的质量，即人力资源具有的体力、智力、技能与态度等的状况。衡量指标包括健康、教育、能力、态度等。

3. 人力资源的特征

（1）能动性。人具有主观能动性，能积极主动地、有意识有目的地认识世界和改造世界。

（2）两重性。人既是生产者，也是消费者。

（3）时效性。人的一生会经历幼年→少年→青壮年→老年四个阶段，人在各阶段的体力和智力不同，培养、开发、使用的规律也不同。

（4）智力性。人不仅具有主观能动性，还是科学文化的载体。人的智力的继承和发展使得人力资源所具有的劳动力随时间的推移，得以积累、延续和加强。

（5）可再生性。人力资源的可再生性除遵守一般生物学规律外，还受到人类意识的支配和人类活动的影响。

（6）社会性。人是构成人类社会活动的基本前提，人力资源是一种社会资源。人，是一个具有多种性质的规定性的概念；人，有其自然性，也有其社会性。

（二）人力资源管理

1. 人力资源管理的定义

管理是一种工作程序、一种办事的方法，管理的职能可以划分为计划、组织、协调、指挥、监督等五个方面。管理的工作原则是科学的，运用方法是艺术的。

巴纳德认为，管理应该是一种行为的知识，即运用实际技巧的艺术。这种艺术在医学、工程、音乐等方面，都是人类所追求的最富有创造性的一种因素。1954年德鲁克提出了人力资源的概念，之后出现了人力资源管理的概念，虽然人力资源管理的概念出现的时间不长，但是发展的速度却非常快。对于它的含义，国内外的学者们也给出了诸多的解释，综合起来，可以将这些概念归纳为五类。

第一类主要是从人力资源管理的目的出发来解释它的含义，认为它是通过对人力资源的管理来实现企业的目标。

第二类主要是从人力资源管理的过程或承担的职能出发来进行解释，把人力资源管理看成是一个活动过程。

第三类解释主要揭示了人力资源管理的实体，认为它就是与人有关的制度和政策等。

第四类主要是从人力资源管理的主体出发解释其含义，认为它是人力资源部门或人力资源管理者的工作，持这种观点的人所占的比例不多。

第五类则是从目的、过程等方面出发综合地进行解释，持这种观点的人占较大的比重。

我们将人力资源管理（human resources management，HRM）定义为，通过对企事业组织的人和事的管理，处理人与人之间的关系、人与事的配合，充分发挥人的潜能，并对人的各种活动予以计划、组织、指挥和控制，以实现企业的目标。

2. 人力资源管理的内容

人力资源管理的内容包括人力资源规划、招聘与录用、培训与开发、绩效管理、薪酬福利管理、劳动关系管理六大模块。

（1）人力资源规划。人力资源规划是指企业为了达到其战略目标和战术目标，并满足未来一定时期内人力资源数量和质量方面的需要，根据其目前的人力资源状况，决定引进、保持、提高、流出人力资源可作的预测和相关事项。

人力资源规划是企业人力资源管理的一项基础性工作，人力资源规划的目标是保证企业人力资源供给和需求的平衡，优化人力资源结构，并为人力资源的其他各项工作提供保障。

（2）招聘与录用。招聘是指为了实现企业的目标，人力资源部门和相关职能部门根据企业战略和人力资源规划的需求，通过各种渠道和方法，把符合岗位要求的应聘人员引进企业，以弥补岗位空缺的过程。

录用是在对应聘人员进行挑选之后，对候选人进行录取和任用的一系列的具体事宜（决定并通知录用人员、试用期合同签订、员工的初步安排、试用和正式录用等）。在这一环节，招聘管理人员和应聘人员都要作出决策，以实现个人和工作的最终匹配。

有效的招聘和录用具有提高员工满意度、降低员工流失率、减少甚至无须支付员工培训成本、增强团队工作士气、减少工作纠纷的发生和提高企业的绩效水平等作用。

（3）培训与开发。培训是指企业为了实现其战略目标，满足培养人才、提升员工职业素养的需要，采用各种方法对员工进行有计划的教育、培养和训练的活动过程。

开发是指企业依据员工需求和企业发展需求对员工的潜能与职业发展进行系统设计与规划的过程。培训和开发的最终目的都在于通过提升员工的能力实现员工与企业的共同成长。

有效的培训和开发可以传授给员工与工作相关的知识和技能，提高员工的就业能力，从而为企业吸引和保留人才、发展学习型企业及营造优秀企业文化等提供必要的支持。

（4）绩效管理。绩效管理是指企业为了实现其战略目标，运用特定的标准和指标，采用科学的方法与员工共同进行绩效计划、绩效沟通、绩效评价和绩效反馈，以持续改进员工个人绩效，并最终提高企业绩效的管理过程。

绩效管理的目标是不断改善企业氛围，优化工作环境，持续激励员工，提高企业效率。有效的绩效管理有助于企业真正地了解自身，改善企业绩效，保证员工与企业目标一致，提高员工满意度，优化和协调人力资源管理等。

（5）薪酬福利管理。薪酬福利管理是指企业在其发展战略的指导下对员工的薪酬进行动态管理的过程，由确定和调整员工薪酬福利支付原则、薪酬福利策略、薪酬福利水平、薪酬福利结构和薪酬福利构成。

科学有效的薪酬福利管理有利于推动企业战略目标的实现，确立企业的竞争优势；有利于满足员工的需求，激发员工潜能、开发员工能力；有利于调和劳动关系，推动企业和谐发展。

（6）劳动关系管理。劳动关系是指企业与员工之间在劳动过程中发生的以经济利益为核心的各种关系的总和。劳动关系管理的主要工作事项包括劳动合同管理、劳动纠纷管理、员工满意度管理、沟通与冲突管理等。

劳动关系管理的总目标是依据劳动关系管理的法律法规，缓解、调整企业劳动关系的冲突，创造良好的工作氛围和人际交往环境，最大限度地促进劳动关系的和谐，以提高企业管理效率，实现企业战略目标。

此外，除了上述的六大模块，人力资源管理还包括素质测评、职业生涯规划、人员流动管理、人事事务管理、企业文化建设、跨文化人力资源管理、人力资源外包、人力资源咨询等。

人力资源管理是一个有机的整体，人力资源管理六大模块之间相互作用、密不可分。人力资源管理各项业务的工作必须到位，同时也要根据不同的情况，不断调整工作重点，以保证人力资源管理的良性运作，并支持企业战略目标的实现。

二、人力资源管理思想的演进

关于人力资源管理思想的发展，国内和国外学者都将其划分为若干个不同的阶段，其中国外典型的理论有六阶段论（科学管理运动、工业福利运动、早期的工业心理学、人际关系运动时代、劳工运动和行为与组织理论时代）、五阶段论（工业革命时代、科学管理时代、工业心理时代、人际关系时代和工作生活质量时代）和四阶段论（档案管理阶段、政府职责阶段、组织职责阶段和战略伙伴阶段）。

国内也有典型的二阶段论（人事管理阶段和人力资源管理阶段）和四阶段论（人事管理阶段、人力资源专业职能管理阶段、战略性人力资源管理阶段和知识与信息管理阶段）。

本节将具体介绍人力资源管理的传统劳动管理时期、泰勒科学管理时期、人际关系与行为科学管理时期、人力资源开发利用时期。

其中，传统劳动管理时期、泰勒科学管理时期、人际关系与行为科学管理时期的管理特点比较见表1-1。

表1-1　　三个时期人力资源管理特点的比较

项目	传统劳动管理时期	泰勒科学管理时期	人际关系与行为科学管理时期
管理中心	以物为中心	以物为中心	以人为中心
管理性质	非理性管理	纯理性管理	非理性与理性相结合管理
管理重点	直接管理行为	直接管理行为	管理影响思想，思想影响行为
人性假设前提	经济人	经济人	观念人
控制方法	外部控制为主	外部控制为主	自我控制为主
管理手段	硬管理为主	硬管理为主	软硬结合，以软管理为主
管理稳定性	差	好	好
HR管理模式	雇工管理	人事管理	人力资源管理
管理效果	效率低下、士气低落	高效率、高士气	高效率、高士气
导向	成本降低导向	效率提升导向	人力资本升值导向

（一）传统劳动管理时期

传统劳动管理时期，又称经验管理阶段。18世纪至19世纪，资本主义国家发生工业革命，资本主义制度建立，生产力水平提高，生产方式发生重大变革。此时，福利人事概念产生，人力资源管理是一种雇佣关系，管理主要依靠领导者的个人经验。

（二）泰勒科学管理时期

19世纪末，人口和市场需求的膨胀促进了生产发展，如何用机器等高效率的工作方式取代手工劳动成为管理的首要问题。在这一时期，人力资源管理的相关理论包括泰勒（Taylor）的科学管理思想、赫茨伯格（Herzberg）的双因素理论和亚伯拉罕·哈洛德·马斯洛（Abraham Harold Maslow）的需求层次理论。这一时期企业管理的特点表现为，所有权与经营权分开，制定了科学的管理制度，依靠科学手段进行决策，企业一味地追求效益最大化，对员工的重视主要体现在工作中。

（三）人际关系与行为科学管理时期

到了二十世纪，科技的高速发展加快了生产技术的新老更迭，世界市场的形成以及资金、技术、人力的跨国流动，对人力资源及其管理提出了新的要求。在法律方面，随着民权运动的兴起，平等就业越来越受到重视，各种反歧视法纷纷出台。

1. 前期的人际关系研究

二十世纪三四十年代，在经典的霍桑实验（Hawthorne Experiment）的推动下，企业管理的注意力由科学管理转向人际关系管理。霍桑实验证明员工的生产率不仅受到工作设计和奖励方式的影响，同时还受到某些社会与心理因素的影响。

研究者发现员工的工作态度、工作情绪与工作兴趣受到群体关系、领导风格和管理性支持等工作条件的极大影响，而这些影响转而又对生产率产生非常大的作用。由此得出结论：尊重员工既可以提高员工的满意度，又能够得到更高的生产率。

2. 后期的行为科学研究

20世纪60年代，行为科学学派等新的学派出现，他们提出了新的管理理论，促使人从机器的附属品转变为企业的一种重要资源。同时，人事立法和反歧视力度加强。

主要代表人物以及理论有马斯洛的需求层次理论、赫茨伯格的双因素理论、道格拉斯·麦格雷戈（Douglas M. McGregor）的X—Y理论、威廉·大内（William G. Ouchi）的Z理论、布莱克和莫顿（Black & Merton）的管理风格论等。

行为科学的研究汲取了心理学、社会学、人类学等有关学科的成就，使管理者懂得通过满足人的需要来激励人、管理人，从而提高劳动生产率。

人际关系与行为科学管理时期，人力资源管理发展特点表现为：由以物为中心转为以人为中心，由人本管理转向人心管理，人力资本理论全面介入人力资源管理中。

（四）人力资源开发利用时期

20世纪70年代以来，人力资源管理逐渐形成了多个著名学派，如管理过程学派、决策理论学派、经验管理学派、系统管理学派、权变理论学派，还出现了许多新的理论，包括企业文化理论、战略管理理论、企业流程再造理论、学习型组织理论等。

人力资源开发利用时期，研究者认为不能将劳动力看作机器，也不能仅仅将劳动力看作被动地接受管理的对象。因此，人力资源管理，应当是一种开发性的管理，能够最大限度地将人力资源挖掘出来，转化为巨大的生产力和社会发展的动力。

总之，如果企业想要搞好自身的经营并在竞争中取胜，就要努力用好"人"，充分开发和利用人力资源。如今，人力资源管理的领域越来越广，已从选人、用人、培训、考核、激励，发展到员工职业生涯管理。

三、战略人力资源管理

（一）战略人力资源管理的概念

战略是指导企业全局的计划或规划，事关全局发展的大政方针，是一个企业如何在竞争中取得胜利以获得生存和发展的主张。

战略管理（strategic management）是指对一个企业在一定时期内全局的、长远的发展方向、目标、任务和政策，以及在资源调配上作出的决策和管理。广义的战略管理是指运用战略对整个企业进行管理；狭义的战略管理是指对战略的制定、实施、控制和修正进行的管理。

战略人力资源管理（stategic human resources management）是以企业战略发展为导向，根据企业战略发展，对人力资源管理的招聘任用、培训开发、绩效管理等内容进行的长远性规划，以实现企业战略发展的过程。

（二）传统人力资源管理与战略人力资源管理

人力资源管理的重心正从传统管理向战略管理转变，两者关系见表1-2。

表1-2　传统人力资源管理与战略人力资源管理的比较

关注点	传统人力资源管理	战略人力资源管理
对企业的观点	微观 狭窄的技能应用	宏观 广泛的技能应用
关键技能	组织 管理 服从 执行 战术	战略 规划 诊断 分析 咨询
对员工的观点	关注人数 基于成本 可利用资源	贡献者 基于资产 关键资源

续表

关注点	传统人力资源管理	战略人力资源管理
规划前景	短期 低风险 传统的	长期 高风险 实验的
人力资源体系和实践	常规的、传统的 反应的 回应显性需要	适应性的、创新的 先行的、前瞻的 识别潜在需要
教育和培训	传统的人力资源管理通才和专才 其他专家	HRBP 人力副总裁

（三）战略人力资源管理的角色

1. 战略伙伴

人力资源管理者的战略伙伴要积极参与企业战略的制定和决策，提供基于战略的人力资源规划方案及系统的解决方案，以便于将人力资源纳入企业的战略与经营管理活动当中，使人力资源管理与企业的战略相结合。

2. HRBP

HRBP（human resources bussiness partner），又称人力资源业务合作伙伴。这一角色是伴随着人力资源部门职能分化和升级而出现的。

可以这样理解，HRBP是企业派驻到各个业务部门或事业部门的人力资源管理者，他们是沟通人力资源部门与业务部门的桥梁，并秉持对业务部门的内部客户服务意识，为他们提供专业的人力资源解决方案。

对此，HRBP至少需承担以下职能。

（1）从人力资源管理视角出发参与业务部门管理工作。

（2）向人力资源部门反馈人力资源管理措施、项目的进程及实施的有效性。

（3）为业务部门的发展提供人力资源咨询服务。

3. 专家顾问

专家顾问要学会运用专业知识和技能，开发企业人力资源的产品和服务，为企业人力资源问题提供服务和咨询，以提高企业人力资源开发和管理的有效性。

4. 员工服务者

员工服务者强调人力资源管理者要重视与企业员工的沟通，及时了解员工需求和解释员工所关心的问题（如开发新市场、扩建生产线和关闭厂房等），并为员工提供必要的支持，以提高员工对企业的满意度，增加员工对企业的忠诚度，真正筑起企业与员工之间的心理契约。

5. 变革推动者

变革推动者要主动参与企业的变革与创新，处理企业变革过程中的各种人力资源问题（如企业并购与重组、企业裁员和业务流程再造等），并帮助提高员工对企业变革的适应能力，最终推动企业变革。

第二节 人力资源管理理论基础

一、人性假设理论

对于人性假设理论，中西方很多学者都进行过深入研究，其中能为大多数学者所接受的是美国行为科学家道格拉斯·麦格雷戈提出的X—Y理论以及美国行为科学家埃德加·沙因（Edgar H. Schein）提出的"经济人—社会人—自我实现人—复杂人"的四种人性假设理论。

（一）X—Y理论

X—Y理论是由麦格雷戈于1957年11月在美国《管理评论》杂志发表的《企业的人事》上首先提出的，随后在1960年发表的著作《企业中的人性面》中作了进一步拓展和完善。

1. X理论

X理论以"人性恶"为出发点，以"经济人"的人性假设理论为依据，主张企业应通过强迫性控制、指挥以及金钱方面的奖励、惩罚等方法来激励员工，使其为实现企业目标而努力。其主要有以下观点。

（1）人类本性懒惰，厌恶工作，会尽可能地逃避工作。绝大多数人没有雄心壮志，没有责任感，宁可被领导批评，自己也不想承担责任。

（2）多数人必须用强制办法甚至惩罚、威胁，才能使他们为企业达到目标而努力。

（3）激励、注重和满足员工的生存需求和安全需求。

（4）绝大多数人只有极少的创造力。

因此，X理论认为企业管理的唯一激励办法，就是以经济报酬来激励生产，只要增加金钱奖励，便能取得更高的产量。这种理论特别重视满足员工生存需求及安全的需要，同时也很重视惩罚，认为惩罚是最有效的管理工具。一般而言，X理论适用于企业发展初期的员工激励工作。随着企业的不断发展，企业管理人员应注重和发挥员工的优势特征，促使员工自主、高效地进行工作，即将X理论激励模式逐渐转变为Y理论激励模式。

企业在应用X理论进行员工激励时，常出现的问题如图1-1所示。

1	未充分考虑X理论的适用范围，在不适合的发展阶段或对不适合的人员强制应用，不仅起不到激励作用，反而会抑制员工的积极性和创造性
2	对员工的激励方式和力度不适当，容易造成激励效果不好，甚至出现负面影响
3	对员工的激励措施缺乏明确、合理的规定和标准，容易造成激励工作有失公允，从而引起员工不满，影响激励效果
4	对员工激励缺乏必要的效果评估和改进，难以根据应用条件的不同而合理调整和改善激励措施，从而导致员工激励低效甚至无效
5	过多、不合理的物质激励手段，会不断增加企业的人力成本，给企业管理效益带来损失

图1-1　X理论常见应用问题

2. Y理论

与X理论相对，Y理论以"人性善"为出发点，以"自动人"的人性假设为依据，主张通过合理满足员工的自尊和自我实现需求，使员工自我控制、自我指导，进而实现激励目的。X理论和Y理论是基于不同人性假设而提出相反激励措施的激励理论，Y理论的主要观点如下。

（1）一般人本性不是厌恶工作，如果给予适当机会，人们会喜欢工作并渴望发挥其才能。

（2）多数人愿意对工作负责，寻求发挥能力的机会。

（3）能力的限制和惩罚不是使员工去为企业目标而努力的唯一办法。

（4）激励在需求的各个层次上都起作用。

（5）想象力和创造力是人类广泛具有的。

X理论和Y理论的具体区别见表1-3。

表1-3　　　　　　X理论和Y理论区别对照表

内容	X理论	Y理论
人性假设	认为员工为"经济人"	认为员工为"自动人"
员工需求层次	生存需求和安全需求	自尊和自我实现需求
基本观点	◆ 认为员工生性懒惰、厌倦工作、缺乏敬业精神、无远大抱负、创造性差 ◆ 企业只能通过强制、惩罚等方法激励员工努力工作	◆ 认为员工喜欢工作，渴望发挥才能，具有一定的敬业精神和较强的想象力、创造力 ◆ 企业可通过满足员工需求，使员工自我激励，提高工作业绩
激励措施	指挥、控制、惩罚等	合理安排工作，满足员工需求
适用范围	企业发展初期的员工激励工作	企业发展中后期的员工激励工作

因此，Y理论采用的激励办法是：扩大工作范围；尽可能把员工工作安排得富有意义，并具挑战性；员工在完成工作后产生自豪感，满足其自尊和自我实现的需求；使员工达到自我激励。只要启发内因，实现自我控制和自我指导，在条件适合的情况下就能实现企业目标与个人需求统一起来的最理想状态。

（二）四种人性假设理论

美国心理学家和行为科学家埃德加·沙因在1965年出版的《组织心理学》中将前人对人性假设的研究成果进行了归纳总结，并将其整合为"经济人假设""社会人假设""自我实现人假设"。但沙因认为，这三种理论虽然各有特点，但也存在一定的局限性。在原有内容上，他提出了"复杂人假设"。这四种假设后来被称作"四种人性假设"，可以说是目前对人性假设概括、研究最为全面的归纳总结。

1. 经济人假设

"经济人"也称"理性——经济人"，这一假设最早由英国经济学家亚当·斯密（Adam Smith）提出。他认为人的行为动机源于经济诱因，人都要争取最大的经济利益，工作就是为了取得经济报酬。为此，需要用金钱与权力机构、组织机构的操纵和控制，使员工服从并为此效力。

这种假设与麦格雷戈的X理论相似，沙因将这一假设的观点归纳为以下几个方面。

（1）人是由经济诱因来引发工作动机的，其目的在于获得最大的经济利益。

（2）经济诱因在组织的控制之下，因此，人总是被动地在组织的操纵、激励和控制之下从事工作。

（3）人总是以一种合乎理性的、精打细算的方式行事，力图用最小的投入取得满意的报酬。

（4）人的情感是非理性的，会干预人对经济利益的合理追求，组织必须设法控制个人的情感。

2. 社会人假设

"社会人"最早是由人际关系学派的倡导者梅奥（Mayo）等人提出的，它所依据的是梅奥对霍桑实验以及其他实验进行总结所得出的一些结论。梅奥认为，人是有思想、有感情、有人格的、活生生的"社会人"，人不是机器和动物，人除物质需求外，还有社会需求，人们要从社会关系中寻找乐趣。沙因将社会人假设的观点总结为以下几个方面。

（1）人类工作的主要动机是社会需要。

（2）工业革命和工作合理化的结果，使得工作变得单调而无意义，必须从工作的社会关系中去寻求工作的意义。

（3）非正式组织的社会影响比正式组织的经济诱因对人有更大的影响力。

（4）人们对领导者的期望是能承认并满足他们的社会需要。

3. 自我实现人假设

"自我实现"最早由美国管理学家、心理学家马斯洛提出，是指人都需要发挥自己的潜力，表现自己的才能，只有人的潜力充分发挥出来、人的才能充分表现出来，人才会感到最大的满足。这种假设相当于麦格雷戈提出的Y理论，此外，阿吉里斯（Argyris）的不成熟——成熟理论与这一假设也有同样的含义。沙因在综合各方观点之后，将自我实现人假设的观点总结为以下几个方面。

（1）人的需求有低级和高级之分，从低级到高级可以划分为多个层次，人的最终目的是满足自我实现的需求，寻求工作上的意义。

（2）人们力求发展自己的能力和技术，使自己在工作上有所成就，实现自治和独立，以便能够更加适应环境。

（3）人们能够自我激励和自我控制，外部的激励和控制会对人产生威胁，产生不良的后果。

（4）个人自我实现的目标和组织的目标并不是冲突的，而是能够达成一致的，在适当的条件下，个人会自动地调整自己的目标并使之与组织目标相配合。

4. 复杂人假设

"复杂人"假设是由沙因在20世纪60年代末至70年代初提出的一种关于人性的假设。在这一假设的基础上，美国管理心理学家约翰·莫尔斯（John Moores）和杰伊·洛希（Jay W. Lorsch）提出了超Y理论。他们认为，没有什么一成不变的、普遍适用的、最佳的管理方式，X理论和Y理论并不是普遍适用的，应该针对不同的情况，选择或交替使用X理论、Y理论，这就是超Y理论。

这一观点与沙因的观点相似，他认为虽然"经济人""社会人""自我实现人"的假设各有其合理的一面，但是并不适用于所有人，因此不能简单地相信或使用某一种假设，为此他提出了"复杂人"假设，其主要观点如下。

（1）每个人都有不同的需求和不同的能力，工作的动机不但是复杂的而且变动性很大，人的许多动机安排在各种重要的需求层次之上，这种动机的构造不但因人而异，而且同一个人在不同的时间和地方也是不一样的。

（2）一个人在组织中可以学到新的需求和动机，因此一个人在组织中表现的动机模式是其原来的动机模式与组织经验交互的结果。

（3）人在不同的组织和不同的部门中可能有不同的动机模式，在正式组织中与别人不能合群，可能在非正式组织中便能满足其社会需求和自我实现的需求。

（4）一个人是否感到心满意足、肯为组织出力，是由他本身的动机构造和他同组织之间的相互关系决定的，工作的性质、本人的工作能力和技术水平、动机的强弱以及与同事间相处的状况都可能对一个人的工作积极性产生影响。

（5）人可以依据自己的动机、能力及工作性质对不同的管理方式做出不同的反应。

二、激励理论

（一）需求层次理论

亚伯拉罕·哈洛德·马斯洛于1943年提出了著名的需求层次理论，该理论是广泛应用的理论之一。他指出任何一系列的需要，都可以按照优先次序排成阶段式的层次。

1. 需求层次理论的四点假设

（1）已经满足的需求，不再是激励因素。

（2）人们总是追求的东西，一旦被满足，就会有新的追求。大多数人的需求结构很复杂，人的需求会深刻地影响着人的行为。

（3）一般而言，只有在较低层次的需求被满足后，较高层次的需求才会有足够的动力驱动行为。

（4）满足较高层次需求的途径多于满足较低层次需求的途径。

2. 需求层次理论的五个层次

需求层次理论的五个层次及等级，具体如图1-2所示。马斯洛提出，通常人们的五种需求同时存在，但各自的需求程度不同，表现出不同的需求结构。人的需求遵循递进规律，在低层次需求得到满足以后，对高层次需求的需求程度就会增加。

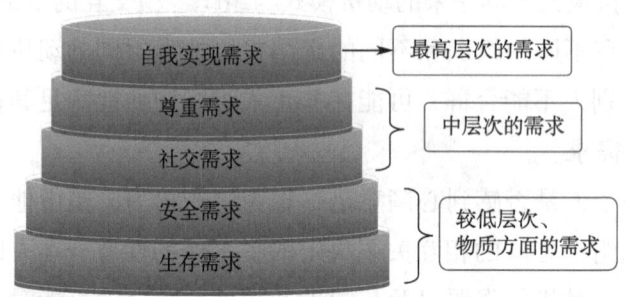

图1-2 马斯洛需求层次理论的五个层次及等级

（1）生存需求。生存需求主要指衣、食、住、行这些维持基本生存的需求。

（2）安全需求。安全需求指人们对失业保障、医疗保障、养老保障、工作安全、社会安全、治理环境污染等方面的需求。

（3）社交需求。社交需求指人们对交往的需求，归属一个团体的需求，对友谊、爱的需求，建立良好人际关系的需求。

（4）尊重需求。尊重需求是指人们对自尊的需求，受别人尊重的需求，包括上级的赏识、表扬，荣誉、地位、晋升等。

（5）自我实现需求。自我实现需求是最高层次的需求，指人们充分地发挥个人聪明才智，取得成就，实现个人价值的需求。

（二）ERG 理论

ERG 理论是由奥尔德佛（Alderfer）提出的，该理论认为人有三种需求，包括生存需求（existness）、关系需求（relatedness）和成长需求（growth）。

生存需求是人类最基本的需求，例如食物、衣服、住房等与我们的生活息息相关的需求。不满足这种需求，个体将无法生存。关系需求是人与人之间建立友谊、信任、尊重和建立良好人际关系的需求。成长需求是个体在事业、工作、前途等方面发展的需求。

ERG 理论的主要观点如下。

1. 三种需求可以并存，而且需求程度并不一定会有较大差别。
2. 在同一层次上，少量需求满足后，会产生更多的需求。
3. 满足——前进。需求获得适度满足后会向上层移动。
4. 受挫——倒退。较高层次需求满足得越少，低层次需求则越强烈。

（三）双因素理论

双因素理论是美国心理学家赫兹伯格于 1959 年提出来的，全称为"保健、激励因素理论"，又称双因素理论，双因素包括保健因素和激励因素。

传统理论认为，满意的对立面是不满意，而据双因素理论，满意的对立面是没有满意，不满意的对立面是没有不满意（如图 1-3 所示）。

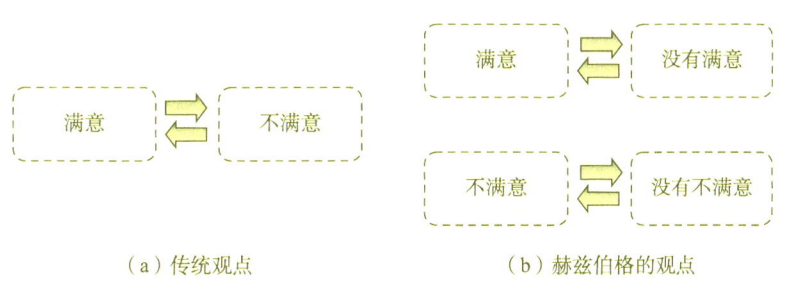

（a）传统观点　　　　　（b）赫兹伯格的观点

图 1-3　传统观点与赫兹伯格的观点

保健因素（hygiene），又称不满意因素，它主要是由环境因素引起的。由员工提出的福利因素包括工作安全、工资、福利、工作条件、监控、地位和公司政策，如果这些方面安排得不好，员工就会产生不满意感。保健因素与马斯洛的生存、安全、社交需求很相似。

激励因素（motivator），又称满意因素，是指能够使员工感到满意的因素。激励因素主要是由员工从事的工作本身所产生的，包括工作成就感、认可程度、责任感、发展潜力与前景等。这些因素有助于建立自尊和挖掘自我潜力，同马斯洛的尊重和自我实现需求很相似。

赫茨伯格的研究发现，保健因素的缺乏会给员工带来不安全感和不满意感，而且这些因素即使存在也不能产生更积极的效果。只有激励因素才能使人们取得更好的工作成绩。

双因素理论说明，满足各种需求所引起的激励深度和效果是不一样的。物质需求的满足是必要的，没有它会导致员工不满，但是其作用往往是很有限的、不持久的。员工的高层次需求是必须满足的，只有高层次需求得到满足，才能达到激励员工的目的。因此，企业在员工激励工作中不但要注意解决保健因素，更要注意满足激励因素。

（四）期望理论

美国心理学家佛隆（Victor H. Vroom）通过对个体择业行为的研究，认为个体行为动机的强度取决于效价的大小和期望值的高低，动机强度与效价及期望值成正比，1964年他在《工作和激励》一书中，提出了解释员工行为激发程度的期望理论。

期望理论公式为：动机强度 = 效价 × 期望值

动机强度，是指积极性的激发程度，能够显示个体为达一定目标而努力的程度；效价，是指个体对一定目标重要性的主观评价；期望值，是指个体对实现目标可能性大小的评估，即目标实现概率。这一理论的主要观点如下：

1. 员工个体行为的动机强度取决于效价大小和期望值的高低。效价越大，期望值越高，员工行为动机越强烈，也就是说为达到一定目标，个人将付出极大努力。

2. 如果效价为零乃至负值，表明目标实现对个人毫无意义。在这种情况下，目标实现的可能性再大，个人也不会产生追求目标的动机，不会对此有任何积极性，更不会为此付出任何的努力。

3. 如果目标实现的概率为零，那么无论目标实现的意义多么重大，个人同样不会产生追求目标的动机。

（五）公平理论

美国心理学家、北卡罗来纳大学教授斯达西·亚当斯（J. Stacey Adams）于1965年提出公平理论，又称"社会比较理论"。这一理论是在社会比较中探讨个人所做的贡献与其所得到的报酬之间如何平衡的一种理论。它侧重于研究报酬分配的合理性、公平性对企业成员积极性的影响。

公平理论认为，人的工作动机和积极性不仅受其所得的绝对报酬的影响，而且也受相对报酬的影响。这就是说，一个人既关心自己收入的绝对值，即自己的实际收入；也关心自己收入的相对值，即自己收入与他人收入的比较。人们往往通过纵向比较和横向比较来判断其所获报酬。横向比较即个人与他人比较，是指一个人要将自己的所得与自己的投入的比值与企业内其他人做社会比较，只有相等时，他才认为公平。纵向比较即现在与过去的比较，是指把自己目前投入的努力与目前所获得报酬的比值，同自己过去投入的努力与过去所获得报酬的比值进行比较，只有相等时他才认为公平。

1. 公平理论的公式

公平理论的公式可表示为：$O_p/I_p = O_r/I_r$。

其中 O_p 表示自己对所获报酬的感觉，O_r 表示自己对他人/过去所获报酬的感觉，I_p 表示自己对个人所作投入的感觉，I_r 表示自己对他人所作/过去所作投入的感觉。

当上式为不等式时，即 $O_p/I_p < O_r/I_r$ 或 $O_p/I_p > O_r/I_r$，员工就会觉得报酬分配得不合理。

2. 不公平感的消除方式

（1）改变投入方式。

（2）试图改变成果。个人通过要求增加工资或晋升来改变投入与所得的比率。

（3）调整心理。通过心理调节、自我解释、自我安慰，调整对投入或所得的感觉。

（4）改变参照人。提高或降低原参照人的参照标准，选择投入与所得比率比原参照人高或低的人作为新的参照人。

（5）改变他人的投入或所得。说服参照人减少投入以达到心理平衡。

（6）改变环境。当员工无法改变投入、所得或参照人，长时间难以消除不公平感时，员工可能离开现有环境，寻找一个更公平的环境。

（六）强化理论

强化理论是美国心理学家斯金纳（B. F. Skinner）等人提出的。强化理论就是通过令人愉快的刺激去强化正当的行为，通过令人厌恶的刺激去纠正不正当的行为。强化指的是加强或削弱人的行为的一种刺激，强化理论是研究行为的结果对动机影响的理论。

1. 强化的类型

正强化（positive reinforcement），又称积极强化，即通过奖励那些符合企业目标的行为，使得这些行为能够得到进一步加强以至重复出现的刺激。例如表扬、奖励、认可、赞赏、改善工作关系或晋升等。

负强化（negative reinforcement），又称消极强化，即通过惩罚那些不符合组织目标的行为，以使这些行为被削弱甚至消失，从而保证企业目标实现不受到干扰的刺激。例如批评、处分、罚款、扣分、降级等。

2. 强化的四项原则

（1）依照强化对象的不同采取不同的强化措施。

（2）稳步前进，分阶段设立明确目标。

（3）及时反馈。

（4）正强化比负强化更有效。

第三节　人力资源管理发展趋势

一、人力资源管理的环境分析

（一）人力资源管理的宏观环境

1. 人力资源管理的政治因素

政治因素，即一个国家的政治制度、经济社会发展规划、经济政策、产业政策、政府人力资源开发与管理及有关方面的规章制度、工会发展状况等。企业的经营离不开国家特定的政治制度和方针政策的影响。政治因素一般不能直接作用于企业内部的人力资源管理活动，但是能够影响整个企业系统，进而影响企业人力资源管理各个子系统。

政府管理方式和方针政策能够直接影响甚至决定企业人力资源管理的很多活动。如果政府管理方式和方针政策经常发生变化，那么企业的人力资源管理也必须随之变化，这就会造成人力资源管理活动的频繁变动，不仅会影响企业人力资源管理的效果，而且也不利于企业的经营发展。

工会是以处理劳动关系为目的、由员工共同组成的联盟，工会作为第三方与公司进行谈判并达成协议。工会通过自己的努力，可以影响政府相关政策法规的制定。工会通过不同层次的劳动协商和集体谈判，可以影响或参与企业人力资源管理的相关决策，从而对企业的人力资源管理活动产生影响。

2. 人力资源管理的经济因素

经济因素即国家经济发展状况，它直接影响着社会的劳动力供需，从而对企业人力资源战略产生重要影响。经济发展强劲必然拉动各行业的发展，使劳动力需求增加，劳动力价格上升，企业人力资源成本也势必提高。相反，如果经济发展缓慢，则劳动力需求降低，价格下降，企业人力资源成本将会大大降低。

其中，生产率是经济因素中影响人力资源管理的一个重要方面。生产率指的是生产过程中投入一单位资料所产出产品和服务的数量。生产率是企业整体效率的代表性指标之一。

国家可以通过减少政府参与来提高生产率，也可以通过建立合理的所得税制度来刺激更多的投资。企业管理者则可以通过合理地运用人力资源管理计划来提高生产率。

人力资源管理对生产率有着至关重要的影响，人力资源管理的每一个模块都会影响生产率。此外，经济因素带来的生产率压力也会直接或间接地影响着企业的人力资源计划。

3. 人力资源管理的社会因素

社会因素是指一个国家和地区的民族特征、社会文化、价值观、宗教信仰、教育水平、社会结构、风俗习惯等情况。

社会文化是逐渐形成的，它影响和制约着人们的观念和思想，影响着人们的行为。社会文化的影响主要反映在人们的基本信仰和行为方面。不同的文化传统，会对人力资源管理产生重要的影响。

教育水平包括劳动力对教育的态度和劳动力的文化水平等，这在一定程度上影响着企业的人力资源管理。

4. 人力资源管理的法律因素

企业制定和实施任何人力资源战略，都必须符合国家和地方政府主管部门发布的各种劳动法律、法令和法规，这是企业能够正常经营、永续发展的重要保证。目前，我国已经实施的《中华人民共和国劳动法》（简称《劳动法》）、《中华人民共和国工会法》（简称《工会法》）、《中华人民共和国妇女权益保障法》（简称《妇女权益保障法》）等法律、法规对人力资源管理实践有重要的影响。

在我国，人力资源管理涉及的主要法律法规见表1-4。

表1-4　　　　人力资源管理涉及的主要法律法规范围

序号	类别	法律、法规、规章举例
1	劳动条件	《劳动法》《中华人民共和国安全生产法》《中华人民共和国职业病防治法》《劳动防护用品管理规定》

续表

序号	类别	法律、法规、规章举例
2	就业促进	《中华人民共和国就业促进法》《就业服务与就业管理规定》
3	劳动合同	《中华人民共和国劳动合同法》(简称《劳动合同法》)、《中华人民共和国公司法》
4	集体劳动	《工会法》《集体合同规定》《工资集体协商试行办法》
5	劳动保护	《女职工劳动保护特别规定》《未成年工特殊保护规定》《女职工禁忌劳动范围的规定》《禁止使用童工规定》
6	工作时间和休息休假	《全国年节及纪念日放假办法》《国务院关于职工工作时间的规定(1995年修正)》《职工带薪年休假条例》
7	工资奖金	《企业最低工资规定》《工资支付暂行规定》《中华人民共和国个人所得税法》
8	社会保险	《社会保险费征缴暂行条例》《失业保险条例》
9	员工福利	《住房公积金管理条例》《国务院关于职工探亲待遇的规定》《企业年金试行办法》
10	劳动争议	《劳动保障监察条例》《人事争议处理暂行规定》《企业职工奖惩条例》《中华人民共和国劳动争议调解仲裁法》(简称《劳动争议调解仲裁法》)

5. 人力资源管理的技术因素

技术因素对企业经营产生着深刻的影响。随着技术与产品更新周期越来越短，导致现有岗位不断发生着变化，不断出现的新岗位要求有更多掌握着新知识、新技术、新技能的员工来企业工作。

技术因素要求企业必须密切关注科技发展动向，预测本企业业务及岗位对工作技能需求的变化，制订和实施有效的人力资源开发计划。计算机技术与网络技术是影响当前人力资源管理的主要技术因素。

同时，技术因素要求企业建立人力资源管理信息系统（HRIS），该系统是对人力资源信息进行收集和加工，在此基础上进行人力资源的规划和预测。它能够为各部门提供充足的信息和快捷的查询手段，极大地提高人力资源管理的效率，是企业现代化、科学化和正规化管理的重要条件。

(二)人力资源管理的微观环境

1. 人力资源管理的市场因素

人力资源管理的市场因素主要是指地区人力资源市场的供求状况,即劳动力市场环境。

劳动力市场环境包括当地的教育资源、当地的经济发展水平、当地的劳动力市场发达程度等。劳动力市场是企业外部的人员储备,企业可以从劳动力市场中找到能够满足自身发展需要的各种员工,因此劳动力市场的变化也影响着企业劳动力的变化。

在劳动力市场中,劳动力参与率、人口平均寿命、特定岗位的素质和技能要求、经济发展水平与产业结构等都会影响市场中劳动力的变化。企业制定人力资源战略前,必须确定一定时期内劳动力需求的种类和数量,必须了解社会劳动力的供给结构以及对特定人力资源的市场需求,才能有的放矢、掌握主动。

2. 人力资源管理的产业结构因素

人力资源管理的产业结构分为两个层次,其中一个层次是三大产业的结构,另一个层次是包括16个部门大类的结构。

经济社会迅速发展,世界各国的产业结构都发生了明显的变动。这不仅决定了经济社会发展的总体格局,也决定了各国人力资源管理与开发的基本状况。积极进行产业结构的调整,是人力资源管理与开发最基本的任务。

人力资源管理产业结构的变迁规律是,人力资源先由第一产业流向第二产业,再由第一产业、第二产业流向第三产业。在经济发达的国家,第一产业的人力资源比重已大幅下降,第二产业的比重由增加到减少,第三产业人力资源的比重大幅提高。一般而言,人力资源在第三产业就业比重的提高是一国经济发达的表现。

3. 人力资源管理的企业内部因素

人力资源管理的企业内部因素包括企业战略与结构、规章制度、企业文化、领导层的重视程度、保障体系和财务状况、企业及人力资源管理的信息化程度、企业变革等。

（1）企业战略与结构。企业战略是制定和实施人力资源战略的前提，不同的企业战略要求设置与其相匹配的人力资源战略。因此，企业必须首先明确企业经营宗旨及战略目标，根据总体战略的要求，确定一定时期内人力资源开发利用的总目标、总政策、实施步骤及总预算安排，并制订一套完善的业务计划且落实。

企业结构就是把企业的目标任务分解为岗位，再把岗位综合为部门，由众多的部门组成垂直的权力系统和水平工作协作系统的一个整体结构。企业结构决定企业的岗位数量和岗位要求，人力资源管理的目标之一就是实现人与岗位相匹配，因此，不同的企业结构所导致的人力资源管理的实践活动也不同。

（2）企业人力资源状况。企业现有人力资源是制定人力资源战略的基础，人力资源战略能否顺利实施取决于企业人力资源管理的基础。企业现有人力资源的数量必须与企业规模和资金实力相匹配，人力资源数量过多或过少都将影响企业战略目标的实现。企业人力资源的质量也很重要，企业在岗员工应能够胜任当前岗位的需要并且完全可以适应企业的发展，更为重要的是通过企业培训能不断提高自身的素质，使自己能够接受更高岗位的挑战，只有这样才能使员工的知识和能力最大限度地发挥作用。

（3）人事政策。人事政策是一个企业人力资源管理基本观念的集中体现，是作为一切人力资源管理活动的指导思想。人事政策直接反映企业如何看待员工的问题，反映了企业基本的用人观念和价值取向。人事政策的制定受多种因素的影响和制约，具体的人事政策贯彻必须依托适当的计划和组织才能实现。

（4）企业文化。企业文化，又称组织文化（organizational culture）或企业价值观，是指企业成员所共享的价值观念、信念和行为规范的总和。一般来说，企业文化是企业创始人或企业高层管理者价值观念的直接体现，反映了他们对事、对人的基本看法以及基本的价值取向，当这些价值观念在企业成员之间达成共识后，就形成了企业文化。而人们的观念意识又决定了他们的行为，因此不同的企业文化必然会导致管理方式的不同。

企业文化引导并规范着员工的行为，使他们知道应该怎么想、怎么做。企业文化能激发员工的积极性和创造性。此外，优秀的企业文化不仅能够协调员工之间的关系，还能够将企业内的所有成员凝聚在一起，使企业在发展中更具稳定性。

二、人力资源管理的技术发展

随着科技的快速发展，移动互联网、物联网、大数据、云计算、人工智能等数字化技术使人力资源管理技术与方法在一定程度上有了新的突破，如基于大数据的智能化人才需求与供给精准匹配模型以及系统构建、人才业务活动数字化与全面认可激励等一系列人力资源管理新技术、新方法。层出不穷的新技术的产生与发展，正不断地给传统的人力资源管理方式带来全新的机遇与挑战。新的人力资源管理思维与技术，逐渐成为企业创新发展的重要驱动力。

（一）在招聘方面的应用

在招聘时，人力资源工作者面对的一个难题就是如何能从众多的简历中挑选出优秀且适合的人才。如今，企业的招聘已经开始向网络招聘和应用大数据的方向发展，在大数据时代，招聘人员的决策需要从依赖直觉和经验转变为依靠数据分析，提高人员与岗位的匹配度，从而降低成本。

将大数据应用到招聘中需要人力资源部门不断汇集整理应聘者的个人信息，为大数据分析提供依据。通过了解应聘人员个人能力、社会关系、就业倾向、家庭状况等信息，形成应聘者的立体信息，使企业更清晰地了解候选人的情况，然后与岗位的实际需求进行匹配，使招聘结果更加精确、有效。

（二）在绩效管理方面的应用

一般来说，企业对员工的绩效考评更多的是依靠上级评价。但上级评价由于主观性强，并会带来近视效应等一系列很难避免的问题，难以保证绩效考核结果的公平、客观，容易引发员工的不良情绪。为了避免这些问题，企业需要在考评时加入更多的量化标准，使考核结果更加客观。借助大数据的支持，企业可以有效提高评估、分析、反馈等各环节的效率，最大限度上避免由人为因素导致的不公现象。

（三）在培训中的应用

1. 大数据挖掘培训需求

确定培训需求是培训实施的前提条件，这点毋庸置疑。然而实践中常常存在这样的困扰：无论是部门的需求趋向还是人事部门得出的需求结论，与实际的培训需求总有不合拍之处。大数据时代的到来，能很好地为企业管理者解决这一难题。随着互联网的普及和云计算技术的发展，大数据应用备受推崇。大数据技术通过收集数据、分析数据，自动生成改进方案。运用大数据这一工具进行培训需求分析，首先需要收集到足够丰富的信息，即通过收集企业内外部绩效优秀者与效益有关且能被测评的数据，进而分析其与绩效一般者在绩效水平上的差距，寻找企业整体绩效提升的关键点，从而确定培训需求。

2. 移动互联网助力培训

与传统互联网不同，移动互联网具有移动化的特征。这种特征必然影响企业员工接收知识的方式。基于移动化，企业培训可以冲破传统培训固定时间、固定地点的限制，通过网络学习形式，让员工随时随地获取自己需要的知识内容。由于承载内容的终端及内容的结构差异，移动学习资源不同于传统学习资源。移动学习资源大多是基于手机、平板电脑等移动终端，这样便能让学习者处于随时随地的自由学习状态，其形式与传统培训差别巨大，如依托 App 应用软件、微信社交软件、网络直播平台等工具开展一对一或一对多的培训，具有移动化、碎片化、个性化和多元化的特征，其学习资料的类型也各具特色。

（四）在薪酬方面的应用

在人力资源管理中，薪酬是数字化最为直接的体现，大数据的理念也很早就被应用于薪酬管理领域，最为典型的就是企业与外部市场薪酬进行对标以判断自身竞争力的强弱。大数据技术能够影响人力资源薪酬管理、创新薪酬管理方法。

大数据薪酬管理可以有四个方面的应用。第一，基于日常数据进行人力资本测量。第二，基于企业内部数据的企业环境评估。打破企业人力资源管理的信息孤岛状态，整合企业人力资源信息，将薪酬管理纳入更广泛的企业管理中。第三，基于外部环境大数据的企业环境判断。依据所在地区、所属行业的薪酬数据检视本企业的薪酬情况，依据市场变动情况及时调整本企业薪酬水平。第四，基于大数据绩效管理的薪酬定价。根据大数据所反映的更加精准的人力资本和绩效结果，企业薪酬定价的水平也将有显著提升。

（五）在劳动关系管理中的应用

劳动关系看似和大数据联系不大，但是劳动关系中蕴含着很多重要的数据，如试用期的基本工资、薪酬等都可以用数据的思维去看待。在企业与员工劳动关系存续期间内的任何数据都应记录，并进行分析。

例如，大数据可以帮助人力资源管理人员更加准确地进行离职管理。他们可以借助大数据分析，探究员工离职概率及影响员工离职的主要原因，提早得到预警信息，以便在员工主动离职前有针对性地采取行动，如实施调薪、调岗等挽留方法，或提早补充人员，避免给工作带来较大影响。

（六）技术和方法的应用

1. 人工智能和大数据的新技术，为传统的企业人力资源共享服务带来新的变革

人工智能和大数据通过简单、低成本的接入方式，能够让共享服务中心快速拥有可以 24 小时回复员工咨询的智能机器人，无缝、自动地连接员工、人力资源管理人员和数据，变革共享服务中心的传统服务方式。

2. 使用云技术实现人力资源管理流程自动化

云技术拥有强大的数据收集功能，使得资源更加便于统一调度，将其引入人力资源管理系统，可对人员招聘、绩效管理和薪酬管理等方面产生重大影响，人力资源管理工作将更加流程化、标准化和透明化。

三、人力资源管理的国际趋势

随着企业的全球化经营，人力资源管理也随之变得更加广泛和复杂，有关国际人力资源管理的理论也在不断发展和延伸。为了满足企业国际竞争的需要，即在当今世界激烈的人才竞争中取得优势地位，科学的人力资源管理，尤其是高级经营管理人才的管理是经营成败的关键。

（一）国际人力资源管理的定义

美国人力资源管理专家摩根（Morgan）认为，国际人力资源管理是处在人力资源活动（获取、分配、利用）、员工类型和企业经营所在的国家类型（东道国、母国、其他国）这三个维度之中的互动组合。

国际人力资源管理（international human resource management）是在一个跨国经营企业内获得、分配和有效使用人力资源的过程。它主要包括对海外经理人员的国籍选择，对海外派遣人员的选拔、培训、评估与薪酬管理，对东道国员工的招聘、培训以及薪酬管理等综合性的管理活动。

（二）国际人力资源管理的基本特点

1. 国际人力资源管理的范围更宽

（1）国际人力资源管理活动在两个或两个以上的国家实施。除跨国企业总部所在的国家（母国）以外，有关的国际人力资源管理活动必须在东道国或第三国实施。

（2）国际人力资源管理所涉及的员工类型多样。除母国员工之外，跨国企业的人力资源管理者还必须对来自东道国或第三国的员工进行管理。

2. 对国际人力资源管理者的要求更高

（1）国际人力资源管理者必须承担更多的职能。相比于国内人力资源管理者，国际人力资源管理者的职能范围增加了许多额外的内容。

（2）国际人力资源管理者必须密切关注外派员工的工作和生活。为确保外派员工的工作效率，对外派人员的选择、职前培训、工作生活情况的关心尤为重要。

（3）国际人力资源管理者必须具备更广阔的专业视野。为了更好地履行国际人力资源管理的各项职能，国际人力资源管理者还必须具有更多的专业知识。

（三）国际人力资源管理的功能

1. 管理全球性企业的人力资源，特别注意员工的国外派遣和归国问题。

2. 以企业战略为根本，依据企业所在国家的政治、经济和社会环境实时调整合适的人力资源管理模式。

3. 在每个子公司灵活选择和当地需求相匹配的劳动关系。国际人力资源管理越来越被认为是跨国企业成功的重要因素之一。在竞争激烈的今天，资本、技术、信息、原料等生产因素都可以被轻易复制，只有独特的人力资源优势才是企业立于不败之地的保证，是企业竞争优势的唯一可靠来源，理应得到企业特别是跨国企业的高度重视。

（四）国际人力资源管理的策略

国际人力资源管理的策略包括民族中心策略、多中心策略、全球中心策略、地区中心策略四种策略。

1. 民族中心策略

民族中心策略是一种偏向于母国的国籍策略，即选择母国公民担任企业在世界各地子公司的经理人员。大多数跨国公司都倾向于采取这种策略。

2. 多中心策略

多中心策略也称当地化策略，是指跨国公司聘用东道国当地公民担任子公司的重要管理职务，把海外子公司基本上交给当地人管理，而总部的要职仍由母国人员担任。

3. 全球中心策略

全球中心策略是指在全球范围内选择最适合的人选担任企业总部（母公司）和海外子公司的经理，而不考虑他们的国籍和工作地点。这种人力资源管理政策与前两种政策相比，更符合企业的经营原则，与企业在全球范围内分配资源相一致。

4. 地区中心策略

地区中心策略指在整个企业中选择最佳人员担任关键岗位/职务而不考虑其国籍。这种策略的优点是可组建一支国际高层管理人员队伍，克服多中心策略中联邦式的缺点；不足是与东道国政府的政策有冲突，费用昂贵，子公司缺乏管理的独立性。

（五）国际人力资源管理的战略管理模式

国际人力资源管理的战略不同，对应的管理模式也不同。其中最具代表性的战略管理模式有 EPRG 模型和 IN-DI 模式。

1. EPRG 模型

珀尔马特（Perlmutter）创立 EPRG 模型，以管理导向的观念，将跨国公司人力资源管理模式分为本国中心模式（ethnocentric，使用本国员工）、多中心模式（polycentric，使用东道国员工，采用本土化策略）、地区中心模式（regiocentric，使用区域内一个国家的员工）和全球中心模式（geocentric，使用全球最有资格的员工）四种。

2. IN-DI 模式

卡姆奇（Kamoche）从资源能力的角度出发，认为跨国公司人力资源管理中应注意平衡协调与控制（整合），以及弹性与灵敏度（差异化）。整合与差异化分成四个象限，分别是高 IN 低 DI、高 IN 高 DI、低 IN 高 DI、低 IN 低 DI。跨国企业的战略导向、职业生涯管理、人员配置、管理形态不同，对应的国际人力资源管理的战略管理模式也不同。

本章自测题

1. 简述人力资源的构成因素。
2. 马斯洛需求层次理论的五个层次是什么？
3. 人性假设理论包括哪几种假设？
4. 双因素理论包括哪两个因素？
5. 战略人力资源管理的角色有哪些？

第二章　人力资源管理的组织基础

学习目标

➢ 目标1　了解组织文化的内容和建设步骤
➢ 目标2　掌握组织结构设计的基本形式

引导案例

> HE曾是一个破落的小厂，但却在20年之后成为一个国际知名的大型集团，年销售额从1983年的394万元到2013年的1 609亿元，业绩增长了几万倍，并保持年90%的平均增长速度。HE通过标准输出，带动整个产业链的出口，并且在美洲、欧洲、亚洲及非洲建立了生产、销售中心。
>
> HE的成功之路是B地区经济发展史上一个罕见的成功案例。那么，HE公司是如何一步一步走向成功的呢？HE多年来的发展，共经历了三次重大的战略转变期，每一次成功的战略调整都是以有效合理的组织结构调整作支撑的。
>
> 1. 名牌发展战略
>
> 1983年，HE的名牌之路始于质量管理，其采取日清管理法，

保证了产品的质量。在此期间，HE 始终只做洗衣机一种产品。这一时期 HE 的组织结构注重各项职能的划分，组织结构采用直线—职能模式。

2. 多样化发展战略

进入 20 世纪 90 年代，HE 转向多样化发展战略。HE 在多地建立工业园，建立以产品为基础的事业部制结构。总公司负责集中筹划集团发展目标，各分公司负责相应区域产品的生产、销售，实行独立经营、独立核算。总公司与分公司间权责明确，体现权力的下放，组织结构不断趋于扁平化。

2000 年，HE 实行国际化战略，并推行本土化的做法。随着事业部分公司数量的增加，企业组织结构更加趋于扁平化、网络化、多样化。

3. 全球化品牌战略

2008 年，HE 把全球化品牌战略作为企业新的战略方向。品牌不仅作为质量的保证，同时还要满足消费者差异化需求及个性化服务需求，为此 HE 选择以市场链为基础面向顾客需求的生产流程再造，并确立相应的报酬激励制度，以提高企业活力。其中零库存和差异化生产服务的思想，体现了企业组织结构的柔性化、多样化、网络化。

HE 集团的成功使我们了解到，一个企业的成长与发展，不仅取决于其在适应环境时所采用的战略，还取决于实施战略的组织结构。企业战略的实施需要一定的组织结构来完成，而组织结构最终还是为企业战略的实施服务的。HE 的三阶段发展表明了组织结构在企业战略以及外部环境双重影响下会不断调整，体现了组织结构由简单到复杂、由集权到分权的演变过程，表现出了扁平化、网络化、柔性化和多样化的特征。

第一节 组织文化

一、组织文化概述

组织文化（organizational culture），广义上指企业在建设和发展中形成的物质文明和精神文明的总和；狭义上指在一定的社会政治、经济、文化背景条件下，组织在社会实践过程中所创造并逐步形成的独具特色的共同思想、价值标准和行为准则等的总和。它主要表现为组织所共同创造的精神财富，被全体成员共同接受认可的组织象征、组织灵魂、组织哲学、意识形态、价值观念、团队意识、团体规范、工作作风、共享的信念、共享的意识、团体归属感等群体意识的总称。

组织文化是组织的价值观和基本信念，这种价值观和信念指导组织的一切活动和行为。一个良好的组织文化环境是组织生存和发展的基础和动力。

（一）组织文化的内容

组织文化主要包括四个方面的内容，即物质层文化、行为层文化、制度层文化、核心层精神文化。

1. **物质层文化**

物质层文化是由产品和各种物质设施等构成的器物文化，是一种以物质形态表现的表层文化。物质层文化的内容包括企业生产的产品和提供的服务、企业环境、企业容貌、企业建筑、企业广告等。

2. **行为层文化**

行为层文化是指员工在生产经营及学习娱乐活动中产生的活动文化。行为层文化包括企业行为的规范、企业人际关系的规范、公共关系的规范以及服务行为的规范。

3. **制度层文化**

制度层文化主要包括企业领导体制、企业组织机构和企业管理制度三个方面。企业领导体制是企业领导方式、领导结构、领导制度的总称；企业组织机构是企业为有效实现企业目标而筹划建立的企业内部各组成部分及其关系；企业管理制度是在生产管理实践活动中制定的各种规定或条例。

4. 核心层精神文化

核心层精神文化是企业经营过程中，受一定社会文化背景、意识形态影响而形成的精神成果和文化观念。核心层精神文化包括企业精神、企业经营哲学、企业道德、企业价值观念、企业风貌等内容。

（二）组织文化的功能

组织文化的功能是指组织文化发生作用的能力，即组织这一系统在组织文化导向下在进行生产、经营、管理中的作用。

组织文化的功能可以分为正功能和负功能，其正功能主要表现为导向、约束、凝聚、激励、辐射和调适，负功能则表现为对组织发展的阻碍。

1. 组织文化的正功能

（1）导向功能。组织文化的导向功能，是指组织文化能对组织整体和组织每个成员的价值取向及行为取向起引导作用，使之符合组织所确定的目标。组织文化是一种适应性文化，通过组织的共同价值观不断向个人价值观渗透和内化，使组织自动生成一套自我调控机制，引导着组织的行为和活动。

（2）约束功能。组织文化的约束功能，是指组织文化对组织每个成员的思想、心理和行为具有约束和规范的作用。组织文化的约束不是制度式的硬约束，而是一种软约束，这种软约束包括组织中弥漫的组织文化氛围、群体行为准则和道德规范等。

（3）凝聚功能。组织文化的凝聚功能，是指当一种价值观被组织成员共同认可后，它就会从各个方面将成员团结起来，从而产生一种巨大的向心力和凝聚力。而这正是组织获得成功的主要原因，凝聚在一起的组织成员有共同的目标和愿景，推动组织不断前进和发展。

（4）激励功能。组织文化的激励功能，是指组织文化具有使组织成员从内心产生一种高昂情绪和发奋进取精神的效应，它能够最大限度地激发组织成员的积极性和首创精神。组织文化强调以人为中心的管理方法。

（5）辐射功能。组织文化的辐射功能，是指组织文化一旦形成较为固定的模式，不仅在组织内发挥作用、对本组织成员产生影响，也会通过各种渠道对社会产生影响。组织文化向社会辐射的渠道很多，主要可分为对外宣传和个人交往两类。一方面组织文化传播对树立组织在公众中的形象有帮助；另一方面组织文化对社会文化的发展有很大影响。

（6）调适功能。组织文化的调适功能，是指组织文化可以帮助新进入成员尽快适应组织，使自己的价值观和组织相匹配。在组织变革的时候，组织文化也可以帮助组织成员尽快适应变革后的局面，减少因为变革带来的压力和不适应。

2. 组织文化的负功能

（1）组织变革的障碍。当组织环境经历迅速变革时，根深蒂固的组织文化可能会成为阻碍。当组织面对稳定的环境时，行为的一致性对组织而言很有价值；但是当组织文化作为一种与制度相对的软约束形成定势时，组织有可能难以应付变幻莫测的环境。

（2）组织多样化的障碍。由于种族、性别、道德观等差异的存在，新进入成员与组织中大多数成员很容易产生矛盾。组织决策需要组织成员思维和方案的多样化，而一个拥有强势文化的组织要求成员和组织的价值观一致，这就必然导致决策的单调性，掩盖组织多样化的优势，成为组织多样化的障碍。

（3）组织兼并和收购的障碍。组织兼并和收购时，除要考虑产品线的协同性和融资方面的因素外，还要考虑文化方面的兼容性。如果两个组织无法成功地整合，那么组织将出现大量的冲突、矛盾甚至对抗。因此，组织在决定兼并和收购时，管理者往往会分析双方文化的相容性，如果差异极大，为了降低风险则宁可放弃兼并和收购行动。

二、组织文化建设

组织文化建设,是指组织有意识地发扬其积极的、优良的文化,克服其消极的、劣性的文化过程,即是组织文化不断优化的过程。

(一)组织文化建设步骤

在进行组织文化建设时,要根据组织文化建设的现状,规划建设多方位、多角度、多层次的组织文化体系。组织文化建设规划的具体步骤如下。

1. 组织文化调研。对组织既有的文化制度和员工行为进行调查研究,全面了解和把握组织文化的现状。

2. 明确战略目标,进行组织文化设计。确定组织的发展战略目标,设计符合组织价值观念的组织文化结构。

3. 构筑组织文化的灵魂。明确组织愿景和目标,结合组织价值观构筑组织文化的灵魂。

4. 确定组织文化的导向。组织文化对组织整体和组织每个成员的价值取向及行为取向起引导作用,使之符合组织所确定的目标。它是一种软性的理智约束,通过组织的共同价值观不断地向个人价值观渗透和内化。

5. 搭建组织文化的三大模块。搭建组织文化的三大模块为构筑组织的物质文化、建立组织的制度文化、规范组织文化。

6. 组织文化建设战略规划。落地执行组织文化建设,根据组织实际制定组织文化建设战略规划方案。

7. 组织文化培训体系设计。设计全面的组织文化培训体系,组织成员进行组织文化学习,安排新成员接受组织文化培训。

(二)组织文化营造与维系

组织文化是一个组织的灵魂,它与组织共存亡。组织文化是组织一种客观存在的文化现象,组织应该营造并维系一种优良的组织文化,自觉、高效地进行组织文化的建设和管理，以引导组织的良好运行和发展。

1. 组织文化的营造

组织文化营造是指组织的管理者有意识地培育组织的优良文化，克服不良文化的过程，这一过程也称组织的"软管理"。

（1）组织文化营造的内容。

1）培育具有优良取向的价值观念，塑造杰出的组织精神。

2）坚持以人为中心，全面提高组织成员素质。

3）提倡先进的管理制度和行为规范。

4）加强礼仪建设，促进组织文化习俗化。

5）改善物化环境，塑造组织的良好形象。

（2）组织文化营造的步骤。

1）制定组织文化系统的核心内容。组织价值观和组织精神是组织文化的核心内容。首先，组织价值观和组织精神的确立应结合自身的性质、规模、技术特点、人员构成等因素；其次，良好的价值观和组织精神应从组织整体利益的角度来考虑，以更好地融合全体组织成员的行为；再次，一个组织的价值观和组织精神应该凝聚全体组织成员的理想和信念，体现组织发展的方向和目标，成为鼓励组织成员努力工作的精神力量；最后，组织的价值观和组织精神中应包含强烈的社会责任感，使社会公众对组织产生良好的印象。

2）进行组织文化的表层建设。组织文化的表层建设，是指组织文化的物质层面和制度层面的建设，主要是从组织的硬件设施和环境因素方面入手，包括制定相应的规章制度、行为准则，设计公司旗帜、徽章、歌曲，建造一定的硬件设施等，为组织文化精神层面的建设提供物质上的保证。

3）组织文化核心观念的贯彻和渗透。组织文化核心观念的贯彻和渗透主要包括组织成员的选聘和教育、英雄人物的榜样作用、仪式和典礼的安排和设计、组织宣传口号的设计传播等。

2. 组织文化的维系

组织文化的维系不仅是招聘合适的人员和解聘不合适的人员，也不仅仅是组织管理者的口号和形象设计，而是应该从组织文化的物质层面、制度层面和行为层面全面推行。

（1）物质层面。

1）组织故事。组织文化的许多基本信仰和价值观被表达在故事中，成为组织故事。组织文化以这些故事为载体，具有很强的感染力和号召力，能够深刻影响组织全体成员。我国曾将许多感人的故事转化为了具有强大激励作用和指导作用的精神和口号，如"雷锋精神""铁人精神"等。

2）仪式和典礼。组织的仪式和典礼是传递组织文化的一种正式活动，有着重要的文化意义。仪式和典礼包括晋升仪式以及各项庆祝典礼等。

（2）制度层面。

1）招聘、选拔、调岗、晋升和解聘的程序及制度。这些强制执行的标准和制度，都将强化并证明组织文化的存在。这些制度被组织成员充分知晓并接受，能够更好地维系当前的组织文化。

2）奖励和惩罚。奖励和惩罚会把组织的期望和价值观传达给成员，成员为了得到组织的奖励，会系统地学习组织文化。但是，组织不应滥用奖励和惩罚，否则会影响组织成员学习组织文化的积极性，因为在组织成员心目中，组织的奖励实践和它的文化有着强烈的联系。

（3）行为层面。

1）角色训练、教学和培训。管理者会将组织文化的各个方面传达给成员。此外，管理者可以把特别重要的组织文化信息融入角色训练、教学和培训中，统一组织成员的理念。价值观对行为的规范远胜于有形的约束，因为文字制度不可能约束组织成员的所有行为，只有靠文化感染来实现。

2）关注事件和应对危机的反应。组织处理事件时会系统地将重要的信息传递给成员。当组织面临危机时，管理者和成员对危机的应对方法会揭示许多的文化内涵。正确的危机处理方式既能强化现有的组织文化，又能带来新的价值观念，在一定程度上改进组织文化。

第二节 组织架构

一、组织职能梳理

组织是指为了达到某些特定目标,经由分工与合作及不同层次的权力和责任制度而构成的人的集合。组织由三种要素构成:战略目标、分工与合作、不同层次的权力和责任制度。

(一)组织职能

组织职能是指为有效实现组织目标,建立组织结构,配备人员,使组织协调运行的一系列活动,是组织赋予其内部的人、事和机构所应具有的作用和能力。

(二)组织职能设计

组织职能设计即依据组织的性质和战略目标,确定组织的总体职能及其结构,并将其分解为各个管理层次、部门及岗位的职责。组织职能设计的主要内容包括基本职能设计和关键职能设计。

(三)组织职能分解

组织职能分解是指将组织职能设计时确定的基本职能和关键职能逐步细分为具体的、可操作的二级职能和三级职能等工作,为组织内各个管理层次、部门、管理职务及岗位规定相应的职能,是组织职能设计的后续、细化工作。

二、组织设计

组织设计是人力资源管理的首要、基础性工作。好的组织设计有利于清楚地界定组织各部门及组织成员的权责角色,通过恰当的协调和控制,提高工作效率、增强组织竞争力。组织设计包括组织目标设计、组织结构设计、部门结构设计、部门职能分解、定编定岗定员等内容。

（一）组织设计概述

1. 组织设计的目的和任务

组织设计的目的是发挥整体大于部分之和的优势，使有限的人力资源形成综合效果。组织设计的基本矛盾是管理对象的复杂性与个人能力的有限性。组织设计的基本任务就是发挥管理者群体的作用，有效地管理复杂多变的对象。

2. 组织设计的步骤

组织设计通常可分为以下五个步骤。

（1）工作划分。工作划分是根据目标一致和效率优先的原则，将组织的总任务划分为一系列各不相同又互相联系的具体工作任务。

（2）建立部门。把相近的工作归为一类，在每一类工作之上建立相应部门，根据组织内工作分工建立职能各异的组织部门。

（3）决定管理跨度。所谓管理跨度，就是一个上级能够直接指挥的下级数目。组织内人员素质、工作复杂程度、授权情况等共同决定了管理跨度，相应地也就决定了管理层次和职权、职责的范围。

（4）确定职权关系。授予各级管理者完成任务所必需的职务、责任和权力，从而确定组织成员间的职权关系。

职权关系包括纵向职权关系和横向职权关系。上下级间的职权关系为纵向职权关系，上下级间权力和责任的分配，关键在于授权程度。并列的直线部门与参谋部门之间的职权关系为横向职权关系，直线职权是一种等级式的职权，处于直线上端的管理人员具有决策权与指挥权，可以直接向下级发布命令，下级必须执行。

（5）通过组织运行不断修改和完善组织结构。组织设计不是一蹴而就的，而是一个动态地不断修改和完善的过程。在组织运行中，必然暴露出许多矛盾和问题，也会获得某些有益的经验，这一切都会作为反馈信息，促使领导者重新审视原有的组织设计，酌情进行相应的修改，使其日臻完善。

（二）组织目标设计

组织目标是组织使命和宗旨的载体，是组织使命和宗旨的具体化。对组织来说，共同目标是组织在一定阶段内需要达到的目标。因此，组织目标的设计显得尤为重要，组织目标的设计包括组织目标的设定及分解。

1. 组织目标的设定

组织目标是在一定的原则下，通过调查研究、拟定目标、评价论证和选定目标四个步骤进行设定的。这四个步骤是紧密联系在一起的，在具体实践中应前后照应、协调进行。

（1）调查研究。进行大量的调查研究工作，并对已经做过的调查研究成果进行复核，在进一步整理研究的基础上，将组织的机会与威胁、长处与短处、自身与对手、需求与资源、现在与将来加以对比，搞清楚它们之间的关系，才能为组织目标的确定奠定坚实的基础。调查研究既要全面进行，又要突出重点，主要侧重于企业与外部环境的关系和对未来变化的研究和预测。

（2）拟定目标。拟定目标一般需要经历两个环节，包括拟定目标方向和拟定目标水平。首先，在既定的组织经营领域内，依据对外部环境、需要和资源的综合考虑，确定出目标方向；其次，通过对组织现有能力与手段等诸多条件的全面估量，初步规划出拟定目标实现后组织所要达到的水平，这便形成了可供决策者选择的目标方案。

在拟定目标的过程中，必须注意目标结构的合理性，并要列出各个目标的综合排列次序。在满足需要的前提下，要尽可能减少目标个数。

（3）评价论证。评价论证主要包括三部分内容。

首先，评价论证拟定目标方向是否正确。要着重研究拟定目标是否符合组织精神，是否符合组织整体利益与发展的需要。其次，评价论证拟定目标的可行性。如果通过评价论证发现拟定的目标完全不正确或根本无法实现，那就要回过头来重新拟定目标，然后再重新评价论证。最后，评价论证目标的完善程度。通过评价论证拟定目标，找出目标方案的不足,并想方设法使之完善起来。

需要注意的是,如果人们提出了多个目标方案,那么在评价论证阶段就要对这些方案进行比较,通过对比、权衡利弊,找出各种目标方案的优劣所在。

(4)选定目标。选定目标要从目标方向的正确程度、希望实现的程度、期望效益的大小三个方面权衡各个目标方案。在选定目标时,要掌握好决断的时机,既要防止在机会和困难没有搞清楚前就轻易决断,也要反对讨论无休止的拖延和优柔寡断。

2. 组织目标分解

组织目标分解就是按照一定的要求和方法,将总体目标在纵向、横向或时序上分解到各层次、各部门乃至具体的人,形成目标体系的过程。目标分解是明确目标责任的前提,是使总体目标得以实现的基础。根据组织间沟通的形式不同,目标分解包括指令式分解、协商式分解两种方法。实际中具体操作时使用系统图法进行目标分解。

(1)指令式分解。指令式分解是分解前不与下级协商,由领导者确定分解方案,以指令或指示、计划的形式下达。这种分解方法虽然容易使目标构成一个完整的体系,但由于未与下级协商,对下级完成目标的过程中可能会遇到的困难以及对目标意见不了解,容易造成某些目标难以落实下去。同时,这种方法也会使下级觉得这项目标是上级制定的任务,因而不利于激发下级的工作积极性,也不利于下级能力的发挥。

(2)协商式分解。协商式分解可使上下级对总体目标的分解和层次目标的落实进行充分的商谈或讨论,取得一致意见。这种协商既容易使目标落到实处,也有利于下级积极性的调动和能力的发挥。

(3)系统图法。将总体目标作为一级目标分解,将实现一级目标的手段作为二级目标,以此类推,逐级分解,从而形成一个"目标——手段"链。同时,自上而下地逐级分解过程,不但构成了目标体系,也使各级目标的实现落到了实处。不论采取指令式分解还是协商式分解,在具体分解时都采用此方法。

（三）组织结构设计

组织结构（organizational structure）是组织内部分工协作的基本形式或框架。随着组织规模的扩大，仅靠个人指令远远不能实现高效分工协作，它需要组织结构提供一个基本框架，事先规定对象、工作范围和联络路线等事项。

组织结构设计是指以企业组织结构为核心的组织系统的整体设计工作。它是企业总体设计的重要组成部分，也是企业管理的基本前提。组织结构设计虽然是一项操作性较强的工作，但它是在企业组织理论的指导下进行的。它是按照一定的方法和步骤设计组织的结构，是部门设计和岗位设计的基本前提。

1. 组织结构设计方法

组织结构设计按照一定的方法，从业务流程、战略决策、计划、执行、控制和协同关系等组织运作的全过程考虑，实现组织的正常运营和发展。

组织结构要依据组织自身特点和发展规模设计，并在社会和组织发展变化中进化。组织结构设计有三种基本方法，包括职能设计法、矩阵设计法和流程设计法，如图2-1所示。

2. 组织结构设计的步骤

企业内部的部门是承担某种职能模块的载体，按一定的原则把它们组合在一起，表现为组织结构。在设计组织结构的过程中，对影响组织结构的因素进行系统分析、对部门结构的不同模式进行选择是两个关键环节。

（1）组织结构设计必须认真研究如图2-2所示的四个方面的影响因素，协调好这四种因素，究竟应主要考虑哪个因素，应根据企业具体情况而定。

（2）对部门结构的不同模式进行选择主要是根据不同战略类型和组织生命周期三阶段对组织结构设计的影响来分析。

战略类型这一因素对组织结构设计的影响见表2-1。

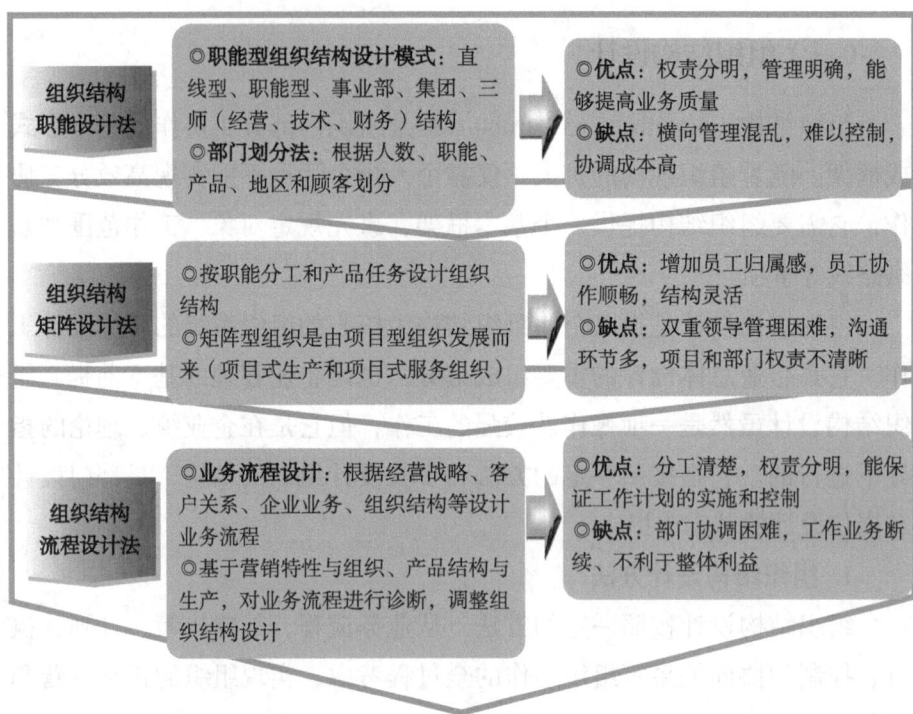

图 2-1　组织结构设计的三种基本方法

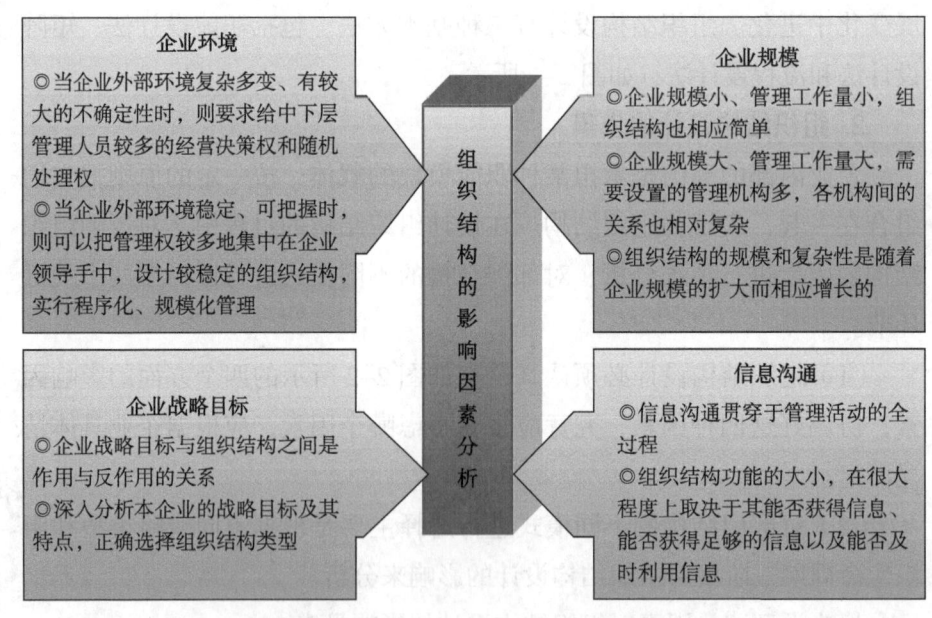

图 2-2　组织结构的影响因素分析图

表 2-1　　　　　　　　　不同战略类型与组织结构设计

战略类型	战略目标	面临环境	组织结构特征
保守型战略	稳定和效率	稳定的	高度劳动分工、规范化、集权化的严密层级控制系统的机械式组织形式
风险型战略	灵活	动荡的	低劳动分工、低规范化、部门松散的柔性、分权化有机式组织形式
分析型战略	稳定和灵活	动荡的	适度的集权控制,一部分实行高规范化、标准化、程序化的层级结构,部分实行分权化、低规范化的柔性的组织结构

组织生命周期三阶段对组织结构设计的影响如图 2-3 所示。

◎ 企业初始阶段,其组织层级比较简单,是小规模的、非官僚制的和非规范化的
◎ 管理者很可能同时担任着决策执行者的角色,即企业的管理层和执行层是合二为一的,或者其层级可能是包括管理层和执行层的两个简单层级

◎ 在企业逐步向高级阶段发展时,企业可能将一部分通过市场交易的资源引入内部来进行交易
◎ 企业要求有相应的层级组织来承担行政协调配置资源的职能,因而企业的组织层级很可能会增加,并大量增加人员,建立起清晰的层级制和专业化分工,进行规范化和程序化工作,逐步出现官僚制特征

◎ 在企业逐渐走向老化或是处于企业生命周期的衰退阶段时,企业则可能出于开源节流的目的,进行组织层级的调整,如裁员等

组织生命周期

图 2-3　组织生命周期三阶段与组织结构设计

（3）进行组织结构设计。组织结构设计的六个步骤:一是分析组织结构的影响因素,选择最佳的组织结构模式;二是根据所选的组织结构模式,将企业划分为不同的、相对独立的部门;三是为各个部门选择合适的部门结构,进行组织结构设置;四是将各个部门组合起来,形成特

定的组织结构；五是根据环境的变化不断调整组织结构；六是编制并使用组织结构手册。

一般而言，一个较大的企业，其整体性的结构模式和局部性的结构模式可以是不同的。例如，在整体上是事业部制的结构，而在某个事业部内则可以采用职能制的结构。因此，不应该把不同的结构模式截然对立起来。

3. 组织结构设计模型

组织结构设计模型即组织结构设计的基本形式。随着组织的多元化，组织结构的模式呈现多样化趋势，其不仅包括传统的直线制、职能制等，还有模拟分权制、多维立体型组织结构等新的组织结构设计模型；在组织实践中，还会根据其发展战略、自身发展阶段和内外部环境设计混合型的组织结构。

（1）直线制。直线制是一种最简单、最单纯的组织结构形式。职权或命令的流向呈一条直线，由上至下贯穿组织始终，每个下属只有一个直接上级，只接受一个上级的指挥，也只向一个上级报告。直线制组织结构如图2-4所示。

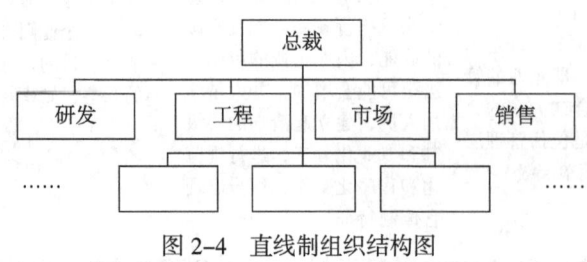

图2-4 直线制组织结构图

（2）直线职能制。直线职能制是在直线制和职能制的基础上，吸取这两种形式的优点而建立起来的。目前直线职能制仍被我国绝大多数企业采用。直线职能制组织结构如图2-5所示。

（3）事业部制。事业部制是在直线职能制框架基础上，按产品或地区划分为许多独立核算、自主经营的事业部或分公司，它们在总公司领导下，统一政策、分散经营，是一种分权制决策体制。事业部制组织结构如图2-6所示。

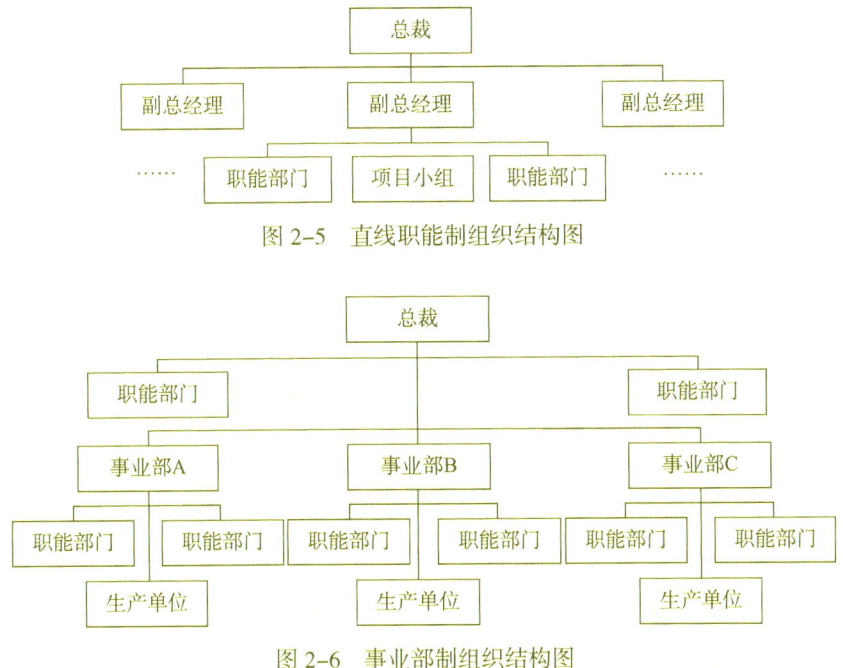

图 2-5 直线职能制组织结构图

图 2-6 事业部制组织结构图

（4）矩阵式组织结构（任务小组）。矩阵式组织结构由按职能划分的纵向指挥系统与按项目组成的横向指挥系统结合而成。纵向是职能系统，横向是产品或区域的项目系统，项目系统是无固定工作人员的，而是随着任务进度需要随时随地抽调组合，人员完成工作后回原部门。矩阵式组织结构如图 2-7 所示。

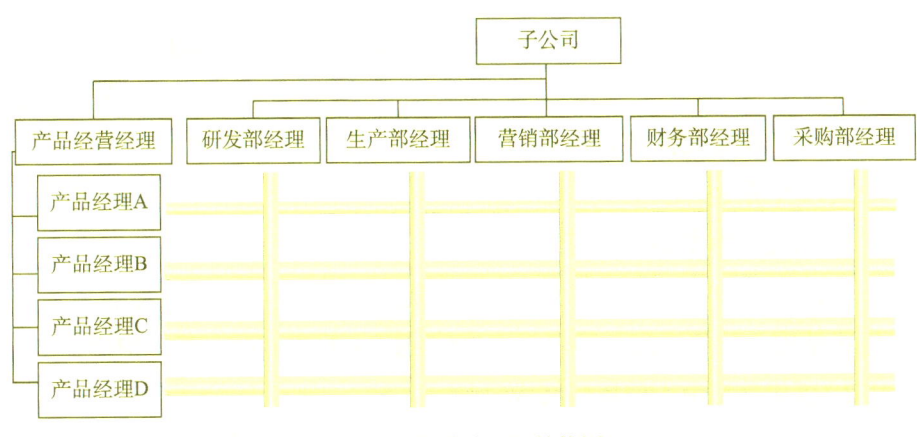

图 2-7 矩阵式组织结构图

（5）模拟分权制。模拟分权制又称模拟分散管理组织结构，是指为了改善经营管理，人为地把企业划分成若干单位，实行模拟独立经营、单独核算的一种管理组织模式。模拟分权制组织结构如图2-8所示。

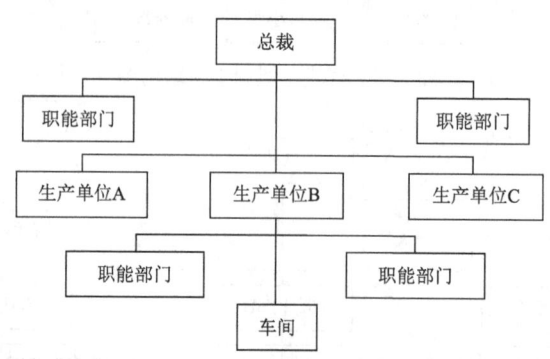

图2-8 模拟分权制组织结构图

（6）多维立体型组织结构。所谓多维就是指在组织内部存在三类以上（包括三类）的管理机制。多维立体型组织结构是矩阵式和事业部制组织机构形式的综合发展，又称多维组织。多维立体型组织结构是由直线职能制、矩阵式、事业部制和地区、时间结合为一体的复杂组织结构形态。它是从系统的观点出发，建立多维立体的组织结构。多维立体型的组织结构如图2-9所示。

（四）部门结构设计

部门结构是在组织基本结构形式的基础上设计和选择的，部门结构模式主要有直线制、职能制、直线职能制、事业部制、超事业部制、矩阵式等。各种模式都有其自身的组合原则，如以任务为中心、以成果为中心或以关系为中心等。

1. 以任务为中心的部门结构设计

以任务为中心设计的部门内部结构包括直线制、直线职能制、矩阵式组织结构（任务小组）等模式，也就是广义的职能制组织结构模式。

2. 以成果为中心的部门结构设计

以成果为中心设计的部门内部结构包括事业部制和模拟分权制等模

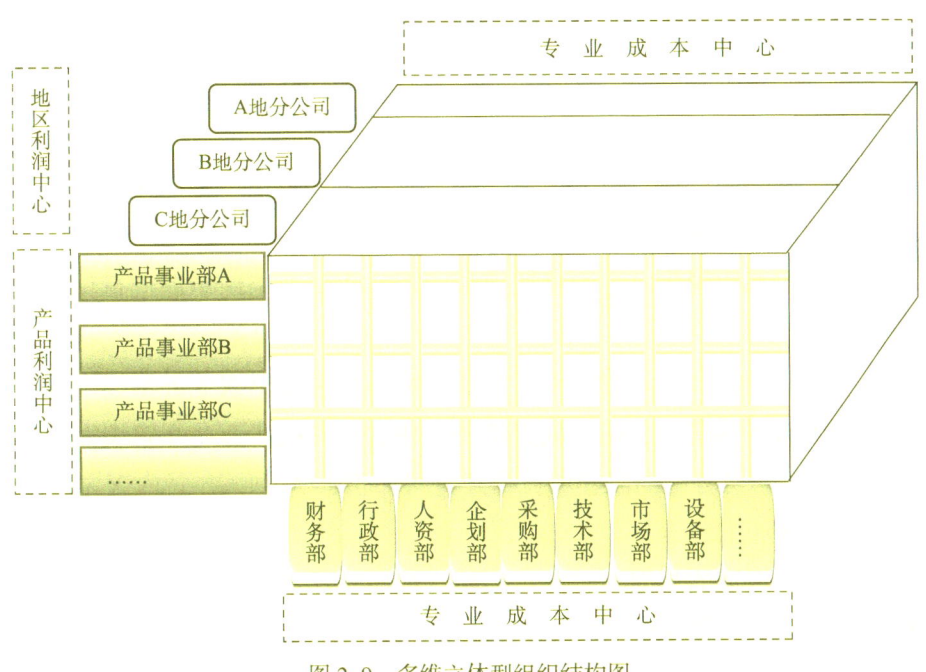

图 2-9　多维立体型组织结构图

式。在这种结构模式下，一个企业由若干个自治单位或模拟的自治单位组成，每个单位须对自己的工作成绩和成果负责，并对整个企业做出贡献。

3. 以关系为中心的部门结构设计

以关系为中心设计的部门内部结构通常出现在一些特别巨大的企业或项目之中，例如某些跨国公司。从本质上说，它只是将其他组织设计原则加以综合应用，缺乏明确性和稳定性，实用性较差。以关系为中心设计的部门结构包括多维立体型组织结构、超事业部制等。

（五）部门职能分解

部门职能分解即通过确定各部门任务的分配与责任的归属，使组织分工合理、职责分明，以达到提高竞争力、提高工作效率、规范员工行为、满足客户需求、降低运营成本的目的。部门职能分解的步骤如下所示。

1. 开展职能调查

职能调查的方法主要有主管人员分析法、实际考查法、问卷调查法，其中问卷调查法被广泛使用。问卷调查法是通过让每一位员工填写调查问卷，了解其日常的具体工作内容的方法。

2. 进行职能识别

进行职能识别及优化可以采用 ESC 法。

（1）职能的取消。将公司业务中冗余的职能取消，以优化业务作业环节，节约管理成本。

（2）职能的简化。将不能适应公司现实需要的组织职能进行优化和改进。

（3）职能的合并。首先将某些业务活动非常简单或业务量极少的职能并入到与其紧密相关的其他职能部门中去。其次将那些在组织发展中密切相关、不可分割的职能项目合并为同一职能项目。

3. 职能汇总组合

在职能识别的基础上进一步归纳，把属于同一职位和同一部门的工作汇总到一起，形成职能汇总表。

职能汇总表将组织结构中各个部门的各项职位和各职位的工作内容对应罗列，为职能分解表的编制奠定基础。

4. 部门划分的一、二、三级职能

（1）一级职能。一级职能即基本职能，通常只用一句话来描述本部门的主要业务和管理职能。它只是一种宏观描述，不具备直接操作性。

（2）二级职能。二级职能是在一级职能基础上分解的若干项子职能。严格来讲，二级职能还是比较宏观的，不是具体的工作事项，不具备直接操作性。

（3）三级职能。三级职能是二级职能的进一步细化，是一些具体的作业项目，具备直接操作性。

（六）定编定岗定员

在企业组织结构确定后，企业应以战略为导向、以运营为基础、以工作为核心，开展定编定岗定员工作。

1. 定编

广义的定编是指国家机关、企事业单位、社会团体及其他工作单位

中，各类组织机构的设置以及人员数量定额、结构和职务的配置。编制包括机构编制和人员编制两部分，本书研究的是对组织中各类岗位的数量、职务的分配，以及人员的数量及其结构所作的统一规定的人员编制。

定编就是在定责、定岗的基础上，对各种职能部门和业务机构的合理布局和设置的过程。定编为企业制订生产经营计划和人事调配提供了依据，有利于企业不断优化组织结构，提高劳动效率。

2. 定岗

合理、顺畅、高效的组织结构是企业快速有序运行的基础，其中岗位是企业组织结构中最基本的功能单位。定岗就是在生产组织合理设计以及劳动组织科学化的基础上，从空间上和时间上科学地界定各个工作岗位的分工与协作关系，并明确规定各个岗位的职责范围、人员的素质要求、工作程序和任务总量。因事设岗是岗位设置的基本原则。

3. 定员

定员是在一定生产技术组织的条件下，为保证企业生产经营活动正常进行，按照工作任务所需的一定素质要求，对企业配备各类人员所预先规定的限额。

企业劳动定员的范围是以企业劳动组织常年性生产所需的工作岗位为对象，具体既包括从事各类活动的一般员工，也包括各类初、中级经营管理人员，专业技术人员，乃至高层领导者。定员范围与用工形式无关，其员工人数应根据企业生产经营活动特点和实际情况来确定。

课程实训

结合本节内容，查询软件界面（UI）设计师需掌握的知识和技能，尝试设计 UI 设计师的面试试题。

实训指导

UI 设计师指从事软件的人机交互、操作逻辑、界面美观的整体设计工作的人，对于 UI 设计师来说最重要的还是其专业知识以及艺术修养，还要能够准确理解项目经理的要求。

一般可从以下五个方面进行考查：团队合作能力、沟通协作能力、学习能力、逻辑思维能力、专业的UI设计能力。

下面是针对UI设计师而设计的笔试试题范例，供读者参考。

UI设计师笔试试题

1. 色彩的三原色分别是_____、_____、_____，PS画笔工具的快捷键是_____，AI将图层移至最上层的快捷键是_____，PS去色的快捷键是_____。

2. 手机界面更多的以_____表现而不是以_____表现。

3. 手机UI设计中的按钮状态包含哪几种状态？_____

4. 在Photoshop中，图像最基本的组成单元是（　　）。
   A. 色彩空间　　　B. 节点　　　C. 像素　　　D. 通道

5. 下列不属于UI设计范畴是（　　）。
   A. 网页设计　　　　　　　　B. 手机界面设计
   C. 户外海报设计　　　　　　D. 软件界面设计

6. 如果让你做一个教育直播平台网站设计，请问你将如何着手设计？（具体从颜色，页面规格，还有设计注意细节简要说明）

第三节　人力资源部门组织结构

一、人力资源部门的职能与工作目标

人力资源部门由人力资源专业职能人员组成，承担着重要的职能，它是整个企业人力资源管理系统设计与实施的组织者和监控者。根据企业整体发展战略，人力资源部门应建立科学完善的人力资源管理与开发体系，实现企业人力资源的有效提升和合理配置，确保企业发展的人才需求。

（一）人力资源部门的职能

人力资源部门的职能是根据企业整体发展战略，招聘、选拔、配置、

培训、开发、激励、考核企业所需的各类人才，制定并实施各项薪酬福利政策及员工职业生涯规划，调动员工的积极性，激发员工的潜能，满足企业持续发展对人力资源的需求。

（二）人力资源部门的工作目标

人力资源管理的根本目标是根据企业发展战略和总体目标，配合企业经济效益最大化的需求，实现企业劳动生产率的最大化。人力资源部门的具体工作目标包括以下八项内容。

1. 做到"岗适其人、人尽其才、才尽其用"。
2. 在保证企业绩效水平的前提下，提高员工的工作满意度。
3. 构建符合本企业实际需要的先进合理的人力资源管理和开发体系。
4. 贯彻"以人为本"的管理理念，使员工与企业协调发展、共同成长。
5. 确保企业分部门在人力资源管理制度和程序方面的一致性、连贯性。
6. 确保企业内部各项人力资源管理制度符合国家和地方的有关法律法规和政策。
7. 处理好员工与企业之间的劳动关系，确保双方利益的最大化。
8. 弘扬与企业发展战略相适应的、和谐的企业文化。

二、人力资源部门的岗位结构与工作职权

（一）人力资源部门的岗位结构

人力资源部门要组织推动、督导整个企业的人力资源管理这项既重要又复杂的工作，就必须完成一定的人员配备。图 2-10 所示为某企业人力资源部门的岗位结构。

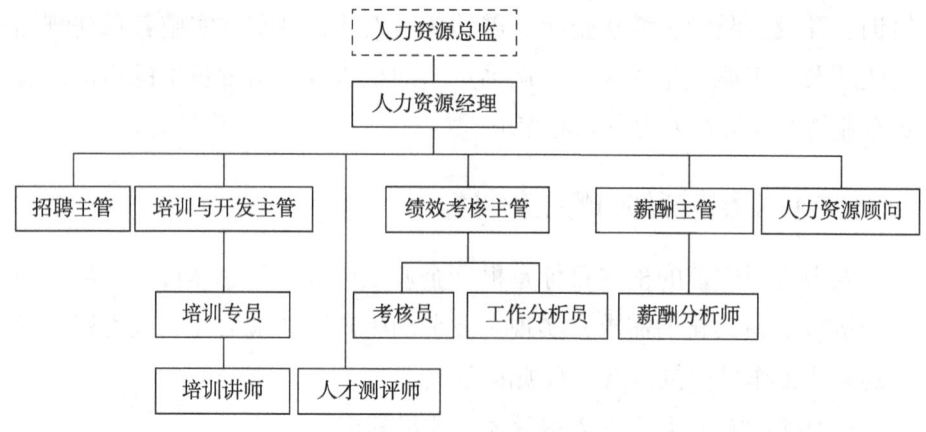

图 2-10　某企业人力资源部门的岗位结构

注：虚线框中的岗位不属于人力资源部门，而属企业最高管理层，虚线框中的人力资源总监也可由总经理委托分管人力资源管理工作的副总经理或其他最高管理层人员担任。此岗位代表总经理对人力资源部门的工作进行具体领导，一般会在岗位说明书中详细说明。

（二）人力资源部门的工作职权

1. 人力资源部门工作职责概述

人力资源部门职责是指根据企业整体发展战略，建立科学完善的人力资源管理与开发体系，实现企业人力资源的有效提升和合理配置，满足企业发展的人才需求。

2. 人力资源部门主要工作职责

（1）人力资源规划。

1）进行人力资源管理资讯调查，收集人力资源市场信息。

2）对上述资料进行分析、研究。

3）对企业人力资源发展状况进行预测。

4）定期编制企业人力资源规划。

5）报领导批准后，贯彻执行。

（2）职位管理。

1）负责企业及下属单位的职位设置工作，合理控制各部门、各下属单位的编制和定员人数。

2）组织、指导各部门编写岗位说明书，审核和汇总各部门编写的岗位说明书。

3) 定期对岗位说明书进行修改、补充。

（3）员工招聘管理。

1) 根据企业各部门对员工需求情况，编制员工需求计划。

2) 根据员工需求计划，选择员工招聘途径。

3) 对满足应聘条件、素质、技能要求的员工进行初试。

4) 与用人部门共同组织复试。

5) 按照企业录用审批程序确认录用对象。

6) 为录用对象办理录用手续。

7) 对试用期人员进行跟踪考核。

（4）薪酬与福利管理。

1) 制定企业薪酬福利政策方案及薪酬福利管理办法并报领导审批。

2) 经领导审批后确立企业薪酬体系。

3) 确定企业工资计发程序与手续。

4) 制作企业各部门的员工工资表。

5) 工资手册办理及审核。

（5）员工培训。

1) 编制企业年度总体培训计划和费用预算并报领导审批。

2) 负责培训计划的组织实施。

3) 结合员工培训后的工作表现对培训效果进行评估。

（6）员工考核管理。

1) 依据年度确定的目标计划配合企业策划部对中层以上干部实施考核。

2) 定期组织企业各部门（各单位）按照岗位职责和岗位说明书实施员工业绩考核。

3) 根据企业的组织任命程序，组织实施干部晋升前考察。

（7）劳动合同管理。

1) 根据政府劳动部门的规定，制定企业统一的劳动合同文本。

2）组织员工办理劳动合同签订及续签手续。

3）定期进行劳动年检及按比例安排残疾人年检。

4）协同法律顾问处理有关劳动争议问题。

（8）社会保障管理。

1）根据政府有关部门的规定，建立企业统一的劳动社会保障体系。

2）按规定为员工办理各种保险和社会统筹手续。

3）处理和解决社会保障中所产生的纠纷以及其他相关问题。

（9）员工日常管理。

1）负责企业各部门、各单位考勤管理和劳动纪律管理。

2）办理员工调配、任免、晋升、奖惩、解聘等手续。

3）建立员工综合档案，办理人事档案调转。

4）员工户籍管理。

5）技术职称管理。

（10）人力资源开发。

1）做好人力资源的发现、挖掘、储备等工作。

2）推广先进的人力资源开发手段，如帮助员工进行职业生涯设计等，最大限度地调动广大员工工作积极性。

3）配合企业策划部开展企业文化建设活动，通过活动增强员工凝聚力，最大限度地调动员工工作积极性。

3. 人力资源部门权限

（1）参与制定企业人力资源战略规划的权力。

（2）对违反人力资源管理制度的部门和个人进行处罚的权力。

（3）对企业员工调动、任免给予建议的权力。

（4）对各部门员工绩效实施考核及奖惩的权力。

（5）各级管理人员的任免建议权。

（6）部门内部员工聘任、解聘的建议权。

（7）部门工作协调权。

本章自测题

1. 组织文化主要包括哪几个方面的内容?
2. 组织设计的步骤是什么?
3. 人力资源部门的职能包括哪些?

第三章　工作分析与胜任力模型

学习目标

- 目标1　了解工作分析与工作评价的定义和方法
- 目标2　掌握岗位说明书的编写步骤
- 目标3　知晓胜任素质模型体系的建立和应用

引导案例

> P公司是一家从事金属加工的公司,创业之初员工只有20多人,经过全体员工的辛勤努力,现已发展成为产、供、销一体化的集团公司。公司现有7个部门,员工400多人。各部门经理主要是通过外部招聘引进,员工整体知识水平较高。
>
> 随着业务扩张的需要,公司在经营过程中,各种问题逐渐凸显出来,主要表现在以下四个方面。
>
> 1. 部门之间、岗位之间的职责与权限缺乏明确的界定,有的部门抱怨事情太多,人手不够,任务不能按时完成;有的部门抱怨人员冗杂、人浮于事、效率低下。
>
> 2. 在人员招聘方面,招聘标准模糊。

> 3. 工作中，由于没有明确的工作任务要求，部分岗位员工按照自己的理解来工作。
> 4. 在奖励机制方面，公司缺乏科学的绩效考核和薪酬制度，造成员工流失严重。
> 针对上述问题，公司应采取哪些措施来进行改善？

第一节 工作分析与评价

一、工作分析概述与方法

（一）工作分析概述

1. 工作分析的定义

工作分析（job analysis），也称职位分析、岗位分析，它是对企业中某个特定工作岗位的目的、任务或者职责、权力、隶属关系、工作条件、任职资格等相关信息进行收集与分析，以便对该岗位的工作作出明确的规定，并确定完成该工作所需要的行为、条件、人员的过程。

与工作分析相关的两个概念是职责与岗位。

职责指为了在某个关键成果领域取得成果而完成的一系列任务的集合，它通过任职者的行动与行动目标表达。

岗位即职位，指承担一系列工作职责的某一任职者所对应的企业位置，它是企业的基本构成单位，岗位与任职者一一对应。

2. 工作分析的意义

工作分析对企业的战略实施、组织的优化调整和人力资源管理工作都具有十分重要的意义，具体表现如下。

（1）实施战略传递。通过工作分析，可以明确岗位设置的目的，找到岗位如何为企业整体创造价值、如何支持企业的战略目标与部门目标的关键方法。

（2）明确岗位边界。通过工作分析，可以界定岗位的职责与权限，消除岗位之间在职责上的相互重叠，从而避免由于岗位边界不清导致的工作推诿以及岗位之间的职责真空，使企业的每一项工作都能得到落实。

（3）实现权责对等。工作分析可以根据岗位的职责来确定或调整企业授权与权力分配体系，从而在岗位层面上实现权责一致。

（4）加强职业化管理。通过工作分析，在明确岗位的职责、权限、任职资格等基础上，形成该岗位的工作规范，为员工职业生涯的发展提供指导与约束。

3. 工作分析在人力资源管理中的作用

工作分析的手段是对职位信息的收集、整理、分析和综合，其成果主要包括两种：岗位说明书和岗位分析报告。工作分析在人力资源管理中的作用如下。

1）工作设计：工作再设计、提高工作生活质量、职业安全与卫生项目等。

2）人力资源规划：制定人力资源发展战略、进行组织设计、制订人力资源供需平衡计划等。

3）招聘与配置：明确招聘需求、介绍岗位职责、进行人岗匹配、提高甄选的效率与质量等。

4）绩效考核：绩效考核指标及标准、申诉及指导。

5）薪酬管理：工作评价与职位分类，人员流动性、稀缺性、内在公平性。

6）培训开发与职业生涯：培训需求分析、职业生涯咨询与指导、职业通道设计。

4. 工作分析的步骤

工作分析包括准备、实施、结果形成、应用与反馈四个阶段。

（1）准备阶段。准备阶段主要完成的工作包括确定工作分析的目标和侧重点，收集整理与工作分析有关的资料，制定总体实施方案等。

（2）实施阶段。实施阶段主要完成的工作包括制订具体实施计划、实施方案，安排实施人员，正式开始分析工作。

（3）结果形成阶段。结果形成阶段主要完成的工作包括用书面文件的形式表达分析结果，通过相关人员对各类信息进行审核和确认，输出岗位说明书、工作分析报告等。

（4）应用与反馈阶段。工作分析的价值在于工作分析结果的应用，而通过反馈，可以为后续的工作分析提供参考。该阶段主要是从工作分析的目标和侧重点出发，及时矫正和调整运用方法，引导期望效果出现，评估运用效果现状，保持运用效果存续。

（二）工作分析方法

工作分析的方法有很多，用人单位在开展工作分析工作时需根据工作分析的目的并结合各种工作分析方法的利弊，对不同岗位进行分析，选择适当的方法。

工作分析的方法按照不同的标准有不同的类型。按照分析结果的可量化程度，可分为定性分析法和定量分析法。定性分析法主要有问卷法、访谈法、观察法、关键事件法、参与法和工作日志法等；定量分析法主要有岗位分析问卷法、管理岗位描述问卷法等。

1. 定性分析法

（1）问卷法。问卷法是根据工作分析的目的、内容等，事先设计一套岗位调查问卷，由被调查者填写，再将问卷汇总，从中筛选和分析有效信息。

（2）访谈法。访谈法是访谈人员就某一岗位与访谈对象，按事先拟定好的访谈提纲进行交流和讨论。访谈对象包括该岗位的任职者、对该岗位工作较为熟悉的直接主管人员、与该岗位工作联系比较密切的工作人员、该岗位直系下属岗位在职人员四类人员。

（3）观察法。观察法是工作分析人员在不影响被观察人员正常工作的前提下，通过观察被观察人员的工作内容、方法、程序、设备、工作环境等信息并记录，然后将取得的信息归纳整理为适合使用的结果的过程。根据不同观察对象的工作周期和工作性质，观察法又可具体分为直接观察法、阶段观察法和工作表演法。

（4）关键事件法。关键事件法要求岗位工作人员或其他有关人员描述能反映该岗位绩效好坏的"关键事件"，即对该岗位工作任务造成显著影响的事件，并将其归纳分类，从而对岗位工作有一个全面的了解。关键事件描述的内容包括该事件发生的背景及原因、员工有效或多余的行为、关键行为的后果、员工控制上述后果的能力等。

（5）参与法。参与法是指工作分析人员直接参与某一岗位的工作，从而细致、全面地体验、了解和分析岗位特征及岗位要求的方法。

（6）工作日志法。工作日志法是指让员工以工作日记或工作笔记的形式记录日常工作活动，从而获得有关岗位工作信息资料的方法。

2. 定量分析法

（1）岗位分析问卷法。岗位分析问卷法（the position analysis questionnaire，PAQ）是一种结构严谨的工作分析问卷，是最普遍和流行的人员导向职务分析系统。它是1972年由普渡大学教授麦考密克（E. J. McCormick）、詹纳雷特（P. R. Jeanneret）和米查姆（R. C. Mecham）设计开发的。

这种方法的优点是同时考虑了员工与岗位两个变量因素，并将各种岗位所需要的基础技能与基础行为以标准化的方式罗列出来，从而为人事调查、薪酬标准制定等提供了依据。其不足之处表现为由于问卷没有对岗位的特定工作进行描述，因此，岗位行为的共同性就使得任务间的差异较模糊，所以不能描述实际工作中特定的、具体的任务活动，且可读性不强，对使用者素质要求较高；另外，其程序比较烦琐，时间成本也较高。

（2）管理岗位描述问卷法。管理岗位描述问卷法（management position description questionnaire，MPDQ）是托诺（W. W. Tornow）和平托（P. R. Pinto）于1976年针对管理工作的特殊性而专门设计的，于1984年定型。与岗位分析问卷法类似，它是一种以工作为中心、对管理者的工作进行定量化测试的工作分析方法，涉及管理者所关心的问题、所承担的责任、所受的限制以及管理者的工作所具备的各种特征。

这种方法的优点是考虑了两个特殊问题：一是管理者常使工作内容适应自己的管理风格，而不是使自己适应承担的管理工作；二是管理工作具有非程序化的特点，常随着时间变化而变化，弥补了岗位分析问卷法难以对管理职位进行分析的不足。其不足之处表现为对技术、专业等其他职位的分析不够具体，受工作及工作技术的限制，灵活性差；耗时太长，工作效率较低。

二、工作评价概述与方法

（一）工作评价概述

1. 工作评价的定义

工作评价，又称职位评价或岗位评价，是在工作分析的基础上，对岗位的责任大小、工作强度、所需资格等条件进行评价，以确定岗位相对价值等的过程。工作评价起源于美国，最初是美国政府期望建立起一套公正合理的方法去评价政府雇员的工作价值，以确定其报酬水平。1983年，美国国会通过一项在政府雇员中进行工作评价的法案，基于不同职责和任职条件来确定其报酬，使得具有相似工作特点的岗位能够拥有相同的报酬水平。

2. 工作评价的步骤

（1）准备阶段。确定评价岗位，即对企业的岗位进行清理，列出需要评价岗位的目录，做好材料准备和评价计划准备。

（2）评估阶段。工作包括评估培训（即评估前对评估委员会进行要点及注意事项的培训）、试打分、正式评估。

（3）完成阶段。对打分结果进行统计汇总，形成职位序列表，公布与运用评估结果。

3. 工作评价的意义

（1）合理的工作评价，为建立公平合理的薪资和奖励制度提供科学依据，为招募甄选、职位管理、绩效考评等人力资源决策提供参考。

（2）工作评价列出了组织认可、战略认可的薪酬要素，从而实现了组织战略与薪酬体系的有效衔接，对企业发展和获取核心竞争力提供了明确的操作方向。

（3）工作评价是企业建立内在职位序列和薪酬体系的基础性工具，集中体现了薪酬体系"内部一致性"。

（4）工作评价的操作过程是企业和员工建立良好的、明确的心理契约的途径，同时有效传递了企业对员工在工作职责、能力要求等方面的期望。

（二）工作评价方法

工作评价方法也可以分为定性工作评价法和定量工作评价法。定性工作评价法包括岗位排列法和岗位分类法，定量工作评价法包括岗位参照法、因素比较法和要素计点法。

1. 定性工作评价法

（1）岗位排列法。岗位排列法是以各项工作在组织中的相对价值或贡献为基础，对岗位从高到低进行排序。岗位排列法有两种基本做法。

1）直接排列法，即按照岗位的说明根据排序标准从高到低或从低到高进行排序。

2）交替排列法，即先从所需排序的岗位中选出相对价值最高的排在第一位，再选出相对价值最低的排在倒数第一位；然后从剩余的岗位中选出相对价值最高的岗位排在第二位，再从剩余的岗位中选出相对价值最低的排在倒数第二位，依此类推。

（2）岗位分类法。岗位分类法即先制定出一套岗位级别标准，然后将每个岗位与标准进行比较，将其归入合适的等级中。岗位分类法的实施步骤包括收集岗位资料、进行职位分类、编写等级说明、划分职位等级。

2. 定量工作评价法

（1）岗位参照法。岗位参照法是指企业事先建立一套较合理的标准岗位价值序列，然后其他岗位比照已有标准岗位来进行评估。岗位参照法的具体实施步骤包括成立评估小组、选择标准岗、与标准岗比较、确定职位价值。

（2）因素比较法。因素比较法是一种量化的岗位评价方法，它实际上是对岗位排列法的一种改进。因素比较法与岗位排列法的主要区别在于：岗位排列法是从整体对岗位进行比较和排序；而因素比较法则是选择多种薪酬因素，如工作责任、工作强度、任职要求、工作环境等方面，并按照各种薪酬因素分别进行排序。

（3）要素计点法。要素计点法就是选取若干关键性的薪酬因素，并对每个因素的不同水平进行界定，同时给各个水平赋予一定的分值，这个分值也称"点数"，然后依据这些关键的薪酬因素对岗位进行评价，得到每个岗位的总点数，以此决定岗位的薪酬水平。

第二节 岗位说明书的编写

一、岗位说明书概述

（一）岗位说明书的定义

岗位说明书是对工作性质、任务、环境、工作处理方法以及岗位工作人员的任职资格所作的书面记录。作为一种书面文件，它描述了任职者应该做什么、怎么做以及在什么条件下去做。

（二）岗位说明书的内容

岗位说明书包括岗位描述和工作规范两部分内容。岗位描述说明了岗位设立的目的、意义，岗位工作内容，岗位职责和权限等；工作规范说明了胜任此岗位须具备的各种知识技能以及该岗位的工作程序等。

1. 岗位描述

岗位描述（job description）又称职务描述，是企业对各类岗位的工作性质、工作任务与工作环境等所作的规定，用来说明任职者应该做什么、怎么做以及在什么条件下去做。岗位描述主要包括下面两方面内容。

（1）岗位基本信息，包括岗位名称、部门、汇报关系、岗位编号、职务等级等。

（2）工作说明，主要包括以下六个方面。

1）岗位概述。又称职务综述，用于描述岗位的整体性质。

2）岗位职责和权限。说明任职者须完成的工作任务、承担的责任以及岗位权限范围等。

3）岗位绩效标准。说明企业期望此岗位的员工完成的工作任务需达到的标准。

4）工作联系。说明任职者与企业内部或外部人员之间因工作关系所发生的联系。

5）工作设备。岗位任职者在工作过程中所需用到的必备办公用品及设备。

6）工作条件和环境。说明该岗位的工作地点以及工作地点环境现状。

2. 工作规范

工作规范（job specifications）也称岗位规范，指胜任该岗位的人员在文化水平、工作经验等方面应具备的条件以及该岗位的工作程序。

（1）任职条件。

1）文化水平。指胜任本岗位的任职者应具备的知识和水平，主要包括教育经历、专业资格证书等。

2）工作经验。包括行业工作经验和岗位工作经验。

3）其他能力要求。主要包括身体素质、心理素质、个性特征要求等。

（2）工作程序。工作程序包括该岗位工作的一般工作步骤以及工作要求，方便员工尽快适应与胜任岗位。

（三）岗位说明书的意义

岗位说明书对人力资源管理以及企业决策有着重要意义，具体如下。

1. 帮助员工全面清晰地认识岗位和岗位工作。
2. 帮助企业各部门建立科学高效的工作程序和工作标准。

3. 明确各岗位的具体责任与职权。

4. 为员工聘用、考核、培训等提供依据。

二、岗位说明书编制步骤

在编制岗位说明书之前，应首先掌握其编制步骤，然后按步骤有计划地完成岗位说明书的起草、修改过程，直至形成完善的岗位说明书。

编制岗位说明书是岗位分析的直接结果。岗位说明书从起草到修改，再到形成，一般包括以下六个步骤。

1. 前期准备

人力资源部门完成编写岗位说明书的请示与授权工作，明确需要编制岗位说明书的具体岗位及对应部门。

2. 明确内容

岗位说明书由岗位描述和工作规范两部分组成。前者是对有关岗位工作职责、工作内容、工作条件以及工作环境等工作自身特性所进行的书面描述；而后者则描述了岗位对人的知识、能力、品格、教育背景和工作经历等方面的要求。

3. 明确要求

明确要求应坚持以下三点。

（1）逻辑性。岗位说明书中包含多项内容，应注意它们之间的先后顺序、重要程度等。

（2）准确性。清楚说明该岗位的工作情况，描述应语言准确，避免用语模棱两可。

（3）实用性。岗位说明书必须客观、真实地反映岗位职责和任职条件等内容。

4. 收集资料

获取岗位信息的渠道包括浏览企业已有管理制度，与企业内部工作人员沟通，有选择地参考同行业其他企业的岗位说明书等。

5. 信息处理

筛选出岗位说明书编制所需内容，针对遇到的问题，和相应岗位的工作人员或其上级进行沟通，保证内容的准确性。

6. 撰写输出

根据所收集整理的信息，从工作职责、工作权限、工作关系及岗位任职资格等方面来完成岗位说明书的编写工作。

三、岗位说明书编写注意事项

岗位说明书对管理者与员工都具有重要的指导意义，这要求岗位说明书的编写应准确、规范、可参考性强，据此，编写岗位说明书时需注意以下内容。

1. 注意岗位描述和企业结构设计、职能分解、岗位设置的一致性和衔接性。

（1）岗位描述的依据是企业结构设计、职能分解、岗位设置。

（2）各个岗位的职责应与部门或单位的职能分解相一致。岗位的职责不应该超越部门或单位的职能分解表中规定的职责。

（3）部门或单位里各个职位的职责总和应与部门或单位的职能分解表中规定的职责相吻合。

（4）岗位描述里的岗位名称应和岗位设置表中的名称相一致。

2. 任职条件中的学历、经验等条件要结合实际，要求适度。

3. 职责划分要清晰。编制岗位说明书时，要将各个岗位的职责划分清晰，岗位间的职责既不能重叠，也不能留有空白。

4. 做好前期的宣传工作。岗位说明书的编写是一个自上而下的过程，涉及企业各个层面。编写岗位说明书的目的就是要使员工明确自己的岗位责任、作用及基本要求等，因此有必要取得全体员工的支持与理解。

5. 岗位说明书要根据企业的实际情况制定，脱离实际的岗位说明书不具备任何参考指导价值。

6. 使用简明、直接的语言。标准的岗位职责描述格式为：动词＋宾语＋结果。宾语表示该项任务的对象，即工作内容；结果表示完成此项工作应达到的目标。

7. 建立动态的管理机制。人力资源部门应对岗位说明书实行动态管理，根据企业生产经营的实际变化对岗位说明书作出相应的调整并进行更新。

课程实训

结合本节内容的学习，请试编写企业人力资源专员岗位说明书。

实训指导

岗位说明书包括岗位描述和工作规范两部分内容。岗位描述说明了岗位设立的目的、意义，岗位工作内容，岗位职责和权限等；工作规范说明了胜任此岗位须具备的各种知识技能以及该岗位的工作程序等。

下表给出了一则范例，仅供读者参考。

人力资源专员岗位说明书

基本信息	职位名称	人力资源经理	职位编号	
	所属部门	人力资源部门	直接上级	人力资源总监
	职位编号		编制日期	
职位概述	依据公司的发展战略组织编制和实施人力资源规划，组织、协调各部门的人力资源工作，为公司年度经营目标实现和管理的有序开展提供人力资源支持和保障			
职责细化描述				
岗位职责	职责一	制定人力资源管理规章制度		
	工作任务	1. 组织编制公司人力资源管理的相关制度，上报人力资源总监、总经理批准		
		2. 执行人力资源管理的各项制度，并组织落实，适时修正		
	考核重点	人力资源管理制度的有效执行情况		
	职责二	人力资源规划与开发		
	工作任务	1. 组织编制并落实人力资源发展规划，为重大人事决策提供建议和信息支持		
		2. 编制和落实公司人力资源规划，实现公司人力资源和业务发展间的供需平衡		
		3. 配合公司管理部进行文化建设活动		
	考核重点	人力资源规划中年度指标的实现程度		

续表

	职责细化描述	
岗位职责	职责三	招聘管理
	工作任务	1. 依据公司各部门、下属单位的需求和岗位任职条件，制订员工招聘计划
		2. 通过推荐、媒体介绍、公开招聘等形式招聘新员工
		3. 组织面试、复试，择优录用新员工
	考核重点	招聘计划的实现程度
	职责四	培训管理
	工作任务	1. 组织制订公司各类岗位人员的培训计划并具体实施
		2. 根据公司发展的要求，设计各类岗位员工的培训方案并具体实施
		3. 评估培训效果
	考核重点	培训内容与效果、培训计划安排的合理性
	职责五	绩效考核管理
	工作任务	1. 安排人员定期组织各部门，各分、子公司实施员工绩效考核
		2. 根据公司任命程序组织实施干部晋升前考核
	考核重点	绩效考核覆盖程度，公正客观程度
	职责六	薪酬管理
	工作任务	1. 引进具有竞争力的薪酬管理体系，组织制定公司的薪酬政策
		2. 负责组织员工的日常薪酬福利管理
		3. 安排人员按规定为员工办理各种保险手续
	考核重点	员工对薪酬的满意程度，核心员工的保有率
	职责七	员工关系管理
	工作任务	1. 根据政府劳动部门的规定组织制定公司统一的劳动合同文本
		2. 组织员工办理劳动合同签订及续签手续
		3. 组织受理员工投诉和公司内部劳资纠纷，完善内部沟通渠道
		4. 协同法律顾问处理有关劳动争议
	考核重点	劳动纠纷处理及时率，劳动合同管理情况

续表

职责细化描述		
岗位职责	职责八	部门内部管理
	工作任务	1. 制订部门的工作计划、工作制度，进行下属员工的分工和组织工作
		2. 对下属员工进行考核、业务指导
	考核重点	本部门各项工作计划的完成率
工作关系	内部	公司各部门
	外部	人才交流中心、培训机构、咨询机构、劳动部门等
任职资格	学历	大学本科以上
	专业	人力资源管理、行政管理、企业管理等相关专业
	工作经验	5年以上人力资源管理工作经验
	能力素质	具有很强的沟通协调能力、组织管理能力、激励能力、分析判断能力；工作细致、原则性强
	业务了解范围	熟悉国家有关政策法规；全面掌握人力资源管理知识；了解国内外人力资源管理的新动向
工作环境	工作场所	环境条件
	工作时间	使用设备
职业发展	晋升职位	轮换职位
KPI指标	人力资源成本控制率、招聘计划完成率、信息管理差错率、考核申诉处理及时率、劳动纠纷及时解决率、培训计划完成率、核心人才流失率	

第三节 胜任素质模型的构建

一、胜任素质模型概述

胜任素质模型，是指为完成岗位工作、达成某一绩效目标，要求任职者所应具备的一系列不同素质要素的组合，其中包括不同的动机表现、个性与品质要求、自我形象与社会角色特征以及知识与技能水平等。这些行为和技能必须是可衡量、可观察、可指导的，并能对员工的个人绩效表现以及企业的经营生产产生关键影响的。

哈佛大学心理学教授麦克里兰（McClelland）把人的胜任素质模型描绘成一座冰山，将其从最简单的技能要求到最深层的人格特质分成了6个层次。其中技能和知识位于表层，价值观、自我定位、驱动力（需求/动机）、人格特质埋在深层。

麦克里兰和其他心理学家经过大量的研究，得出了权威的、公认的素质词典。这个词典将人的素质分为6大类、20个具体要素，每个要素又分为很多级别。这20个素质要素，对人类的知识、技能、社会角色、自我概念、性格、动机等作出了全面概括，形成了企业员工的完整胜任素质模型，内容如图3-1所示。

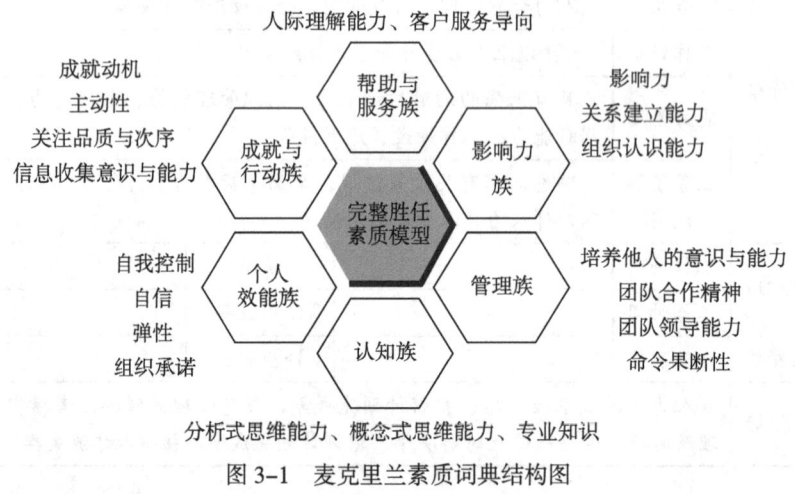

图3-1 麦克里兰素质词典结构图

二、胜任素质模型体系的建立

（一）胜任素质模型建立的准备

在建立胜任素质模型之前，企业应先清楚两个方面的内容。

1. 企业的战略及战略计划的关键环节。胜任素质模型的建立基于企业战略，又服务于企业战略。

2. 关键岗位。关键岗位即与实施战略计划的关键环节相关的核心职位，通常是指那些对企业生产经营的成败具有核心作用的、承担实施战略的主要责任、控制关键资源、可以产生价值增值的职位。

(二) 胜任素质模型建立的方法

1. 行为事件访谈法

行为事件访谈法（behavioral event interview，BEI）是由麦克里兰开发，通过分别对绩效优秀及一般员工的访谈，获取与高绩效相关的素质信息的一种方法。

"行为事件"的意义在于通过访谈者对其职业生涯中的某些关键事件的详尽描述，揭示与挖掘当事人的核心素质，特别是隐藏在冰山下的潜能部分，用以对当事人的未来行为及其绩效产生预期，并发挥指导作用。

访谈者对于关键事件的描述必须至少包括这项工作是什么、谁参与了这项工作、如何做的这项工作、为什么、这样做的结果怎样等内容。

2. 主题分析法

主题分析的含义通常包括两个方面。一方面是基于素质词典提出的素质分类及相关定义与分级，提炼行为事件访谈中的素质信息，对其进行编码与归类整理的过程；另一方面是在素质词典之外，对行为事件访谈过程中新出现的企业个性化的素质进行分析、提炼与概念化的过程。对行为事件访谈资料进行主题分析的切入点就是观察行为事件访谈过程中绩效优秀人员与一般人员对关键事件的描述以及问题回答上存在的差异。

主题分析法的七个主要步骤如下。

（1）组建主题分析小组。

（2）被访者个体分析。

（3）主题分析小组共同研讨，界定素质项目的定义、内容与级别。

（4）结合素质词典，编制素质代码。

（5）主题分析小组讨论，统一素质编码。

（6）对提炼的素质项目进行统计分析与检验。

（7）根据统计分析的结果，由主题分析小组再次对素质项目进行修正，形成最终的胜任素质模型与相应的编码手册。

(三)胜任素质模型建立的步骤

建立胜任素质模型的步骤,如图 3-2 所示。

```
┌─────────────────────────┐  ┌─────────────────────────┐
│   1. 素质研究与开发      │  │  2. 胜任素质模型评估与确认│
│ (1)选定职位              │  │ (1)对胜任素质模型进行评估验证│
│ (2)选择绩效优秀的人员    │  │ (2)选择标杆企业进行检验  │
│ (3)建立胜任素质模型      │  │ (3)确认胜任素质模型      │
│ (4)收集数据、信息归类与编码│ │ (4)战略性人才规划        │
│ (5)提炼素质项目          │  │                          │
│ (6)描述素质特征          │  │                          │
│ (7)行为事件访谈          │  │                          │
└─────────────────────────┘  └─────────────────────────┘
```

图 3-2 胜任素质模型建立的步骤

第一阶段主要是素质的研究与开发工作。这是一项基础性的、花费时间较长、对于胜任素质模型建立非常核心、重要的工作,其中涉及的技术和方法也较多。

企业通用素质与个性化专业素质的开发本身就是一个不断证伪、不断完善的过程,它们都体现着企业为实现战略目标对各专业系统能力的关注。

在第一阶段后,通常有一个对胜任素质模型的评估与确认的过程。其中评估的对象不仅要扩展到企业内部更多的职位与更多的人员,同时还要考虑将企业的其他管理措施与手段嫁接进来,为胜任素质模型的应用营造良好的氛围与条件。

对于那些比较成熟的行业,如电信、汽车等,企业还可以选取所在行业的标杆企业的某些职位,在信息完备的前提下对胜任素质模型进行标杆检验,从而使其对企业构建核心竞争优势更具现实指导意义。

三、胜任素质模型的应用

胜任素质模型的应用是一项系统性的工作,它涉及人力资源管理的各个方面。许多著名企业的应用结果表明,通过建立与应用胜任素质模型,可以显著提高人力资源管理的质量,强化组织的竞争力,促进组织目标的实现。

(一) 胜任素质模型与潜能评价

潜能评价是采用科学专业的方法与工具收集信息，测量与评价个人相关的行为取向与素质特征，预测其未来业绩的过程。

企业实施潜能评价的目标，首先是从企业层面评价员工所掌握的核心专长与技能能否契合企业愿景与战略目标的实现，以此为基准开展一系列人力资源管理活动；其次，是驱动人力资源管理各业务板块的有序联动与协同，共同聚焦企业核心人才的管理与开发。

企业实施潜能评价大致可分为建立胜任素质模型、确定潜能评价的工具与方法、实施潜能评价、归纳整理被评价者的素质分析结果和将结果应用于以有效开发与利用核心人才为目标的人力资源管理各环节五个步骤。

在具体实施中，专业人员必须观察被评价者的语言、动作、表情、态度等，同时详细记录每项行为表现，用实际事例证明被评价者的行为与所对应的素质层次，由此归纳与整理出被评价者的素质特征，并撰写相应的评价报告。

(二) 胜任素质模型与招聘甄选

传统的招聘甄选，是根据短期的职位需求开展招聘甄选工作，仅仅以工作分析与候选人"过去做过什么"作为考察候选人是否具备所需要的知识、经验与技能的基础，缺乏对候选人未来绩效的预测与判断。

如今企业招聘甄选的重点已逐渐从填补职位空缺转向为保证企业战略目标的实现，即从多样化的背景中甄选与吸引那些能帮助企业达成当期及长期战略意图的候选人。依据候选人的知识以及经验背景进行甄选的传统理念与方法，已经不能满足企业获得持续竞争力，同时吸引与开发关系企业长期发展的关键人才的要求，因此，企业需要建立基于胜任素质模型的招聘体系。

基于胜任素质模型的招聘甄选，除采用既定的工作标准与技能要求对候选人进行评价之外,还要依据候选人具备的素质对其未来绩效的影响来实施招聘甄选。这种基于胜任素质模型的招聘甄选将企业的战略、经营目标、工作内容与候选者个人联系起来,在遵循有效的招聘甄选决策程序的同时,提高了招聘甄选的质量。同时,整个招聘甄选以企业战略框架为基础,也使那些关系到企业长期发展的关键人才及其素质得到了重视与强化。

(三)胜任素质模型与绩效管理

基于胜任素质模型的绩效管理,一方面,是以结果为导向,关注员工的短期绩效转向能力。通过胜任素质模型,能够对员工未来的绩效进行合理且有效的预测,对企业的人力资源管理实践提供精确的指导,包括晋升调配、培训开发等。

另一方面,胜任素质模型的引入对企业各级管理者的管理风格提出了新的要求。即管理者不仅要关注下属在达到绩效过程中的不足与问题,包括知识与技能的差距、行为方式的规范与改善等,还要帮助下属关注自己的潜能,即"最擅长什么""潜能将如何影响未来的绩效"等。

(四)胜任素质模型与薪酬管理

基于胜任素质模型的薪酬管理,为企业关注员工未来发展与潜在价值提供了最终的落脚点,使员工与各级管理者能够为不断提高现有技能水平、持续发挥自身优势与潜能而努力。另外,基于胜任素质模型的薪酬管理,还能帮助企业吸纳和保留更多具备高素质、高潜质的人才。这种基于高绩效要求产生的对高素质人才的关注,实际上为知识经济时代知识型员工的人力资源管理提供了有效的切入点,它符合基于角色与成果管理知识型员工的要求。

(五)胜任素质模型与培训开发

基于胜任素质模型的培训开发,要求企业根据员工个人的职业发展计划以及定期的绩效考核结果,在与企业实现战略目标所需的核心能力要求进行比较的基础上，确定员工的素质差距，并据此制订相应的培训计划，设计培训项目与课程。最后通过培训效果评估对员工素质的改进与提升提供反馈与指导。

（六）胜任素质模型在人力资源管理其他业务板块的应用

1. 胜任素质模型与企业战略性人才规划

胜任素质模型的建立能帮助并强化企业对于人才的认知与界定。也就是说，企业通过分析自身战略规划与实施中对人才核心专长与技能的要求，从而能根据胜任素质模型以及对现有人才的评价结果检查企业现有人才的能力状况，并因此有针对性地开展包括人才的吸纳、开发、激励、维持等在内的一系列人力资源规划与行动。

2. 胜任素质模型与核心人才管理

与企业战略性人才规划相似，胜任素质模型也可以成为企业评价与管理核心人才的重要依据，由此引申展开的一系列人力资源管理活动自然也能够服务于企业短期以及长期发展所需关键人才的持续培养与开发等。

课程实训

结合本节内容的学习，尝试从知识、能力、素质三个方面搭建销售人员的胜任素质模型。

实训指导

麦克里兰素质词典中，将人的素质分为6大类、20个具体要素，每个要素又分为很多级别。将这20个素质要素，按照知识、能力、职业素养进行分类。

下面是销售人员胜任素质模型范例，供读者参考。

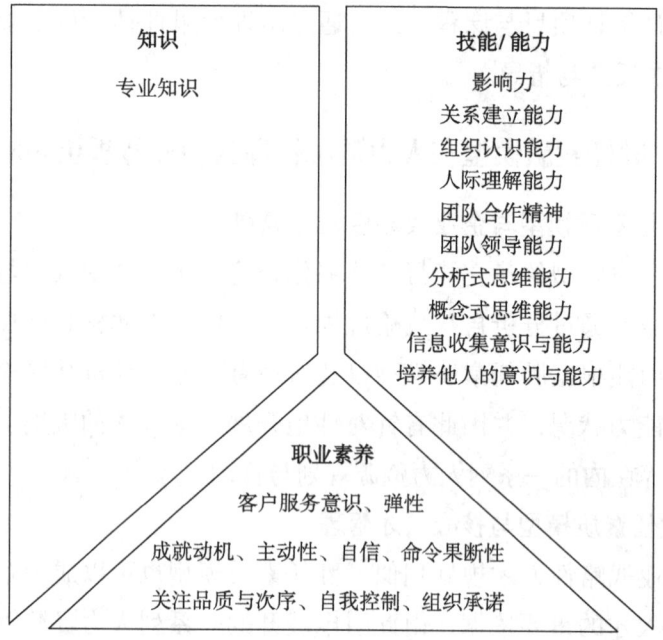

销售人员胜任素质模型

本章自测题

1. 请简述工作分析的主要内容与实施步骤。
2. 自由选择一个企业岗位，试为其编写一份岗位说明书。
3. 请说明胜任素质模型在人力资源管理中发挥的作用。
4. 请说明建立胜任素质模型之前，企业应先做好哪些准备。

第四章　人力资源规划

学习目标

- 目标1　掌握人力资源规划的内容
- 目标2　知晓人才盘点的意义
- 目标3　了解人力资源供需预测与平衡
- 目标4　掌握人力资源规划的程序

引导案例

F公司是一家家电生产企业，成立之初主要生产电冰箱，由于产品质量好、价格适中，公司在短短几年时间得到了快速发展。随着业务的发展，公司开始走多元化经营之路，相继开发出一系列新产品，公司规模也随之扩大，员工人数700多人。

到了2023年，公司效益出现了大幅度的滑坡，导致这种现象的原因是多方面的。从公司外部环境来说，日益加剧的竞争，致使公司部分产品市场萎缩，消费者的需求下降；内部，也出现产品质量下降、产品缺乏创新等。面对公司目前的状况，总经理提出了精简组织结构及裁员的提议，经董事会同意后予以实施。

> 但由于公司前几年发展迅速，人力资源部门将主要任务放在了不断为新增的职位招聘员工并提供相应的人力资源事务性服务上，在人力资源规划这方面的工作还很欠缺。现在，该如何下达裁员决定、保留多少员工、如何处理减员下岗工作等问题让人力资源部门经理感觉手足无措。请问公司人力资源部门该如何进行人力资源规划？如何让人力资源规划适合公司的发展需求？

第一节 人力资源规划概述

一、人力资源规划的定义

人力资源规划（human resource planning）是指为实施企业的发展战略，完成企业的生产经营目标，根据企业内外部环境和条件的变化，运用科学的方法对企业人力资源的需求和供给进行预测，制定相宜的政策和措施，从而使企业人力资源供给和需求达到平衡，实现人力资源合理配置，有效激励员工的过程。

二、人力资源规划的分类

按照人力资源规划的期限长短，可以将它划分为长期人力资源规划、中期人力资源规划、短期人力资源规划三类。长期人力资源规划是指五年或五年以上的规划，中期人力资源规划是指一年至五年的规划，短期人力资源规划是指一年或一年以内的规划。

企业人力资源规划的期限长短，主要取决于企业环境的稳定性、确定性及其对人力资源素质高低的要求。如果经营环境不确定、不稳定，企业对人力资源的素质要求不高，可以随时从劳动力市场上补充所需的劳动力，则企业的人力资源规划以短期人力资源规划为主；反之，则必须制定较长期限的人力资源规划。

三、人力资源规划的内容

人力资源规划的内容主要包括两个方面,即人力资源总体规划和人力资源各项业务规划。

1. 人力资源总体规划

人力资源总体规划是以企业战略目标为依据,对规划期内人力资源开发利用管理的总目标、总方针、实施步骤、时间安排、总预算等作出的总体安排。人力资源总体规划,从实践上来看,不仅要有数量方面的规划,也应有质量方面的规划。此外,作为企业总体规划的组成部分,人力资源总体规划的内容还应是反映环境变化的动态规划。

2. 人力资源各项业务规划

人力资源各项业务规划是人力资源管理业务的具体展开和人力资源总体规划的具体实施,其目的是保证企业人力资源总体规划目标的实现。它包括人员补充计划、人员配置计划、培训开发计划、薪酬激励计划、人员晋升计划、员工职业计划等。

(1)人员补充计划,是指企业根据其运行情况,通过各种选拔渠道,对企业可能产生的空缺岗位进行弥补的计划,以促进人力资源数量、质量、层次结构的改善。

(2)人员配置计划,是指根据岗位素质要求和员工素质水平,根据用人所长、注意潜能、动态平衡等原则,将人员配置到合适的岗位上,使企业人力资源的数量、层次和结构符合企业的目标任务和机构设置的要求。

(3)培训开发计划,其目的是使人和工作相适应,为企业准备所需要的人才。

(4)薪酬激励计划,通过薪酬激励计划,可以在预测企业未来发展的基础上,对未来的薪酬总额进行预算和推测,并确定未来一段时期内的激励政策。

(5)人员晋升计划,是指根据企业需要和人员分布状况,制定员工晋升的方案。这对于提高员工积极性和企业人员利用率是十分必要的。

(6)员工职业计划,是指对员工在企业内的职业发展所作出的系统性安排。

四、人力资源规划的作用

人力资源规划的作用可以分为两大部分，一是对企业战略方面的贡献，二是对人力资源开发与管理的贡献。

1. 人力资源规划对企业战略方面的贡献

（1）人力资源规划可以帮助企业识别战略目标。由于企业所处的内外部环境是不断变化的，企业的战略目标也随之不断在进行调整。而人力资源规划有助于企业认清自身人力资源现状，通过分析、预测人力资源的供求变化，使得企业的战略目标更具有预见性，从而提高企业对环境的适应力。

（2）人力资源规划有助于创造企业战略目标实现的环境。企业战略目标的实现需要有效的资源保障和配置，人力资源规划通过对人力资源的补充计划、配置计划、培训开发计划等，把人力资源集中到与企业目标最一致的产品和服务中去，还可以通过人力资源规划内容的制定、实施、评估和反馈，保证战略目标的可实现性。

2. 人力资源规划对人力资源开发与管理的贡献

（1）人力资源规划是人力资源部门各项业务活动开展的基础。人力资源规划能够为人力资源部门的各项业务活动设定目标，有利于人力资源部门人力、物力、财力等资源的合理利用，还可以提高人力资源部门业务活动的工作质量，提高工作绩效。

（2）人力资源规划对员工培训有很大的影响。人力资源规划对未来一段时间内人员的数量与质量提出了要求，企业可以根据目前人力资源供给状况、素质水平等来决定员工的培训范围、内容、费用等，最终达到以较小的资源成本获得较大收益的目的。

（3）人力资源规划能让员工了解企业未来的要求。企业的人力资源规划能够让员工了解企业未来各层面的人力资源需求，有利于其参照企业人力资源的供给情况来设计自身的职业生涯道路。这对于提高员工的工作积极性及提升其工作质量都是非常有益的。

第二节 人才盘点

一、人才盘点的定义

人才盘点是人力资源规划工作的基础，只有做好人才盘点，全面掌握企业已有人力资源现状，才能在此基础上进行系统的人力资源规划工作。

随着全球化和互联网的迅猛发展，以及企业重组和各项改革的深化，企业在迎来机制创新和业务发展的同时，也处于更趋激烈的竞争环境中。人才是企业之本，也是企业发展最重要的核心资源之一，如何更好地让企业的人才发挥最大作用，也成了管理者亟须解决的问题之一，人才盘点这一概念应运而生。

人才盘点是通过对企业战略、组织结构、人员状况进行深入分析后，作出人才的梳理、评价、配置、发展等安排的一系列过程。

在企业快速发展阶段、企业战略转型期，如果出现企业外部招聘量过大、关键人才流失比较严重及企业人才供给、分布不均衡等情况，都是企业需要进行人才盘点的重大信号。

二、人才盘点的意义

1. 战略层面

通过系统的人才盘点，对组织架构、人员配比、人才绩效、关键岗位的继任计划、关键人才发展、关键岗位的招聘以及对关键人才的晋升和激励进行深入研究分析，并制定详细的战略规划，可以帮助企业提升组织管理能力，明确人力资源管理的工作重点。

2. 人力资源工作层面

（1）为招聘决策服务。通过人才盘点明确企业需要及现有的人员情况，以确定招聘需求，为招聘工作提供决策依据。

（2）为培训开发服务。通过人才盘点明确现有的人才处于什么水平，未来的企业需要什么样的人才，盘点出差距，就可以有针对性地制定培育措施，提高个人能力。

（3）为员工提供激励服务。在人才盘点的同时开展绩效盘点，针对绩效的优劣，可以有针对性地制定激励措施，在刺激员工绩效提升的同时也能够增强员工的稳定性。

3. 员工个人层面

人才是企业非常重要的资产，人才盘点的过程也是各级管理人员统一人才标准的过程。通过人才盘点的落实，让管理者明确每一个指标的行为表现，也让管理者个人明确自身提高发展的方向。

人才盘点的结果也可以引导员工个人的发展方向，使其能够评估自身的优劣，为个人工作绩效的提高提供方向，同时也是个人职业生涯发展的落地措施，让员工能够看清前进的道路，促使其快速成长。

三、人才盘点的误区

1. 人才盘点是人力资源部门的工作

人力资源管理是三位一体的管理。一是企业的高层，如总经理或董事长；二是人力资源管理团队；三是各部门的负责人。人才盘点是为企业战略服务的、为经营服务的、为业务服务的，如果仅仅由人力资源部门来运作，高层对此不关注或被动参与，人才盘点的价值将会大打折扣。

2. 人才盘点不仅是一次会议

人才盘点不等同于人才盘点会议，这项工作不是企业的经营班子或者几个高层领导凑在一起凭感觉对每个人进行一番评论，然后根据这个结果进行人事决策那么简单。没有工具和数据支撑的人才盘点，注定会失败，因为它不科学、不客观。

3. 无须后期跟踪

如果不对人才盘点进行动态管理，不跟踪、不调整，那么通过人才盘点所形成的结果、决议、决定就很难落到实处，也很难跟企业的发展战略和实际经营生产紧密结合。

第三节　人力资源供需预测与平衡

一、人力资源供给预测

人力资源供给预测是人力资源规划中的主要内容，是预测在某一未来时期，企业内部所能供应的及外部劳动力市场所能提供的一定数量、质量和结构的人员，以满足企业为达成目标而产生的人员需求。

（一）人力资源供给分析

人力资源供给预测与人力资源需求预测是不同的，人力资源的需求预测只是企业内部对人力资源的需求而言的，人力资源的供给预测不仅需要研究企业内部的人力资源供给，还要研究企业外部的人力资源供给。

1. 内部供给预测

由于企业经营规模扩大、经营方向的转变，或由于本企业员工队伍的自然减员，企业必须获得必要的人力资源补充。一般来说，企业内部人力资源供给是企业人力资源供给的重要组成部分（新建企业除外），企业人力资源需求的满足，应优先考虑内部人力资源供给。

在预测企业内部人力资源供给量时，应考虑到内部员工的自然流失（如退休、工伤等）、内部流动（如晋升、降职、岗位轮换等）、跳槽（如辞职、解聘等）。

2. 外部供给预测

根据企业的人力资源需求预测和企业人力资源内部供给预测的结果，能够计算出本企业在未来一段时期内对人力资源需求的缺口，而这一缺口必然需要企业从外部不断补充人员。为满足企业人力资源的需求，企业就需要对外部人力资源供给情况进行预测。企业进行外部人力资源供给预测需要考虑以下因素。

（1）地域因素的影响。主要包括企业所在地人力资源数量和质量现状、所在地对人力资源的吸引程度、企业薪酬福利对所在地人才的吸引程度、企业本身对所在地人才的吸引程度等。另外，地域性因素还包括全国性因素，如企业所在行业全国范围的人才供需状况、全国相关专业高校毕业生人数及就业情况等。

（2）人口现状。人口规模、人口年龄结构、人口素质结构、现有劳动力的参与率等现状，将直接影响企业现有外部人员供给的状况。

（3）劳动力市场的发育程度。当劳动力市场发育良好时，将有利于人力资源在市场上的自由流动，有利于实现人力资源的合理、有效配置；当劳动力市场发育不健全时，将会影响人力资源的优化配置，也会给企业的人力资源外部供给预测带来一定的困难。

（4）择业偏好。如很多应届大学毕业生存在对职业期望过高的现象，在择业时偏好于大企业、大城市和东部发达地区，也有很多人希望从事工作清闲、环境舒适、风险小、劳动报酬高的工作。

（二）人力资源供给预测的方法

人力资源供给预测的方法有很多，这里选取几种有代表性的方法进行简单的介绍。

1. 技能清单

技能清单是针对一般员工的特点和企业管理的需要，集中收集每个员工的岗位适合度、教育经历、技术等级和潜能等方面的信息，为人力资源决策提供可靠信息。一般而言，技能清单中的内容需根据员工情况的变化而变化，一旦企业中出现岗位空缺，人力资源部门可以依据技能清单提供的信息来挑选合适的人选。表4-1是某企业人员技能清单示例。

表4-1　　　　　　　　某企业人员技能清单示例

姓名		岗位		岗位编号	
所属部门		直接领导		入职时间	

1. 教育背景（从高中以上填写）

时间	学校	所获学历	专业

续表

2. 所受的培训

培训时间	培训机构	培训课程	培训内容

3. 工作经验

工作时间	担任职务	主要工作职责	证明人

4. 所掌握的技能

5. 可能晋升的岗位及其所需接受的培训

6. 职业发展方向

7. 个人特长

8. 兴趣爱好

2. 管理人员接替模型

对于管理人员供给的预测，简单而又有效的方法是管理人员接替模型，该方法被认为是把人力资源规划和企业战略结合起来的一种有效的方法。

（1）管理人员接替模型图。管理人员接替模型图可以更清晰地表示出企业内部的人员流动情况（如图4-1所示）。

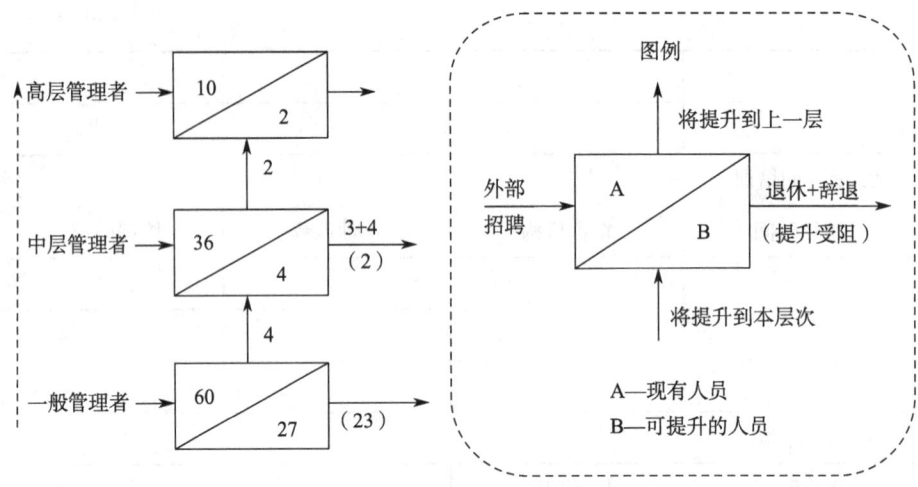

图 4–1　管理人员接替模型图

由图 4–1 可以看出,一般管理者有 23 人提升受阻,中层管理者有 2 人提升受阻。对于提升受阻的人员,企业应做好以下工作。

1)直接领导与提升受阻人员进行"一对一"的面谈,就有关晋升问题进行沟通,并鼓励提升受阻人员继续努力工作,全面提升个人素质。

2)为提升受阻人员提供宽松的发展空间,提供更多培训和深造的机会。

3)给提升受阻人员适当的压力,适当扩大他们的工作范围,让其承担更多重要的任务,在企业财务状况允许的情况下,即使不升职也可以提高他们的薪资等级。

(2)管理人员接替模型运用程序。

1)确定人力资源计划范围。即确定需要制订管理人员接续计划的管理岗位。

2)确定每个关键岗位上的接替人选,需要注意的是应将所有可能的接替人选都考虑在内。

3)评价接替人选。通过绩效考评方式判断其目前的工作情况是否达到提升的要求,可以根据评价结果将接替人选分为不同的等级,如分为可以马上接替、尚需进一步培训、淘汰三个级别。为清楚可见,可以将上述管理人员的接续内容在管理人员接替模型图中展现。

4）确定职业发展需要。将接替人员的个人目标与企业目标结合起来，实现人力资源供给与接续，根据评价结果对接替人员进行必要的培训，使之能够快速胜任将来可从事的工作。

（3）马尔科夫模型预测。马尔科夫模型目前广泛应用于企业人力资源供给预测，其基本思想是依据过去人力资源变动的规律，推测未来人力资源变动的趋势。马尔科夫模型通常是分几个时期来收集数据，然后再得出平均值，利用这些数据代表每一种岗位的人员变动的频率，就可以推测出人员的变动情况。其具体做法是将计划初期每一种工作的人数与每一种工作的人员变动概率相乘，然后再进行纵向相加，从而得到企业内部未来劳动力的净供给量。其计算公式如下：

$$N_i(t) = \sum_{j=1}^{k} N_j(t-1) \times P_{ji} + R_i(t)$$

（i，j 代表 1，2，3…）（k，t 代表 1，2，3…）

式中：$N_i(t)$ 代表 t 时 i 类别中的雇员人数，P_{ji} 代表从 j 类向 i 类的转移率，$R_i(t)$ 代表在时间（$t-1$，t）内 i 类所补充的人数，k 代表职务分类数。

例如，F 企业有甲、乙、丙、丁四类人员，该四类人员在 2020 年至 2022 年间的人员转移矩阵见表 4-2。

表 4-2　　　　F 企业四类人员的马尔科夫矩阵（1）

岗位名称	甲	乙	丙	丁	离开公司
甲（高级管理者）	75%	0	0	0	25%
乙（中级管理者）	5%	75%	5%	0	15%
丙（基层管理者）	0	4.2%	90%	0	5.8%
丁（技术员）	0	0	2.7%	73%	24.3%

由表 4-2 可以看出，该企业中甲岗位到 2022 年年初还有 75% 的人在本职岗位上，有 25% 的人离开企业；该企业中乙岗位上，有 75% 的人在本职岗位上，有 5% 的人晋升为甲岗位，有 15% 的人离开企业；该企业中丙岗位上，有 90% 的人在本职岗位上，有 4.2% 的人晋升到乙岗位，

有 5.8% 的人离开企业；该企业中丁岗位上，有 73% 的人在本岗位上，有 2.7% 的人晋升到丙岗位，有 24.3% 的人离开企业。

假如该企业 2022 年与 2020 年相比，企业的市场规模、经营方向等都没有太大的变化，根据表 4-2 中所示的企业人员变动率与 2022 年年初人员的数量，就可以预测到 2022 年 1 月的人员供给量及相应人员的需求量，见表 4-3。

表 4-3　　　F 企业四类人员的马尔科夫矩阵（2）

岗位名称	2022 年期初人数	2022 年 1 月（人）				
		甲	乙	丙	丁	离开公司
甲（高级管理者）	4	3	0	0	0	1
乙（中级管理者）	20	1	15	1	0	3
丙（基层管理者）	96	0	4	86	0	6
丁（技术员）	264	0	0	7	193	64
预计人员内部供给		4	19	94	193	0
外部供给（招聘）		0	1	2	71	0

此外，表 4-2 中的马尔科夫矩阵（1）还有助于企业对计划期内人力资源管理的重要决策提供依据。例如 F 企业的丁岗位上的人员每年平均的离职率为 24.3%，那么丁岗位会在将来出现人员短缺的现象，据此该企业可以提出以下对策。

1）查明丁岗位人员离职率高的原因，根据离职原因制定相应的人员留用策略。

2）加大对丁岗位人员的培训力度，使其能尽快得到晋升机会。

3）采用多渠道进行招聘，吸引更多的专业人员来填补丁岗位上的人员空缺。

二、人力资源需求预测

人力资源需求预测是根据企业的发展规划和内外部条件，选择合适的预测技术，对未来所需员工的数量、质量、层次和结构进行的预测。

（一）人力资源需求预测的内容

一般而言，企业人力资源需求预测的内容包括企业人力资源存量与增量预测、企业人力资源结构预测、企业特种人力资源预测。

1. 企业人力资源存量与增量预测。企业人力资源存量与增量预测是对企业现有和未来拥有的、不同层次的人力资源数量的推测和判断。其中人力资源存量主要指企业人力资源的自然消耗（如自然减员）和自然流动（如专业转移而引起的人员变动），人力资源增量主要是指由于企业规模、行业调整的变化而引起的人力资源上的新需求。

2. 企业人力资源结构预测。进行企业人力资源结构预测，可以保证企业在任何环境中都能有较好的人力资源结构的最佳组合，能够避免企业中不同层次人力资源组合的不配套。

3. 企业特种人力资源预测。企业特种人力资源主要是指企业中的特殊人才资源，这些人才往往在提高企业科技含量和竞争力方面起重要作用。

（二）人力资源需求预测的影响参数

企业内外部环境的变化对人力资源需求预测都会产生一定的影响，归纳起来，人力资源需求预测的影响参数如下。

1. **外部环境**

（1）市场需求的变化。市场需求的变化直接影响企业的生产销售情况、经营规模和经营方向。

（2）技术环境的变化。技术环境的变化会影响到企业的技术和设备，这就间接地影响了企业的人力资源需求。

（3）政策环境的变化。政府对工时标准、最低工资标准、社会保险等方面的方针政策，不仅会影响企业的用人制度，还会影响企业的用人战略。

（4）竞争对手间的竞争。竞争对手间对人才的竞争会造成企业间人才的流动，流出人才的企业会产生新的用人需求。

（5）劳动力市场的变化。一般来说，劳动力成本越高，企业越会选择以机器代替人；劳动力成本越低，企业越可能会使用更多的人工劳动力。

2. 内部环境

（1）企业规模的变化。企业规模的变化会对人力资源需求的数量和结构产生影响，规模扩大需要增加新的劳动力，企业的新业务更需要掌握新技能的人员。

（2）企业经营方向的变化。企业经营方向的变化并不一定会导致企业规模的变化，但对人力资源的需求却会产生影响。如零售业转向生产制造业，就必须增加生产技术人员和研发人员，否则将无法适应多变的市场环境。

（3）企业中每个工种员工的移动情况。工种之间的移动会促使企业中的熟练工人向更有技术性的相关工种调整，此时，企业就需要为初级简单的工种招聘新人。

（4）员工出勤率的变化。员工出勤率的高低直接影响在职员工的总数量，出勤率高，则员工总量需求就低；出勤率低，则员工总量需求就高。

（三）人力资源需求预测的方法

人力资源需求预测的方法有很多，按其性质特性可以分为定性需求预测法和定量需求预测法。

1. 定性需求预测法

定性需求预测法是指预测者依靠熟悉业务知识、具有丰富经验和综合分析能力的人员与专家，结合已经掌握的历史信息和直观信息，运用个人经验、分析能力和判断能力等，对企业未来某一时期的人力资源需求量进行预测。

（1）经验预测法。经验预测法是由不同等级的人员根据自己过去的工作经验和对未来变化的估计，预测企业未来人力资源需求的方法，可分为"自下而上"和"自上而下"两种方式。

自下而上法是指由具体的职能部门根据自己部门的需要预测将来某阶段内对各种人员的需求，并向上级主管提出用人需求和建议，最后经过横向和纵向的汇总、分析而获得人员需求预测的总数。

自上而下法是指由企业的最高管理层拟订出总体的人力资源需求计划，然后再将高层人力资源需求计划逐级下达到各职能部门，各职能部门根据本部门情况，对计划开展讨论、进行修改、提出建议，再将有关意见汇总后反馈给高层管理者，高层管理者据此对总的预测和计划做出最后的修订。

（2）德尔菲法。德尔菲法又称专家讨论法，它是采用匿名方式发表意见，即专家之间不得相互讨论，不发生横向联系，各专家只能与调查人员联系，专家依靠个人经验、知识和综合能力等进行预测，调查人员通过多轮收集专家对问卷所提问题的反馈意见，经过反复征询、归纳、修改，最后汇总成基本一致的看法，作为人力资源需求预测的结果。

（3）描述法。描述法是指人力资源需求预测人员可以邀请有关人员对本企业在未来某一时期的有关因素变化进行描述或假设，然后根据这些描述或假设，对组织进行分析、综合，从而提出企业未来的人力资源需求预测。

2. 定量需求预测法

定量需求预测法是指依据企业目前和预测期的相关指标及因素，运用数理统计方法，通过数学运算得出人力资源需求量。

（1）总体需求结构分析预测法。其公式为：

$$NHR=P+C-T$$

式中：NHR是指未来一段时间内需要的人力资源，P是指现有人力资源，C是指未来一段时间内需要增减的人力资源，T是指技术提高或设备改进后节省的人力资源。

（2）比率预算法。在运用比率预算法进行预测时，首先要计算出人均的生产效率，然后再根据企业未来的业务量预测出人力资源的需求，其公式为：

$$\text{所需的人力资源} = \frac{\text{未来的业务量}}{\text{人均的生产效率}}$$

如果考虑到生产效率的变化,其公式为:

$$\text{所需的人力资源} = \frac{\text{未来的业务量}}{\text{目前人均的生产效率}(1+\text{生产效率的变化率})}$$

例如,对于一个学校来说,目前一名老师能够承担30名学生的工作量,如果明年学校准备使在校生达到3 000人,就需要100名老师。

(3)回归预测法。回归预测法是通过建立人力资源需求量与其影响因素间的函数关系,根据影响因素的变化来预测人力资源需求量变化的一种预测技术。

其中,回归模型公式为:

$$y = a + \sum b_i \times x_i^{n_i}$$

式中:因变量 y 表示人员需求数量,其数据通过观测、查阅可以得到;自变量 x_i 表示第 i 个影响因素的值,其数据也可以通过观测、查阅得到;a、b_i、n_i 是特定值,它们表示 y 和 x_i 的关系,通过对 y 和 x_i 现有数据进行回归分析处理可以求得其具体数值。

(4)趋势预测法。趋势预测法是根据人力资源历史和现有的资料,找出人力资源数量的历史发展规律和趋势,并假定这种趋势将延伸至未来,从而预测出企业未来某一时期的人力资源需求,常见的方法有移动平均法、加权移动平均法、指数平滑法等。

1)移动平均法。移动平均法是以移动平均数作为预测值的方法,其中,移动平均数是根据预测事件各时期的实际值,确定移动周期,分期平均,滚动前进所得出的平均数。该方法更着重于用近期数据进行预测,其公式为:

$$\overline{N_{t+1}} = (N_t + N_{t-1} + \cdots + N_{t-n+1})/n$$

式中:$\overline{N_{t+1}}$ 表示第 $t+1$ 期预测人员的需求量,N_t 表示第 t 期实际人员数量。

2)加权移动平均法。加权移动平均法是在移动平均数的基础上,为每一期的实际数赋予一定的权重,用以调整各期实际数对预测数据的重

要程度。其公式为:

$$\overline{N_{t+1}} = \frac{(N_t W_t + N_{t-1} W_{t-1} + \cdots + N_{t-n+1} W_{t-n+1})}{W_t + W_{t-1} + W_{t-n+1}}$$

式中：W 表示权重。

3）指数平滑法。指数平滑法是指以指数加权移动平均数作为预测值的方法，是运用本期预测值和实际值的资料，以平滑系数 $α$ 作为加权因子来计算指数平滑平均数。其公式为：

$$\overline{N_{t+1}} = (α) N_t + (1-α)$$

式中：$\overline{N_{t+1}}$ 表示第 $t+1$ 期预测人员的需求量，N_t 表示第 t 期实际人员数量，$α$ 表示平滑系数，其取值范围为 $0<α<1$，$α$ 值的大小体现了不同时期数值在预测中所起的不同作用。

（四）人力资源需求预测的程序

人力资源需求预测的程序主要有以下五步。

1. 预测企业未来生产经营状态

企业未来的生产经营状态对人员的需求量有很大的影响，对未来生产经营状态的预测可以用各种具体职能活动的水平和分类计划来表示，如市场份额的变化、目标市场的改变、生产率水平的变化、各职能领域的扩大或缩小、产量及产品结构的变化等。为了能够准确地对人员需求进行预测，应尽量对上述各项指标进行定量描述。

2. 对影响人力资源需求的因素进行分析

应对影响人力资源需求的企业外部环境、企业内部因素、人力资源自身状况等因素进行全面、客观、有针对性的分析，常见的分析方法有 SWOT 分析法、竞争环境五因素分析法。

SWOT 分析法实际上是对企业内外部条件各方面内容进行综合概括，分析企业的优劣势、面临的机会和威胁的一种方法。其中，优劣势分析主要是对企业自身的实力及其与竞争对手的比较，机会和威胁的分析主要是着眼于外部环境的变化及对企业的可能影响上。竞争环境五因素分析法是对现有竞争对手的威胁、潜在竞争对手的威胁、购买者的议价能力、替代品的威胁和供应商的议价能力进行分析。

3. 选择预测方法

可选择的人力资源需求预测方法有定性需求预测法和定量需求预测法。在选择预测方法前，还应做好下面两项工作。

（1）在全面了解企业状况和发展方向后，选择适当的预测因子。不同的企业与人力资源需求有关的企业要素是不相同的。例如，对于房地产商而言，它可能是销售额；对于饮料厂，它可能是生产的饮料数。一个良好的预测因子至少需要满足两个方面的要求：一是预测因子应和企业的基本性质有直接关系，企业是按照这种要素作出计划的；二是预测因子和人力资源需求应成一定的比例，它的变化能够引起人力资源需求的变化。

（2）对预测因子进行历史考察，然后再对未来状况进行预测。首先要先确定过去企业要素与人力资源状况之间的关系，然后再对企业未来人力资源的状况作出预测。如当企业清楚地了解过去每年的产品生产量与生产人员数量时，就可以根据新的生产指标对未来的生产人员需求量作出准确预测。

4. 实施预测

在实施预测时需做好以下工作，即测算各职能工作活动的总量、确定各职能及各职能内部不同层次类别员工的工作负荷、确定各职能及各职能中不同层次对各类人员的需求量等。在对以上工作进行统计、讨论的基础上，计算出现实人力资源需求量、未来人力资源流失状况和未来的人力资源需求量，从而得出企业整体的人力资源需求预测。

5. 编制人力资源需求计划

编制人力资源需求计划的关键是正确确定计划期内员工的补充需求量，企业各部门对员工的补充需求量主要包括两个部分：一是由于各部门业务的需求而必须增加的人员；二是在原有的员工中，因年老退休、辞职等原因发生"自然减员"，而需要补充的那一部分人员。

三、人力资源供需平衡

人力资源规划就是要根据企业人力资源供求预测结果，制定相应的政策措施，使企业未来人力资源供求实现平衡，因此在预测出人力资源的供给和需求之后，就要对这两者进行比较，并根据两者比较的结果制定相应的改善措施。

（一）供给小于需求

当预测企业的人力资源在未来可能发生短缺时，要根据具体情况选择不同方案避免短缺现象的发生，主要的应对措施有以下六种。

1. 结合部门机构调整，对员工结构进行相应的调整，将部门内相对充足且符合条件的人调往空缺岗位。

2. 高技术人员短缺时，应拟订培训和晋升计划；如企业内部无法满足时，应拟订外部招聘计划。

3. 如人员短缺现象不严重，且员工愿意延长工作时间，此时应根据相关法律法规，制订延长工时并适当增加报酬的计划。

4. 提高企业资本技术有机构成，提高劳动生产率，形成机器替代人工的生产格局。

5. 制订非全日制临时用工计划，如聘用临时工或兼职人员。

6. 将非关键性的业务进行外包，这样可以减少企业对人力资源的需求。

（二）供给大于需求

人力资源供大于求是人力资源规划的难点问题，解决企业人力资源过剩的常用改善措施有以下六种。

1. 永久性辞退某些劳动态度差、技术水平低、劳动纪律观念差的员工。

2. 合并或关闭某些臃肿的机构，同时辞退相应机构内的员工。

3. 对一些接近而还未达到退休年龄者，鼓励其提前退休或内退。

4. 加强培训工作，使员工掌握多种技能，提高员工整体素质，并鼓励员工自谋职业、开办第三产业等。

5. 减少员工工作时间，随之降低工资水平，这样可以解决企业的一时之急，这是一种解决临时性人力资源过剩的有效方式。

6. 改变计薪方式，如当多个员工分担以前只需一个人或少数人完成的工作时，可按工作任务完成量计发工资。

（三）供需总量平衡，结构不平衡

当供需总量平衡、结构不平衡时，一般要采用下列改善措施实现平衡。

1. 员工内部流动，通过对员工进行工作调动或晋升等来平衡企业内部人力资源供需。

2. 对现有员工进行有针对性的培训，提高其知识技能，让他们成为企业需要的人才，并将其安排到空缺的岗位上。

（四）供需平衡改善措施的比较

为达到人力资源供需平衡会采取不同的改善措施，不同改善措施的见效速度和员工接受程度是不同的，具体内容见表4-4。

表4-4　　　　　　　　各种改善措施的比较表

类型	措施	见效速度	员工接受程度	类型	措施	见效速度	员工接受程度
减少预期人力资源过剩的方法	裁员	快	高	避免预期人力资源短缺的方法	加班加点	快	高
	降薪	快	高		雇用临时工	快	高
	降级	快	高		外包	快	高
	职位调动	快	中等		再培训后换岗	慢	高
	临时解雇	快	中等		降低流动率	慢	中等
	冻结雇佣	慢	低		从外部雇用新人	慢	低
	自然减员	慢	低		技术创新	慢	低
	提前退休	慢	低		——	——	——
	重新培训	慢	低		——	——	——

资料来源：雷蒙德·A.诺伊，约翰·R.霍伦贝克，巴里·克哈特，等，2005.人力资源管理：赢得竞争优势［M］.北京：中国人民大学出版社．

第四节 人力资源规划程序与执行

一、人力资源规划的程序

为达到预期目标,企业人力资源规划工作应严格按照一定的程序进行。人力资源规划的程序一般包括八个步骤:经营决策与战略分析、现有人力资源盘点、企业内外部环境分析、人力资源供需预测、总体规划制定、业务计划制订、规划组织与实施、规划评估与调整。

(一)经营决策与战略分析

对企业的经营决策与战略进行细致分析,是人力资源规划的必要环节。一般情况下,企业会根据发展环境和自身的实际情况制定和调整总体发展战略和经营决策,并结合企业人力资源状况设计出战略性的人力资源发展规划。

1. 企业经营决策分析

企业经营决策是从企业发展的总体战略目标出发,并通过采取一系列的有效政策和措施,使企业在市场竞争中获得、保持一定竞争优势的决策。企业根据自身的实际情况,一般可以采取以下两种经营决策类型。

(1)廉价型经营决策。通常情况下,廉价型经营决策比较适用于以扩大市场占有率为目的,或者生产条件(情况)比较稳定、技术条件变化不太大的企业。

廉价型经营决策要求企业在参与市场竞争的过程中,以低价来营销自己的产品和提供优质服务,从而夺得市场的制高点。企业采取廉价型经营决策,应该借助高科技、扩大生产规模以及雄厚的财务实力等条件,在生产、采购、供应或营销过程中节约成本、精打细算。

(2)独特型经营决策。独特型经营决策是指企业在参与市场竞争的过程中,主要以独特性较强的产品来获得竞争优势的决策。

企业采取独特型经营决策，主要包括两种形式：创新型竞争决策和优质型竞争决策。创新型竞争决策是指企业以生产和销售竞争对手所不能制造的创新型产品，来占领市场竞争制胜点，最终获得市场竞争优势；优质型竞争决策是指企业以生产和销售竞争对手所不能提供的优质产品或服务，来赢得消费者的喜爱，最终获得市场竞争优势。

2. 企业发展战略分析

企业发展战略是企业总体发展方向与过程目标性、全局性、计划性、应变性的有效统一，是企业基本发展目标及其为达成目标所要采取的行动方案、资源配置决策的结合体。一般情况下，可以将企业发展战略划分为以下三种类型。

（1）总体战略。总体战略（corporate strategy），是企业所制定的最高层次战略。总体战略经常涉及企业财务资金运作、组织结构创新与变革等事关企业发展全局的重大战略问题。其战略重点主要表现为以下三项内容。

1）企业内部资源如何有效、合理进行分配与配置。

2）企业下属单位如何提高绩效，提升团队竞争优势。

3）企业根据自身情况和目标如何拓展新业务、新的发展领域。

（2）经营战略。经营战略（business strategy），也称竞争战略、业务战略，主要是指围绕企业生产经营模式，为增强市场竞争优势和提高整体绩效等作出的战略决策。经营战略是企业为了业务生存和发展，服务总体战略目标而制定的，属于企业二级战略或事业部层次的战略。

（3）职能战略。职能战略（functional strategy），也称职能支撑战略，是指涉及企业各个职能部门并充分发挥其职能，以推动企业总体战略实现的具体分支战略。

职能战略又分为生产运营型职能战略、资源保障型职能战略和战略支持型职能战略三种类型。生产运营型职能战略是企业或业务单元的基础性职能战略，从企业或业务运营的基本职能上可以为总体战略或业务战略提供支持，主要包括研发战略、生产战略、质量战略、营销战略、物流战略等；资源保障型职能战略是为企业总体战略或经营战略提供资源保障和支持的职能战略，主要包括财务战略、人力资源战略、信息化战略、知识管理战略、技术战略等；战略支持型职能战略是从企业全局出发，为总体战略和业务战略提供支持的战略，主要包括组织结构战略、企业文化战略、公共关系战略等。

企业在进行人力资源规划时，企业经营决策与战略分析是保证人力资源规划设计方案能与企业发展统一，是人力资源规划顺利设计与设施的重要前提。总而言之，人力资源规划要与企业的经营决策与发展战略相匹配。

（二）现有人力资源盘点

人力资源盘点指对企业内部现有人力资源的数量、质量、结构等进行核查，掌握企业目前人力资源状况，并对短期内人力资源供给作出预测，以清楚地认识人力资源情况对其他人力资源管理工作的影响。

企业在组织、实施人力资源盘点工作时，常用的人力资源盘点指标主要包括人力资源数量指标、人力资源素质指标、人力资源结构指标、人力资源管理能力指标和人力资源系统效能指标等，具体内容见表4-5。

表4-5　　　　　　　　人力资源盘点的常用指标

序号	指标类型	具体指标内容
1	人力资源数量指标	期初人数、期末人数、统计期平均人数、人员流动率、人员净流动率、人员离职率、非自愿性人员离职率、自愿性人员离职率、知识型员工离职率、内部人员变动率等
2	人力资源素质指标	（1）个体素质指标：品质指标包括责任感、敬业精神、团队合作、忠诚度等；能力指标包括专业技能、人际技能、概念技能等；知识结构指标包括教育和培训经历、工作经验等；情商指标包括认知情绪、接受情绪和控制情绪能力等 （2）团队素质指标：包括合理的素质结构、团队的运行效果等
3	人力资源结构指标	人员岗位分布分析指标、人员受教育情况分析指标、人员年龄分布、人员平均年龄、人员工龄结构、人员职称结构分布、人员技术等级分布等

续表

序号	指标类型	具体指标内容
4	人力资源管理能力指标	（1）招聘指标：招聘成本评估指标、应聘者比率、员工录用比率、招聘完成比率、员工到岗率、同批员工留存率、同批员工损失率、内部招聘比率、外部招聘比率、填补岗位空缺时间指标等 （2）培训指标：培训人员数量指标、培训费用指标、培训效果指标等 （3）绩效指标：绩效工资的比例、员工绩效考核结果分布、业绩合同绩效指标完成情况等 （4）薪酬指标：外部薪酬指标，包括不同行业薪酬水平、行业内薪酬水平、不同地区薪酬水平、消费者物价指数；内部薪酬指标，包括工资总额、人均工资、年工资总额增长率、年人均工资增长率、保险总额等 （5）员工关系：劳动合同签订比例、员工投诉率、解决争端的平均时间、社会保险参保率等
5	人力资源系统效能指标	全员劳动生产率、人均销售收入、人均净利润、万元工资销售收入、万元工资净利润、万元人工成本净利润等

（三）企业内外部环境分析

企业内外部环境分析是指对在企业系统内部和外部能够对企业生产、经营活动产生重要影响的各种因素进行分析。企业内外部环境分析是企业人力资源规划非常重要的一个环节，它关系到整个规划的客观性和战略影响性。

1. 企业内部环境分析

企业内部环境主要包括企业所属行业特征、企业发展战略、企业文化、企业人力资源管理系统以及工会等。

（1）企业所属行业特征。企业所属行业特征在很大程度上决定着企业的经营管理模式，也对人力资源管理有着重要的影响。具体来讲，行业属性不同，企业产品组合结构、自动化生产程度、产品销售方式等内容也不同，企业对所需的人力资源数量和质量的要求也不同。

（2）企业发展战略。企业在确定发展战略目标时，需要制定相应的措施来保证企业目标的实现，如企业生产规模扩大、产品结构调整或升级、采用新的生产工艺等都会造成企业人力资源结构的调整。所以，企业在制定人力资源规划时要着重考虑企业发展战略，以保证企业人力资源规划有助于企业发展战略目标的实现。

（3）企业文化。企业文化，是指企业在发展过程中逐步形成的企业成员所共同具有的价值观念、道德准则等的总和。企业文化能够对人力资源管理的方式、方法、内容等产生重要影响。在不同的企业文化背景下，人力资源管理的具体活动和表现方式也有所不同。

（4）企业人力资源管理系统。企业人力资源管理系统既包括企业人力资源数量、质量和结构等特征，也包括人力资源战略、培训制度、薪酬激励制度、员工职业生涯规划等功能模块，这些都对企业的人力资源规划有着很大的影响。

（5）工会。工会是一个为维护员工集体利益而与企业进行交涉的团体，在调节劳动关系、稳定员工以及维护员工利益等方面有积极作用。在进行人力资源规划时，企业应对工会的构成、影响等进行分析和研究。

2. 企业外部环境分析

企业外部环境主要包括宏观经济环境、劳动力市场环境、科学技术环境、政治法律环境、社会文化环境等。

（1）宏观经济环境。企业所处地区的宏观经济环境会影响人力资源的供给与需求，企业在进行人力资源规划时需要对所在地区的经济体制、整体经济状况以及消费者的收入水平等进行分析，以更好地把握经济因素对企业人力资源管理产生的影响。

（2）劳动力市场环境。劳动力市场是企业人力资源的后备资源库，企业可以从中吸引、选拔、录用合适的人员。当劳动力市场发生变化时，企业可供选择的潜在人力资源也将随之发生变化，进而影响企业人力资源规划的制定和实施。所以，劳动力市场是企业进行人力资源规划必须考虑的外部因素。

（3）科学技术环境。科学技术环境会对企业产品生命周期、企业竞争战略及企业管理方式产生重要的影响，同时也会对企业人力资源规划产生很大影响。科学技术环境的变化也能使企业对人力资源的供给和需求处于结构性的变化状态。

（4）政治法律环境。政治法律环境，一般是由影响社会系统各方面行为的法律、政府机构和公众团体组成，其中影响企业人力资源管理系统的因素有政治体制、经济管理体制、政府与企业的关系、劳动力管理活动的法律法规和方针政策等。

（5）社会文化环境。社会文化能够反映社会民众的基本信念和价值观，是影响人类行为和决策的重要因素，同时对企业人力资源管理有着间接的影响。影响企业人力资源规划的社会文化因素有文化传统、价值观、宗教信仰、教育水平、风俗习惯等。

3. 环境分析基本方法

（1）SWOT分析法，又称态势分析法，是一种较为客观、准确地分析和研究一个企业现实情况的方法。SWOT分析法把企业内外部环境所形成的机会（opportunities）、风险（threats）、优势（strengths）、劣势（weaknesses）四个方面的情况结合起来进行分析，以制定适合本企业实际情况的经营战略和策略。

（2）竞争环境五因素分析法，是由美国学者迈克尔·波特在1980年出版的《竞争战略：分析行业和竞争对手的方法》一书中提出的。竞争环境五因素包括现有竞争对手的威胁、潜在竞争对手的威胁、购买者的议价能力、替代品的威胁和供应商的议价能力。

现有竞争对手的威胁主要取决于行业内竞争者的数量和实力、市场所处发展阶段和发展速度、产品间的差异程度、市场退出壁垒等。这需要企业在人力资源投入、产品开发等方面增加投资或降低产品价格。

潜在竞争对手的威胁主要取决于规模经济、原始资本需求壁垒、产品差异性壁垒以及国家政策法规等。

购买者的议价能力主要取决于购买者集中程度、购买者从本产业购买产品的标准化程度、购买者的转变费用、购买者掌握的信息等。

替代品的威胁主要取决于替代品的可替代程度、替代品的性价比、替代品的盈利能力、替代品生产企业的经营战略、购买者的转变费用等。

供应商的议价能力，其高低会影响企业的盈利能力。如果供应商较为集中，且从原来的供应商转向另一供应商的成本比较高时，供应商的议价能力一般就比较强。

（四）人力资源供需预测

人力资源供需预测是对企业人力资源供给和人力资源需求进行预测。人力资源供需预测阶段是人力资源规划中最重要也是最有难度的一部分，预测的准确性将直接决定整个人力资源规划的质量和可行性。

人力资源供给预测主要包括两个方面的内容，一是内部供给预测，即根据企业现有人力资源及其未来的变动情况，确定未来所能提供的人员数量和质量；二是对外部人力资源供给进行预测，以确定未来可能的各类人员供给状况。

人力资源需求预测主要是根据企业的发展战略规划和内外部环境选择预测技术，然后对人力资源需求的数量、质量和结构等进行预测。通常情况下，人力资源需求预测可以与企业现有人力资源盘点工作同时进行。

（五）总体规划制定

人力资源总体规划是人力资源管理活动的基础，着重于人力资源方面重要方针、政策和原则等的统一性和综合性。人力资源总体规划的制定是以企业战略目标为基础，对规划期内人力资源管理的总目标、总政策、实施步骤和总预算的安排。

人力资源总体规划的主要内容包括战略规划、组织规划、制度规划、人员规划和费用规划五个方面。

战略规划是根据企业总体发展战略目标，对企业人力资源开发和利用的方针、政策和策略的规定，是各种人力资源具体计划的核心，是事关全局的关键性规划内容。

组织规划是对企业整体框架的设计，包括组织信息的采集、处理和应用，组织结构图的绘制，组织调查、诊断和评价，组织设计与调整，以及组织机构的设置等。

制度规划是人力资源总体规划目标实现的重要保证,包括人力资源管理制度体系建设的程序、制度化管理等内容。

人员规划是对企业人员总量、构成、流动的整体规划,包括人力资源现状分析、企业定员、人员需求和供给预测以及人员供需平衡等。

费用规划是对企业人工成本、人力资源管理费用的整体规划,包括人力资源费用的预算、核算、结算以及人力资源费用控制等。

(六)业务计划制订

人力资源业务计划是指对人力资源总体规划的具体实施和对人力资源管理具体业务的部署。人力资源业务计划是人力资源总体规划的展开化和具体化,其执行结果应当能保证人力资源总体规划目标的实现。

每项人力资源业务计划都应该由目标、政策、制度、预算等构成,企业应当注意保持人力资源业务规划内部的平衡。例如,人员补充计划与人员培训开发计划之间、薪酬激励计划与人员使用计划、人员培训开发计划之间的衔接和协调。当企业需要补充某类员工时,如果信息能够及时传达至培训部门,并列入人员培训开发计划,则这类员工就不必从外部补充;当员工通过培训开发计划提高了工作能力与素质,而在使用和薪酬方面却没有相应的政策和措施,就容易挫伤员工接受培训开发的积极性。

(七)规划组织与实施

人力资源的总体规划和业务计划制定完成后,企业应该从以下五个方面入手,对人力资源规划的组织与实施进行有效管理。

1. 成立人力资源规划实施小组

具有竞争优势的专业管理人才是企业实现战略规划重要的组织保证。为了切实保证企业人力资源规划目标的顺利实现,企业应首先建立起一支反应迅速、机动灵活的人力资源规划实施小组。

2. 实现企业内部资源合理配置

人力资源规划的实施依赖于企业技术、财力、物力、人力和信息等资源的合理配置和有效运作，企业应该根据人力资源规划的要求制定职能部门项目规划和经费预算，将主要资源集中在发展重点上，以确保人力资源总体规划目标的实现。

3. 完善内部规划管理支持系统

企业应对原有的人力资源政策和规章制度进行全面检索，作出必要的调整和更新，使之成为人力资源规划实施的重要支撑。通过建立起畅通的信息传输、处理、存储和反馈渠道，对人力资源规划的实施过程进行有效的监控。同时，要优化职能部门和业务部门的办事程序，以提高企业和人员的工作效率，增强实施战略目标的兼容性，并建立起灵活的内部监控和制衡系统，以确保人力资源规划方向的准确性。

4. 有效调动企业全员积极因素

人力资源规划的实施有赖于企业全体员工的积极性、主动性和创造性。企业应该通过培育企业精神、营造良好工作氛围、倡导一流业绩以及物质精神双向激励等措施调动员工的工作积极性，以推动企业人力资源规划的顺利实现。

5. 充分发挥领导核心导向作用

人力资源规划的制定与实施实质上是企业领导者的重要职责。企业领导者应高瞻远瞩、审时度势，对人力资源规划具体实施过程进行有效引导、监督和控制，最终顺利实现企业人力资源规划的战略目标。

（八）规划评估与调整

人力资源规划的评估与调整是企业编制人力资源规划的最后一个阶段，也是人力资源规划完善和优化的重要环节。其主要包括确定评估内容、建立评估标准、评估实际绩效和调整战略规划四个过程。

1. 确定评估内容

人力资源规划评估内容具体包括企业人力资源战略使命与战略目标的执行情况、人力资源规划实施过程中具体运作及其局部工作与全局工作协调配合的情况、各个部门和员工对于人力资源规划目标的实现所做的贡献等。

2. 建立评估标准

企业应该根据以下监测、衡量企业人力资源规划的具体指标和方法来建立评估标准，具体见表4-6。

表4-6　　　　　　　　人力资源规划评估具体指标和方法

序号	评估项目	具体指标和方法
1	岗位员工的适合度	岗位员工的匹配度、岗位员工配置与员工接替的及时率、岗位工作的负荷率等
2	员工工作满意度	（1）通过上下级之间的沟通了解员工工作满意度的实际情况 （2）通过劳动力流出率、岗位人员流失率等指标了解员工工作满意度 （3）通过发放调查问卷的方式掌握员工工作满意度的实际情况
3	员工工作绩效	通过劳动生产率、出勤率、工时利用率、劳动定额完成率、文件传递速度、目标实现率、工作进度、利润率、资金周转率等指标进行衡量
4	员工心理、生理承受程度和状态	通过心理测试、问卷调查或面谈等方式进行确定
5	员工收入水平	通过与社会平均收入水平、同行业同类岗位收入水平进行对比和评价
6	员工对企业文化认知程度	通过面谈或调查问卷来掌握实际情况
7	员工接受培训及素质提高情况	通过各种统计资料、面谈、调查问卷等途径采集相关信息

3. 评估实际绩效

在人力资源规划的评估内容和评估标准确定之后，企业应该定期对人力资源规划的运行情况进行调查和记录，为进行有效的战略控制提供必要的数据资料和信息，保证人力资源规划评估的全面性和准确性。

4. 调整战略规划

在企业人力资源规划实施过程中，有两种情况可能使人力资源规划目标和方向产生偏移：一是人力资源规划分目标代替了总目标，二是将工作方法或手段作为目标来追求。企业应该根据人力资源规划实施结果的具体分析，对人力资源规划进行修改或调整。

在人力资源规划评估与调整的过程中，应该运用预定的标准与实际取得的绩效来对比，以查找出人力资源规划存在的主要问题和偏差。如果实际绩效处于偏差允许范围之内，可以按照原定的人力资源规划来执行；如果实际绩效与人力资源规划目标差距较大，企业必须进行诊断和分析，提出人力资源规划改进和调整的具体对策和方案。

二、人力资源规划的执行

（一）人力资源规划执行的意义

制定和实施企业人力资源规划是打造企业核心竞争力和规范企业经营管理体系的基础。为了更好地应对人力资源管理的各项问题，企业在制定了人力资源规划后，需要对规划的运营和执行加以控制，以确保人力资源规划的高效执行。

在企业的人力资源管理活动中，人力资源规划不仅具有先导性和战略性，而且在实施企业目标和规划过程中，它还能不断调整人力资源管理的政策和措施，指导人力资源管理活动。人力资源规划处于整个人力资源管理活动的统筹阶段，它为下一步整个人力资源管理活动制定了目标、原则和方法。因此，人力资源规划的执行效率直接关系着人力资源管理工作整体的成败。

人力资源规划的高效执行力，实际上是执行企业人力资源规划并实现企业既定人力资源战略目标的能力。完善的人力资源规划要依靠企业高效的执行力来实现，人力资源规划的制定与高效执行是企业人力资源部门一项非常重要和有意义的工作。

（二）人力资源规划执行的原则

人力资源规划的执行应遵循战略导向、整体规划、分步实施以及及时调整的原则，实现人力资源规划的高效执行。

1. 战略导向原则

人力资源规划以及具体执行计划的制订，必须以企业的战略目标为依据，避免人力资源规划及执行工作与企业的发展战略脱节。

2. 整体规划原则

整体规划原则是指要把规划执行过程看作一个整体，实施过程的每一个环节都相互关联、相互影响。规划的前期制定直接影响后期的规划执行和反馈调整，各环节执行到位与否也会影响规划整体的执行效果，而及时的反馈是确保规划顺利执行的有效保障手段。

3. 分步实施原则

分步实施意味着人力资源整体规划的执行需要分阶段实施，同时，人力资源规划的目标指标需要根据时间的发展、内外部环境的变化来实现。

4. 及时调整原则

在人力资源规划执行过程中，如果遇到内外部环境发生变化，现行的人力资源规划已经不能适应企业的发展时，需要及时反馈和调整人力资源规划。企业每年都需要调整人力资源规划，同时各项人力资源计划也应随着内外部环境的变化、战略的转变而改变，从而使规划更加完善、合理，规划的执行更加准确、有效。

（三）人力资源规划执行的要点与难点

企业制定完善的人力资源规划后，要实现长期地、有效地执行，必须了解执行过程中的要点和难点。人力资源规划执行的要点与难点包括以下四个方面。

1. 规划执行的统一规范

企业应明确规划执行部门的权责，制定规划管理规范制度，按照统一的管理标准执行、检查和监控，人力资源部门应与各部门随时保持沟通和协作，保障规划的高效贯彻实施。

2. 规划执行的工具支持

人力资源规划的执行需要相关配套工具的支持，在人力资源规划执行中可以使用表单等工具，保证人力资源各项规划执行流程的顺畅运行。企业在制订各项人力资源计划的同时，应设计相应规范化的表单和相关模板，为规划的执行提供保障。

3. 规划实施的监控

企业应经常性地对人力资源规划的执行情况进行监督和检查，对于执行不顺畅的规划，应检查是因为规划制定的不合理，还是执行的不到位。如果是规划制定的不合理，要及时调整、完善；如果是执行中存在问题的，需要企业在规划执行中，不断适应新情况，解决新问题，不断完善改进相应的计划，以符合企业当前的需要。

4. 规划执行的考核

对于所制定的人力资源规划，不仅要使员工了解规划内容，更重要的是有相应的考核制度与之进行连接，按照规划制定相应的考核、奖惩措施，奖优罚劣，确保人力资源规划各项计划的有效实施，使规划实施落到实处，规划执行达到预期的效果。

本章自测题

1. 请简述人力资源战略的制定步骤。
2. 结合实际，说说人力资源战略管理的意义。
3. 请列举人力资源规划工作的主要内容。
4. 谈谈你对"人才盘点就是人才梯度建设"这一说法的理解。
5. 请分析人力资源供大于求的调整思路。

第五章　招聘、甄选与再配置

 学习目标

- 目标1　了解招聘渠道有哪些
- 目标2　掌握招聘甄选方法的选择和使用
- 目标3　知晓人员再配置的原理和途径

 引导案例

> H公司是一家日化产品生产企业。几年来，公司业务一直发展很好，销售量逐年上升。每到销售旺季，公司就会到人才市场大批招聘销售人员，一旦到了销售淡季，公司又会大量裁减销售人员。H公司销售经理陈鸿飞就这件事曾给总经理蒋明浩提过几次意见，而蒋总却说："人才市场中有的是人，只要我们工资待遇高，还怕招不到人吗？一年四季把他们'养'起来，这样做费用太大了。"这样一来，H公司的销售人员流动性很大，包括一些销售骨干也纷纷跳槽，蒋总对销售骨干极力挽留，但还是没有效果，他也不以为然，仍照着惯例，派人到人才市场中去招人来填补空缺。

> 终于出事了,在去年 H 公司销售旺季时,跟随蒋总多年的陈鸿飞和公司大部分销售人员集体辞职,致使 H 公司销售工作一时近乎瘫痪。这时,蒋总才感到问题有些严重。因为人才市场上可以招到一般的销售人员,但不一定总能招到优秀的销售人才和管理人才。在这种情势下,他亲自到陈鸿飞家中,开出极具诱惑力的年薪,希望他和一些销售骨干能重回公司。然而,这不菲的年薪,依然没能召回这批老部下。
>
> 这时,蒋总才有些后悔,为什么以前没有下功夫去留住这些人才呢?同时,他也陷入了困惑,如此高薪,他们为什么也会拒绝,企业到底靠什么留住人才呢?

第一节 人员招聘管理

一、人员招聘概述

人员招聘是企业人力资源管理和生产、经营、发展的重要基点,企业越来越意识到人才是企业最根本、最具活力的竞争源泉,招聘活动是企业人才得以合理流动的有效手段之一。

(一)招聘的概念

招聘(recruitment)是指企业为了满足发展的需要,根据工作分析和人力资源规划的要求,寻找、吸引那些有能力又有兴趣到本企业工作的人员,从中选出符合企业发展要求和岗位任职资格的人员,并予以录用的过程。

员工招聘建立在工作分析和人力资源规划的基础之上。工作分析是对企业中各岗位的责任和所需素质进行分析,为招聘提供主要参考依据,同时为应聘人员提供岗位的详细信息;人力资源规划决定了要招聘的岗位、部门、数量、时限等因素。

（二）招聘的意义

员工招聘对企业来说有着非常重要的意义，主要包括以下几个方面。

1. 确保录用人员的质量，提高企业核心竞争力

企业间的竞争归根结底是人才的竞争。员工招聘一方面关系到企业人力资源的形成，另一方面直接影响企业管理其他环节工作的开展。

2. 为企业注入新的活力，增强企业创新能力

新员工可以给企业带来新的管理思想、新的工作模式，给企业带来制度创新、管理创新和技术创新。

3. 提高企业知名度，树立企业良好形象

企业利用各种各样的形式发布招聘信息，有助于提高其知名度，让外界更好地了解企业。企业在招聘的同时，通过招聘工作的运作和招聘人员的素质向外界展示企业的良好形象。

4. 有利于人力资源的合理流动，促进人力资源潜能的发挥

有效的招聘能促使员工通过合理流动找到适合自己的岗位，实现能位匹配，调动员工的积极性、主动性和创造性，使员工的潜能得以充分发挥，人员得以优化配置。

（三）招聘的原则

企业在实施员工招聘时，应当遵循以下四项原则。

1. 信息公开原则

信息公开原则是指企业在招聘员工时，应将招聘的岗位、数量、任职资格、基本待遇、招聘时限等信息及时向社会公布。

2. 公正平等原则

公正平等原则是指企业要对所有应聘人员一视同仁，使应聘人员能公平地参与竞争。

3. 效率优先原则

效率优先原则是指企业应根据不同的招聘要求灵活地选择适当的招

聘形式，用尽可能低的招聘成本吸引更多高素质员工。

4. 双向选择原则

双向选择原则是指企业招聘和应聘人员应聘过程中，双方根据自己的需要进行双向选择。

二、人员招聘渠道

招聘员工可通过内部招聘和外部招聘进行，内部招聘即在企业内部通过各种媒介公布招聘的职位，吸引员工来应聘，而外部招聘则相反。

（一）内部招聘

1. 提拔晋升

提拔晋升是指当企业的某些岗位需要招聘人员时，从企业内部选择符合条件的优秀员工从一个较低的岗位晋升到一个较高的岗位的过程。日本企业多采用这种形式填补岗位空缺，这种形式比较容易形成企业文化。

2. 工作调换

把员工调到同层次或下一层次岗位上工作的过程叫作工作调换。

3. 工作轮换

工作轮换类似于工作调换，但又有所不同。工作调换从时间上来看往往较长，而工作轮换则通常是短期的，有时间限制的；工作调换往往是单独的、一次性的，工作轮换往往是两个以上的、有计划的、定期进行的。

4. 人员重聘

如对下岗人员、长期休假人员、出国进修人员等的聘用，这些人员对企业比较熟悉，能很快上岗，从而减少培训成本。

5. 员工推荐

员工推荐是指企业员工举荐新员工的招聘方式，员工推荐在招聘专业人才时比较有效。目前在国际、国内很多企业得到广泛应用。

（二）外部招聘

1. 广告媒介

通过在报纸、杂志、广播、电视、网络平台等媒体上刊登招聘广告，吸引人才，同时扩大本企业的知名度。

2. 校园招聘

该方式一般适合招聘专业职位或专业技术岗位的人员。

3. 猎头公司

通过猎头公司招聘的主要对象是高级管理人才。猎头公司有大量的人才储备，搜寻人才比较快，质量高，但收费昂贵，通常委托费是被举荐者年薪的30%。

4. 网络招聘

网络招聘是指利用互联网技术进行的招聘活动。对企业来说，收费低、速度快；对应聘者来说，省时、省钱、省力。我国出现了许多大型的人才招聘网站，促进了人才的流动，降低了招聘成本，网络招聘已成为我国人员招聘的重要途径。

5. 社交媒介招聘

随着互联网技术的发展，通过社交媒介进行招聘，已成为一种新的企业招聘方式。在我国，很多社交媒介正在积极尝试招聘活动，如微博、微信、QQ等社交App。

（三）内部招聘和外部招聘的选择

在企业内部寻找候选人来填补职位空缺有以下优势：企业熟悉内部候选人的资格，成本较少，能更快地填补工作空缺；内部招聘会使员工对企业更加忠诚，能提高员工的士气，而且内部候选人更熟悉企业的政策和实践。因此，内部招聘需要较少的成本和培训。

但是，内部招聘也会产生一些问题。在一个职位空缺时，许多员工都会被考虑补充那个职位，当然大部分会被否决，一些被否决的候选人可能会产生怨恨。另外，当员工被提升到正在工作部门中的主管职位时，该员工必须在过去的同事面前扮演一个新角色,并且当过去的朋友成为下级后,其扮演角色的困难更大。

外部招聘可以为企业带来新思想、新技术、新方法,有利于促进企业创新;外部招聘的选择面更广,有利于企业招聘到优秀人才。另外,外部招聘在一定程度上可缓和内部竞争者之间的矛盾。然而,外部招聘所得的人才不了解企业情况,可能较难融入企业文化,且在甄选过程中可能存在选择失误,使企业得不偿失。

企业应根据人力资源战略、职位特征等因素,结合内外部招聘的优缺点选择合适的招聘渠道。一般初等职位及特定的高层职位在企业内部可能没有合适的人选,企业会选择进行外部招聘。

三、人员招聘程序

为保证招聘工作的科学规范,提高招聘的效率,人员招聘工作一般包括确定招聘需求、制订招聘计划、开展招聘活动、录用、评估招聘效果五个程序。

1. 确定招聘需求

招聘需求是在人力资源规划的基础上,根据各部门的实际用人需求确定的,具体取决于需要招聘人员的岗位本身。通常情况下,招聘需求必须由用人部门和企业的人力资源部门共同确定。在很多时候,用人部门由于没有控制成本的压力,在没有必要增加人员雇用的情况下,也会提出招聘需求。在这种情况下,人力资源部门就要根据自己的专业知识对用人部门的人力资源需求理由进行分析和判断。

2. 制订招聘计划

招聘需求确定后,人力资源部门需要同用人部门共同制订招聘计划。一份招聘计划的内容一般包括招聘范围、招聘规模、招聘渠道、招聘时间以及招聘预算。

(1)招聘范围。招聘范围是指企业需要确定将在什么样的范围内招聘空缺岗位的候选人。招聘范围主要取决于岗位本身的要求、填补岗位的候选人的地区可得性以及企业的战略定位。

（2）招聘规模。招聘规模是指企业根据自己需求雇用的人数所确定的需要获得的应聘人员的人数。通常情况下，企业会通过招聘的各个阶段不断地筛选应聘人员，从而最终雇用到自己所需要的合格应聘人员。在这一过程中，候选人的范围逐渐被缩小。因此，一开始需要招聘的人数和最终需要雇用的人数之间就需要保持一个适当的比例，比例越高，招聘的规模越大。

（3）招聘渠道。招聘渠道是指企业在外部进行空缺岗位的候选人招聘时所确定的招聘途径、招聘方向或所要招聘的目标人群。

（4）招聘时间。招聘时间是指对整个招聘活动所需要的总时间长度以及招聘活动各个阶段的时间进度所做的安排。招聘时间通常根据企业填补空缺岗位的时间和紧急程度确定。

（5）招聘预算。招聘预算是指整个招聘活动所需要的总费用。

3. 开展招聘活动

企业的人力资源部门需要根据招聘计划，通过适当的渠道公布招聘信息，同时收集应聘人员投递的简历，为下一步的人员甄选做好准备。

企业发布的招聘信息必须简洁、明确，而且要注明接收简历的截止时间以及企业的联系人和联系方式，以便应聘人员查询。

在实施招聘计划的过程中，有些企业主要让人力资源管理者与应聘人员接触，到后来的甄选阶段才会让用人部门的负责人参与。有些企业则会在一开始就让用人部门的负责人和人力资源部门一起从事招聘工作。这两种做法各有利弊，前一种做法节约人力和成本，后一种做法招聘效果更好。

4. 录用

这个阶段涉及的主要环节包括：录用决策、背景调查、发放录用通知、员工入职、试用与正式录用。

（1）录用决策。录用决策是依照人员录用的原则，把选拔阶段多种考核和测验结果组合起来，进行综合评价，从中择优确定录用名单。

（2）背景调查。在确定拟录用人选之后，并且在该拟录用人选上岗之前，企业会通过应聘人员原来的企业、同事以及人力资源部门工作人员等相关人士了解该应聘人员的情况,以核实应聘人员所提供信息的真实性和准确性,尤其是对于企业的经理级以上的岗位或比较重要的岗位(如财务、采购、技术等),背景调查尤为重要。

(3)发放录用通知。录用通知书是企业向拟录用人员发出的通知,告知其已被录用的情况,是企业与拟录用人员签订正式劳动合同的"要约"。录用通知书一般是通过信函、短信、E-mail 等方式,告知录用人员具体的岗位、岗位职责、薪酬、报到时间、报到地点以及报到时应携带的资料等信息。

对未被录用的应聘人员,企业也应及时告知对方,这样会增加应聘人员对企业的好感,还可以为企业树立良好的形象。

(4)员工入职。新录用员工接到企业录用通知后,要在规定时间内到企业报到。企业人力资源部门应为新员工办理入职手续。入职手续的办理主要包括:验收相关证件、填写入职登记表、签订劳动合同。

(5)试用与正式录用。企业与员工签订劳动合同后,对新员工有一个考察期,即试用期,时间一般为 1~3 个月,最长不超过 6 个月。企业根据员工在此期间的表现决定是否正式录用。如果试用合格,试用期满,企业须及时更新员工信息,将转正信息录入员工个人信息库,办理员工岗位及薪资变更相关手续。

5. 评估招聘效果

招聘评估的目的是检验招聘工作的成果与招聘方法的有效性,并为招聘工作的改进提供依据。对招聘活动进行评估一般采用成本效益评估、数量质量评估和信度效度评估三种方法。

(1)成本效益评估。招聘评估通过成本与效益核算,使招聘人员清楚地知道费用的支出情况,区分哪些是应支出项目、哪些是可节约支出项目,这有利于降低今后招聘的费用,为企业节省开支。成本效益评估主要分为招聘成本效用评估和招聘成本收益比两种方式,其具体内容见表 5-1。

表 5-1　　　　　　　　成本效益评估的具体内容

方式	相关说明	所用公式
招聘成本效用评估	对招聘成本所产生的效果进行分析	1. 总成本的效用＝录用人数/招聘总成本 2. 招聘成本效用＝应聘人数/招聘时间费用 3. 选拔成本效用＝被选中人数/选拔期间费用 4. 人员录用效用＝正式录用人数/录用期间费用
招聘成本收益比	既是一项经济评价指标，同时也是对招聘工作的有效性进行考核的一项指标 招聘成本收益比越高，则说明招聘工作越有效，反之则不然	招聘成本收益比＝所有新员工为企业创造的总价值/招聘总成本

（2）数量质量评估。

1）数量评估。数量评估是检验招聘工作有效性的一个重要方面。通过数量评估，分析在数量上满足或不满足需求的原因，有利于找出各招聘环节上的薄弱之处，改进招聘工作。同时，通过录用人员数量与招聘计划数量的比较，为人力资源计划的修订提供依据。

录用人员评估主要从录用比、招聘完成比和应聘比三个方面进行，计算公式为：

$$录用比 = 录用人数 / 应聘人数 \times 100\%$$

$$招聘完成比 = 录用人数 / 计划招聘人数 \times 100\%$$

$$应聘比 = 应聘人数 / 计划招聘人数 \times 100\%$$

其中，当招聘完成比大于等于 100% 时，说明在数量上完成或超额完成了招聘任务；应聘比说明招聘的效果，该比例越大，说明招聘信息发布的效果越好。

2）质量评估。对录用员工质量的评估是指对员工的工作绩效行为、实际能力与工作潜力的评估，它是对工作招聘成果与方法的检验，又为员工培训、绩效评估提供了必要的信息。通过对录用员工质量的评估，有利于检验招聘工作方法的有效性,进而改进招聘方法。

(3)信度效度评估。

1)信度。信度主要指招聘测试结果的可靠性和一致性。可靠性是指重复测试得出同样的结论。

信度在一般意义上被分为稳定系数、等值系数、内在一致性系数。稳定系数是在两个不同的时间采用同一种测试方法对一组应聘者进行测试的结果的一致性;等值系数是对同一应聘者使用两种对等的、内容相当的测试,其测试结果之间具备的一致性;内在一致性系数是把同一(组)应聘者所需要做的同一测试分为若干部分进行考查,各部分测试所得结果之间的一致性。

2)效度。效度,又可称有效性或准确性,是指实际测评的应聘者的有关特征与想要测评的特征的符合程度。招聘测试必须能够测出它需要测定的功能或才能,此被称之为有效。

效度主要分为三类:预测效度、内容效度、同测效度。预测效度指测试能够预测将来行为有效性的程度;内容效度指测试能真正测定出需要测定内容的程度;同测效度指某种测试的测试结果与企业员工的实际工作绩效考核结果的相关程度相关性越高,说明该测试效度越高。

信度效度评估是对招聘过程中所使用的方法的正确性与有效性进行的检验。只有信度和效度达到一定水平的测试,其结果才适用于作为录用决策的依据,否则将误导招聘人员,影响其作出准确的决策。

第二节 甄选方法

一、笔试

笔试属于一种传统的测评技术,主要用于测量人员的基本知识、专业知识、外语知识、综合分析能力、逻辑分析能力、文字表达能力等素质。

笔试程序规范、操作方便、测评内容广泛,并且可以同时对多名人员进行测评，因此它在人才测评工作中始终占据很重要的位置，比较适合作为初步筛选的工具。一般来说，专业知识考试和一般知识测试可以采用笔试法。

其中，编制笔试题是关键，笔试题要以应聘职位为核心，应尽量包含应聘者胜任该职位所需要的专业知识、技能等内容。同时，试卷内容又不能过于注重专业化，为了了解应聘者各方面的水平，笔试还应对应聘者的综合素质、学习能力等有所考查。

（一）笔试的优缺点

1. 笔试的优点

笔试测试方法能够一次性列出几十道甚至上百道试题，考试取样范围广泛，对应聘者知识、技能和能力的考核具有较高的信度与效度。应聘者的心理压力较小，易发挥正常水平，成绩评定结果比较客观。具体来讲，笔试具有以下三个方面的优点。

（1）客观性。笔试试题需要依据一定的内容和客观标准进行设计，试卷的评改也依据相关的评分标准，有利于减少人为干扰因素，提高人员的鉴别能力。

（2）广博性。笔试试题一般范围广泛，包含的内容多种多样，旨在考查应聘者各方面的能力素质，选拔高层次的人才，其结果可信度也较高。

（3）经济性。企业通过笔试进行人员甄选，能够在同一时间、不同地点，对大规模应聘者进行考试，从而有效节省招聘成本，提高考试效率。

2. 笔试的局限性

笔试虽然能够较为客观地考查应聘者，但是仍然不能全面地对应聘者的工作态度、组织管理能力、口头表达能力和操作技能等进行考查。因此，在使用笔试法进行考查的过程中，还需要辅助以其他的测评方法，如行为模拟法、心理测验法等，用来弥补笔试法的不足。

(二)笔试试题设计

笔试试题的设计,需要注意试题的内容和形式,既要体现人员选拔的普遍性,同时也要能够发现不同应聘者间的不同素质与能力。笔试试题设计主要包含以下内容和原则。

1. 笔试试题的设计内容

招聘考核中的笔试,针对不同的招聘岗位有不同的侧重点,如对技术人员侧重于考查其技术水平,对文书工作者侧重于考查其书面写作能力。一般来说,笔试主要包括如表 5-2 所示的五个方面的内容。

表 5-2　　　　　　　　　笔试试题设计内容

试题类型	内容描述
思想道德素质测试	良好的思想道德素质是对应聘者的基本要求,主要包括政治思想水平、品德修养和工作态度三方面的内容
知识素质测试	主要是针对一些通用性的基础知识和担任某一职务所要求具备的专业知识进行考查
智力测试	主要考查应聘者的观察分析能力、记忆力、思维反应能力、想象能力以及对于新知识的学习能力等
特殊能力测试	主要考查岗位所需的技能,用以检验应聘者对专业知识的运用能力
个性特征测试	主要通过设计心理测验试题或一些开放式的问题来考查应聘者的个性特征,主要包括气质测试、人格测试等

2. 笔试试题的设计原则

企业通过笔试进行人员的招聘和甄选,主要目的是选择适合企业、适合岗位的、在实现企业目标的过程中能够与企业共同进退、维持企业的发展和活力的人才。因此,笔试试题在设计过程中,应遵循以下三点原则。

(1)目标明确。笔试试题设计必须有明确的目标。企业进行人员招聘,做到目标明确是考核应聘者能否胜任拟招聘岗位的基础,因此笔试试题设计必须具有明确的目标,能够准确地反映拟招聘岗位的任职资格。

（2）题量、难度适中。笔试过程中，为了让应聘者充分展示自己的能力，招聘人员在设计试题时，应该遵循题量和难度适中的原则。

（3）题型恰当。笔试的题型通常包括选择题、填空题、判断题、简答题、计算题、论述题和写作题等，按照试题的评分是否客观、答案是否唯一将这些试题分为主观题与客观题两大类。招聘人员在设计笔试试题时必须根据考核的目的，选择恰当的题型。

二、面试

面试是招聘者与应聘者面对面的交流和沟通，招聘者能够直观地了解应聘者素质状况、能力特征及求职应聘动机的一种人员甄选方法。

（一）面试的特点

与其他甄选方法相比，面试主要具有以下特点。

1. 联系性强

面试过程中，应聘者的心理特征能够通过其个体的外部行为表现出来，面试者能够据此进一步考察应聘者的能力、气质和性格特征。

2. 直观性强

面试是面试者与应聘者的直接接触，通过面试，面试者会对应聘者产生直观的印象，这种印象会对聘用决策起重要作用。

3. 灵活性强

面试的方式和内容具有较大的灵活性和变通性，一方面面试可以根据不同岗位的特点采取不同的方式；另一方面可以在事先设计好的面试问题基础上，在面试过程中根据实际情况进行增减。

（二）面试的类型

面试的类型有多种，从不同角度、按不同的依据，分类也不尽相同。

1. 根据面试的结构化程度分类

根据面试的结构化程度，面试可分为结构化面试、非结构化面试和半结构化面试三种类型。结构化面试又称标准化面试，指的是企业按照固定化的程序，对特定岗位采用相同的面试试题，以测试不同应聘者的能力水平和素质差异的过程。非结构化面试也称非引导性面试，指的是企业面试人员根据岗位的基本情况与应聘者进行随意交谈，以给予应聘者充分展现自我的机会，并考察应聘者是否具备岗位所需的知识、技能等的过程。半结构化面试是介于结构化面试和非结构化面试之间的一种形式，指的是面试构成要素中有的内容作统一的要求，有的内容则不作统一的规定，也就是在结构化面试的基础上，面试中主考官向应聘者又提出一些随机性的问题。

2. 根据面试的压力程度分类

根据面试的压力程度，面试可分为压力面试和非压力面试。压力面试是将应聘者置于一种人为的紧张气氛中，让应聘者接受诸如非议性的、刁难性的刺激，以考察其应变能力、压力承受能力、情绪稳定性等。非压力面试是相对于压力面试而言的面试方式，是指应聘者处于一种无压力的状态下进行的面试。

3. 根据面试的人员组成分类

根据面试的人员组成，面试可分为个别面试、小组面试和集体面试。个别面试是指一个面试者与一个应聘者面对面交流。小组面试是多个面试者对一个应聘者同时进行面试。集体面试是一个面试者对多个应聘者或多个面试者对多个应聘者进行面试。

4. 根据面试的次数分类

根据面试的次数，面试可分为一次性面试和分阶段面试。一次性面试是指对应聘者的面试集中在一次进行。分阶段面试是指对应聘者的面试分几次进行。

5. 根据面试的内容分类

根据面试的内容，面试可分为情境面试和非情境面试。情境面试是指通过设定一种情境，观察应聘者在特定情境下的行为表现，以便发现、评价应聘者的素质和能力。非情境面试一般无特别场景设定，主要包括笔试、心理测试以及所提问题不包含情境元素的面试。

6. 根据面试的组织方式分类

根据面试的组织方式，面试可分为现场面试和远程面试。现场面试是指对现场进行组织，由面试者和应聘者面对面地进行交流。远程面试是指通过计算机网络技术和多媒体视频技术，面试者与应聘者进行异地面试，一般包括电话面试和视频面试。

（三）面试操作中常见的问题

1. 关于面试者选拔

面试者是主导面试过程的人，其自身的经验、态度、能力、看法等因素在一定程度上影响着面试的结果。因此，在选择面试者时要特别慎重，避免选择那些自认为经验、能力都优于应聘者而采用轻慢无礼的态度对待应聘者的面试者。

在面试者的选拔过程中，需要避免出现以下四个方面的问题。

（1）面试者缺乏对企业的整体了解。面试者缺乏对企业的整体了解和把握，尤其对企业领导风格、主要业务和未来发展方向缺乏深入了解。

（2）面试者缺乏沟通能力及资源整合能力。面试者的工作服务于企业各个部门，面试过程除需要面试者参与外，还需要多个部门协调完成，如果面试者缺乏良好的沟通能力，那么会使企业其他部门不满意、不配合招聘工作，最终导致招聘效果较差。

（3）面试者判断能力、预测能力不足。面试者须深入了解企业发展战略和项目选择，并了解这些对人才类型、人才能力及面试效果的直接影响；相反，如果面试者无法对企业未来需求进行准确预测，则可能会造成人工成本和面试成本的极大浪费。

（4）面试者缺乏时间掌控能力。面试者缺乏时间掌控能力会导致两个极端现象：一是让应聘者随意提问，造成面试效度水平较低；二是不给应聘者提问时间，在面试收尾阶段禁止应聘者提问，不尊重应聘者，影响企业形象。

2. 关于面试题目

面试题目是引导应聘者展现其知识、经验、能力等素质水平的工具，题目设计得是否合理、是否有效会大大影响面试的结果及其效度。面试题目设计不合理主要表现在面试题目固定、面试题目缺乏系统性两个方面。

（1）面试题目固定。如要求应聘者简述工作中的成功案例，此类面试题目为典型的无效题目，应聘者的回答会涉及自身性格、兴趣和经历等方面，但与工作岗位无关，易产生相似效应、晕轮效应和刻板印象。正是在这类题目的影响下，面试者选择的录用结果受主观性影响较大，无法预测应聘者今后在工作当中的表现。

（2）面试题目缺乏系统性。如在面试中，中高层职位应聘者笼统地说出其以往的工作业绩时，面试者没有详细追问。面试者在面试过程中随意提问，尤其是面试中高层职位应聘者时，缺乏系统性的面试题目会导致面试双方的互动性降低；在应聘者回答比较笼统时，面试者的追问十分随意，面试者无法有效引导应聘者进行细致的回答，导致得到的面试信息有效性偏低。

3. 关于面试技巧

面试技巧是指面试者在面试过程中所用到的一系列发掘、评价等技巧，主要包括提问技巧、异常应对技巧、观察记录技巧等，而实际面试中出现的问题也大多集中于这些方面。

（1）提问技巧方面。面试提问缺乏有效的技巧，主要表现在面试提问只局限于具体事实上，忽略应聘者个性特征、能力、价值观、动机和薪资要求等方面的信息。

（2）异常应对技巧方面。异常应对技巧方面的问题主要指面试者无法适当地调节那些过于紧张、羞怯、过分健谈、生气或失望、支配性过强、情绪化、敏感性强等各类应聘者的情绪，使面试偏离预期目标，无法考察应对异常的应聘者的能力、个性等信息。企业应针对常见的异常应对情况，组织面试者开展实战演练，提升面试者应对这些异常的操作水平。

（3）观察记录技巧方面。观察记录技巧方面的问题主要指面试者无法有效地运用面试工具对应聘者的眼神、身体姿势、手势、面部表情等相关信息进行观察、记录。针对这方面的问题，企业应事先在观察记录技巧方面对面试者进行培训，指引其有效填写观察记录表。

4. 关于面试评价

在面试评价方面，较为常见的两个问题为评价标准不统一、难以分辨应聘者所提供信息的真假。

（1）评价标准不统一。面试者在进行面试前，没有明确面试要素、面试观察要点、面试考察项目所占比重，无法量化面试评分标准，导致面试的评价受主观性影响较大，不同面试者对应聘者评价的差异较大。

因此，面试者在面试评价的过程中，一方面应注意避免首因效应、近因效应、晕轮效应、刻板效应、投射效应、对比效应这六种效应；另一方面需要统一面试评价标准，招聘者应提前为面试者编制好面试评分表，并做好评价标准的讲解与培训工作。

（2）难以分辨应聘者所提供信息的真假。对应聘者提供的信息难以辨别真假，主要体现在两个层面：其一，面试者在筛选应聘者履历资料的过程中，无法深入查证其简历内容的真实性；其二，在与应聘者面谈过程中，对应聘者提供的某一方面的工作业绩，如果没有通过一连串的问题予以追问，也不能很有效地区分真假信息，为录用决策埋下隐患。

三、心理测验

心理测验（psychological test），又称心理测评或心理测试，最先由美国心理学家卡特（Kurt）先生提出，是指通过一些心理学方法来测评人的能力水平和人格方面特征的一种科学方法。心理测验可以反映应聘者的能力特征，预测其发展潜能，也可以测定应聘者的人格品质及职业兴趣等。

具体来说，心理测验是通过观察人的具有代表性的行为，依据确定的原则进行推论和数量分析的一种科学手段。它通过对测试者进行智力测验、人格测验、职业倾向测验以及其他心理素质测验，如兴趣测验、价值观测验、态度测验等的判断，来对被测试者的个性特点进行描述，据此来预测被测试者未来的工作表现。在人员甄选中常用的心理测试方法包括能力倾向测试和人格测试。

（一）能力倾向测试

能力倾向是指个人具有的潜在能力，即其能力发展的可能性。在人员素质测评中，能力倾向测试应用最为广泛，主要包括一般能力倾向测试和特殊能力倾向测试。

1. 一般能力倾向测试

一般能力倾向测试中最常用的是一般能力倾向成套测试（General Aptitude Tests Battery，GATB），这是由美国劳工部就业保险局设计而成的综合性职业倾向测试。该测试由15种分测试构成，其中11种是笔试、4种是操作测试。GATB可以通过不同测试项目的组合测试出个人的9种能力倾向，即智力、言语能力、数理能力、书写能力、空间判断能力、形状知觉能力、运动协调能力、手指灵活度和手腕灵活度。

2. 特殊能力倾向测试

特殊能力倾向测试主要包括文书能力测试、机械能力测试、创造力倾向测试、音乐能力测试、霍恩美术能力问卷测试等。常用的是文书能力测试、机械能力测试、创造力倾向测试。

（1）文书能力测试。文书能力主要强调知觉反应的速度与动作的敏捷性，但实际工作除需要这两种能力之外，语言表达能力和数字能力也很重要。文书能力测试常用的工具主要包括明尼苏达文书测试、一般文书能力测试、计算机操作能力测试。

（2）机械能力测试。机械能力测试起源于工业或军事测验中的特殊能力倾向测试。经研究发现，在机械能力方面一般存在着性别差异，男性通常在空间和机械理解方面占优势，而女性则在手部灵巧度与知觉辨别方面占优势，且这种差异与年龄成正比，与文化也有一定的关联。

明尼苏达大学的帕特森及其同事对机械能力作了严密的分析，编制出明尼苏达机械拼合测试、空间关系测试、书面形式拼板测验三个测试工具。研究表明，在测量三维空间的立体视觉和操作能力方面，这些测试是有效又有用的工具之一，信度指数为 0.80~0.89。

（3）创造力倾向测试。创造力是指在解决问题的过程中，个人发散性思维的流畅程度、变通程度和独创程度，它是个人具备的推陈出新的能力，是个人的一种思维方式和能力类型。创造力强的人一般具有以下特征：独立性强、不肯雷同；知识面广、逻辑性强，想象力丰富、好奇幽默；面对困难时轻松自如，并能专心致志地去完成工作。

用来测试创造力的工具很多，包括吉尔福特创造力测试、威廉斯创造力倾向测评量表。

（二）人格测试

人格是一个人区别于另一个人并保持相对稳定的非智力性心理特征和行为倾向的总和，在心理学上又称个性。人格具有差异性、独特性、相对稳定性、社会性、整体性、功能性等特点。

1. 人格的构成及人格测试

（1）人格的构成。人格包含个性倾向性和个性心理特征。个性倾向性是人格的动力系统，包括人的需求、动机、兴趣、态度、价值观等要素；个性心理特征是人格中较稳定的部分，包括气质、性格、风格、思维等要素。

（2）人格测试。人格测试是指通过一定的方法和特定的工具（如自陈量表、投射测试等），定量分析对人的行为起稳定调节作用的心理特征和个性倾向，以便预测个人未来的行为和发展方向。

2. 人格测试工具——自陈量表

用于人格测试的自陈量表很多，下面主要介绍三种有代表性的量表：卡特尔16种性格因素测评量表（16PF量表）、艾森克人格测试问卷（EPQ）、霍兰德职业兴趣与价值观测评量表。

（1）卡特尔16种性格因素测评量表（16PF量表）。16PF量表是有关性格的自测量表之一，主要用于教育及教育辅导，心理障碍、身心疾病的预防、诊断、治疗，人才的选拔和培养。

卡特尔通过16PF量表，主要测评个人的乐群性（A）、聪慧性（B）、稳定性（C）、恃强性（E）、兴奋性（F）、有恒性（G）、敢为性（H）、敏感性（I）、怀疑性（L）、幻想性（M）、世故性（N）、忧虑性（O）、实验性（Q_1）、独立性（Q_2）、自律性（Q_3）、紧张性（Q_4）16种性格特征。

（2）艾森克人格测试问卷（EPQ）。EPQ由英国艾森克（H. J. Eysenck）夫妇编制，主要用来测量人们在内外倾向、神经质（情绪性）、心理变态倾向这三个方面的表现程度。采用是非题的形式，被测人员的回答与所述情形一致记1分，否则记0分。

EPQ有四个分量表，分别为P、E、N、L量表。P、E、N分别代表三个维度，L是后加的效度量表，测量说谎和掩饰性。

（3）霍兰德职业兴趣与价值观测评量表。职业兴趣是指个人对某类职业或工作所持的态度和积极性；价值观是指个人对某类职业的意义和重要性的总评价，它使行为带有个人的某种稳定性。人们总是寻找能够施展其能力与技能、反映其兴趣爱好和价值观的职业。

美国心理学家霍兰德根据个性特征与职业选择的关系，把人的个性划分为六种兴趣类型：现实型（R）、调研型（I）、艺术型（A）、社会型（S）、企业型（E）、常规型（C）。

3. 人格测试工具——投射测试

投射是指个人把自己的思想、态度、愿望、情绪、性格等个性特征，不自觉地反映于外界事物或他人的一种心理作用过程。投射测试是指向被测人员提供一些未经组织的刺激情境，让其在不受限制的情境下，自由地表现出其反应，通过分析反应的结果，就可以推断其人格特征。投射测试主要包括联想法（如罗夏克墨迹测试法）、构造法（如主题统觉测试法）、完成法（如完成句子测试法）、表露法（如画人测验、画树测验和逆境对话测验等）四种类型。

（1）罗夏克墨迹测试法的实施。罗夏克墨迹测试法有两个实施阶段：一是自由联想阶段，它要求被测人员根据所看到的说出所想的，并将其反应记录下来；二是询问阶段，测评人员按图片的顺序逐一询问被测人员。

（2）主题统觉测试法的实施。主题统觉测试法要求被测人员根据所呈现的图片自由联想编造故事、解释图形中是什么情境、图中情境发生是何原因、说明演变下去是什么结果，以及对情境的感想。

（3）完成句子测试法的实施。罗特编制的完成句子测验（The Rotter Incomplete Sentence Black）包含40个未完成的句子，根据被测人员的反应，将其情感、态度、观念等投射出来。如我喜欢（　　）、读书（　　）、我恨（　　）、大部分女孩子（　　）等。

一般来说，被测人员的反应分类有三种：一是C反应，代表冲突或不健康的反应；二是P反应，代表积极的或健全的反应；三是N反应，代表缺乏情调的中性反应，凡不属于C、P的都属于N反应。

（4）表露法的实施。表露法要求被测人员以某种方式（如绘画、游戏等）自由表露自己的心理状态，通过这些表现来测试人格特征。

四、情境模拟测试

情境模拟测试是指根据应聘者可能任职的岗位，编制出与该岗位实际情况相类似的测试项目，将应聘者安排在模拟的工作情境中来处理各种可能出现的问题，同时采用多种测评方法，观察应聘者的心理和行为，来测评应聘者的心理素质、个人潜力、应变能力等，并对其能否胜任该岗位做出科学合理的评价。情境模拟测试是人才甄选工作中广泛应用的一种素质测评方法，主要测试应聘者实际具备的能力水平。

（一）情境模拟测试的作用

情境模拟测试在选拔人才方面有着不可忽视的作用。这种作用主要体现在三个方面。

1. 为考察应聘者的观察能力、应变能力、管理能力等提供依据。
2. 有利于综合考察应聘者的相关能力，避免高分低能的现象。
3. 为公司安排应聘者的岗位提供依据，保证岗位与其实际工作能力相匹配。

（二）情境模拟测试的优缺点

1. 情境模拟测试的优点

（1）信度高，情境模拟测试的信度要比其他测评方法的可信度高，一般信度指数为 0.74~0.95。

（2）效度高，情境模拟测试有较高的效度，其效度指数一般为 0.45~0.65。

（3）预测性强，根据有关企业进行的情境模拟测试反馈结果，其预测能力是很强的。

（4）模拟性高，使应聘者进行了系统的模拟练习，提高了管理水平。

2. 情境模拟测试的缺点

（1）时间较长，情境模拟的设计工作一般在 1 个月以上，考官培训为 3~5 天，甚至 2 周左右。

（2）费用较高，并且需要有关专家的指导。

（3）受特定因素影响大，应聘者个人的心理素质（如紧张）、对该岗位相关背景知识的了解程度等特定因素会影响应聘者的表现。

（三）情境模拟测试的特点

与其他面试测评形式相比，情境模拟测试具有针对性、直接性、可信性、相对局限性、动态性等特点。

1. 针对性

针对性表现在测试的环境和内容是仿真的，测试本身着眼于拟招聘岗位对应聘者素质的实际需求。即模拟测试的情境是拟招聘岗位或者近似拟招聘岗位的情境，测试的内容又是拟招聘岗位的某项具体实际工作。

例如，对于财务人员的测试，需要应聘者根据已给的有关财务资料，编写出一份财务分析报告，报告内容包括数据计算、整体分析、个人观点、意见和建议等，此次测试就是针对财务工作的需要和现实问题进行的。

2. 直接性

在结构化面试中，应聘者容易陷入消极被动的境地，消极地接受面试者的提问，被动地思考和回答问题，在一定程度上不能充分地考查应聘者的基本素质是否符合职位与岗位的要求。而情境模拟测试内容不仅与拟招聘岗位的工作有直接联系，且使面试者能够直接观察应聘者的具体工作情况，直接了解应聘者的基本素质和能力，所以情境模拟测试更具有直接性。

例如，在招聘秘书的情境模拟测试中，面试者可以从一篇文章的信息中抽取观点，颠倒次序，然后语无伦次地口头叙述，让应聘者记录并据此写出一份"简报"，这种测试方式更能够直接判断应聘者的基本素质和能力。

3. 可信性

由于情境模拟测试接近或类似于实际工作，因此考察的重点是应聘者分析和解决实际工作问题的能力。再者，这种方式便于观察和了解应聘者是否具备拟招聘岗位所需要的素质和能力，因此情境模拟测试要比其他面试形式更具有可信性。

例如，在对编辑、记者进行测试时，面试者可以组织应聘者参观公司相关部门，以记者招待会的形式，由相关部门负责人解答应聘者的各种问题。随后，让应聘者针对采访记录撰写新闻综述和工作简讯。通过情境模拟测试，会使面试者了解应聘者是否具备该岗位需要的素质和能力，使结果更为可靠真实。

4. 相对局限性

情境模拟测试的相对局限性主要表现在测试的规范化程度不易平衡，测试的方式与所测试的拟招聘岗位的要求不匹配，导致测试效率低下，测试结果没有达到预期效果。同时，情境模拟测试对面试官素质要求较高，面试官应更加明确测试流程和评判标准。

5. 动态性

情境模拟往往会将应聘者置于一个动态模拟的工作情境中，模拟实际管理工作中瞬息万变的情况，不断对应聘者发出各种随机变化的信息，要求应聘者在一定时间和一定情境下作出自己的决策，在动态环境中充分展示应聘者的素质和能力。

 课程实训

结合本小节内容的学习，完成以下情境模拟实训，并尝试制作情境

实训的考核标准。

您现在是某公司赵经理的秘书,根据下列情境对以下情况进行情境模拟。您在情境模拟中饰演秘书,另一同学饰演访问者。您需要处理的工作如下。

实训情境

某公司的办公室主任要求拜见您的上司,可是您的上司赵经理完全忘记了今天的约见,赵经理与一位重要的客人打完网球后,正在与其吃饭。

作为经理的秘书,你该如何处理这种局面呢?请模拟以上情境给出你的解决办法,时间限制在10分钟。

实训指导

接待来访模拟是模拟者以接待人员的角色,对设定的情境进行接待来访者的现场模拟,主要考核模拟者的角色定位能力、接待的工作能力、现场应变能力、人际沟通能力、语言表达能力、解决问题能力、举止仪表等方面,以此可制定如下的评价标准。

情境模拟测试评价标准

测评要素		分级评价标准
角色定位能力	1级	找不准定位,角色和现实身份之间的转换困难
	2级	在情境模拟中的表现一般,能够较为清楚地了解模拟角色的特点
	3级	能够抓住角色的特点很好地处理模拟中的角色
工作执行能力	1级	不能明确工作任务,也不能很好地完成各项任务
	2级	较为积极地配合制定任务目标,协调和控制工作进度一般
	3级	能够创造性地执行各项任务,严格执行各项管理规章制度,并提出建设性的意见和建议
现场应变能力	1级	待人处世刻板,适应性差
	2级	待人处世较灵活,对周围的环境变化或角色的转变较适应
	3级	待人处世很灵活,善于审时度势,很容易适应岗位、职位或管理的变化所带来的冲击,取得主动

续表

测评要素		分级评价标准
人际沟通能力	1级	不善于抓住谈话的中心，观点不够简洁、清晰，对他人缺乏尊重
	2级	比较尊重他人，用较为清楚的理由和事实表达主要观点
	3级	语言清晰、简洁、客观，且切中要害，善于说服他人，能有效化解矛盾和抱怨
语言表达能力	1级	思路不清晰，用词混乱，容易让人误解，只能进行一般性的工作联系
	2级	能较为明确地知悉所要表达内容的层次，在不同的场合保持适当的语速，但表达不够简明
	3级	在交流过程中，思路清晰，表达简洁；能够配以手势或面部表情等来增强表达的效果；表达容易让人接近，有亲和力
解决问题能力	1级	遇到问题，束手无策
	2级	发现问题，能够想办法解决，但有时抓不住关键
	3级	能迅速理解并把握复杂的事物，发现关键问题、找到解决办法
举止仪表	1级	行为比较急慢、举止不太文明，穿着与场合很不搭配
	2级	能够感知所处的面试环境，举止比较拘束，不能很好地控制情绪，仪表能够较为妥善的处理
	3级	举止文明，穿着很有讲究，能够根据不同的场合选择合适的服装

五、评价中心

评价中心（assessment center）是第二次世界大战后迅速发展起来的一种人员素质测评的方法，而不是一个场所。评价中心技术是将各种不同的素质测评方法相互结合在一起的一种新型的人才测评技术，由多位测评人员从心理、能力、个性和情境测试等方面对被测试者进行测评，并根据工作岗位要求以及企业组织特征对被测试者进行全面的考察。

评价中心源于情境模拟，在一次评价中心中会包含多个情境模拟测验，但它又不同于简单的情境模拟，它是模拟技术、投射技术、面试技术等多种测评技术的有机结合。它主要适用范围包括管理岗位的人员选拔和晋升、管理潜能的前期鉴定、确定培训计划以提升管理能力和促进自我评价等。

评价中心技术主要包括无领导小组讨论、公文筐测评、案例分析、演讲、管理游戏、角色扮演、搜索事实、模拟面谈等。其中最常用的是无领导小组讨论、公文筐测评、管理游戏、角色扮演。

（一）无领导小组讨论

无领导小组讨论（leaderless group discussion），即无主持人讨论，是一种常用的无角色群体自由讨论的评价中心技术。主要是由一组应聘者组成一个临时工作小组，讨论某个给定的问题，并作出决策。由于这个小组是临时拼凑的，并不指定谁是负责人，目的就在于考察应试者的表现，尤其是看谁会从中脱颖而出。在讨论中，应聘者并不是一定要成为领导者，因为那需要有真正的能力与信心，还需要有十足的把握。

1. 无领导小组讨论的优缺点

（1）无领导小组讨论的优点：能够测试出笔试和单一面试所不能检测出的能力或素质；能够观察到应聘者之间的相互影响和作用，并根据其行为特征进行全面合理的评价；能够涉及应聘者多种方面的能力要素和个性特征，尤其是应聘者在无意之间暴露的自身特点，能够使考官预测其真实行为特征；能够有效地区分出应聘者的个体差异，并节省招聘时间成本；应用范围广，技术领域、非技术领域以及管理领域或其他专业领域中都可以使用。

（2）无领导小组讨论的缺点：对考官和测试题目的要求都比较高，应在考官进行专门培训之后实施；对应聘者的评价易受考官主观因素的影响，从而导致评价结果的不一致；指定角色随意，应聘者可能存在表演和伪装的情况，导致应聘者之间地位的不平等。

2. 无领导小组讨论的形式

无领导小组讨论的题目一般都是智力性的题目，从形式上来分，可以分为以下五种。

(1)开放式。所谓开放式题目是指其答案的范围可以很广、很宽,主要考察应聘者思考问题时是否全面、有针对性,思路是否清晰,是否有新的观点和见解。

(2)两难式。所谓两难式题目是让应聘者在两种互有利弊的答案中选择其中的一种,主要考察应聘者分析能力、语言表达能力及说服力等。

(3)排序选择。此类题目是让应聘者在多种备选答案中选择其中有效的几种或对备选答案的重要性进行排序,主要考察应聘者分析问题、抓住问题本质方面的能力。

(4)资源争夺。此类题目适用于指定角色的无领导小组讨论,是让处于同等地位的应聘者就有限的资源进行分配,从而考察应聘者的语言表达能力。

(5)实际操作。此类题目要求应聘者针对存在的问题设计一个实际操作方案。

(二)公文筐测评

公文筐(in-basket)是评价中心技术中被认为最有效的方式之一。它假设应聘者接替或替代某个管理人员的工作,并处理目标工作中的典型工作文件,如信件、内部纪要、报告、电话记录和备忘录等。应聘者需要将这些分别来自上级、下属、组织内部或外部的文件进行整理,然后进行优先次序的排列,决定需要授权的事物和对象。

1. 公文筐的适用范围

公文筐测评技术通过对应聘者的计划、授权、预测、决策、沟通等方面能力的测试,能够全面、综合地考察应聘者的素质能力。在实际操作中,公文筐测评技术主要用于评价和选拔管理层人员以及有效训练应聘者编制人力资源计划、进行组织设计以及解决人际冲突的能力。

2. 公文筐测评的优缺点

(1)公文筐测评的优点。

1)考察内容范围广泛。在公文筐测评中,除必须经过实际操作才能够体现的要素之外,任何背景的知识、经验以及能力都包含在文件中,通过应聘者对文件处理的表现，考官能够对其进行全面的考察。

2）表面效度高。公文筐测评中处理的文件与应聘者所应聘职位应用的日常文件有较高的相似度。从应聘者如何处理测试文件可以推断出其在将来工作岗位上能否处理好实际中的文件，从而判断应聘者是否具备招聘岗位所需要的素质。

3）适用范围广。公文筐测评具有广泛的实用性和较高的表面效度，因此，易于被企业所接受，是企业招聘经常使用的一种测试方式。

4）高度似真性。公文筐测评能够完全模拟现实中真实发生的经营、管理情境，因此对实际操作有高度似真性，预测效度高。

5）综合性强。公文筐测评的文件材料涉及日常管理、人事、财务、市场、公共关系等各项工作，因此能够对应聘者进行全面细致的考察。

（2）公文筐测评的缺点。

1）对公文编制人员要求较高。要获得较为可靠有效的编制公文文件，需要由测试专家、管理专家以及实际工作者进行相互配合。

2）成本较高。公文筐测评从设计、实施到最后评估需要较长的时间进行研究分析，需要投入大量的人力、物力和财力，才能够保证较高的表面效度，因此需要较高的成本。

3）评分难度大。由于受不同的企业氛围和管理观念的影响，文件处理结果的评价往往受多种因素的影响。在公文筐测评的评分确定过程中，由于面试者和应聘者往往存在理解上的差异，因此评价标准一般不会相同。

（三）管理游戏

管理游戏（management games），也称管理竞赛，是在招聘过程中，将应聘者分成若干组，并设计一个模拟的环境，使应聘者处理一些管理中经常遇到的现实问题，如购买、供应、装配或搬运等，并找到有效的解决方法。

1. 管理游戏的常用方式

在具体操作中，管理游戏最常用的方式包括以下两种。

（1）小溪练习。小溪练习实施时，面试者需要事先给应聘者滑轮、铁棒、木板、绳索等工具，并要求他们将一根粗大的圆木和一块较大的岩石运到小溪对岸。这一项任务单凭个人的能力无法实现，必须依靠小组中所有成员的共同协作才能够完成。通过对应聘者表现的观察，面试者可以对其领导能力、组织协调能力、合作精神、有效的智慧特征以及社会关系特征进行客观评价。

（2）建筑练习。这是一项个人练习，包括一名面试者和两名测评中心辅助人员。面试者要求应聘者使用木材建造一个很大的木头结构建筑。在练习中，两名测评中心人员充当"农场工人"A 和 B，辅助应聘者一起建造房屋。A 和 B 按照预定的目的和安排表现：A 表现出被动和懒惰的特征，如果没有明确的指令，他什么事都不干；B 表现出好斗和鲁莽的特征，在建筑过程中采取不现实和不正确的方式。A 和 B 以各种方式干扰应聘者的想法和方案。通过这一项练习，面试者可以针对应聘者的领导能力、心理素质以及情绪的稳定状况进行有效评价。

2. 管理游戏的优缺点

（1）管理游戏的优点。

1）集中考察应聘者的多种能力。管理游戏是为了解决某一问题或达到招聘职位目标而设计的，应聘者在游戏过程中，不断进行问题的解决，能够集中反映其多种能力素质。

2）模拟内容更接近实际工作。在管理游戏中，应聘者需置身于真实的矛盾环境中，需要具备良好的情绪控制力和领导指挥能力，才能够顺利完成任务。

3）形式活泼，趣味性强。管理游戏结合了复杂的招聘过程与有趣的游戏，能够消除应聘者的紧张感，使其在游戏过程中得到乐趣。游戏结束后的讨论总结，能够使应聘者了解游戏中的寓意并受到启发。

（2）管理游戏的缺点。

1）管理游戏对环境、道具的要求较高，而且需要花费大量的时间进行组织实施。

2）操作不便，难以观察，对面试者的要求较高。

3）完成游戏所需时间较长。

（四）角色扮演

角色扮演（role-playing game）是评价中心技术中的一种情境模拟测评法，一般选取一个与应聘者实际应聘岗位相关的人际关系情境或工作情境，由一名角色扮演者充当应聘者的客户、上级、同事或下属等角色。在评价过程中，面试者设置了一系列工作或人际关系中的矛盾和冲突，应聘者被要求扮演规定角色，并投入角色情境当中去处理各种问题。

1. 角色扮演的功能

角色扮演具有测评和培训两大功能。

（1）测评功能。通过角色扮演，面试者可以测试出应聘者的性格、气质以及兴趣爱好等心理素质，并对其工作中的判断决策能力、领导能力等进行评估，能够全面地评价应聘者各个方面的潜在能力。

（2）培训功能。企业对管理者进行培训时，需要人的角色具有多样性，在无法满足角色实践要求的基础上，进行角色扮演同样可以实现较好的效果，还可以对问题行为进行及时有效的修正。因此，角色扮演能够在模拟情境的条件下，实现受训者对角色的体验，促使他们了解自身，并做到改进和提高。

2. 角色扮演的优缺点

（1）角色扮演的优点。

1）角色扮演是一项参与性活动。企业在评价应聘者的过程中，通过角色扮演，能够充分调动其积极性，使应聘者努力施展自身的才华，全身心投入角色当中以获得较高的评价。作为受训者，已经明确自身的角色和所要达到的目标，在角色扮演过程中，能够始终持有浓厚的兴趣。

2）角色扮演具有高度灵活性。根据测评的目的，面试者可以自行设计相应的测试题目和场景，因此角色扮演的形式和内容是多种多样的。在面试者的要求下，应聘者可以进行灵活的表现，自主性和拓展能力都能够得到充分发挥。同时，面试者可以根据企业培训需要，对受训者进行角色的设定，作出适合角色的调整。由于在时间上没有严格的要求，因此能够消除人交互作用产生的不良影响。

3）角色扮演能够体现应聘者或受训者的真实意愿。角色扮演的基础是情境模拟，因此应聘者无须考虑所做决策如果失误而带给工作绩效的影响，能够放心地按照自己意愿来作出决策。所以，应聘者或受训者只需要充分扮演好自己的角色，尽量全面地体现出自身能力的各个方面。

4）角色扮演能够增进交流和沟通。在角色扮演的过程中，需要各角色之间的配合与交流，因此能够增进应聘者之间的自我表达、互相认知等社会交往能力。同事之间的角色扮演培训过程，也同样能够增进团队合作能力。

5）角色扮演能够提供生活经验和锻炼机会。角色扮演的过程，也是一个互相学习的过程。应聘者在与其他人共同进行角色扮演的时候，能够学习到对方的优点，可以从模拟的现实工作环境中，获得实际的工作经验，进而得到有效的提高和锻炼。

（2）角色扮演的缺点。

1）易于出现简单化、表面化和虚假人工化。这就需要设计人员对角色具有很强的设计能力，如果设计过于简单化和表面化，则会直接影响招聘的效率，使应聘者不能很好地投入角色并发挥能力，使企业在人员的招聘和任用上出现偏差。

2）易受应聘者自身条件的影响。由于每个人的性格特点不同，有些应聘者可能会出现不乐意接受已分配的角色，但却未表现出明确的拒绝，这就导致在招聘过程中应聘者不能充分发挥自己的实力，从而使面试者未能对其进行正确的评价。

3）易于出现刻板模仿行为和模式化行为。在企业使用角色扮演进行人员招聘时，很难避免应聘者出现刻板的模仿行为，这就导致他们的角色扮演和演戏一样，偏离了招聘的意义和初始目的。

4）易受客观环境的影响。在进行角色扮演的过程中，通常会有第三者的存在，无论是其他应聘者还是旁观者，由于自然的交互影响，在一定程度上都会对进行角色扮演的应聘者产生影响。

 课程实训

结合本节内容的学习,针对以下公文筐测试实例,分组进行测试评分。

实训实例

H公司以开发、生产和推广各种日用品为主营业务。公司技术力量雄厚,管理规范,现有员工500多人。公司的营销网络遍及全国各地,公司生产的产品在市场上已取得了良好的口碑,品牌已深入人心,目前公司正进入一个快速发展阶段。

今天是星期一,你有机会在以后的3个小时里担任该公司人力资源部门总监的职务,全面主持公司人力资源管理工作。

一、测试时间

现在是上午8点,你提前来到办公室,秘书已经将你需要处理的邮件和电话录音整理完毕,放在了文件夹内。文件的顺序是随机排列的,你必须在2个小时内处理好这些文件,并作出批示。11点还有一个重要的会议需要你主持,在这2小时里,你的秘书会为你推掉所有的杂事,没有任何人来打扰。

二、测试题目

【文件一】电子邮件

写信人:张总(分管生产与物流)

收件人:赵总(人力资源部门总监)

赵总:

您好!

明年年初,公司投资的生产线即将在分厂安装并试运行,提供生产线的德国公司也会提前安排2名技术人员参与生产线的安装与运行,我想通过人力资源部门安排一次关于新生产线岗位设置与人员安排的讨论会,请你先提出你的想法,并在这几天与我沟通一下这个问题。

沟通方式:信件或电子邮件。电话约定面谈时间。

【文件二】电子邮件

　　写信人：小王（骨干员工）

　　收件人：赵总（人力资源部门总监）

赵总：

　　我请求离开这个部门，因为我实在无法忍受部门经理（张凯）的专断，尤其是在作出重大决策时，一意孤行，使得整个部门都受累，最后还把责任全怪到我们的头上，谁要是犯了一点小错误，言辞极为恶劣。我乐意为公司付出，但我不愿意有这样的领导。

　　注：小王是公司的骨干员工之一，工作业绩一直很出色，而张凯是从基层调任上来的，过去的工作表现也一直受到好评。

【文件三】电话录音

　　来电人：业务一部

　　接收人：赵总（人力资源部门总监）

　　赵总：您好！上月业务一部副经理王华离职之后，又陆续流失3名业务主管，业务人员数量严重不足，人力资源部门至今没有补充到位，部门内士气低落。同时，部门内多名业务骨干要求与人力资源部门就业务提成额度问题进行沟通，此事如何处理，请指示。

【文件四】（邀请函）

赵总：

　　您好！

　　6月10日在××饭店举行一个关于人力资源的前沿研讨会，届时会有业界著名人士和各大型企业的高层领导莅临，真诚的邀请您并希望您的参与！

　　祝您工作愉快！

　　　　　　　　　　　　　　　　　　　　　　　　　月　　　日

【文件五】电子邮件

　　写信人：孙萍（绩效主管）

　　收件人：赵总（人力资源部门总监）

赵总：

您好！

公司准备实施基于目标考核的新绩效考核系统，之前就将任务分配下去了，让各部门制订出目标考核计划，按原定计划，该项工作应在下周三前完成，绩效专员对工作进程进行了检查，发现仅有4个部门完成了工作。当我们希望其他部门加快进度时，很多部门经理抱怨根本没有时间，觉得和员工共同制定工作目标是表面文章。目前工作进展很不顺利，请您能给我们一些支持。

回复方式：电子邮件

三、考评要素

1. 决策能力。
2. 计划组织能力。
3. 协调沟通能力。
4. 分析并解决问题的能力。
5. 控制统筹能力。

四、公文筐测试

测试者根据被测试者的表现给予评分，测试评分表见下表。

测试评分表

姓名		性别		年龄		应聘职位		应聘部门	
评估要素		要素内容				满分	实际得分	备注	
计划组织能力		处理问题是否有条理、处理是否得当				15			
分析解决问题能力		是否善于发现问题并从中获得有用的信息并快速采取有效的措施解决问题				35			
决策能力		处理问题是否果断、合理				20			
协调沟通能力		是否有效的化解分歧并达成一致意见				15			
控制统筹能力		是否分清事情的轻重缓急并全面的掌控				15			
总体评价						签字： 日期：　年　月　日			

五、撰写评估报告

经过对被测试者在公文筐测试这一环节的考核，得出各组的成绩。

实训指导

公文筐试题的考核要点包括被测试者的分析解决问题能力、计划组织能力、协调沟通能力等。本套试题答案的拟定思路主要从以下四个方面进行考虑，具体如下图所示。

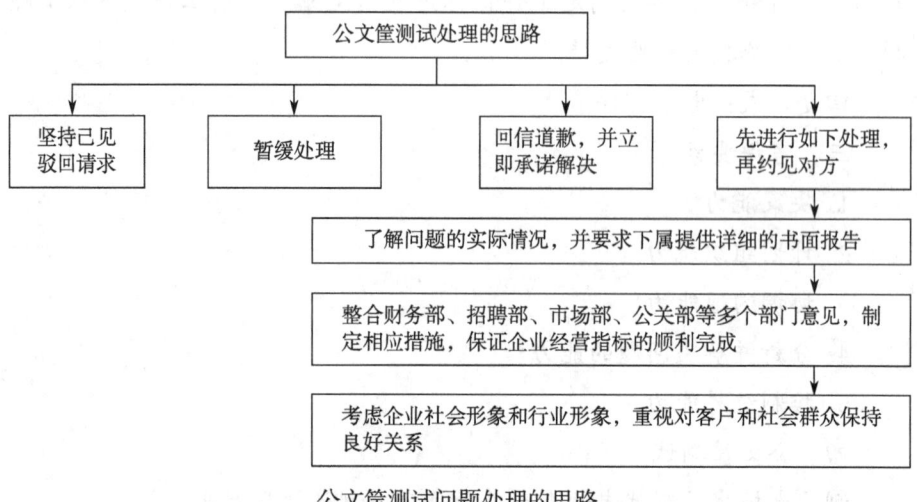

公文筐测试问题处理的思路

第三节 人员再配置

一、人员再配置的理论基础

人员再配置的理论基础，主要包括勒温的"场"论、目标一致理论和库克曲线。

（一）勒温的"场"论

美国心理学家勒温（Lewin）从人与工作环境不匹配的角度出发，分析了人员流动。他提出个人绩效（B）是个人的能力和条件（P）与所处环境（E）的函数，即 $B=f(P, E)$。

该函数表达出个人的绩效除与其内在素质和能力相关之外，还与其所处的环境息息相关，这里的环境即为"场"。由于环境变量是相对稳定的，所以其在函数中相当于常数。若环境 E 与绩效 B 也相关，即员工处于与自己偏好不符的环境中，就会严重影响员工的绩效，也会造成员工与企业的互不信任。

所以，企业解决这一问题的途径是通过人力资源再配置，为员工寻找新的、合适的职位，或者为职位配置新员工。

（二）目标一致理论

日本学者中松义郎在《人际关系方程式》一书中提出了"目标一致理论"。该理论可以通过图 5-1 来具体展现。

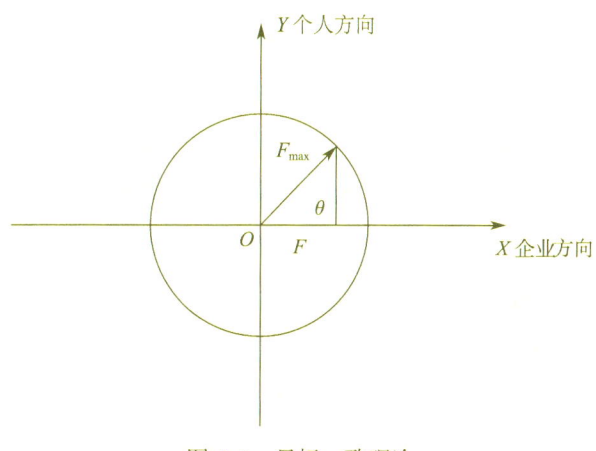

图 5-1　目标一致理论

目标一致理论揭示出，只有个人方向与企业方向达到一致时才能更好地发挥个人的潜力。对于企业的人员再配置而言，作为配置的主动方，企业应该在完成发展战略的同时，创造条件帮助个人缩小与企业方向之间的差距。

（三）库克曲线

美国学者库克（Cook）提出了人的创造力周期的统计曲线，并从自身创造力发挥的角度论证了人员再配置的必要性。库克曲线是根据对研究生参加工作后创造力发挥情况所作的统计曲线，具体如图 5-2 所示。

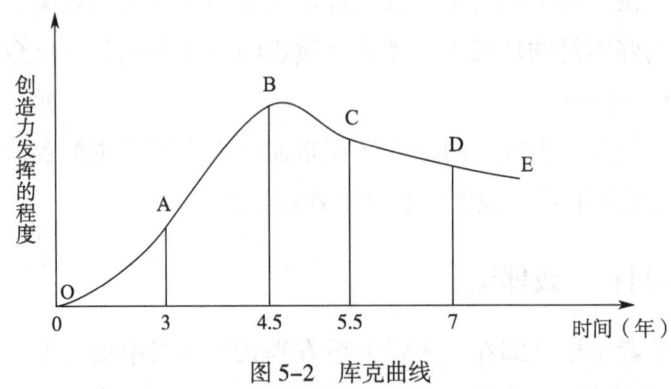

图 5-2 库克曲线

图 5-2 中，各个阶段曲线的意义主要体现在以下六个方面。

1. "OA" 是创造力的导入期，表示研究生在 3 年的学习期间创造力的增长情况。

2. "AB" 表示研究生毕业后参加工作的初期，第一次承担任务的挑战性、新鲜感、新环境的激励，使其创造力快速增长，即创造力成长期的情况。

3. "BC" 为创造力成熟期，即创造力发挥的峰值区，这一峰值水平大约可保持 1 年，是出成果的黄金时期。

4. "CD" 为初衰期，创造力开始下降，持续时间为 0.5～1.5 年。

5. "DE" 为衰减稳定期，创造力继续下降并稳定在一个固定值，如不改变环境和工作内容，创造力将在低水平上徘徊不前。为了激发研究人员的创造力，应及时进行人才交流，变换其工作部门和研究课题。

6. 一个研究人员到一个企业工作，创造力较强的时期大约有 4 年，即 "AD" 阶段。

概括地说，库克曲线主要揭示出创造力的发挥有一个最佳期，超过了一定年限，雇员的创造力会进入衰减稳定期。为激发员工的创造力，企业应及时将该岗位上的员工调出，变换工作岗位和环境，或 "流出" 企业。

二、人员再配置的途径

(一) 工作轮换

1. 工作轮换的定义和驱动因素

工作轮换是根据企业发展需要和员工职业生涯发展需要，企业内部有组织、有计划、定期进行的人员岗位调整。对企业来说，工作轮换有主动和被动两种驱动因素，具体内容见表5-3。

表 5-3　　　　　　　　工作轮换的驱动因素

驱动因素	具体内容
主动因素	如员工素质、能力多样化要求、职业生涯发展
被动因素	如提高适岗率，防止腐败、山头主义

2. 工作轮换的优点

（1）工作轮换属于成本较低的企业内部人员再配置途径，既无太大的组织破坏，又使员工因工作的挑战性而产生新鲜感。企业通过工作轮换能发现员工的优点和缺点。

（2）工作轮换属于成本较低的员工满意度提高手段，使工作本身的激励作用得到了充分发挥。

（3）工作轮换可以减轻企业晋升的压力，减少员工的工作不满情绪。员工长期得不到应有的提升，必将导致对工作的热情下降。而企业中能提供的晋升岗位又十分有限，难以满足员工的晋升要求，许多企业因为缺少应有的晋升岗位，使一些优秀的员工离开企业。而工作轮换可以在一定程度上缓解企业晋升岗位不足的压力。

（4）工作轮换的一个最为重要的作用是提高员工的工作新鲜感，使工作充满动力和意义。在工作轮换过程中，员工可以根据工作的实际需要，进行有关的职业培训和进修，将学习和工作要求结合起来，使工作本身更加具有趣味性和挑战性。

3. 工作轮换的缺点

(1) 员工到了一个新的岗位，需要熟悉工作，因此员工在轮换到新岗位的最初一段时间生产力水平会有所下降。

(2) 工作轮换需要为员工提供各种各样的培训，以使他们掌握多种技能，适应不同的工作，因此成本较高。

(3) 由于变动一个员工的工作岗位就意味着其他相关联的岗位会随之变动，因此工作轮换会增加管理人员的工作量和工作难度。

4. 工作轮换的运用程序

(1) 编制工作轮换计划。企业应根据员工职业生涯规划或员工个人申请，编制员工的工作轮换计划。工作轮换计划内容包括轮换的工作、轮换的目的、轮换的时间等。

(2) 与轮换员工及其所在部门、轮换部门进行沟通。企业在拟订工作轮换计划后，首先应与轮换员工进行沟通，征求并确定其轮换意愿；然后与轮换员工所在部门或主管进行沟通，征求其对轮换员工工作轮换的意见；同时，与轮换部门进行沟通，确定其部门安排及对轮换的意见。

(3) 确定轮换人员名单及岗位。企业应根据沟通调整后的轮换计划，确定轮换人员名单及具体的轮换岗位，编制员工工作轮换安排表，内容主要包括轮换员工姓名、所在部门及工作岗位，轮换部门及工作岗位、轮换时间等。

(4) 发出轮换通知。企业根据确定的工作轮换计划及轮换人员名单，发布工作轮换通知。工作轮换通知发放对象包括工作轮换员工、轮换员工所在部门、轮换部门。

(5) 轮换员工工作交接。轮换员工根据企业提供的工作交接单及岗位说明书进行交接，工作交接时应详细、清晰并附加以必要的工作内容讲解，工作交接完毕后双方应签字确认。工作交接需在第三方监督的情况下完成。

(6) 办理工作轮换手续。企业应在工作轮换计划安排确定的时间内办理完成员工工作轮换手续。工作轮换手续包括相关部门签字确认员工工作轮换表、工作轮换各部门安排检查、工作轮换培训、工作轮换各项相关办公用品安排等。

（7）工作轮换评议。企业应及时收集员工工作轮换反馈表及考核表，对员工工作轮换进行评议，编制工作轮换评议报告，为后续员工工作轮换调整及其他员工工作轮换调整提供参考依据。

5. **工作轮换的注意事项**

企业在进行员工工作轮换安排时，对工作时间较短的年轻员工，要积极鼓励其立足本职岗位扎实工作，努力提升个人水平和能力。对在同一岗位工作时间较长的员工，应以多种形式促进员工流动，更大地激发员工工作的积极性和创造性，帮助员工找准自身定位，提升工作能力和水平。

企业在员工工作轮换的过程中，首先要注重以提高人岗适配性为导向，将责任心强、生产经验丰富、学习能力强、抗压能力强、技术技能水平优秀的员工轮换至关键岗位；其次要对关键岗位人员进行重点培养、重点考核。

（二）竞聘上岗

竞聘上岗是企业内部出现职位空缺时，面向内部全体人员发布职位信息，员工不论职位高低，均按照同一标准重新接受企业的挑选和任用。

当前，很多企业的竞聘上岗管理主要针对空缺岗位开展，竞聘上岗能够有效保证企业选人、用人工作的公平性和公正性，能够让真正优秀的员工脱颖而出。同时，竞聘上岗可以拓宽企业选人、用人的视野，帮助企业树立正确的选人与用人导向，激发广大员工工作的激情。

竞聘上岗是企业进行内部人员再配置的另一条重要途径，通过竞聘上岗能够使员工有一种公平、合理、公开的竞争感，促使员工更加努力地工作。员工竞聘上岗也有自身的缺陷，如需要多部门配合、需花费一定的时间，甚至影响团结。在实行竞聘上岗时，企业应遵守公开、公正、客观原则，协调好有关部门、人员的关系，实现能者匹配、择优录取。为确保员工竞聘上岗能规范、有序、公开、透明进行，企业在组织实施竞聘上岗时主要有以下操作程序。

1. 成立企业内部竞聘上岗委员会

企业在进行内部竞聘上岗之前，应成立由高层管理者牵头并聘请外部专家组成的竞聘上岗委员会，负责内部员工竞聘上岗的相关事宜。

2. 公布空缺岗位竞聘要求

企业在公布空缺岗位竞聘要求前，应对目标岗位进行分析，通过岗位分析获取竞聘岗位的基本要求、任职资格标准等，进而明确竞聘岗位的绩效考核指标，确定参加岗位竞聘的员工条件，并向企业全体员工发布竞聘公告。

3. 对竞聘候选人进行资格初审

在召开竞聘会之前，应对竞聘候选人的资格进行审核。初步评审的标准是目标岗位竞聘标准中的硬性条件，包括学历、工作经历以及任职时间，部门业绩及个人工作绩效、违纪处分、奖励表扬等相关记录。对通过初步评审的竞聘候选人，企业应及时公布；对未通过初步评审的竞聘候选人，企业应说明原因，以示公平、公正。

4. 召开竞聘会对竞聘候选人进行选拔

在竞聘候选人资格初审结果的基础上，召开面向全体员工的竞聘会。竞聘候选人宣讲自己的竞聘宣言，评审小组根据确定的标准，通过履历审核、笔试、能力（性格）测试对竞聘候选人进行评价，并编制综合评价报告，供企业领导审批。

5. 确定并发布竞聘结果

企业根据业绩排名、推荐排名及竞聘评分三项综合，确定竞聘结果，并将确定的人员在企业内部公示，供内部员工监督。公示一定时期后，若无意外情况，即可办理调动审批手续和调动手续。

（三）晋升与降职

晋升与降职是企业为实现内部人员的有效合理配置，根据企业经营发展的需要，结合员工日常综合表现，通过对内部员工采取的职务晋升或降级，来实现空缺岗位需要的人员再配置的一条重要途径。

企业通过职位升降可以实现以下目的：优化企业内部人力资源配置；引入竞争淘汰机制，激发员工潜力；奖励高绩效员工；为员工职业生涯建立发展通道；激励员工参与培训，提高任职资格水平。

为实现上述目的，企业在进行员工职位升降时，应遵循下列程序，以保证职位升降的相对公平性。

1. **岗位空缺调查**

企业部门主管根据员工绩效考核结果提出职位升降申请，并上交人力资源部门。人力资源部门接收、整理职位升降申请，确定升降岗位名称、所属部门、人数等信息，并调查升降岗位是否空缺、是否属于企业编内岗位等情况。

2. **升降员工调查与考核**

人力资源部门明确升降岗位的岗位说明书，调查判断升降的员工是否符合升降岗位的任职资格要求，并在各部门配合下对升降员工进行考核，确定升降员工能力等条件是否符合升降岗位的要求。

3. **筛选并确定升降候选人**

人力资源部门根据升降的标准，筛选并确定候选人，拟定升降候选人名单，供公司领导决策。

4. **确定升降考核试用期限**

升降候选人确定后，根据升降岗位的特点确定升降试用期限及试用期考核标准。

5. **安排升降候选人培训及考核**

对升降候选员工安排升降岗位所需的相关技能培训，技能培训结束后，针对培训内容安排相关考核。

6. **确定升降人员名单**

人力资源部门与各职能部门共同对升降候选人在试用期间的表现进行考核、评价，并编制各升降候选人的升降试用评价报告，供公司领导决策，最终确定升降人员名单。

7. **调整人事档案**

企业升降人员名单确定后，应在企业内公布升降任命通知，并根据新升降的岗位，对员工档案进行调整、更新，应注明具体调整内容、调整时间、有效期限等。

本章自测题

1. 招聘甄选方法包括哪些？
2. 企业有哪些招聘渠道？
3. 面试的方法有哪些？
4. 心理测验法在运用时应注意哪些方面？
5. 人员再配置的途径有哪些？

第六章 培训管理

学习目标

- 目标1 了解培训的种类
- 目标2 掌握培训体系设计程序
- 目标3 掌握培训课程开发的模型、方法和程序
- 目标4 知晓学习型组织、企业大学、教练技术、在线培训的内容
- 目标5 了解培训运营管理的内容

引导案例

> J公司是一家民营图书发行企业,在全国20多个省(自治区、直辖市)建立了办事处。公司年销售码洋2亿元,拥有员工300余人,在业界享有良好口碑。
>
> 两年前,杨毅来到该图书发行公司,作为招聘主管协助原来的人力资源经理工作,那时候他以认真的工作态度、务实的工作作风、出色的专业技能赢得了总经理的青睐。当原人力资源经理辞职后,杨毅被总经理提拔为人力资源部门的负责人。
>
> 当时,新上任的杨毅面临着重大的挑战:近年来,由于业务

发展的需要，员工人数增加了1倍，公司的培训工作急需跟进。杨毅走马上任后，针对培训问题，做了以下工作。

（1）走访各部门，与各部门员工座谈，听取大家对培训的想法和意见。

（2）制定并发放培训需求调查问卷，对全体员工的培训需求进行书面调查。

（3）分析并评估员工的培训需求，编制培训计划方案，制定培训预算。

（4）开发培训课程，编写培训教材，筹建公司的内部讲师队伍。

然而上面的工作并不是一帆风顺的，在实施中出现了大大小小的问题。

（1）在询问各部门员工的想法和意见时，许多员工对培训并不是十分渴望，表示"没有什么意见"。

（2）收回的培训需求调查问卷数量有限，有的问卷显然不是认真填写的。

（3）人力资源部门通过调查分析认为公司最合理的培训预算应该是上一年总销售额的1%，而公司最终只同意给到一半。

（4）由于预算减少，杨毅聘请专业培训师的计划只好取消，改为全部由企业自己实施内训。

（5）除人力资源部门负责的公共课程外，其他部门负责编写的专业课程，拖延到4月份才全部交到人力资源部门。

（6）由于内部讲师报酬偏低，所以很少有人自愿担任内部讲师，最后还是由总经理指定各部门经理担任，内部讲师队伍才算组建完毕。

尽管培训体系看似基本建立起来了，但是除在一次新员工培训上，所有担任内部讲师的部门经理都参加了以外，在其他培训中，他们或多或少总有些推脱。因为各部门经理各自手头都有工作，任务比较繁重，有时确实很难分身。另外，他们认为培训应该是人力资源部门的事情，和自己没太大的关系，所以对培训工作并不是很积极。

一年过去了，公司的员工培训工作似乎没有太大的起色。面对领导的不满与自己辛勤的付出，杨毅一脸无奈。杨毅可以采用什么方法来解决现实中培训存在的问题呢？

第一节 培训管理概述

一、培训管理的概念

（一）培训的定义

关于人力资源培训（human resource training）的定义，可以从广义和狭义两个角度上进行区分和理解。

从广义的角度理解，人力资源培训主要是指企业向员工传授其完成本职工作、提高工作能力所必须掌握的各种知识和技能的过程。相关知识和技能包括与工作相关的知识、技能、价值观念、行为规范等内容。

从狭义的角度理解，人力资源培训是指为实现企业利益而有秩序、有效提高员工工作绩效的行为，是培养员工基本和高级技能、了解客户和生产系统以及员工自我激发创造力等开发智力资本的途径。

综合对以上两种人力资源培训定义的分析，人力资源培训主要是指根据企业战略目标和岗位要求，为使员工适应工作环境，提升知识、技能、态度与素质，改善员工工作绩效的系统化的训练活动。

（二）培训的目的

培训的出发点和归宿是"企业的生存与发展"，其最终目的是使员工能够更好地胜任工作，提高企业的生产力和竞争力，从而实现企业发展与个人发展的统一。人力资源培训的具体目的如下。

1. 适应企业外部环境的发展变化

企业的发展是内外因共同作用的结果。一方面，企业要充分利用外部环境所给予的各种机会和条件，抓住时机促进自身发展；另一方面，企业也要通过自身的变革去适应外部环境的变化。而企业的生存和发展总会归结到"人"的作用上。具体来讲，企业为快速适应外部环境的变化可以将培训活动落实到如何提高员工素质、调动员工的积极性和发挥员工的创造力上。企业作为一种权变系统，作为其主体的人也应当是权变的，即企业必须不断培训员工，才能使员工适应技术及经济发展的需要，最终满足个人和企业发展的要求。

2. 满足员工自我成长的需要

一般情况下，员工希望学习新的知识、技能和接受具有挑战性的任务，这些都离不开人力资源培训活动。因此，通过培训可以增强员工的满足感。员工的这些期望在某种情况下可以转化为自我实现的诺言，即期望越高，员工的表现就会越佳；反之，期望越低，员工的表现就会越差。这种自我实现诺言现象被称为"皮格马利翁效应"。

3. 提高整体绩效

员工通过培训，可在工作中减少失误，如在生产中减少工伤事故、降低因失误造成的损失等。同时，随着技能的提高，员工可以减少工作资源的消耗和浪费，提高工作质量和工作效率，从而提高员工和企业的整体效益。

4. 提高企业素质

人力资源培训，通过对具有不同价值观、信念、工作风格及习惯的员工，按照时代及企业运营要求进行文化养成教育，以形成统一、和谐的工作集体，使劳动生产率得到提高，员工工作及生活质量得到改善。换言之，要提升竞争力，企业一定要重视教育培训和文化建设，充分发挥人力资源培训对铸就企业精神的重要作用。

(三)培训的种类

培训的分类是多因素、多层次、多标准的,主要可以根据培训对象、培训内容、培训与工作的关系、培训方式等进行划分。

1. 按培训对象划分

根据培训对象的不同,人力资源培训可以从职务级别、职务类别和人员资历三个方面进行分类,具体如图6-1所示。

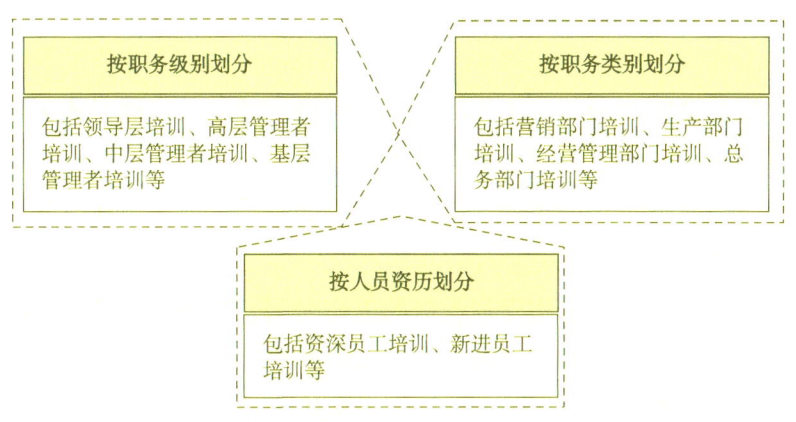

图6-1 人力资源培训按培训对象分类的内容

2. 按培训内容划分

按照培训内容进行分类,人力资源培训可以划分为知识型培训、技能型培训、态度型培训、潜能型培训、道德修养型培训以及法律法规和制度规范培训等类型。

3. 按培训与工作的关系划分

按照培训与受训人员工作的关系分类,人力资源培训可以划分为岗前培训、在岗培训和脱岗培训三种类型。

(1)岗前培训。岗前培训(pre-post training)是向受训人员介绍企业规章制度、企业文化、企业业务等内容的培训。岗前培训的对象主要包括企业从外部新招聘的人员,企业内部轮岗、轮换及晋升人员,以及由于新技术、新标准、新产品引进而需要接受培训的人员等。

1)岗前培训的内容主要包括企业历史、企业使命和愿景规划,企业业务、岗位工作介绍和业务知识,企业的内外部环境、企业机构、经营方式、员工组成和工作流程,企业管理规则、经营哲学等。

2)岗前培训的作用主要包括两个方面。对员工而言,岗前培训能帮助员工了解企业的价值观和发展目标,使员工更快、更好地融入企业。同时,岗前培训有利于帮助员工尽快掌握干好本职工作所需的方法和程序,减少犯错的概率。对企业而言,企业可以通过岗前培训更好地识别人才,将适当的人才放在合适的岗位上,有利于加深员工对工作和企业的好感,降低员工流失率。

(2)在岗培训。在岗培训(on the job training),是指员工不脱离岗位,利用业余时间和部分工作时间参加的培训活动,培训形式主要有工作辅导、企业内训、内部会议等。在岗培训主要是结合工作现场业务,通过上级或优秀员工的培训、指导及员工的自我学习,不断提升员工工作胜任力的一种培训方式。

在岗培训具有不占用受训人员的工作时间、节约培训费用、有效建立上级与员工之间的沟通渠道、培训对象和内容更有针对性等优势。值得注意的是,在岗培训效果的好坏主要取决于培训项目是否具有切实可行的培训计划和培训方法,是否有经验丰富的培训讲师、合适的培训材料以及准确的培训记录和跟踪等。

(3)脱岗培训。相对于在岗培训而言,脱岗培训(off the job training)是指受训人员不在工作现场接受训练的一种人力资源培训方式。脱岗培训具有以下五个特点。

1)培训人数。脱岗培训的受训人数较多,覆盖面较广。

2)产生方式。脱岗培训由企业或企业相关部门统一决策和安排。

3)培训时间。脱岗培训一般耗时较长,会占用较多的工作时间。

4)培训内容。脱岗培训主要是针对知识、技能、业务、态度等方面的培训。

5)培训费用。一般情况下,脱岗培训会花费较多的费用。

4. 按培训方式划分

按照培训所采用的方式分类,人力资源培训主要包括课堂授课、角色扮演、案例分析、管理游戏、模拟训练、视频教学、头脑风暴法、课题研究法、集体讨论法等。培训方式的选择与运用应该根据培训项目的内容以及培训讲师的教学特点进行。

二、学习型组织

（一）学习型组织的特征

学习型组织（learning organization）是美国学者彼得·圣吉（Peter M. Senge）在《第五项修炼》一书中提出的管理观念。所谓学习型组织，是指通过培养弥漫于整个组织的学习气氛、充分发挥员工的创造性思维能力而建立起来的一种有机的、具有一定弹性的、扁平的、符合人性的、能持续发展的组织。学习型组织能够使培训与开发的成果在工作和生活中得到有效的转化和应用。

研究学习型组织的特征，主要包括一般学习型组织的特征和成功学习型组织的特征。

1. 一般学习型组织的特征

一般学习型组织的特征，其具体内容见表6-1。

表6-1　　　　　　　　一般学习型组织的特征

项目		具体内容
组织形式		学习型组织的结构为具有一定的弹性的扁平化结构，能够实行自主化管理
组织行为		有一个员工赞同的共同愿景，员工之间能够坦率地互相沟通和交流（跨越纵向和横向界限），而不必担心受到批评或惩罚
组织转型		组织的决策权由最高管理层向基层转移，组织内部员工由工具性模板化为主的工作观念逐渐转向以创造性为主的工作观念
未来组织设计	领导	为下属提供有效支持，并把更多的时间用于与不同层次的员工沟通与工作有关的想法和遇到的问题
	文化	尊重员工个人意愿，允许探索性学习，鼓励员工信息共享，并为员工的成功提供支持
	结构过程	鼓励并允许员工利用非正式的学习机会，使用各种手段从外部资源中学习，并把人力资源作为最重要的企业资源进行管理

2. 成功学习型组织的特征

成功学习型组织的特征,主要包括六个方面。

(1) 拥有终身学习的理念和机制,重在形成终身学习的程序。

(2) 拥有多元反馈和开放的学习系统,重在开创多种学习途径,运用各种方法引进知识。

(3) 形成学习共享与互动的组织氛围,重在培养企业文化。

(4) 具有为实现共同目标不断增长的动力,重在不断创新共同目标。

(5) 工作学习化使员工明晰工作意义,重在激发员工潜能、提升员工价值。

(6) 学习工作化使企业不断创新发展,重在提升应变能力。

(二) 学习型组织的功能

学习型组织,一方面可以保证组织的生存与发展,使组织具备不断改进的能力,提高组织的竞争力;另一方面可以实现个人与工作的真正融合,使员工在工作中提供更多的价值。

学习型组织的功能具体表现在四个方面。

1. 学习型组织能够解决传统企业的缺陷

传统企业的主要缺陷是分工、竞争、冲突、独立,这使得企业的生命力在急剧变化的世界面前显得十分脆弱。学习型组织理论分析了传统企业的种种缺陷,并在实践中发现了解决这些缺陷问题的理论和方法。

2. 学习型组织为企业创新提供操作性较强的技术手段

学习型组织提供的每一项内容都由许多具体方法组成。此外,学习型组织可以帮助企业管理者在运营中尝试各种可能的构想、策略和环境的变化及种种可能的搭配。

3. 学习型组织能够解决企业生命力问题

学习型组织还涉及企业中人的活力问题。在学习型组织中,员工能够充分发挥个体的潜能,创造出超乎寻常的成果,从而真正体悟出工作的意义,追求心灵的成长与自我实现,并与组织产生一体感。

4. 学习型组织能够提升企业核心竞争力

学习型组织理论中的企业竞争力是指企业的学习力。在知识经济时代，获取知识和应用知识的能力将成为竞争能力高低的关键。企业可以运用学习型组织的基本理念，去开发员工的潜能，反省当前存在的种种学习障碍，使得整个企业向学习型企业迈进。

（三）学习型组织的创建方法

彼得·圣吉提出的学习型组织包括五项修炼内容。

第一项修炼：自我超越（personal mastery），发展自身，而不是除掉什么。

第二项修炼：改善心智模式（improving mental models），发掘内心世界的图像（假设、成见等），使这些图像具体化，并严加审视。有效地表达自己的想法，并以开放的心态容纳别人的想法。

第三项修炼：建立共同愿景（building shared vision），整合个人愿景，转化为能够鼓舞组织的共同愿景。"整合"是帮助组织培养成员主动而真诚地奉献和投入，而非被动地遵从，否则会产生反效果。

第四项修炼：团体学习（team learning），团体的智慧总是高于个人的智慧。当团体真正在学习的时候，不仅能产生出色的效果，作为其个体成员的成长速度也比其他的学习方式更快。

第五项修炼：系统思考（systems thinking），这是建立学习型组织最重要的修炼。以系统思考代替机械思考和静止思考，并通过了解动态复杂性等问题，找出解决问题的更优方法。

学习型组织的创建还可以运用标杆基准法来进行。标杆基准法是指企业以最强竞争企业或那些在行业中领先的、最有名望企业的关键业绩行为为基准，将自身的关键业绩行为与之进行评价和比较，并分析这些基准企业的绩效形成原因，在此基础上建立企业可持续发展的关键业绩标准及绩效改进的最佳程序和方法。

运用标杆基准法创建学习型组织，主要包括六个环节。

1. 找出企业运营瓶颈，确定基准化内容与领域

企业必须了解自身存在的问题及自己的目标，找出企业中存在的劣势，影响企业运营的瓶颈领域，以及这些领域对于企业取得成功的影响等。企业只有深入了解并分析这些内容，才能最终确定需要向标杆学习的内容与领域。

2. 组建标杆学习团队

标杆学习必须由一个团队来完成，并具备团队工作的专业性。组建标杆学习团队主要包括三个阶段任务。

（1）团队成员选择。标杆学习团队应由以下几种类型的人员构成，即企业的领导、管理人员代表、一线员工、顾客、内部或外部顾问等；同时，标杆学习团队成员的数目一般为3~8人，最佳规模为3~6人。

（2）制定标杆学习项目计划书。组建完团队后，首要任务即是制定一个标杆学习的项目计划书，具体内容见表6-2。

表6-2 标杆学习项目计划书

序号	主要项目内容
1	项目目标及目标的合法性
2	问题或机会的阐述
3	通过调查研究总结的数据和信息
4	该项目同企业目标的关系
5	拟定的标杆学习中使用的测评工具体系
6	该项目的预期收益
7	项目的范围与将使用的方法
8	资源需求计划，包括时间、人力、设备、资金等

（3）学习标杆学习项目准则。为了保障标杆学习的效率和效果，在每一个步骤开始之前都应进行精心的准备工作，并认真研究实施标杆基准化项目的行为伦理准则，以保证标杆学习合法、在内部共享、对外部保密等。

3. 选择基准化"标杆"

标杆企业的选择与锚定应该按照一定的标准来进行,"标杆"企业应该满足以下三项要求。

(1)先进性。标杆企业应该是行业中的领先企业。

(2)相似性。标杆企业应该是跨行业企业中一个相近的部门,也可以是企业内部两个相似的部门。

(3)可行性。标杆企业应该具有可行性,其管理实践是可以模仿的。

4. 收集资料及信息

确定好标杆企业后,企业应该通过邮件调查、电话调查或直接访问等方式去收集标杆企业的资料和相关数据信息,需要收集的资料及信息主要包括以下三种类型。

(1)标杆企业的绩效数据,以展示同本企业相比标杆企业的绩效到底有多优秀。

(2)最佳管理实践,即标杆企业获得优良绩效水平的方法、措施和诀窍。

(3)支持因素,即企业所处的环境以及存在的哪些其他方面的因素,可以使实践获得预期的绩效水平。

5. 分析标杆企业和本企业的绩效与实践差异

在此阶段,标杆学习团队应将获得的标杆企业的数据、信息进行分析和整理,并结合本企业的实际情况,向高层管理者提交标杆企业研究分析报告。

6. 变革与改进

标杆学习的最终目的是变革和提高。组织应该借鉴标杆企业的成功经验,确定适合本企业的关键业绩标准及最佳实践方式,提出业务流程的业绩目标和修改方案,并提交标杆基准化的研究报告。

三、企业大学

企业大学(corporate university)又称公司大学、虚拟大学和企业商学院等。随着全球化市场竞争的日渐加剧,企业的发展战略与竞争战略要求成立专门服务于企业战略的开发工具,企业大学就此产生。

著名的企业大学研究专家梅斯达(Jeanne C. Meister)在1998年为企业大学作出以下的定义:"企业大学是一把发展及教育企业员工、客户和供应商的战略伞(strategic umbrella),以达成企业目标和商务战略。""战略伞"的定义主要强调了企业大学在企业战略中的根本价值,用"伞"遮护的外形来体现企业大学对企业内外教育资源、对象的聚合和统整功能,以此突出企业大学对于企业的组织发展以及对学员的职业发展的重要性。

李察·迪积(Richard Dealtry)将企业大学定义为,在组织发展下的一个专业管理流程系统,在演变的商务环境中,不断注入一种尊重知识、尊重人才的企业文化。李察·迪积更强调商业环境的动态变化,并提出企业大学是企业持续塑造"学习型组织"的专业管理流程系统的最佳途径。

普林斯(Prince)和斯图尔特(Stewart)在2002年发表的论文中也提出了企业大学是由知识管理、组织性学习及学习型组织结合而成的观点。它整合了企业的大学流程、重要活动和相关任务,假设了学习是产生在个体之内、个体与个体之间、企业与企业之间的活动的流程,试图把流程融入学术上的组织和学习理论,也把知识管理和学习型组织结合在同一个理论结构中。

综上所述,企业大学是指由企业出资,以培养企业内部中、高级管理人才和企业供销合作者为主要目的,满足人们终身学习需要的一种新型教育、培训体系。它通过组织学习企业文化、知识技能,学习整合组织的流程,运用知识管理系统,实现储存、累计、分享、协作、创造等一系列活动来达到学习型组织的理念和结果。

尽管企业大学承担一部分培训工作,但其性质不同于人力资源部门的培训部。培训部往往是反应性的、分散的,而企业大学则为每一个岗位提供一系列与战略相关的学习与解决方案,它们在企业人力资源部门之外设立,独立运营。具体来讲,企业大学有以下特征。

(1)企业性。企业大学的职责是为企业服务,因此企业大学在组织结构设置、日常管理、课程设置、讲师选拔等方面都带有明显的企业色彩。

（2）战略性。企业大学是企业战略发展的助手，根据企业的发展战略目标进行运作，推动企业发展战略的实施。

（3）集成性。集成性主要是指培训资源的集成，即企业内外的各类学习培训资源都集中于企业大学，以保证企业大学的资源充足并良好运行。

（4）自主性。企业大学相对于其他职能部门来说，自主性很强。企业大学类似于企业的一个分支，可以独立运行，并能自主开发课程、挖掘培训讲师、开发新的培训项目等。

（5）针对性。由于企业大学是为某一企业服务，因而具有十分明显的针对性。

此外，随着市场经济的发展和计算机网络技术的不断进步，企业大学已经初步具备了开放性和虚拟性。

四、现代教练技术

现代教练技术是一种新兴的团队管理与培训方法，它起源于20世纪中后期的美国，一些具有远见卓识的企业管理者将运动场上的训练方式应用到企业培训上，并形成一种新的教练式管理培训方法。与传统的管理培训方法相比，现代教练技术不只是注重知识训练或技巧训练，而是更加强调以人为本，着重于激发个人潜能，发挥个人积极性，帮助员工寻找最适合自身发展的工作方式，从而有效快捷地达到更高的绩效。

现代教练技术的管理方式是运用一套技术，更多地激励员工，让员工自己发挥创意，找出问题的解决之道，其管理的重点在人而不在事。同时，现代教练技术也是开发管理者其他能力，诸如学习能力、创新能力、沟通能力的工具，现代教练技术的运用对于建立学习型组织和团队自我管理、打造高绩效团队有独特的作用。现代教练技术的实际应用主要有两种方式，即训练和辅导。

（一）训练

训练（coaching）是一种在教练与员工之间进行一对一教学的培训方

式。有的企业为了培养能够接替管理者岗位的人员，将受训者安排在主力岗位，并分配一些需要依靠决策能力解决的重要任务。为了做好这项工作，要由领导者作为教练对受训者进行训练，使受训者对有关工作及其与企业目标间的关系有一个全面的了解。作为教练的人员应当非常愿意与受训者分享信息，愿意付出相当多的时间和精力训练受训者，并与之建立彼此信赖的关系，这样才能保证这一方式的有效性。

（二）辅导

辅导（mentoring）是一种由经验丰富的人员对受训者进行一对一教学的培训方式。辅导者通常是年长并具有丰富经验的员工，其以朋友、顾问的身份对受训者进行辅导。辅导者可以是企业中任何岗位的人，企业应有计划地建立辅导者和被辅导者的关系。辅导者与被辅导者双方的兴趣必须一致，并能够相互理解，彼此互相学习。

五、在线培训

随着互联网技术的发展，在线培训已逐渐成为员工重要的学习方式。在线培训是指利用 App 应用软件、微信社交软件、网络直播平台等进行培训，具有移动化、多样化、个性化、可视化等特征。通过在线培训，员工可以随时随地获取自己需要的知识、技能等培训内容。

第二节　培训体系概述

一、培训体系的概念

培训体系（training system），是指企业为实现一定的培训目标，在企业内部建立起与企业发展及人力资源管理相配套的培训管理体系、培训需求分析体系、培训课程开发体系、培训预算控制体系、培训师资管理体系、培训效果评估体系和培训制度规范保障体系等。

培训管理体系主要包括培训制度、培训政策、管理人员培训职责管理、培训信息搜集反馈与管理、培训评估体系、培训预算及费用管理、培训与绩效考核管理等一系列与培训相关的制度。

培训课程体系是指建立并完善企业文化培训、入职培训、岗位培训、专业知识和专业技术培训、营销培训、管理和领导技能培训等一系列具有本企业特色的培训课程。

培训实施体系包含了确保企业培训制度实施，并通过培训活动的有效组织和落实、跟踪和评估、改善和提高，体现培训价值的一整套控制流程。

（一）培训体系的内容

培训体系的设计既要满足企业战略与经营的要求，同时又要考虑员工职业生涯发展。培训体系的设计，需要从培训体系制度层面、培训体系资源层面、培训体系运营层面三个角度进行考虑。

1. 培训体系制度层面

企业如果没有完善的培训管理制度系统，是无法保障培训体系顺利运行的，所以，企业要建立适合企业自身培训发展和管理的培训制度。培训体系制度层面的内容，主要包括培训运营制度和岗位培训制度。

（1）培训运营制度。培训运营制度主要包括入职培训制度、培训激励制度、培训考核评估制度、培训奖惩制度、培训风险管理制度等。

1）入职培训制度。入职培训制度是规定新任员工在上岗或调换岗位前需要进行的入职培训，并对新任员工培训管理进行有效说明和规范的培训管理制度。

2）培训激励制度。培训激励制度是指企业为激励员工参与学习，提升学习能力而制定的管理规范。员工的学习行为可以通过对其后果的控制和操作而加以影响和改变。这种控制和操作就是培训激励。

3）培训考核评估制度。培训考核评估制度既是对受训员工培训效果的考核，也是对培训组织工作的评估。培训考核评估制度需要全面、严格地执行，并按照一致的标准和要求进行。培训考核评估过程要公平、透明，这些都是培训考核评估目标达成的必要条件。

4）培训奖惩制度。培训奖惩制度是指对培训运营过程中表现较好的对象（包括学员和培训组织者）进行奖励，对表现较差的对象进行惩处的管理制度。培训奖惩制度一般会依托培训考核评估的结果来执行。培训奖惩制度是其他培训管理制度能够得以顺利执行的关键。

5）培训风险管理制度。培训风险制度的制定，是为了企业在组织以上类型的培训项目后，有效防范因参训员工流失而造成企业培训投资浪费、间接竞争等问题的产生。培训是一种生产性投资行为，有投资就必然会存在一定的风险，而培训风险制度的制定和运行，可以规避这种投资风险。

对于企业一些较为重要的培训项目，尤其是需要企业投入大量资金支持员工参加的培训，或员工长时间的脱产培训项目，在组织培训前，企业应与员工签订培训协议，以避免人才流失、技术泄密等风险的产生。

（2）岗位培训制度。岗位培训制度主要包括管理制度，教学制度，考核制度，评估制度，劳动、人事、工资制度，岗位资格证书制度等。

1）管理制度。管理制度主要是在培训整体运行过程中，能够对岗位培训进行有效管理的办法。管理制度出台的目的是完善企业培训制度管理体系，保证培训工作能够顺利执行，并最终达成培训效益的最大化。

2）教学制度。教学制度是指为规范与岗位培训有关的教学活动所制定的制度。教学制度出台的目的，一是为了对岗位教学活动进行有效疏导和控制，二是使培训教学活动顺利进行，三是提升员工工作能力和绩效，四是实现良好培训效果。

3）考核制度。考核制度最主要的目的是检验员工的培训效果。同时，考核制度的制定可以为岗位培训考评提供参考标准和执行要求，并为培训效果转化工作提供信息依据。考核是岗位培训管理中非常重要的一个工作环节。

4）评估制度。评估制度是指对培训质量进行评估的规范管理制度。主要包括对培训内容、培训方案、培训实施、培训保障和培训效果等进行评估。

5）劳动、人事、工资制度。劳动、人事、工资制度主要是指企业在组织培训活动过程之中或之后，对于可能产生的劳动关系变化、人事工作安排、员工工资调整等事宜，进行有效、合理规范的办法。

6）岗位资格证书制度。岗位资格证书制度是指企业为严格员工上岗资质要求，组织岗位资格培训并对考核合格者授予相应资格证书的一项制度。

岗位资格证书制度的出台，主要是为了保证员工——岗位匹配和员工工作效果，避免各种工作问题和安全事故的发生。同时，岗位资格认证属于培训管理范畴的一部分，岗位资格证书制度的制定，可以充实企业培训管理发展。

2. 培训体系资源层面

培训体系资源层面的内容，主要包括内外培训师资、培训课程体系、培训模板资料库、教学设施设备库等，以下是对培训体系资源层面内容的详细介绍。

（1）内外培训师资。企业内外培训师资管理是培训体系资源层面的重要组成部分。根据组织运营实际情况，企业可以建立一支内部的培训师资队伍，在一些特殊培训项目或者内部培训资源条件不太允许的情况下，企业还要聘用外部的培训师。

（2）培训课程体系。培训课程体系是指构建一门课程的形式和结构，由一系列具有内在逻辑性和一定关联度的培训课程相互作用、相互联系而形成的有机整体。培训课程体系的设计，主要从培训课程系统构成、培训课程体系开发流程、培训课程开发方法、培训课程开发工具四个角度进行考虑。

（3）培训模板资料库。建立适合企业自己的培训模板资料库，是一个庞杂的系统工程，也是一个长期性的工程，特别是在体系建立的初期，要涉及所有岗位、所有员工层级，需要协调企业各方面的资源来完成。

（4）教学设施设备库。教学设施设备库主要是指对教学设施、教学设备、教学演练道具以及教学辅助工具等的设计和管理。企业应根据自身培训管理发展现状和培训事业规划等来建设自己的教学设施设备库，并对其进行科学、有效的运营和管理。

3. 培训体系运营层面

培训体系运营层面的管理，主要包括培训需求分析与报告、培训计划与预算、培训组织与实施管理、培训效果评估与转化四个方面。在培训运营管理的整理系统中，企业应按照规范的操作程序和运营标准开展工作。

（1）培训需求分析与报告。培训需求分析与报告是指企业在培训需求调研的基础上，结合绩效差距，对企业员工在知识、技能等方面进行整体分析，从而确定培训的必要性及培训内容，并对培训需求进行有效报告的过程。

企业培训需求可以通过企业战略、岗位胜任素质、绩效考评结果、员工职业生涯规划等途径来获取。而培训管理人员在完成了员工培训需求的分析和确认后，就要将培训需求调研分析的结果撰写成正式的书面报告，即培训需求分析报告。

（2）培训计划与预算。培训计划与预算，它是指按照一定的逻辑顺序排列的记录，从组织战略出发，在培训需求分析基础上做出的对培训时间（When）、培训地点（Where）、培训者（Who）、培训对象（Who）、培训方式（How）和培训内容（What）等的预先设定。

一个完整的培训计划一般由前言、课程设置、培训对象、时间和地点、培训师、培训方法、培训预算、培训评估和培训计划表构成。

培训预算是培训计划的前提条件。在新建培训体系的企业，重点要做到预算的节省，避免无谓的开销。

（3）培训组织与实施管理。培训组织与实施管理主要是对培训前、培训中和培训后相关的工作运营进行有效安排和管理。

（4）培训效果评估与转化。培训效果评估与转化是培训活动中具有铺垫性且非常重要的一个环节，培训项目的价值需要企业进行有效的培训效果评估工作和培训成果转化工作才能够体现出来。

培训效果评估是指企业运用科学的理论、方法和程序，从培训结果中收集数据，并将其与整个组织的需求与目标联系起来，以确定培训项目的优势、价值和质量的过程。简而言之，培训效果评估就是收集培训效果以衡量培训活动是否有效的过程。

培训效果转化是指员工持续有效地将培训中所获得的知识、技能、行为和态度运用于工作中，从而使培训项目发挥其最大价值的过程。培训效果转化是决定培训与开发是否有效的关键环节。

（二）不同阶段培训体系

企业培训管理工作可根据培训体系建设的成熟程度不同，划分为了解学习阶段、引入课程阶段、资源建设阶段和精细发展阶段。企业需判断其自身所处的阶段及不同阶段培训工作的特点，找出提升培训管理工作的关键要项，有效提高培训管理工作绩效和管理水平。

1. 了解学习阶段

此阶段培训工作的特点首先是没有培训计划，基本没有内部培训预算或者是预算很少，没有专门的内部培训师，培训工作基本靠员工自发的"分享"，并且培训职责也不明确，培训负责人以兼职为主；其次是培训工作重点是市场、销售、专业知识培训，而培训方式多是内部培训，基本没有外购课程，即使有，课程的选择也比较随意，不知道如何确保课程质量。因此，本阶段培训存在的问题主要是凭领导感觉决定，无明确经费预算，效果无法评估。

基于以上分析，本阶段培训体系建设导向是明确培训负责人和加强培训的计划性，让更多员工获得培训机会，提高培训的覆盖面。而培训方式更多采用师傅带徒弟的在岗培训方式，同时提高师傅的专业技能水平。培训发展的方向是管理人员基础管理能力培养、组织变革思想引入和培训管理干部专业能力培养。

2. 引入课程阶段

此阶段培训的特点是正式开始建设培训体系，有专门的人来负责培训工作，但对培训工作的职责并没有清晰界定，培训的主要内容为管理培训和全员培训，并以外部培训为主。因此，本阶段培训存在的问题主要是企业没有足够的培训资源，培训部门影响力相对比较弱，被其他部门誉为"花钱的部门",非培训部门人员认为培训是培训部门或人力资源部门的工作,不愿意配合,培训工作比较难开展。并且培训以补课和应急为主,培训评估难以推行,企业内部专家不愿意分享自己的经验和隐性知识或是培训师专业水平较低。

基于以上分析,本阶段培训体系建设导向是建设培训部门和内部培训课程目录体系。而内部培训工作的重点是明确岗位操作标准,使全员业务能力合格达标,因此应做好管理培训和全员培训,尤其是入职培训和上岗培训。培训发展的方向是建立培训协调员队伍,同时推进管理变革,利用3~6个月的时间,输出前后对比的培训成果,做好培训的应用和评估,从而提高培训部门的影响力。

3. 资源建设阶段

此阶段培训的特点是企业有了相对专业的培训部门负责培训运营管理工作,企业培训也有了内部自主开发的课程,内部培训师的资源也有一定积累,能主动开展一些相对体系化的业务类课程与管理类课程。同时,业务部门会主动邀请培训部门参与人才培养,培训管理者的工作开展有了一定的群众基础。总体来说,这个阶段管理部门机构设置比较完整,重视培训体系建设,计划性强,以内部培训为主、外部培训为辅,员工能自主跨部门进行知识分享。本阶段培训存在的问题主要是课程体系建设缓慢,与企业岗位能力体系脱节,重点不明确,没有有效推动变革,缺乏有效的配合。

基于以上分析,本阶段培训体系建设导向是建设技能管理体系和课程内容体系,同时,重点培养内部培训师队伍。而培训工作的重点是快速高效复制优秀人才,扩大优秀人才群体。因此,中高层管理者培训和推进管理改善,以及内部培训师培训尤为重要。培训发展的方向是开展与战略配合的项目,拓展渠道和客户培训,建立项目管理为核心的培训管理方式。

4. 精细发展阶段

此阶段培训的特点是培训师体系与运营管理体系都相对规范成熟,有着专业化的分工,培训运行整体比较稳定,同时内部培训师也具有一定水平，培训工作效果明显。本阶段培训存在的问题主要是培训管理人员综合能力需提高，即培训体系框架搭建好了，如何继续发展和完善；培训体系与员工职业发展规划、企业人才战略易脱节；塑造企业培训文化时，缺乏凸显特色的学习型组织建设或团队行动学习实践；当企业业务模式发生变化时，培训体系不能随之进行调整。

基于以上分析，本阶段培训体系建设导向是培训体系向综合、全面、专业、均衡方向发展。培训工作的重点是传播企业学习文化，进行知识管理，打造学习型组织，即为业务发展、技能发展提供更好的培训支持，包括通过制定标准的方式，大规模地进行内部课程定制和实用工作手册整理，或是通过标准化"导师制""认证教练"的方式，鼓励跨部门跨层级的正式与非正式的知识分享。而培训发展的方向是网络教育、企业大学、慕课等形式，并且要做好课程创新，不但做好企业内部培训，也要做好供应商培训等。

（三）不同岗位人员培训体系设计

不同岗位人员的培训体系设计不同，下面重点介绍管理人员培训体系设计、生产人员培训体系设计和营销人员培训体系设计。

1. 管理人员培训体系设计

管理人员培训体系可以根据管理人员岗位层级划分进行设计，设计模型如图6-2所示。

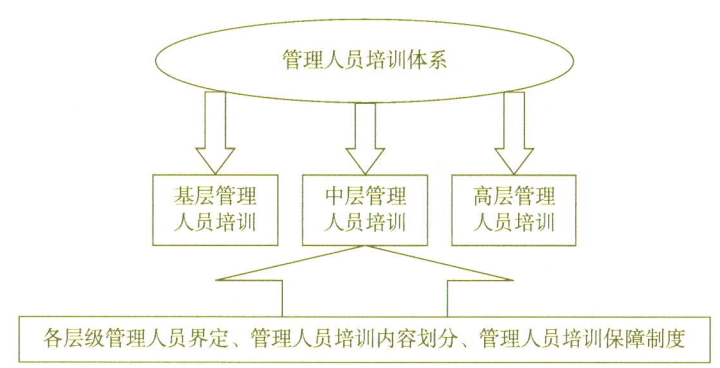

图6-2　管理人员培训体系设计模型

2. 生产人员培训体系设计

人力资源部门根据生产人员的行业特点、生产特点和培训预算构建培训体系设计，该类人员培训体系的具体内容如下。

（1）生产人员培训课程体系。生产人员培训课程体系主要包括企业文化培训、安全管理培训、质量管理培训、生产技能培训和师带徒培训等。其中，企业文化培训主要是指企业组织结构、工厂战略目标、工厂纪律培训等；安全管理培训主要是指安全知识培训、安全操作与防护技能培训、三级安全培训、安全案例培训等；质量管理培训主要是指质量体系培训、质量控制培训等；生产技能培训主要是指生产流程培训、工作标准培训等。师带徒培训主要是指理论知识培训、实操技能培训、问题解决培训等。

（2）生产人员培训实施管理体系设计。生产人员培训实施管理体系设计包括制订生产人员培训计划、培训实施和培训效果评估与转化。

3. 销售人员培训体系设计

销售人员培训体系设计一般是将公司销售人员分为三个层次，即新进销售人员、普通销售人员、销售经理，根据销售人员层次的不同，设置差异性的培训体系内容。

（1）新进销售人员培训体系建设。新进销售人员培训应本着使其尽快适应销售工作、尽快融入销售中的原则，设置培训课程；培训内容应难度适中，并采取多样化培训方式，以调动新进人员参与培训的积极性。根据培训需求内容划分，新进销售人员培训内容分为企业基本知识培训、产品知识培训、销售心态培训、销售基本技能培训等。

（2）普通销售人员培训体系建设。普通销售人员培训体系设计，不应重复没有实际作用的销售技巧，而应侧重于与工作直接相关的职能，与此同时还应注重其工作态度的培训。普通销售人员培训内容主要包括工作态度培训、销售技能培训。

（3）销售经理培训体系建设。对销售经理的培训目标是提高其管理知识和技能，以更好地管理好本部门工作。为避免内部培训内容的重复，公司对销售经理培训的讲师应从公司外部选择。销售经理培训的内容主要包括沟通和协调能力培训、领导和组织能力培训、客户管理知识培训、销售人员团队共识培训等。

4. 专业技术人员培训体系设计

为有效确保培训目标的实现，针对专业技术人员的培训体系设计，一般包括能力素质培训、专业水平培训两部分内容。

（1）能力素质培训。能力素质培训包括专业技术人员必备素质、专业技术人员职业操守等内容。

（2）专业水平培训。专业水平培训包括技术质量管理概述、技术管理规范管理、质量管理体系、技术研发成本控制、技术实验设计应用、技术质量检查、鉴定操作流程与规范、如何进行顾客关系管理等内容。

二、培训体系建设的意义

培训体系建设对企业和员工双方都具有重要意义。培训能够实现企业的目标，并且员工在培训中能够实现自我能力和素质的提高。

（一）培训体系建设对企业的意义

培训体系建设能够实现企业的战略目标、人才战略并提升企业的竞争力、减少企业培训投资的浪费。

1. 实现企业战略目标

企业的战略目标可以分为总体战略目标和细分战略目标。细分战略目标是对总体战略目标的分解，包括人力资源战略目标、营销战略目标、品牌战略目标和技术战略目标等。而拥有满足战略要求的人才是实现企业战略目标的基础，构建有效培训体系是提高员工整体素质与能力的必备方法。

2. 实现企业人才战略

企业要实现自身的战略目标，就需要培训企业发展所需要的各种人才，形成自身的人才战略。实现企业人才战略不能一蹴而就，需要培训体系的良性运作以及确保人才的持续培养，进而最终实现企业的人才战略。

3. 提升企业竞争力

完善的培训体系能够确保企业的所有员工都可以在各自的岗位上接受相应的培训，从而提高员工的工作能力和素质，这也是提高企业竞争力的根本方法。知识是构成员工综合素质的重要部分，具有较强竞争力的企业能够将员工的隐性知识转化为企业的共享知识。

4. 减少企业培训投资的浪费

不健全的企业培训管理体系会导致企业在培训的过程中发生许多不必要的问题，造成巨大的培训投资浪费。因此企业在培训成本的投入方面需要进行详细预算。完善的企业培训体系，能够保证培训细节按照规定程序进行，避免过多的损耗，减少投资的浪费。

培训人员应该把成本意识引入到最初的培训需求分析中去，在对培训成本进行预算时，应先回答"不进行培训的损失与进行培训的成本之差是多少"的问题。如果不进行培训的损失小于培训的成本，则表明目前还不需要或者不具备资源和条件进行培训。

（二）培训体系建设对员工的意义

1. 为员工创造优质的成长环境

完善有效的培训体系能够为员工创造优秀的成长环境。企业创建有利于培养员工创造力和工作积极性的成长环境，能够为员工提供态度、知识、技能等方面的培训支持，形成有利于员工成长的环境。同时，构建有效的培训体系能够帮助员工应对工作中的困难和挑战，掌握职业发展的技巧和方法。

2. 满足员工自我成长的需要

企业培训可以提升员工的绩效，并使其在物质需求和职务提升等方面得到满足的同时，也会进而产生新的培训需求。

因此，企业需要根据自身实际情况，在不同的职能之间找到衔接点，以便完善人力资源管理系统，使培训激励效果更加持久。例如，在员工能力提升之后，再以何种方式考察其新价值、如何对员工进行重新评估、合理地进行职业规划等满足员工成长的措施。

为了使企业得到发展，培训活动应在企业战略实施过程中进行辅助，使培训活动不仅着眼于当前所需要的知识和技术，更着眼于企业未来的发展。而建立一个良好的培训体系则能够有效解决这些问题。只有战略性、长期性、计划性的培训体系才能更好地结合培训目标与企业发展战略，使培训真正符合企业的需要。

三、培训体系设计程序

（一）培训需求调查与分析

培训需求调查与分析是培训体系设计的核心内容，也是培训活动开展的首要环节，是其他培训与开发活动的前提与基础，在培训中具有重大作用。

1. 培训需求调查与分析的概念

培训需求是指因特定工作的实际需求与任职者现有知识、能力之间存在差距而产生的需求，即理想的工作绩效－实际工作绩效＝培训需求。培训需求调查与分析是指通过一定的方法和渠道确定员工的培训需求，从而为培训活动提供依据。

2. 培训需求调查与分析的意义

（1）有利于找出差异、确认培训目标。培训需求调查与分析的基本目的就是确认差异，即确认绩效的预期状况与现有状况之间的差距，也就是实际的绩效与理想的、标准的或预期的绩效间的差距。绩效差异的确认，有助于找出影响绩效问题的真正根源，有助于找出解决绩效问题的有效方法。

（2）有利于及时调整培训需求。目前，企业中发生持续的、动态的变革代表了一种潮流。当企业发生变革时，企业就会产生一种特殊的、直接的需求，这就迫使培训部门在制定合适的培训计划以前，迅速地把握住这种变革与需求。对培训进行多角度的分析和透视，以适应企业变革。

（3）有利于培训投资回报率的计算。培训需求调查与分析使管理人员把成本因素引进来。通过收集分析相关数据来计算培训投资回报率，从而科学分析培训的可行性。

（4）有利于获得内部与外部的支持。培训工作只有获得企业内外部的支持，才能顺利进行。一般来说，员工会支持建立在需求分析基础之上的培训规划，特别是当他们参与了培训需求调查与分析过程时。让员工参与培训需求调查与分析和培训规划的制定，有利于为培训活动获得各方面的支持。

3. 培训需求调查与分析的方法

培训需求调查与分析的方法有很多种，这里只介绍在实际工作中经常运用、简便可行的四种方法，即观察法、面谈法、讨论法和问卷法。

（1）观察法。观察法是指培训管理者通过较长时间的反复观察，或通过多种角度、多个层面或在有典型意义的具体时间进行细致观察，进而得出结论的调查方法。

（2）面谈法。面谈法是指访谈者与受访人面对面的交谈，从受访人的表述中发现问题，进而判断出培训需求的调查方法。

（3）讨论法。讨论法是指从培训对象中选出一部分熟悉工作的员工作为代表，通过讨论的形式调查培训需求信息。

（4）问卷法。问卷法是指培训管理者以标准化的问卷形式列出一组问题，要求调查对象就问题进行打分或做是非选择，然后再进行分析，最终确定培训需求的方法。

4. 培训需求调查与分析的层次

培训需求调查与分析一般划分为三个层次，即组织分析、任务分析、人员分析。三个层次之间并不是孤立的，它们是相互联系、不可分割的一个整体，任意一个层次分析的缺失都会影响培训需求调查与分析结果的真实性和有效性。

（1）组织分析。组织分析的目的是"决定组织中哪里需要培训"。组织分析一般涉及的内容包括组织的战略发展目标、组织的资源储备及组织环境。具体而言，组织的战略发展目标包括组织发展的长期目标和短期目标。组织发展的目标决定培训的目标，对培训需求的调查与分析起决定作用。组织的资源储备包括人力、物力和财力,如果没有被确定可以利用的组织资源,培训需求调查与分析就难以进行。组织环境包括企业文化、组织架构等内容,培训需求调查与分析要顺利进行,就必须了解组织环境。

(2)任务分析。任务分析的目的是"决定培训内容应该是什么"。任务分析是对岗位的分析,而不是对岗位工作者的分析。任务分析主要是描述胜任该岗位所需要的一系列素质和条件。也就是说,任务分析的主要内容是岗位业绩的评价标准、完成该岗位工作所需要的知识、技术、行为和态度等。任务分析的重要工具就是岗位说明书。

(3)人员分析。人员分析的目的是"决定谁应该接受培训和他们需要什么培训"。人员分析主要是依据其绩效考核结果与企业对其期望之间的差距来确定哪些具体的人员需要培训以及他们应该提高哪些方面的能力。

不同管理层级的人员对以上三个层次分析的侧重点也不同。如高层领导者更多的是站在战略层面来看待培训需求,中层管理者则更关注培训成本的问题,而专业人员会倾向于确定培训需求中的具体事务,如培训对象如何确定等。高层管理者、中层管理者及培训者在培训需求调查与分析中的关注点具体见表6-3。

表6-3 高层管理者、中层管理者及培训者在培训需求调查与分析中的关注点

层次	高层管理者	中层管理者	培训者
组织分析	对经营目标重要吗 怎样支持战略目标的实现	组织愿意花钱吗 要花多少钱	有资金购买培训产品吗 管理者会支持吗
任务分析	企业有竞争力的雇员吗	哪些领域的培训有益	哪些任务需要培训
人员分析	哪些部门需要培训	哪些人员需要培训	如何确定培训人员

(二)培训方法选择与研发

在培训过程中,选择一种合适的培训方法对培训效果的实现至关重要。一方面,不同的培训方法存在各自的优点和缺点;另一方面,不同

的培训方法的适用范围不同，所培训的对象也不同。所以，企业应综合考虑具体的培训需求、受训者的特点、培训内容等来选择最恰当的培训方法。本部分就企业常用的七种培训方法进行介绍。

1. **课堂讲授法**（classroom teaching method）

课堂讲授法是通过语言和文字书写的方式将学习信息和材料传递给培训对象的一种培训方法。

课堂讲授法是一种比较经济、有效的培训方法，覆盖的培训信息系统、全面，不仅可同时对多人进行培训，而且便于掌控培训对象学习的进度。但是，课堂讲授法也存在一些缺点，如单向交流，培训对象无法与培训讲师进行互动；难以满足培训对象的个性化需求；学习效果易受培训讲师讲授水平的影响；信息量大，培训对象不易吸收、消化。

2. **小组讨论法**（discussion method）

小组讨论法是将培训对象聚集在一起，通过分组讨论解决问题的一种培训方法。通常情况下，讨论小组负责人是管理人员，他的主要作用是确保讨论的正常进行，避免讨论偏离主题。

与课堂讲授法相比，采用小组讨论法可以充分调动培训对象思考的积极性和主动性，培养与人合作的态度和对学习的尊重和重视。通常，小组讨论法对培训组织者和培训对象的要求较高，如果培训组织者和培训对象对培训主题和内容不够熟悉，易导致讨论偏题、离题，影响培训的效果。

3. **案例研究法**（case study method）

案例研究法是由培训者按照培训需求向培训对象展示真实性背景，在提供大量背景材料并作出相关解释后，由培训对象依据背景材料对案例进行分析和评价，并提出解决问题的建议和方案的一种培训方法。

案例研究法具有分组讨论法的优点，而且有利于使培训对象按照企业实际解决问题。同时案例研究法也要求培训组织者和培训对象具有较高的能力，一方面是培训组织者案例选择的能力，要求案例具有针对性；另一方面是培训对象参与讨论的能力，能针对案例剖析出根源问题。

4. 角色扮演法（role playing method）

角色扮演法是要求培训对象在模拟的工作环境中，扮演某种角色，对实际工作中可能出现的情况和问题做出反应，以使其掌握必要的技能的一种培训方法。

通过角色扮演，有助于培训对象及时认识和解决自身存在的问题，使培训对象更易于掌握工作技能和方法，提高了培训对象的反应能力和心理素质。但角色扮演中问题的分析仅限于个人，可能不存在普遍性，而且模拟环境可能和实际环境不完全一致，在一定程度上影响培训效果。

5. 管理游戏法（management games method）

管理游戏法是由两个或更多的参与者在遵守一定规则的前提下，相互竞争并达到预期目标的一种培训方法。

管理游戏法利于激发培训对象的创新精神和创新能力，能够提高培训对象解决问题的能力，而且将游戏与培训对象相联系，可以加深培训对象对培训内容的理解和记忆。该方法要求培训讲师具有较高的分析讲解能力、现场教学能力及活动过程的控制能力。

6. 工作轮换法（job rotation method）

工作轮换法是将培训对象由一个岗位调到其他岗位以丰富其工作经验的一种培训方法。现在，许多企业用工作轮换法来培养新进入企业的年轻管理人员和企业储备管理干部。

工作轮换法可丰富培训对象的工作经历，增进培训对象对各部门的了解，有利于改进部门之间的沟通和合作。企业可通过工作轮换法了解培训对象的专长和兴趣爱好，从而更好地开发员工的特长。

7. 视听技术法（audiovisual technologies method）

视听技术法是在听、说的基础上，利用视听结合手段（如录像、电视、电影、计算机等工具）而形成的一种教学法，强调在一定情景中的听觉感知（录音）与视觉感知（图片影视）相结合。

其主要的优点是可以充分利用图片、声音和影音文件等展示课程内容，增强趣味性，从而提高学习效率。同时，方便培训者与培训对象进行面对面的沟通培训内容，能给培训对象以真实感，有利于引起培训对象的学习兴趣。另外，教材可反复使用，有利于满足不同岗位、不同水平学员的受训需要。而缺点是对仪器的要求较高，价格昂贵。

视听技术法的类型有：

（1）按制作方式划分：电子媒体和非电子媒体。

（2）按对培训对象影响划分：刺激媒体、反应媒体和控制媒体。

（3）按使用媒体划分：视觉媒体、听觉媒体、视听媒体和综合媒体。

当然，企业还有其他多种培训方法，如工作指导法、远程学习法等。企业培训的效果在很大程度上取决于培训方法的选择，不同的培训方法具有不同的特点，其自身也是各有优劣。要选择合适有效的培训方法，需要考虑到培训的目的、培训的内容、培训对象的自身特点及企业具备的培训资源等因素。

（三）培训计划制订与执行

培训计划是指对未来一定时间内将要进行的培训工作所做的事先安排，它是做好培训工作的前提条件。不管是年度培训计划、季度培训计划还是其他培训计划，培训计划的制订都需要考虑一些必需的要素，其所涉及的内容包括设定培训目标、确定培训对象等10个方面。

1. 设定培训目标

设定培训目标的重要意义在于明确培训要达到的结果以及为培训效果评估提供现实可行的标准。设定培训目标的依据主要包括以下两个方面。

（1）企业的实际需要。培训管理者通过对各部门的工作进行分析，确定哪些环节需要通过培训来获得改进；或者通过分析工作中的关键事件以及员工应对关键事件的能力，确定最需要培训的地方；或者依据考核结果中出现的问题，设定培训目标。

（2）员工的素质情况。培训管理者明确员工的实际素质与工作期望的素质之间存在哪些差距及导致差距的原因。据此分析这些差距能否通过培训进行改善，如果经过培训也不能解决，可以考虑进行岗位的调换。

2. 确定培训对象

培训管理者根据培训需求调查与分析的结果，结合企业的发展战略，确定需要接受培训的人员。

3. 培训内容及课程设置

不同的培训对象，在不同的阶段，其培训内容是不一样的。例如，新员工入职培训与在岗培训的培训内容就要分别设置。

4. 培训负责人和培训讲师选择

培训工作的组织者一般为培训部门。培训讲师的选择一般要考虑选择标准、培训讲师来源和培训讲师管理三个方面的问题。

5. 培训形式和培训方法确定

（1）培训形式可以根据培训手段确定，也可以根据培训对象的特征及其兴趣、动机等确定。培训形式一般包括在岗培训、入职培训和离岗培训等。

（2）企业在进行组织培训时，应根据培训内容、培训场所、培训形式和培训对象选择合适的培训方法。

6. 培训时间和培训地点确定

合理安排培训时间有助于培训讲师掌握培训进度，顺利完成培训任务。培训地点的选择要依据其采用的培训方式、培训经费和培训内容来确定。

7. 培训效果评估确定

确定培训效果评估的方法，以便及时跟踪培训效果。培训效果评估的方式一般包括学员考试、学员的意见反馈、学员的行为变化、培训工作的投入产出分析等。

8. 培训费用预算制定

培训费用预算的制定主要是由企业的人力资源发展战略、企业的行业特点、销售业绩和员工整体水平等诸多因素决定的。

9. 编写培训计划书

培训部门根据上述内容，采用企业规定的培训计划书模板，编写培训计划书，并经相关领导审批后确定。

10. 培训计划执行

在培训计划执行阶段，应严格按照培训计划书进行培训，如遇到突发情况需要改变原定计划和安排，应视情况向相关领导反映，获得审批后方可改变原计划。

（四）培训现场管理与跟进

培训现场管理与跟进的内容主要包括培训现场的布置管理、学员签到纪律管理、课程导入管理及培训讲师的跟进管理。

1. 培训现场的布置管理

培训现场在布置过程中要注意以下七个事项。

（1）培训现场的大小要根据学员的数量和培训的方法进行选择。

（2）培训现场要留置供书写和放置资料的工作区域。

（3）检查灯光、空调设备是否能够正常运行。

（4）培训讲师的工作区域要有足够大的空间放置材料、媒体工具等其他器材。

（5）保证后排的学员可以看清屏幕和白板。

（6）检查周围是否存在干扰，如其他培训班、办公室等。

（7）检查休息室、饮用水、茶点等是否准备齐全。

2. 学员签到纪律管理

学员纪律会直接影响培训讲师的心情，也会影响其他学员的听课质量，因此必须有效管理学员纪律。

（1）学员应提前到达培训现场，不迟到、不早退，不在课堂上随便出入，若中途离开培训现场，需向培训讲师或培训组织者说明情况。

（2）学员到达培训现场时，必须在培训签到表上亲笔签名以示出勤，严禁其他学员代签。一经发现，代签学员和被代签学员均按旷工处理。

（3）学员在培训现场着装应整洁大方，不得穿奇装异服。

（4）学员需服从培训讲师的管理，不得以任何理由进行对抗。

（5）培训现场内禁止一切不文明的言谈举止，不得大声说笑。

（6）培训过程中应关闭手机或调至振动状态。

（7）保持培训现场环境卫生，严禁随地吐痰、乱扔纸屑及其他杂物。

3. 课程导入管理

课程教学中的导入环节是整个课堂教学的有机组成部分，其重要意义不可忽视。课程导入通常有以下五种方法。

（1）随意交谈法。培训讲师可以利用课程开始前几分钟和学员随意交谈，以求学员在不知不觉中进入新课。这种方法过渡自然，能把学员从无意注意引向有意注意，加深对新课的印象，有助于培养和提高学员运用语言进行交际的能力。

（2）温故知新法。这种联旧引新、不落俗套地自然导入新的培训课程的方法，能激发学员的学习兴趣，使学员集中注意力于新的内容上。

（3）看图提示法。这是一种利用教学挂图、自制图片或简笔画，借助投影或其他多媒体技术等现代化教学手段吸引学生的注意力，然后围绕图片提出一系列问题，激发学员的求知欲，引入课程的方法。展示图片和提问的方式要根据课程内容和培训讲师的意图而定，由浅入深，突出重点。

（4）创设问题法。创设问题法是激发学员思维的一种有效方法。创设的问题会产生悬念效果，这样导入课程可以适当增加趣味成分，能够引起学员学习的欲望。

（5）多媒体导入法。目前，可利用的多媒体技术手段已非常丰富，培训讲师在导入课程时可以有选择地使用多媒体技术，借助声音、颜色和动感画面增强教学的趣味性和吸引力。

4. 培训讲师的跟进管理

培训讲师的跟进管理中应当注意以下事项。

（1）培训讲师应提前 30 分钟进入培训现场，调试现场所有培训设施和仪器，以确保培训的正常运行。

（2）培训讲师不得迟到或提前结束培训课程。

（3）培训讲师需注意自己的仪容仪表，不得穿奇装异服。

（4）培训讲师在培训现场应严格要求学员，并虚心听取学员的意见和建议。

（5）作为一名合格的培训讲师，在培训的各个阶段，应采取不同的活动和方式，活跃培训现场气氛，增强与学员之间的交流，提高学员的注意力，营造和谐互动的学习氛围，激发学员的积极性。

（五）培训效果评估与转化

培训效果评估是指企业通过收集培训对象从培训中获得的收益情况，是衡量培训是否有效的过程。培训效果转化是指参训人员将在培训过程中获得的知识、技能、经验等持续有效地运用到工作中，从而使培训项目转化成效益。培训效果评估的内容主要包括四个方面，具体如图6-3所示。

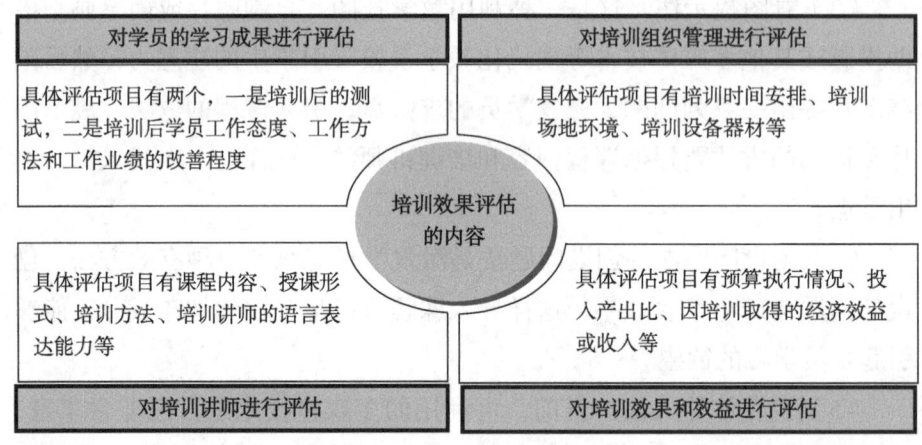

图6-3　培训效果评估的内容

课程实训

结合本节内容的学习，请试设计新入职人员培训课程体系。

实训指导

新入职人员培训课程体系设计维度是根据新入职人员培训目标、培训需求特点以及培训内容推导得出的。图6-4列举了新员工培训课程体系设计的通用维度及说明。

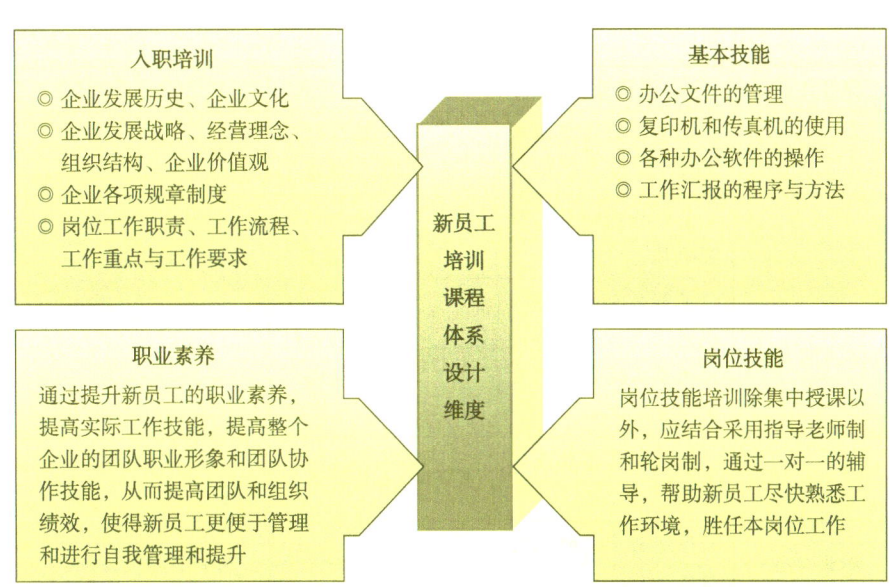

图 6-4　新入职人员培训课程体系设计通用维度及说明

表 6-4 给出了一则范例，供读者参考。

表 6-4　　　　　　　　新入职人员培训课程体系

课程名称	课程目的	课时	主讲人	备注
培训致辞	让新员工清楚地知道怎样成为一个合格的××人	0.5 小时	培训部经理	以座谈会的形式让公司高层与新员工交流
入职指导	让新员工尽快了解公司员工手册内容	1 小时	各业务部门经理	首先需要对各部门经理进行培训
××发展史	让新员工了解公司的发展历程	1.5 小时	公司总经理	制作 PPT 形式的课件，穿插不同时期的照片
××未来发展规划	让新员工清楚公司的未来发展方向	1.5 小时	公司总经理	详细说明公司的发展战略以及未来 3 年的发展计划
××的人事政策和考核体系	让新员工了解公司的人事政策及相关考核体系	1 小时	人力资源部门经理	课程可以采用问答形式，新员工可以对有疑问的地方进行提问
××组织结构及各部门职能介绍	让新员工了解公司各部门职能及公司的相关架构	1 小时	人力资源部门经理	

续表

课程名称	课程目的	课时	主讲人	备注
××业务流程	熟悉公司业务运作流程	1小时	培训部门经理	
××项目介绍	了解公司经营的所有项目	1小时	培训部门经理	
职业生涯规划	了解个人职业生涯规划工具，介绍公司为新员工提供的职业生涯规划	2小时	培训部门经理	
职业礼仪	提升新员工职业化形象	2小时	外聘讲师	选择市面上适合本公司的课程
职业心态	塑造新员工的职业心态	2小时	外聘讲师	外部课程
自我管理	介绍基础的有效沟通、时间管理、团队工作的技巧	4小时	内部讲师	内部专职讲师授课
电脑操作	提高新员工的电脑基本操作技能	2小时	各部门经理	根据岗位需求进行培训
其他	考试、户外拓展	6小时		视情况而定

第三节 培训课程开发

一、培训课程开发概述

培训课程在培训活动中处于核心地位，无论培训讲师的资格和身份如何变化，无论学员的年龄和范围如何，培训活动总是凭借着特定的培训内容而进行。而培训课程正是培训内容的主体，它能够将培训讲师和学员连接起来，使培训活动得以发生。

培训课程开发是一种运用系统方法分析社会、企业和人的发展需求，根据一系列的需求，对培训课程的实质性结构、课程基本要素的性质以及这些要素的组织形式或安排的设计。在日常培训工作中，培训课程开发既包括一项制订好了的培训课程计划，也包括这项计划中具体内容的确定。

（一）培训课程开发的内容

培训课程开发包括四个部分的内容，即课程目标、培训方法、课程评估、课程修订。

1. 课程目标

一个完整的课程目标包括行为主体、行为动词、行为条件和执行标准四个要素，简称 ABCD 形式。

A（actor）：行为主体，即学员。

B（behavior）：行为动词，即执行的行为。

C（condition）：执行的前提条件。

D（degree）：执行标准，即用可测定的程度描述执行标准。

（1）课程目标的类型。

1）根据课程目标生成的时间，课程目标可分为行为目标、展开性目标和表现性目标。行为目标是一种具体的、可观察的学习目标，即学员通过学习以后能做什么的一种明确、具体的表述，它主要是以行为方式来描述课程目标。展开性目标是根据课程的实际进展提出的相应目标，而不是事先设定的目标，它主要考虑的是学习活动的过程，而不像行为目标那样重视结果。表现性目标强调的是培训讲师和学员在课堂中的自主性、创造性，它主要强调的是学员的创新精神、批判思维，适合以学员活动为主的课程。

2）根据课程的内容，课程目标可分为认知目标、情感目标和技能目标。认知目标是指学员对知识基本概念理解能力所要达到的水平。情感目标主要是指学员在思想、观念以及信念上应达到的水平。技能目标是指学员通过培训后，对所学知识和技能的操作应用水平。

（2）课程目标的描述。课程目标的描述是对学员在接受所有培训内容后，应达到的行为状态作出具体明确的表述，再将这些表述进行类别化和层次化处理。

课程目标的描述包括学员的行动、执行条件以及执行标准三个方面的内容。在对学员的预期行动进行描述时,应注意行为动词的运用,不同类型的课程目标应该采用不同的行为动词;执行条件是对学员进行该项工作所需要的条件进行详细的说明;执行标准是对达成绩效的标准进行详细的说明。

2. 培训方法

在培训课程开发中,对于培训方法的选用可以根据不同的课程内容来确定,以保证培训课程效果的最大化。

3. 课程评估

在课程评估方面,可以从每一个参与者、观摩者、培训讲师的反馈中获得对课程的评价,根据各项评论意见、学员绩效成果以及课程开发人员的评论等,来编写综合的课程评估报告。

4. 课程修订

课程的修订是以培训讲师、学员、专家、课程开发人员、培训项目相关人员的评论为依据的,课程修订涉及协调时序和序列、更新或变更课程内容、补充或删除课程内容、调整练习、试题、实例等程序。经过课程评估和课程修订后,可得到比较完善的课程设计产品。

(二)培训课程开发的基本原则

企业培训目标一经确定,就必须研究、开发、构建一个紧贴企业培训目标的课程体系。企业必须根据培训目标所界定的规格、职业岗位和职责任务等,科学合理地进行课程开发。其中,在课程开发中必须坚持遵循六个基本原则。

1. 目标导向性原则

课程开发必须以企业制定的培训目标为准则与导向,以防止课程开发活动偏离企业的发展目标。

2. 公正与对话原则

由于每个员工都有平等接受培训的权利,都有各自不同的特性、兴趣、能力和学习需求,所以企业应关注员工的不同特性和需求差异,有针对性地为其设计、开发、实施培训课程。另外，在理解的基础上进行对话是企业有效课程开发的内在要求，通过培训讲师与学员之间、培训讲师与培训讲师之间的有效沟通，可以使培训课程开发更有成效。

3. **协调性原则**

课程开发不仅会引起企业各部门某种程度的变革，还会触及企业原有的培训体系的方方面面。在课程开发中应做好以下两个方面的协调工作。

（1）课程开发必须在企业计划框架内、立足于弥补企业层面课程缺失的基点上，谋求企业层面课程和部门层面课程的协调一致。

（2）协调课程开发过程中，应听取企业高层领导、部门领导、培训讲师、学员等不同主体的观点，但要处理好彼此间观点的冲突与抗衡，避免将培训课程变为个人本位课程。

4. **实践性原则**

企业中实现能力培训的一个重要支撑点是实践教学，因此，在设置培训课程时既要充分体现各岗位职责中所需要的实践环节和内容，又要体现交叉复合岗位的实践内容和形式，还要体现各种实践的可操作性。

5. **超前性原则**

企业培养人才必须以市场为导向，这就要求课程开发者必须对企业发展战略、国家经济发展趋势、行业发展趋势、企业人员职业生涯规划等方面作出准确分析和预测，为超前开发课程提供可靠的依据。

6. **尊重成人学员认知规律性原则**

培训课程开发要符合成人学员的认知规律。企业培训课程的学员都是成年人，因此教学内容的编排、教学模式的选择、培训讲师的选配、教材的开发等都要以成人学习的特点为出发点，形成符合成人学员的合作学习方式。

（三）培训课程开发的注意事项

在开发培训课程时，课程开发人员应明确培训课程的目的，并确定培训课程的目标、范围、对象和内容等。培训课程开发具体注意事项如下。

1. 课程开发人员应对企业的独特文化、组织结构、企业在行业内的竞争状况、培训背景等有一定的了解。

2. 课程目标应与企业的战略目标、部门的发展方向等相互一致。

3. 课程内容应有核心的理论框架,它应切实保证与培训目标具有相关性、有效性。

4. 根据主客观条件的变化,听取领导、专家、学员的意见,对课程进行修改、完善。

5. 培训课程开发应将切实满足企业内部员工职业发展的需求作为目标之一。

二、培训课程开发模型

(一) ISD 模型

ISD(Instructional System Design)模型,即教学系统化设计模型,它是以传播理论、学习理论、教学理论为基础,运用系统理论的观点和知识,分析教学中的问题和需求,并从中找出最佳答案的一种课程开发方法。

1. ISD 模型操作步骤

ISD 模型可以通过其所有组成成分的协调工作来达到学习目的,从而为设计有意义、有效的培训课程提供了示例。该模型包括五步流程,即分析、设计、开发、实施和评价。

(1)分析:对培训课程需求、培训内容、培训课程目标、培训对象特征进行分析。

(2)设计:对培训资源、培训情境、认知工具、培训策略、培训管理与服务进行设计。

(3)开发:根据设计阶段确定的各种培训策略,对培训内容进行课程开发与设计。

(4)实施:根据培训课程开发的成果实施培训。

(5)评价:对开发的培训课程进行评估并形成评估报告,对课程目标进行修改。

2. ISD 模型设计示例图

以下是 ISD 模型在组织培训中应用的模型示例，如图 6-5 所示。

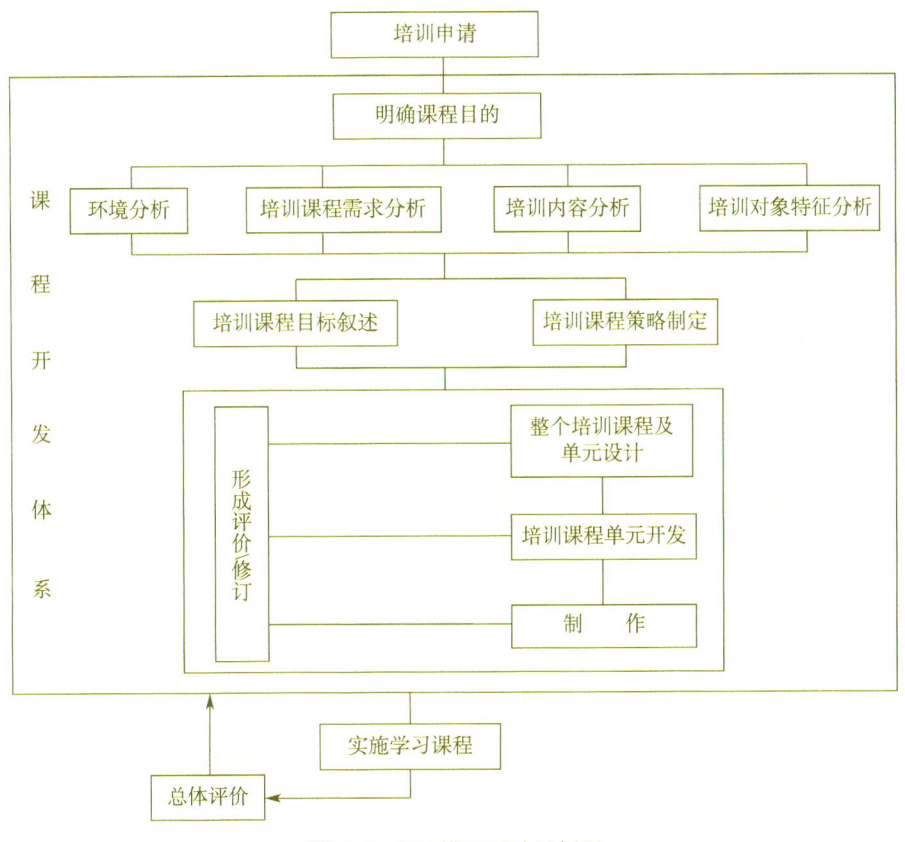

图 6-5　ISD 模型设计示例图

（二）HPT 模型

HPT 模型（human performance technology model），即人类绩效技术模型，它是通过确定绩效差距，设计有效益和效率的干预措施，以获得所期望的人员绩效。HPT 模型不再局限于对绩效因素的分类，而是致力于绩效差距的消除。

1. HPT 模型应用程序

HPT 模型展现了绩效改进的整个流程，以模块的形式将绩效改进的分析、设计、开发、实施和评价都加以规划，还用箭头指明了解决问题的脉络，使培训课程开发人员在实施时更加有章可循。

（1）进行企业内外部环境分析，以便找出企业期望绩效与实际绩效之间的差距。

（2）对员工绩效低下的原因进行详细的探究。

（3）根据导致员工绩效低下的原因，选择或设计绩效干预措施。

（4）根据所选择或设计的干预措施要求，有计划地执行措施。

（5）针对改善方案的实施过程与结果进行相关评价，以确定干预措施的推动成果，保证与企业人力绩效的提升目标相符合。

2. HPT 模型示意图

HPT 模型体现了如何提高绩效的过程，同时它揭示了工作环境的复杂性和所有要素之间的相互影响，从而帮助 HPT 模型使用者了解提高工作绩效的操作步骤。

1992 年，国际绩效促进协会（International Society for Performance Improvement, ISPI）发布了 HPT 模型，图 6-6 所示为 ISPI 在 2004 年发布的最新模型示意图。

（三）CBET 模型

CBET 模型（competency based education and training model），即能力本位教育培训模型，它是以某一工作岗位所需的能力作为开发课程的标准，并以使培训对象获得这种能力作为培训的宗旨来实施培训的一种培训课程开发模型。

能力是对人综合能力的一种表述。它可以是动机、特性、技能、人的自我形象、社会角色的一个方面或所使用的知识整体。所以，能力是履行岗位职责所需的素质准备。通过培训，可以使人的潜能转化为能力。

能力本位指的是从事某项工作所必须具备的各种能力系统，一般由 7~12 项综合能力构成，而每一个综合能力由若干专项能力构成，每项专项能力又由知识、态度、经验和反馈构成。

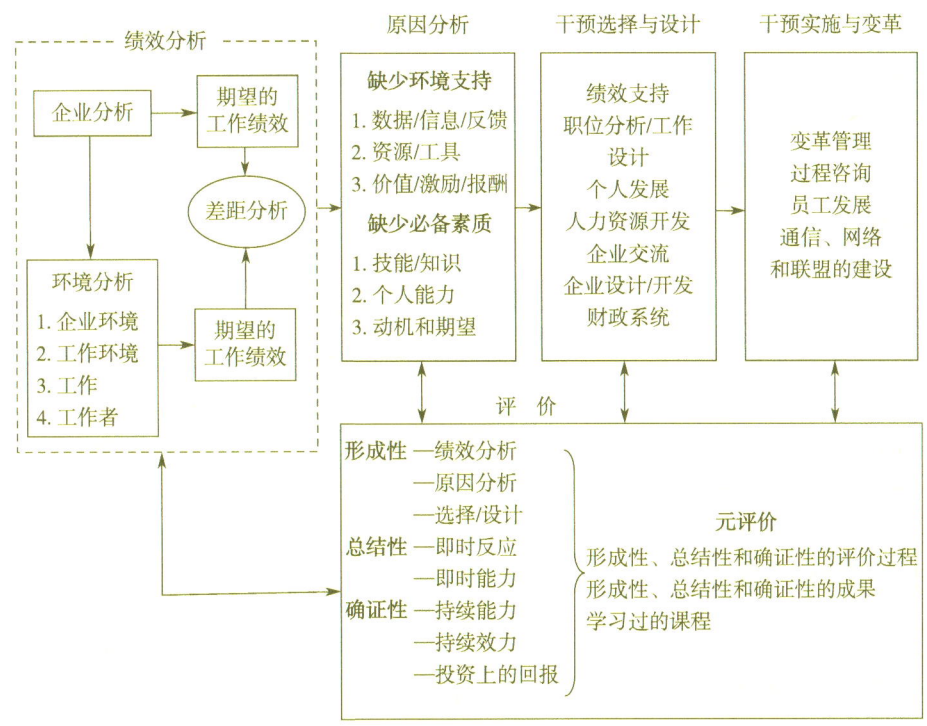

图 6-6　HPT 模型示意图（2004 年）

CBET 模型是 20 世纪 70 年代美国休斯敦大学著名的教育心理学家本杰明·布鲁姆（Benjamin Bloom）提出的，并在掌握性学习模式和反馈教学原则的基础上开发出的一种新型突出能力培养的模型。CBET 模型主要应用于企业技能类培训课程的开发。

1. CBET 模型应用程序

CBET 模型是在岗位所要求能力分析的基础上，进行培训课程的开发，然后实施培训，最后对培训的各个环节进行评价。

（1）相关人员召集在企业长期从事某项职业工作、具有丰富实践经验的优秀管理人员、技术人员或相关专家组成培训课程开发小组。

（2）课程开发小组对从事某职业的工作人员进行培训课程开发调研，通过调研与分析，列出从事某职业所需要的综合能力。

（3）课程开发小组借助 DACUM（developing a curriculum，课程开发）表将每项综合能力分为多项专项能力，将每一个专项能力分解为：学习步骤、必备知识、所需材料、要掌握的特殊技巧、工作态度、注意事项等。

2. CBET 模型示意图

CBET 模型的实质是以能力为基础的培训，是以能力培养为中心的培训体系。该模型示意图如图 6-7 所示。

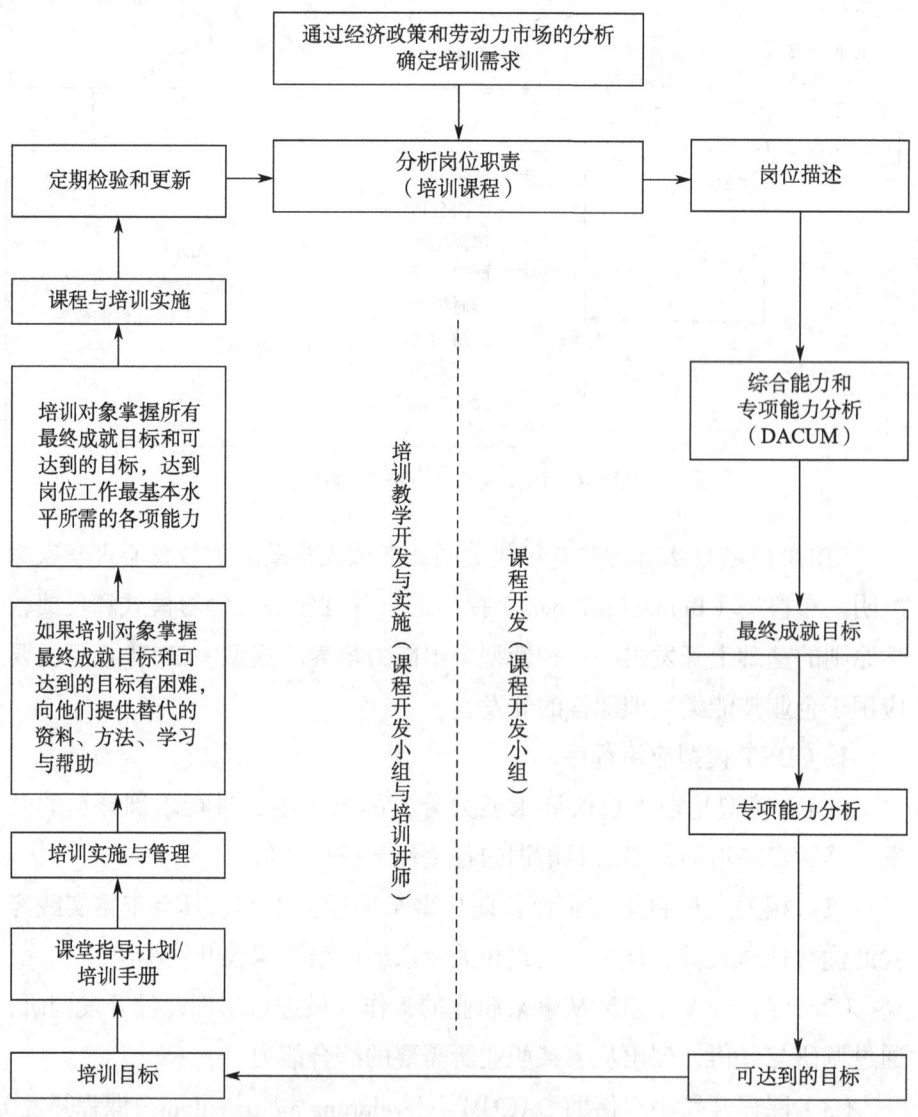

图 6-7　CBET 模型示意图

（四）ADDIE 模型

ADDIE 是分析（analysis）、设计（design）、开发（development）、实施（implementation）、评价（evaluation）五个英文词的首字母缩写。该模型是一种交互式的课程开发程序，任何一处的形成性评价都将引导课程开发者返回到前面的阶段，每一阶段形成的结果都是另一个阶段开始新内容的条件。

作为"通用教学设计模型"（genetic instructional design model），ADDIE 模型代表教学系统设计过程的一系列的核心步骤，以培训教学目标和培训教学问题为首位，体现出培训教学活动的过程：分析考察培训的需求、设计学习或培训策略、开发编写培训材料、实施开展培训活动、进行总结性评价和形成性评价。

ADDIE 模型是从 ISD 模型中衍生出来的，因此，在培训课程开发方面，ADDIE 模型的应用范围与 ISD 模型的应用范围基本一致，主要应用于知识与技能方面的培训课程开发。

1. ADDIE 模型应用程序

首先对学员、课程内容、培训工具、学习环境等进行分析，从而确定课程目标。然后对课程大纲、课程脚本、培训策略等进行设计，将设计的课程制作成学员所使用的教材，包括其他相关的软、硬件的开发。最后学员使用所开发课程，并对课程内容及培训效果等进行评价。

2. ADDIE 模型示意图

ADDIE 模型包括了三个方面的内容，即要学什么（学习目标的制定）、如何去学（学习策略的应用）、如何去判断学员已达到学习效果（学习考评的实施）。

（1）ADDIE 模型分析阶段示意图如图 6-8 所示。

（2）ADDIE 模型设计阶段示意图如图 6-9 所示。

（3）ADDIE 模型开发阶段示意图如图 6-10 所示。

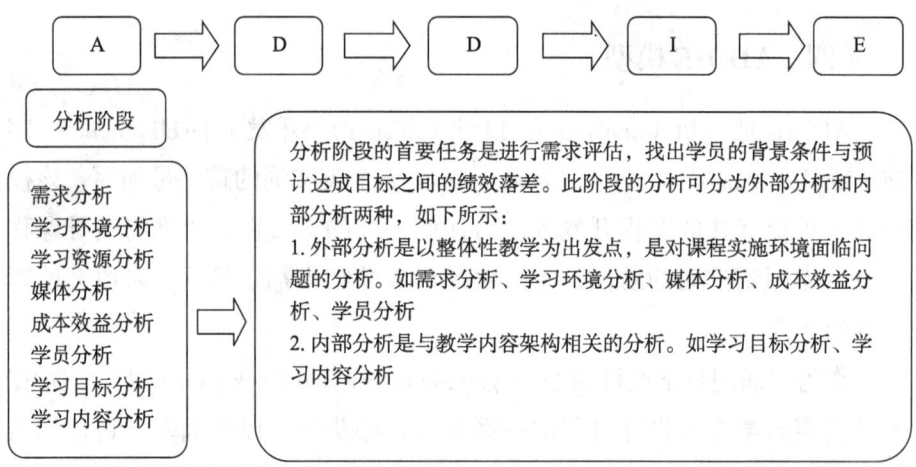

图 6-8　ADDIE 模型分析阶段示意图

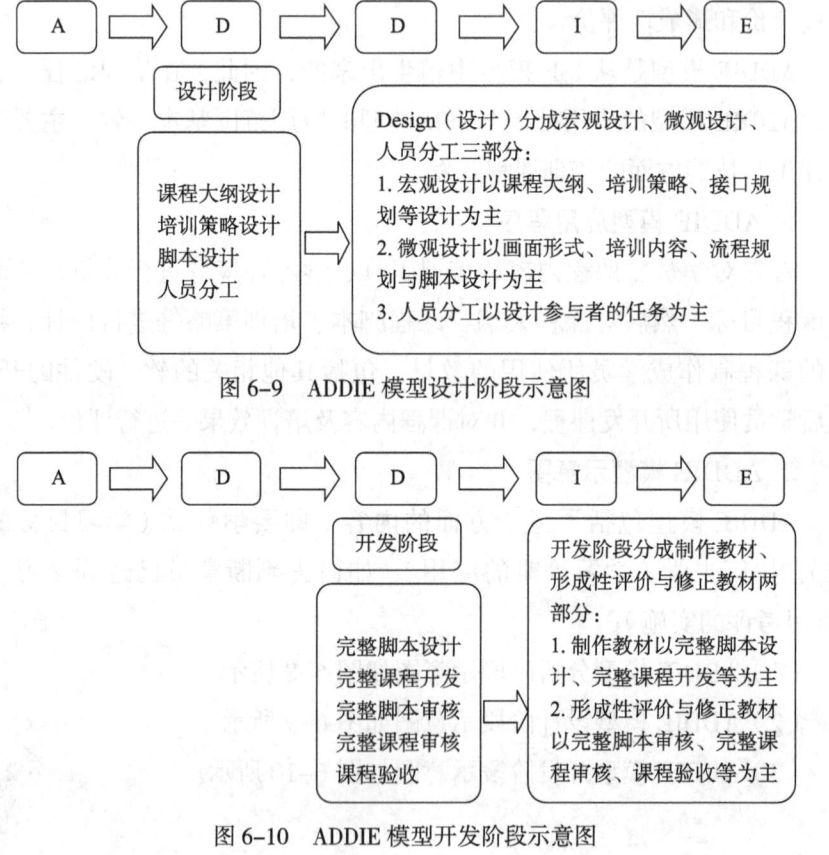

图 6-9　ADDIE 模型设计阶段示意图

图 6-10　ADDIE 模型开发阶段示意图

（4）ADDIE 模型实施阶段示意图如图 6-11 所示。

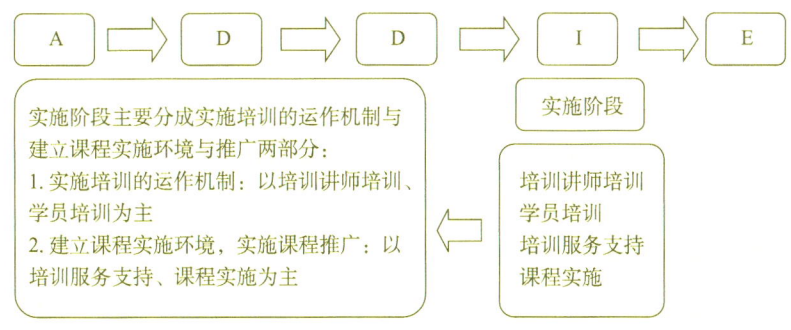

图 6-11　ADDIE 模型实施阶段示意图

（5）ADDIE 模型评价阶段示意图如图 6-12 所示。

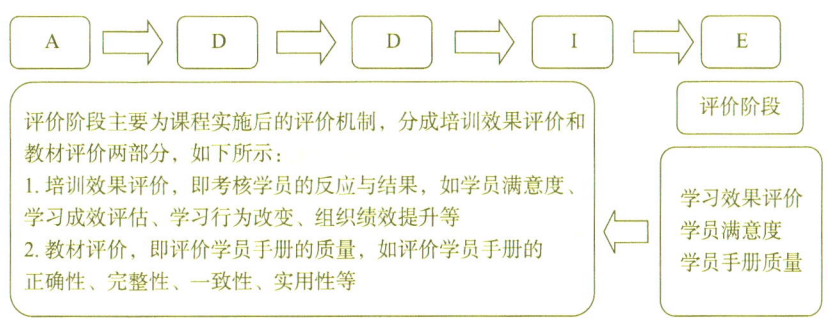

图 6-12　ADDIE 模型评价阶段示意图

（五）DACUM 模型

DACUM（developing a curriculum）翻译为"课程开发"。它是 CBET 模型中一种以委员会的形式进行职业的任务分析从而获得某项任务所应具备的各项技能的过程和方法。

DACUM 是 20 世纪 60 年代末由加拿大皇家经济开发中心和美国通用学习公司合作开发的。该模型的主要精髓就是从社会需求出发，通过与用人单位合作，以能力培养为中心来设计课程、实施课程与评价课程。

1. DACUM 模型应用程序

（1）在运用该模型开发课程前，应成立一个 DACUM 委员会，分析培训对象职业内的工作，确定该职业内的工作职责。

（2）分析确定培训对象在其工作职责的每项任务中应达到的最终绩效目标和能力目标，使每项任务都成为可以实现的要求。

（3）根据任务分析、DACUM委员会确认的最终绩效目标与能力目标确定培训内容，并选择培训途径，进行课程设置。

（4）根据培训途径和课程设置，编写每门课程的绩效目标和大纲，并确定绩效目标的评价方法。

（5）实施培训，并在培训过程中进一步总结经验，及时修订课程大纲和培训方法，对培训对象的学习结果进行评价。

2. DACUM模型示意图（如图6-13所示）

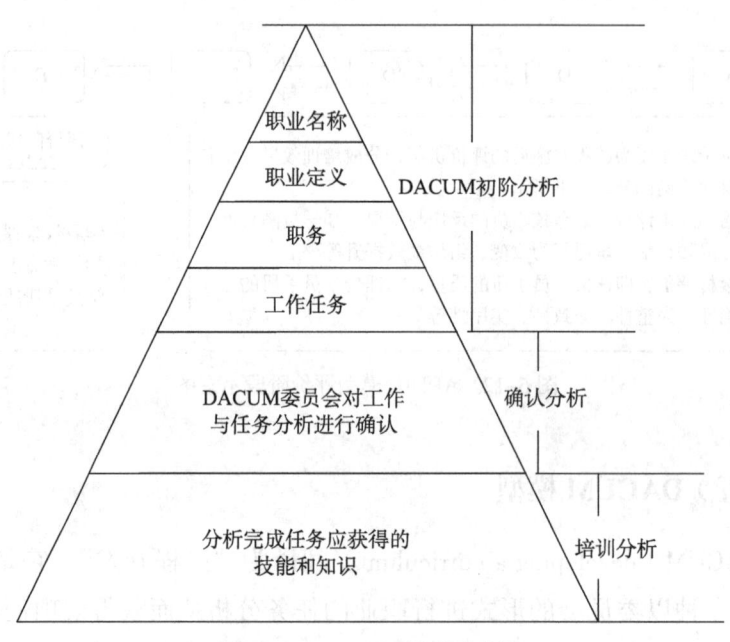

图6-13　DACUM模型示意图

三、培训课程开发方法

（一）布鲁纳四原则

布鲁纳四原则对学员获得知识与技能具有重大帮助，它为评价教学方法和学习方法提供了标准。

1. 动机原则

人的学习是主动学习,具体表现在以下两个方面。

(1) 重视已有经验在学习中的作用。学员总是在已有经验的基础上,对输入的新信息进行组织和重新组织。

(2) 重视学习的内在动机与发展学员的思维。学习的最好动机是对所学知识本身的兴趣。激发学员的内在动机,唤起其积极性,使理性和非理性、智力因素和非智力因素相结合,促成学员整体协调发展。

受训学员的内部动机包括激发、维持和指向三个层面,如图 6-14 所示。

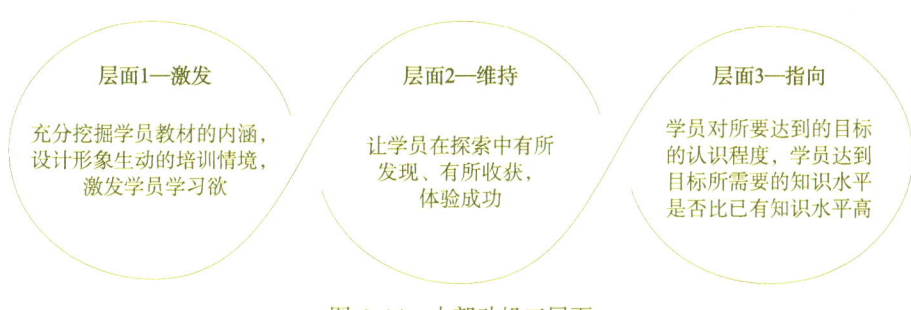

图 6-14 内部动机三层面

2. 结构原则

结构原则是指要选择适当的知识结构和适合学员认知结构的方式。任何学科知识都是具有结构的,反映事物之间的联系或规律。

3. 序列原则

序列原则是指要按最佳程序呈现课程内容。序列直接影响着学员掌握知识的成熟程度。

在任何特定条件下,最佳的序列是根据多种因素而定的。这些因素包括学员的学习能力、学员处理信息的能力和学员探索活动的特点。因此在设计教材和进行授课时,课程设计者或培训讲师要根据学员过去的学习水平、发展阶段、材料的性质和学员的个人差异来确定最理想的序列。

4. 强化原则

强化原则又称反馈原则，指的是要让学员适时知道自己的学习成果。强化原则是课程设计中不可缺少的一种积极性评价方式。落实强化原则，要通过提供有关的授课信息，了解授课效果，发现问题并及时改正。

授课过程中的强化原则涉及以下三个方面的内容，如图6-15所示。

- **强化时机**：即在什么时候学员能够接受矫正性信息。如只有学员将其发现的结果同所要求的结果进行比较的时候，培训讲师才可以告知结果是什么，否则就难以对学习产生促进作用

- **强化条件**：即在什么条件下学员可以利用这种矫正性信息。学员使用矫正性信息的能力是随着其内部机能的变化而变化的。在学员处于强烈的内驱力和过度焦虑的条件下，培训讲师的反馈就没有多大作用

- **强化方式**：即用什么方式可以使学员接受矫正性信息。如有关研究表明，"消极信息"，即有关某种事情不是这样或那样的信息，对初次接触概念的学员来说，根本没有意义

图6-15 强化原则涉及的三方面

（二）戴尔"经验之塔"

人类学习主要是通过自身的直接经验和间接经验两个途径来获得知识。戴尔的"经验之塔"理论把人类学习的经验依据抽象程度分成3类10个层次，如图6-16所示。

1. 实践经验（塔的底部）

这一类包含的是自己亲自做的活动。它位于经验之塔的塔底，主要包括以下三个方面。

（1）有目的的直接经验。经验之塔的底层是直接经验，是直接与真实事物本身接触的经验，是最丰富的具体经验。

（2）设计的经验（理解），即真实的改编，这样有助于人们理解真实情况。如制作模型，可以产生比用实物教学更好的效果。

（3）参与活动（表演、做游戏）。通过表演、做游戏感受那些在正常情形下无法获得的感情上和观念上的体验。

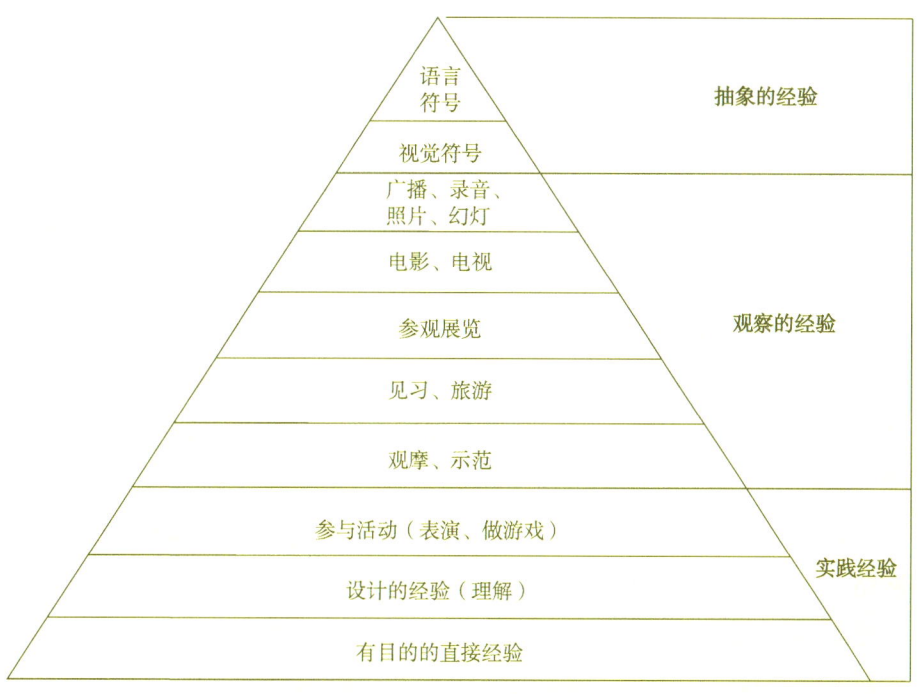

图 6-16 戴尔的"经验之塔"理论

2. 观察的经验（塔的中部）

观察的经验在心理学上也可以称为"摸象直观"，是通过观察事物和载有事物信息的媒体去间接获得事物的信息，主要包括如表 6-5 所示的五个方面的信息。

表 6-5　　　　　　　　　观察经验信息构成表

信息类别	信息说明
观摩、示范	通过看别人怎么做，使学员知道自己该如何做，以后学员就可以动手模仿去做
见习、旅游	可以看到真实事物和各种景象
参观展览	通过观察了解来进行学习
电影、电视	屏幕上的事物是实际事物的代表，而不是它本身。通过看电影、电视，得到的是替代的经验
广播、录音、照片、幻灯	广播、录音、照片和幻灯介于实践经验和抽象经验之间，既能为学员提供必要的感性材料，容易理解、记忆，又便于解说或作为培训的提示、根据和总结，从而加强学员的认识

3. 抽象的经验（塔尖）

抽象的经验在心理学上也可以称为"语言直观"，是指用抽象符号作为媒介去获得事物的信息。主要包括以下两个方面。

（1）视觉符号。指的是表达一定含义的图形、模拟图形等抽象符号。

（2）语言符号。一般有口头语言和书面语言两种，是一种纯粹的抽象。

戴尔之所以提出"经验之塔"的理论，是让人们认识人类认知途径，根据人类的这种"从简单到复杂，从形象到抽象，形象和抽象相结合的认知规律"，选择合理的学习方式，使自身的认知过程符合这一认知规律，达到最佳的学习效果。

教学中所采用的媒体越是多元化，所形成的概念就越丰富越牢固。网络的出现、各种视听辅助教具的利用，使塔中部的主观性得以增强，并更容易转向塔的两端，即抽象概念化和具体实际化。在培训活动中，白板、写字板、投影仪、录音带、幻灯片、电影剪辑材料、音乐等多媒体的使用，正是遵循了戴尔所提出的"媒体越多元化，所形成的概念就越牢固"的原理和指导思想。

（三）科尔伯的学习风格理论

学习风格是课程培训中需要考虑的一个重要因素。如果对学员在什么样的情况下能够达到最好的效果分析不正确，而使用了不恰当的教学方法，有可能导致学员对知识和技能掌握不好。因此在设计课程时，一定要考虑学员的学习风格。

在培训课程的开发中，科尔伯的学习风格理论备受推崇。科尔伯的学习风格理论主要是从人类认知过程的两个维度划分了四种不同的学习风格。

1. 两个维度

两个维度指的是学员如何感知信息和学员如何学习，具体的内容如图 6-17 所示。

图 6-17 人类认知过程的两个维度

2. 四种学习风格

任何一种感知方式和处理方式相互组合,可以组成四种类型:抽象的感知者/反思型的处理者;抽象的感知者/积极型的处理者;具体的感知者/积极型的处理者;具体的感知者/反思型的处理者。这四种类型构成了科尔伯的学习风格理论,如图 6-18 所示。

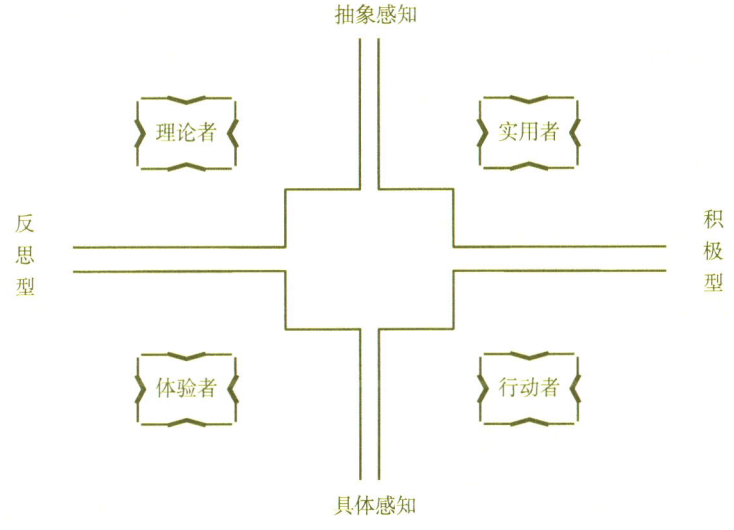

图 6-18 科尔伯的学习风格类型

（1）实用者。善于做决定、解决问题；不善于集中精力、体验与评估思想。适合的培训方式为同伴之间的互动与反馈，提供技能、技巧活动等。

（2）行动者。善于完成计划、领导和冒险；不重现实，只重目的。适合的培训方式包括技巧技能的训练、解决问题、小组讨论、同伴的互动与反馈等。

（3）体验者。善于想象及解决脑筋急转弯问题；不善于发现机会、提出行动方案。适合的培训方式包含大量反馈时间的课程讲授、培训讲师是开路者或引导者、提供专业指导、用外部的客观标准来判断学员自身的绩效等。

（4）理论者。善于制订计划，创建模型和理论；不善于从经验中学习，不能看到更广阔的前景。适合的培训方式包括案例分析、理论研讨、独自思考等。

四、培训课程开发程序

（一）进行培训需求分析

培训需求分析是课程设计者进行培训课程开发的第一步。进行培训需求分析的目的是以满足企业和企业成员的需求为出发点，从企业环境、个人和职务各个层面上进行调查和分析，从而判断企业和企业成员是否存在培训需求以及存在哪些培训需求。

（二）确定培训课程目标

培训课程开发的目的是说明员工为什么要进行培训。因为只有确定了培训课程的目的，才能确定培训课程的目标、范围、对象和内容。

（三）进行培训课程整体设计

培训课程整体设计指的是把每个课程细分为多个单元，进而设计单元，即对整个课程进行细分。一般每个课程可分为3~5个单元，每个单元再分为 2~4 个章节，每个章节再细分为内部具体活动。

1. **确定基本信息**

在开发培训课程之前，课程开发人员应确定课程代码、课程名称、课程类别、受训学员、先修课程、授课时间、课程开发人员以及课程批准人员等课程基本信息。

（1）课程代码。课程代码是课程的识别码，它是课程的"身份证"，一门课程有且只有一个课程代码。

（2）课程名称。课程开发人员在确定课程名称时，要考虑课程名称是否能够体现出课程的核心内容、是否具有吸引力。

（3）课程类别。企业的培训课程类别可以根据不同的维度进行划分，具体维度有管理层级、岗位以及课程培训内容等。

（4）受训学员。受训学员是指培训课程的学习人员。通常情况下，不同的培训课程，其受训学员是不一样的。课程开发人员要在课程设计前，明确课程的学习对象，以便提高课程内容的针对性和培训效果。

（5）先修课程。培训内容之间是相互联系的，因此，课程开发人员在进行某门培训课程设计时，需确定其先修课程，以告知那些没有学习过先修课程的受训学员，在进行本门培训课程学习前，要提前学习先修课程的内容，以便于他们能够较容易地接受本门培训课程的内容，增强培训效果。

（6）授课时间。通常情况下，培训课程的授课时间是以"小时"或"天"为单位的。

（7）课程开发人员。课程开发人员的主要职责就是负责培训课程的设计与编写工作。课程开发人员可能是企业人力资源部门的人员，也可能是外部培训机构或高校的人员。

（8）课程批准人员。培训课程开发完毕后，课程开发人员要将课程提交人力资源部门领导进行审批，而这些具有培训课程审批权限的人就是课程批准人员。

2. **确定课程进度**

课程进度是进行课程整体设计不可缺少的部分。课程设计者要巧妙地配置有限的课程时间，使学员在整个课程执行期间积极参与学习活动，实现课程效果的最大化。

课程进度指的是培训课程执行所需的实际时间以及具体安排。培训课程所需的时间过长不但会影响学员的正常工作，而且会令人疲惫，难以获得良好的培训效果；时间过短则造成大量培训内容的填鸭式教学，难以被学员吸收和消化。

确定课程时间的基本原则就是短、平、快，充分利用时间。

3. 设计课程内容

设计课程内容时应采用逻辑学和心理学两种方式。逻辑学的方式是指根据合乎目标的具体规则与概念来编制内容；心理学的方式是指设计课程内容应先接触到具体的内容，然后才是抽象的内容。

在选择课程内容时，应参照四个标准：

（1）充分体现提高学员整体综合素质的目的。

（2）充分体现课程目标的要求。

（3）真正适应受训学员的发展。

（4）充分反映最新的理论成果。

4. 设计考核方法

考核指的是培训讲师授课完成后，对学员知识掌握程度进行的检查。考核方法包括书面测试法、实际操作法以及现场演练法等。

书面测试法相对来说，成本低，客观性强，易于实施，并且可以针对很多学员同时使用。

实际操作法可应用于整个培训过程，让学员了解自身学习成果。如果学员需要把知识转化为实践，就需要采用实际操作法。实际操作法和书面测试法是互补的，仅靠书面测试法进行考核是不全面的。

现场演练法能够鼓励学员在工作中应用培训内容，加强学习效果，让培训讲师和学员了解培训的效果；但是它也存在一些缺点，如耗时、成本高，需要大量的现场监督工作，学员之间允许互相观察使考核的可靠性不太强等。

因此，在设计考核方法时，一定要考虑到培训目标和工作任务性质，选择合适的考核方法，准确、充分地体现出学员学习的效果。

5. 分析课程资源

完成一次培训，人力、物力的支持是必需的。因此在进行课程整体设计时，一定要慎重考虑课程资源。课程资源主要包括培训资料、培训环境、培训工具、培训场所。

培训资料包括培训讲师授课所需的授课资料、课件以及学员手册等主导资料，还包括供学员使用的培训安排表、培训反馈表，以及在授课过程中需要的案例分析资料、测试卷等辅助性资料，根据培训课程的要求，可能还需要学员的名单等。

在正式培训之前，应该创造一种良好的培训环境。在这种环境下，培训的一切活动将有积极的导向性，最终达到培训的最佳效果。为了塑造这种环境应从两个方面进行准备。

（1）让员工感觉到培训的必要性。让员工感觉到培训不仅可以提高企业业绩，而且最主要的是对自身的发展有较大帮助，增加员工的兴趣，提高其学习的积极性。

（2）创造良好的学习环境。学习环境包括学习设施和学习软环境两种类型。学习设施应当让学员感到舒适；学习软环境应该使学员认识到这是一次重要的培训，能参加这样的培训是很幸运的，同时应体现出相互尊重的精神，包括学员之间、培训讲师与学员之间的相互尊重等。

随着电脑、网络技术的发展，一些培训工具本身已经成为一种培训方法，所以选择培训工具与选择培训方法是同时进行的。培训工具一般分为普通培训工具和新型培训工具两种类型。普通培训工具是指过去一直使用的黑板、挂图之类的培训工具；新型培训工具指的是网络培训中所采用的培训工具。

培训场所是学员进行学习的地方，场所的布置对培训效果具有很重要的作用。一个培训场所必须明亮、舒适，具有很好的气氛，最主要的是必须满足培训要求。

6. 编制课程大纲

课程大纲是在明确了培训目标和培训对象之后，对培训课程内容和培训方法的初步设想。大纲给课程制定了一个方向和框架，整个课程将围绕着这个框架进一步充实和延伸。在课程大纲里面，将给出本课程的主要内容和培训方式。

（四）进行课程单元设计

课程单元设计是在进行课程整体设计的基础上，具体确定每一单元的授课内容、授课方法和授课材料的过程。

课程单元设计的优劣直接影响了培训效果的好坏和学员对课程的评价。在培训开展过程中，作为相对独立的课程单元不应在时间上被分割开。

（五）进行阶段性评价与修订

在完成课程的单元设计后，需要对需求分析、课程目标、整体设计和单元设计进行阶段性评价和修订，以便为课程培训的实施奠定基础。

1. 课程单元设计评价

课程单元设计评价是进行阶段性评价的重点，因为课程单元设计的评价相对于需求分析评价、课程整体设计评价而言，具有工作相对简单而改进成效相对明显的特点，所以，企业课程开发者或培训讲师往往在课程阶段性评价阶段对课程单元设计进行重点评价。

课程单元设计评价的要素主要包括评价目的、评价范围、评价标准及评价方法。课程单元设计评价的目的是在课程的单元设计完成后，对单元设计的目标、内容、材料和方法等进行及时的评价，以便及时进行调整。评价范围包括在单元设计中所涉及的各类内容，如单元学习目标、单元内容、单元讲授方法、单元材料、讲授的时间，尤其对于模拟游戏或演讲实习要进行合理性和有效性的评价。评价标准根据学员需求满足的不同程度可以分为合格标准、良好标准和优秀标准。评价方法主要是试讲评价和自我评价。

2. 课程阶段性修订

课程修订范围包括主要修订和次要修订两种。主要修订指课程需要重新设计，课程整体内容和单元内容大范围重组、更新、替换，以及课程目标变更、课程整体格式和编排变更等。次要修订指课程形式、排版的小调整，页码顺序的调整，内容上的微调等。就使用频率而言，在课程阶段性评价过程中，次要修订的使用频率要远高于主要修订。

（六）实施培训课程

即使设计了好的培训课程，也并不意味着培训就能成功。如果在培训实施阶段缺乏适当的准备工作，也是难以达成培训目标的。实施的准备工作主要包括培训方法的选择、培训场所的选定、培训技巧的利用以及适当地进行课程控制等方面。

在实施培训过程中，掌握必要的培训技巧有利于达到事半功倍的效果。

（七）进行课程总体评价

培训课程总体评价是在课程实施完毕后对课程全过程进行的总结和判断，重点在于确定培训效果是否达到了预期的目标，以及受训学员对培训效果的满意程度。

第四节 培训运营管理

一、培训运营前准备

（一）确定培训对象

有了培训对象，培训目的才能更明确，培训实施才能更有效。所以，确定培训对象是培训运营管理工作中必不可少的环节。

1. 培训对象的分类

（1）按照培训层级划分，培训对象可分为企业高层管理人员、企业中层管理人员、企业基层管理人员、企业基层操作人员及企业新员工。

企业高层管理人员是指现任的高级管理人员、企业未来的接班人以及有可能进入企业高层的有潜质的优秀管理人员；企业中层管理人员是指处于高层管理人员和基层管理人员之间的中间层次的管理人员，如部门经理、车间主任等；企业基层管理人员是指企业在生产、销售、研发等生产经营活动第一线执行管理职能的管理人员；企业基层操作人员是指企业内部从事具体业务操作的工作人员；企业新员工是指企业新招聘员工和到新岗位任职的员工。

（2）按照培训内容划分，培训对象可分为生产相关工作人员、质量管理相关工作人员、销售相关工作人员、采购相关工作人员、财务审计相关人员及技术研发相关人员。

2. 培训对象的选择

企业根据培训内容制定培训对象的选择标准，确定培训对象大致范围并收集培训对象相关信息，与培训对象所在部门的负责人进行沟通，确认培训对象参训的必要性，拟订培训对象名单，供领导决策，确认最终培训对象名单。

（二）选定培训方法

企业常用的培训方法包括课堂讲授法、演示操作法、视听技术法、小组讨论法、案例研究法、角色扮演法、管理游戏法等，企业应针对不同的培训对象和不同的培训课程，选用不同的培训方法。

表 6-6 对上述几类方法进行了简单的比较。

表 6-6　　　　不同培训方法所达到的培训效果比较一览表

方法	让学员获得知识效果	让学员改变态度效果	提高学员解决问题能力效果	提高学员人际关系处理能力效果	提高学员接受能力效果	让学员记忆知识效果
课堂讲授法	良好	差	一般	差	差	很好
演示操作法	良好	差	一般	一般	差	很好
视听技术法	一般	一般	差	一般	一般	一般

续表

方法	让学员获得知识效果	让学员改变态度效果	提高学员解决问题能力效果	提高学员人际关系处理能力效果	提高学员接受能力效果	让学员记忆知识效果
小组讨论法	很好	良好	一般	一般	一般	良好
案例研究法	一般	一般	很好	一般	很好	一般
角色扮演法	良好	良好	良好	很好	良好	一般
管理游戏法	一般	一般	良好	良好	良好	差

（三）明确培训时间

企业培训时间应根据培训需求而定，但不合理的培训时间安排可能会打断企业的正常生产运营。因此，企业在选择培训时间时必须遵循以下两项原则。

1. 不影响正常业务开展原则

企业应考虑在销售淡季或生产淡季进行培训，避免影响企业正常业务的开展。

2. 培训效率最高原则

企业应选择在新员工入职、技术革新、销售业绩下滑、员工晋升时对员工进行培训。因为这时员工培训需求最为迫切，培训效率最高。

（四）选择培训讲师

1. 内外部培训讲师的比较

培训讲师可通过内部选拔和外部聘请两大途径进行选择。企业应根据实际情况选择合适的培训讲师，并确定恰当的内外部培训讲师的比例，做到内外搭配、相互学习、共同进步。外聘培训讲师与内部培训讲师的优缺点比较见表6-7。

表 6-7　　　　　外聘培训讲师与内部培训讲师的优缺点

培训讲师来源	优点	缺点
外聘培训讲师	◆ 可带来许多全新的理念 ◆ 对培训对象具有较强的吸引力 ◆ 容易营造培训氛围，从而提升培训效果 ◆ 选择范围大，可获得高质量的培训讲师资源	◆ 外聘培训讲师成本较高 ◆ 对企业和培训对象缺乏了解，可能会缺乏针对性，影响培训效果 ◆ 可能由于缺乏实际工作经验，导致培训不能达到预期效果
内部培训讲师	◆ 内部开发培训讲师成本较低 ◆ 与培训对象相互了解，能够保证在培训过程中顺畅交流 ◆ 对企业各方面比较熟悉，使培训更具有针对性，有利于增强培训效果	◆ 内部选择范围窄，很难开发出高质量的培训讲师队伍 ◆ 看待问题受环境限制，不易上升到新的高度 ◆ 很难树立威望，有可能影响培训对象的参与积极性

2. 培训讲师的选择标准

培训讲师是课堂讲授培训的授课主体。培训讲师知识丰富程度、语言表达方式、授课形式等均会对培训效果产生重要影响。培训讲师的选择标准主要有以下几个方面。

（1）丰富的实战经验。培训讲师必须具备足够的实战经验，全方位融合理论知识与管理实践，能够真正帮助企业解决实际问题。

（2）独立课程的开发能力。培训讲师必须具有独立的课程开发能力，能够根据企业的实际需求，开发并完善其培训课程，使所传授的知识和技能保持实用性和先进性。

（3）相关领域的持续研究。培训讲师必须持续关注相关领域的最新发展，并不断学习和研究，确保所授知识符合知识的发展和培训对象的需要。

（4）一流的授课效果。培训讲师须深刻理解成人学习的过程，灵活运用多种培训方式，善于把握和控制课堂气氛，使培训效果最大化。

（5）较强的授课能力。培训讲师须具有优秀的表达能力、演绎能力、良好的问题解答能力和辅导能力，能够最大限度地吸引培训对象的注意力。

（6）良好的客户反馈。对接受过该讲师培训的企业进行实际调查，了解其所授课程的实用性、授课风格、培训效果等，只有得到客户认可的培训讲师才可进入候选名单。

（五）设计培训课程

培训课程的设计包括培训课程目的的设计、培训课程整体设计、培训课程单元设计及培训课程体系设计等，具体内容在上述培训课程开发中已详细介绍。

（六）制作培训材料

1. 撰写培训日程安排表

在确定好培训时间后，培训部还要对学员的培训日程做好安排，并形成正式文件发放给学员。表6-8是某集团信息部8月份的各区域经理培训日程安排表。

表6-8　　　　某集团信息部各区域经理培训日程安排表

培训日期	议题	报告人或培训讲师
2023年8月4日（全天）	信息部经理预备会议	信息部总经理
	信息系统流程讲解	信息部总经理
2023年8月5日（9:00—11:30）	信息系统与财务系统接口流程讲解	财务经理
2023年8月5日（13:30—17:30）	大客户导入工作回顾及讨论	外聘培训讲师
2023年8月6日（9:00—11:30）	开店流程及各项工程验收标准讲解	外聘培训讲师、资深门店经理
2023年8月6日（13:30—17:30）	各区域经验及技术交流讨论	各区域信息部经理
2023年8月7日（全天）	信息部经理述职报告	各区域信息部经理

2. 拟写各类培训通知

培训通知是向与会者传递培训信息的载体，拟写培训通知是培训前准备的重要环节。完整的培训通知至少应包括：标题、培训对象、正文、落款与日期等内容。

培训通知的标题有两种写法，一种是直接写明"通知"或"培训通知"，这种写法一般适用于企业内部小型培训；另一种可以在通知前注明培训内容，如"关于举办管理者培训班的通知"。

若培训对象是部门内所有的人员，可以写为"部门名称+全体人员"，如"销售部全体人员"，若培训对象是个人，则可直接写明培训对象姓名、职务、级别等。

培训通知正文包括培训的目的、名称、会议时间、会议地点及其他事项。落款应写明发放培训通知的单位或部门，并注明发出通知的日期。

3. 起草培训协议规范

培训是企业的一种人力资本投资行为，需要耗费一定的人力、物力、财力，为了保证企业的利益和培训为企业发展所用，同时也为了明确和保障企业与员工之间的权利和义务，有必要在进行培训前安排相关部门或人员签订培训协议（合同）。

培训协议的内容包括标题、协议基本情况、协议主体、其他事项及附件。

4. 设计培训授课资料

授课资料是实施授课所需的重要工具，在培训实施前，培训管理人员必须与培训讲师共同完成授课资料的设计工作，确保培训工作的有序开展。

培训管理人员需要设计的授课资料有培训教材、培训安排表、培训反馈表、培训调查问卷、学员名单等。培训讲师需要设计的授课资料包括课件、讲师手册、学员手册、授课过程中需要的案例分析资料、测试卷等辅助性资料。

（七）选定培训场所

根据培训方式的不同，培训场地也有所不同。普通授课、小型会议研讨、多媒体及录像教学优先选择在企业内部培训室，如果企业内部培训室无法满足培训需求时，也可以在酒店、会议中心进行。E-learning 培训一般在企业内部专门培训室或由员工使用计算机进行；现场工作指导一般在企业内部的工厂或技术研究室内进行；拓展训练的培训场所一般会选择在户外或专业的拓展中心进行；外派培训、认证培训的培训场所一般会选择在企业外部专业的培训机构进行。

（八）准备培训设备

培训设备主要包括普通培训设备和新型培训设备。普通培训设备是指传统的培训设备，如黑板、白板、活动挂图等；新型培训设备是指网络培训中使用的培训设备，如电脑、录像机、幻灯机等。

在选择培训工具时应从培训预算、培训的紧迫程度、学员人数、培训场所、现有的培训设备、培训讲师以及培训资源等方面考虑，选择最合适的培训设备。

课堂讲授培训的设备一般有黑板、白板、活动挂图、录像机、幻灯机、计算机、投影仪、写字板（笔）、光盘。

会议研讨培训的设备一般有白板、活动挂图、录像机、幻灯机、计算机、投影仪。

E-learning 培训的设备一般有计算机、投影仪、光盘。

拓展训练的设备一般有户外基地以及拓展训练过程中所需的设备器材。

二、培训运营中组织

（一）开课前准备

在开课前，培训管理人员应提前到达培训现场，对培训现场布置情况、培训设备调试情况、培训现场卫生情况、培训材料准备情况等进行检查，如发现问题，及时处理，以确保培训准时、有序开展。设置培训签到簿，要求培训对象按时签到。由于培训方式不同，签到的方式也存在一定差异，一般来说课堂讲授培训的签到方式分为簿式签到和由工作人员代为签到。在签到的同时，可将学员所需的教材等资料发放给培训对象。

（二）课程导入

课程导入既是培训讲师留给学员的第一印象，也是培训课程留给学员的第一印象，第一印象对于大多数学员来说是很难改变的，因此，一定要尽量设计好的课程导入，以保证培训效果。

1. 课程导入的内容

课程导入的内容主要包括能够引起学员对课程产生兴趣的内容，有利于帮助培训讲师与学员建立信任和友善的关系，有助于将学员的注意力集中到授课主题上的内容，如预告性内容，与培训主题相关的事件、问题、事实、现象、数据等。

2. 课程导入的原则

（1）针对性原则。课程导入要紧扣培训目标，并根据内容特点采用多样化导入方式。

（2）启发性原则。课程导入内容要尽量生动具体，充分调动培训对象情绪。

（3）简洁性原则。课程导入时间不宜过长，一般以不超过5分钟为宜。

3. 课程导入的方式

课程导入是培训运营实施的重要环节，巧妙、合理的课程导入，能够激发学员的学习兴趣与求知欲望，大幅提升培训效果。常用的课程导入方式有视频导入、游戏导入、讲话导入及目标导入。

（1）视频导入。视频导入是指在培训一开始，培训讲师让学员观看某一影片或录像的片段，影片或录像的内容可以是与培训内容相关的一个故事、一个场景，从而导入所要培训的课程内容。这种方法能够集中学员的注意力。

（2）游戏导入。游戏导入是指在培训一开始，培训讲师组织学员做游戏，然后再导入对新知识的学习，这种方法可以激发学员参与培训课程的热情。在日常培训过程中，运用最多的是"破冰"游戏和协作游戏。

（3）讲话导入。讲话导入是指在培训一开始，培训讲师直接与学员进行语言交流，这种语言交流可以是培训讲师单向的，也可以是培训讲师与学员之间双向的。

（4）目标导入。目标导入是指在培训一开始，培训讲师先阐述本次培训的学习目标、培训内容、培训进程及要求等，以便引起学员的注意并得到学员的支持。这种导入方法既能强化培训学员学习的意志力，集中学员的注意力；又能让学员的思维迅速定位，很快进入对培训内容的探索状态。同时，这种导入方法也能够使学员对培训的知识要点有所明确，学习的主动性和积极性得到充分调动。

（三）培训现场督导

为确保培训工作顺利进行，培训管理人员应加强对培训现场的监督。培训现场监督包括培训现场巡视检查、培训进程控制和突发事件处理。

1. 培训现场巡视检查

培训管理人员应根据检查标准对培训现场纪律、培训对象出勤、培训讲师出勤、培训场地安全等情况进行巡视检查，确保培训工作顺利进行。

2. 培训进程控制

尽管在培训实施之前，已明确培训日程安排，但在实施过程中，不可避免地会有各种情况发生，这就需要培训人员做好培训进程控制工作。

培训管理人员应明确培训内容与培训时间，提前与讲师和学员进行沟通，并制定突发事件应对预案，在培训期间提醒讲师控制时间，同时处理影响培训进程的事件，确保培训工作顺利进行。

3. 突发事件处理

即使有设计周密的议程，培训中仍然充满了事先不能确定的因素。所以培训管理人员应当对培训中有可能突然发生的情况提前做准备，尽量避免突发事件发生或尽量减少突发事件造成的损失。培训过程中，常见的突发事件有人员冲突、设备故障及安全事故。

人员冲突包括培训管理人员与学员或培训讲师发生的冲突、培训讲师与学员发生的冲突、学员之间发生的冲突等情况,当遇到这类突发事件时,培训管理人员须及时处理,避免事态进一步恶化。

当培训现场出现设备故障时,培训管理人员应协助培训讲师和学员及时维修故障设备,同时应提供备用设备,保证培训顺利实施。

培训管理人员在培训开始前应做好安全检查工作,消除安全隐患,如有事故发生,应及时上报、妥善处理,并在事后总结教训,避免类似事件再次发生。

(四)培训讲师与学员管理

1. 培训讲师管理

培训讲师负责培训课程的开发、培训知识和技能的讲授等工作。真正通过知识的共享和传播,提高企业员工的整体素质。

(1)培训讲师职责。

1)协助并参与员工的培训需求调研,了解员工培训需求状况。

2)根据不同岗位培训需求,收集、整理相关资料,完成培训课程开发和设计工作。

3)根据企业培训安排,完成所负责培训课程的讲授工作。

4)根据岗位具体特征,辅导培训对象制订培训后的工作改进计划。

5)负责整理和归档培训教材、教案等资料。

(2)对培训讲师的管理。

1)对培训讲师的出勤管理。

2)对培训设备的使用管理。

3)对培训讲师的仪容仪表管理。

4)对培训讲师的授课过程进行监控。

5)对培训讲师进行授课过程评价。

2. 受训学员管理

受训学员是培训实施的对象,只有受训学员按时参加、积极参与培训工作,才能有效达成培训目标。因此,培训管理人员应做好受训学员管理工作，具体的管理内容包括出勤管理、参训积极性管理、对培训场地环境维护管理、课堂纪律管理、安全管理。

三、培训运营后评估

（一）明确培训效果评估的内容

企业培训效果评估是指收集企业和受训学员从培训当中获得的收益情况，以衡量培训是否有效的过程。培训效果评估内容主要包括学习成果评估、培训组织管理评估、培训讲师评估以及经济效益评估四方面内容。

学习成果评估是对受训学员的学习成果进行评估。评估内容包括培训后的课堂测试，培训后学员的工作态度、工作方法及工作业绩是否提高等。

培训组织管理评估是对培训管理人员的项目实施情况进行评估。评估内容包括培训时间安排、培训场地环境、培训设备器材、培训现场督导及后勤服务情况。

培训讲师评估是对授课的培训讲师进行评估。不管是企业内部讲师还是外部聘请的讲师，评估的内容大致相同。主要对培训课程内容、授课形式、授课方法、讲师的语言表达以及课程需要改进的地方进行评估。

经济效益评估是企业对培训效益进行评估。评估内容主要是核对预算，通过计算投入产出比来评估企业因培训取得的经济效益或收入。

（二）选择培训效果评估模型

1. 柯氏四级培训评估模型

威斯康星大学教授柯克帕特里克于1959年提出了培训效果评估的四级模型。根据该模型，可将培训效果的评估划分为四个级别，分别为反应评估、学习评估、行为评估和结果评估。这四个级别之间不是并列的关系，而是层层递进的关系，当从一个级别进入另一个级别时，评估的程序和内容都会变得相对复杂一些。

（1）反应评估。反应评估是指收集受训学员对培训讲师、培训内容、教学方法、培训设备和材料等各方面的反应情况，并进行综合评价。

反应评估容易开展，是最基本、最普遍的评估方式，但也会出现以偏概全、主观性强、不够理智的现象，普遍在培训结束后使用。

（2）学习评估。学习评估是指对受训学员对事件、观念、概念、理论等知识的认知和理解的程度进行衡量和评价。

（3）行为评估。行为评估是指培训后的跟进过程，包括学员培训后工作行为和在职表现方面的变化。这方面的评估一般通过受训学员的主管、同事、下属、客户以及受训学员自己对接受培训前后的行为变化进行评价，同时还需要借助一些评估表，供领导作出正确的决策。

（4）结果评估。结果评估是指受训学员在工作中应用培训所学到的知识是否产生了可以衡量的成绩。一般由企业培训部在培训结束一年或两年后对员工以及企业的绩效进行评估。这方面的评估需要时间，在短期内很难得出结果。

2. CIRO 培训评估模型

CIRO 培训评估模型是由沃尔、伯德和雷克汉姆于1970年发明的。CIRO 是由四个评估阶段的首字母组成，即背景评估（context evaluation）、输入评估（input evaluation）、反应评估（reaction evaluation）、输出评估（output evaluation）。该模型属于过程性评估模型，是一种非常独特的区分评估过程的方法，比一般培训评估的范围更广泛。

背景评估是指收集和分析有关人力资源开发的信息来分析和确定培训需求与培训目标；输入评估是指收集和汇总有价值的培训资源信息来确定人力资源培训的实施战略与方法；反应评估是指收集和分析受训学员的反馈信息来改进企业培训的运作流程；输出评估是指收集和分析与培训结果相关的信息来评价与确定培训的结果，即对照培训目录来检验、评定培训结果是否真正有效或有用。

3. CIPP 培训评估模型

CIPP（context-input-process-produce）培训评估模型，可译为"背景—输入—过程—成果"评估模型，是美国教育评价学家斯塔夫尔比姆

（D. L. Stufflebeam）在20世纪60年代后期倡导的课程评价模式。该模型不仅弥补了CIRO的不足，同时又完善了柯氏四级培训评估模型。

CIPP培训评估模型是将培训项目本身作为一个对象进行分析，它强调评价在各个阶段的应用，目的就是及时发现问题并进行改善。该模型也属于过程性评估模型。

背景评估是对课程培训需求、资源等的评估。该阶段评估的主要任务是确定培训需求以及设定培训的目标，具体包括了解相关环境、分析培训需求、鉴别培训机会、制定培训目标等。

输入评估是在确定如何运用资源以达成培训目标，并对本课程的设计和实施计划、本课程计划实施的财政预算以及其他可供选择的课程设计和课程开展计划等进行评估。

过程评估是通过描述实际过程来确定或预测课程计划本身或实施过程中存在的问题，为计划的设计和实施者提供定期的反馈。

成果评估是对课程结果进行的测量、解释和评判。进行成果评估的目的在于帮助课程设计者决定是否需要修改或完善课程计划。

4. 投资回报率培训评估模型

投资回报率培训评估模型在柯氏四级培训评估模型上加入了第五个级别：投资回报率，形成了一个五级投资回报率培训评估模型。第五级别评估的重点是将培训所带来的收益与其成本进行对比，来测算有关投资回报率的指标。专门针对培训项目的投资回报率培训评估模型设计如图6-19所示。

培训的投资回报率是最常见的定量分析法。这里涉及两个公式。

公式一：培训收益 = $(E_2-E_1) \times N \times T - C$

其中，E_2（E_1）表示培训后（前）每个学员的年效益，N表示参加培训的总人数，T表示培训效益可持续的年限，C表示培训成本。

公式二：投资回报率（ROI）= （培训收益/培训成本）× 100%

若计算出来的ROI是小于1的，表明培训收益小于培训成本，说明此次培训没有收到预期的效果，或企业存在的问题不是培训所能解决的。

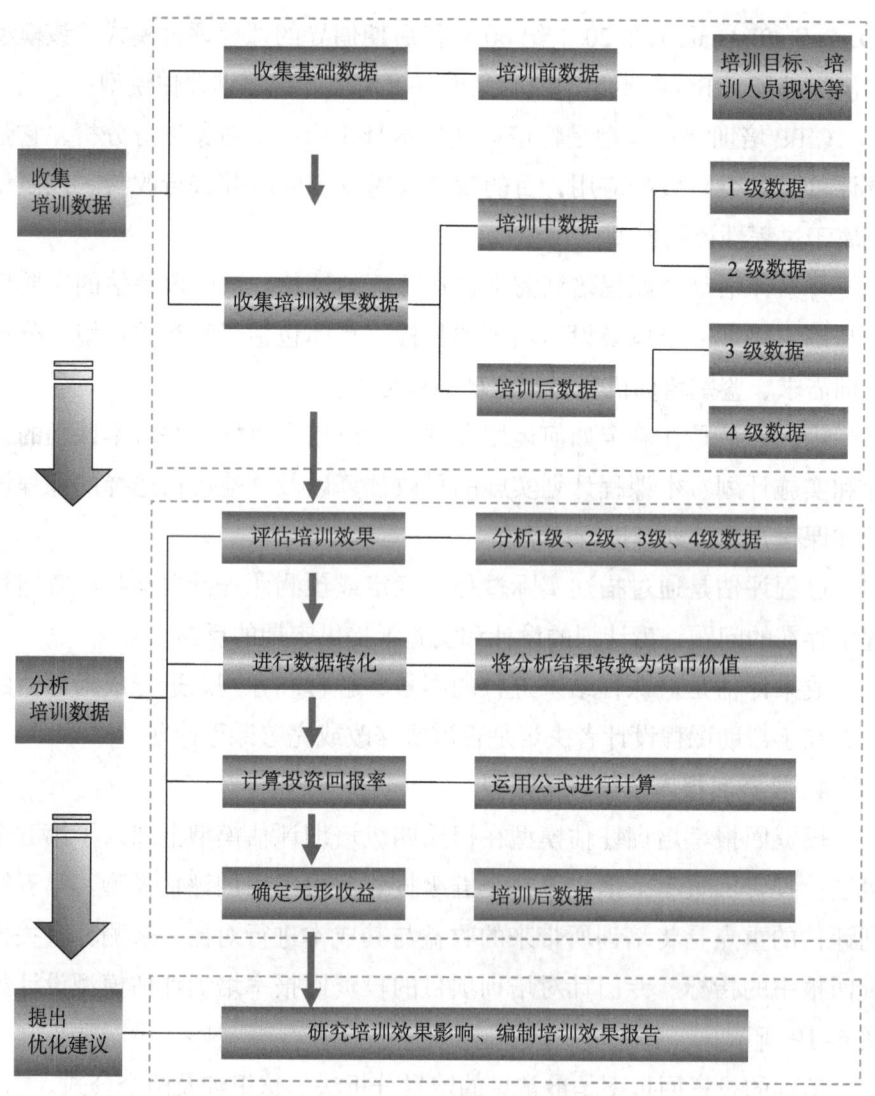

图 6-19　投资回报率培训评估模型设计

该方法实施的前提条件是学员的年效益是可量化的,对于那些年效益无法量化的培训,这种方法就很难操作了。

5. 五层次培训评估模型

考夫曼扩展了柯氏四级培训评估模型,他认为培训能否成功,培训前各种资源的获得是至关重要的,因此,他在模型中加上了对资源获得可能性的评估,并将其放在模型的第一个层次上。

考夫曼还认为培训所产生的效果不应该仅仅对本企业有益,它最终会作用于企业所处的环境,从而给企业带来效益。因此,他又加上了一个层次,即评估社会和客户的反应,从而形成了五个层次。考夫曼五层次培训评估模型的具体内容见表6-9。

表6-9　　　　　　　　考夫曼五层次评估模型内容

	评估层次	评估内容
1	可能性和反应评估	可能性因素说明的是针对确保培训成功所必需的各种资源的有效性、可用性及质量等问题
		反应因素旨在说明方法、手段和程序的接受情况和效用情况
2	掌握评估	用来评估学员的能力掌握情况
3	应用评估	评估学员在接受培训后,其在工作中知识、技能的应用情况
4	企业效益评估	评估培训项目对企业的贡献和效益情况
5	社会效益产出	评估社会和客户的反应情况

(三)确定培训效果的方法

确定培训效果的方法有观察评估法、问卷调查法、目标评估法、笔试测验法、操作测验法及关键人物评价法。常用的是观察评估法、问卷调查法和操作测验法。

1. 观察评估法

观察评估法指评估人员观察学员在培训过程中的反应情况以及在培训结束后在工作岗位上的表现。他们利用观察记录或利用录像的方式,将相关信息记录到培训观察表中,通过比较学员在培训前后的工作业绩,从而衡量培训的效果。

运用观察评估法对培训进行评估时,关键在于将观察的现象、内容进行完整、准确的记录。一般来讲,最好的记录方法是边观察边记录,以便能够及时地把观察到的内容详尽地记录下来。在进行观察记录时,应该注意以下四个方面的内容。

(1)情境,是指受训学员的行为处于怎样的情境,是在培训之前还是在培训之后,是在工作之中还是工作之余。

（2）人物，是指受训学员所接触的各类人物的身份、职位以及被观察对象与各类人物之间的相互关系。

（3）行为，是指受训学员的各种行为活动，如语言、表情、姿势、动作等及该行为的致因、目的、趋向等。

（4）频率，是指受训学员的各种行为活动发生的次数、重复出现的时间及频率、行为延续时间等。

观察评估法可以适时适地观察到现象或行为的发生，有助于观察者把握全局，得到受训学员不愿或不便作答的信息。如果受观察者并不知道自己在被观察，其所产生的行为也更为客观、真实，增强了培训评估的有效性。

2. 问卷调查法

问卷调查法是指培训管理人员借助预先设计好的调查问卷，在培训结束时向培训主体或受训学员了解培训效果的一种方法。

3. 操作测验法

操作测验法是对受训学员掌握技能、技术的熟练程度进行评估的一种方法，一般应用于整个培训过程，通过对受训学员实际操作过程的现场测验来评估培训效果。此种评估方法通常适用于学员在岗培训，旨在考察学员是否掌握了实际工作中所需要的操作技能、技术。

此种评估方法的关键在于对学员在操作测验中要表现的动作进行事先规定，包括动作标准、时间间隔、生产定额等。

受训学员在接受培训前应进行一次操作测验，并做好测验记录，同时设定学员在操作测验中应达到的标准。接受培训后，学员需要再次进行操作测验，如果达到预先设定的操作标准，即可视为该培训具有一定的有效性。

（四）撰写培训效果评估报告

培训效果评估报告主要由提要、前言、评估实施过程、评估结果和附录五部分组成。

提要是对评估报告的要点进行概述，语言要求简明扼要、一目了然。

前言是说明评估实施背景以及培训项目的情况（培训时间、地点、人数以及课程等内容），明确评估的目的和评估的性质，说明此评估项目以前是否有过类似的评估，并进行对比。评估实施过程是评估报告的重点，即评估报告的方法论部分，主要撰写评估内容、评估方法、评估程序等。评估结果是阐明培训评估、培训课程评估、培训讲师评估、培训人员的评估结果，然后根据评估结论，提供可以改进和参考的建议或意见。附录主要包括收集和分析资料中使用的图表、调查问卷以及部分原始资料等。

在撰写培训效果评估报告时，应注意以下五点要求。

1. 调查培训结果应注意选择调查对象时，看其是否具有代表性，保证他们能代表整个受训群体的意见，避免作出不充分的归纳。

2. 须对培训项目的整体效果进行描述，避免以偏概全。

3. 要尽量实事求是，切忌过分美化和修饰评估结果，真正做到通过评估来证明培训价值。

4. 要用适当的方式描述在培训过程中出现的消极方面，避免打击有关培训管理人员的积极性。

5. 当项目评估事项持续一年以上时间时，需要撰写中期评估报告，方便企业相关领导了解项目评估的进展情况。

本章自测题

1. 请简述培训管理的概念。
2. 培训方法如何选择？
3. 培训课程开发的方法有哪些？
4. 课程开发的注意事项有哪些？

第七章　职业生涯规划

学习目标

➢ 目标1　了解职业生涯规划的理论
➢ 目标2　掌握个人职业生涯规划方案的内容
➢ 目标3　知晓企业职业生涯规划的通道管理方法

引导案例

> R公司是一家以彩色印刷为主业，同时从事设计制作、纸张和印刷耗材销售等业务的综合性企业，目前公司拥有员工800余人。穆某担任该公司的人力资源经理。
>
> 穆某刚一上任，就到公司的车间、办公室等人员较多的地方看了看，他观察到员工士气低落、工作热情普遍不高。在查看员工的档案时，他还发现公司员工的流动率一直居高不下。经过仔细的调研，穆某认为企业没有为员工制定合理的职业生涯规划是这些问题产生的根本原因。
>
> 职业生涯规划为何如此重要，通过为员工制定合理的职业生涯规划能解决R公司的问题吗？

第一节　职业生涯规划概述

一、职业生涯规划基本概念

职业生涯规划，是指企业或者员工将个人发展与企业发展相结合，对决定个人职业生涯的个人因素、企业因素和社会因素等进行分析，制定员工个人事业发展的战略设想与计划安排。而做好职业生涯规划的关键是要对员工职业能力倾向和适应度进行测量，使其了解职业生涯的发展阶段，并利用格林豪斯管理模型对职业生涯进行良好的管理。

（一）职业生涯规划的内容

员工职业生涯规划的内容包括四个方面。

1. 对决定员工职业生涯的主客观因素进行分析、总结和测定。
2. 确定员工职业发展目标，并选择实现这一目标的有效路径。
3. 编制相应的工作和培训的行动计划，对每一步骤的时间、顺序和方向做出合理的安排。
4. 通过绩效考核、培训、轮岗、晋升等人力资源管理活动为实现员工职业生涯规划目标创造条件。

（二）职业生涯规划的主要任务

职业生涯规划的主要任务就是满足企业和员工双方发展的需要，最终实现员工不断成长、企业不断发展的目的。具体来说，职业生涯规划的任务包括如图7-1所示的三个方面。

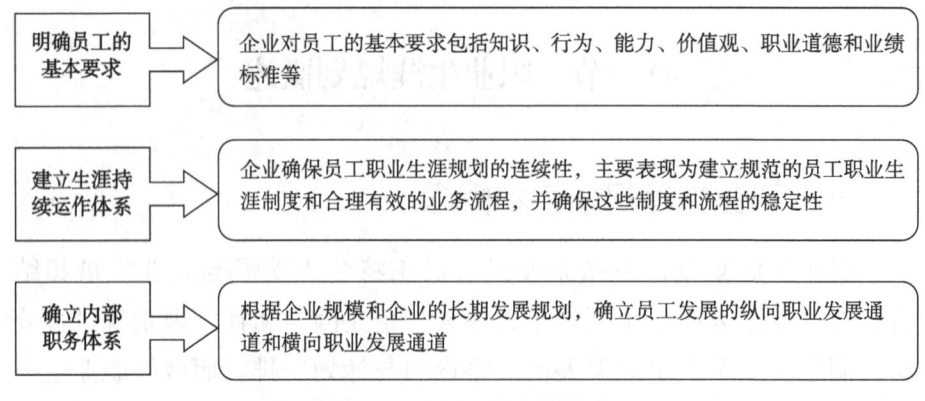

图 7-1 职业生涯规划的任务

二、职业生涯规划的意义

（一）对企业的意义

1. 稳定员工队伍，避免给企业带来损失

在制定职业生涯规划时，应促使每个员工的职业生涯目标与企业发展目标相一致，降低和减少个人职业生涯规划与企业职业生涯规划违背的情况发生，避免给企业带来损失。同时合理配置企业人力资源，保证企业未来人才需求和企业的可持续性发展，避免出现企业人才断档和后继无人的现象。

2. 有利于留住人才，减少人员流失

员工对于自己未来发展趋向和潜力的关注普遍超过对目前薪酬的关注程度，进行员工职业生涯规划有利于稳定员工队伍，提升员工满意度，留住现有优秀人才，吸引外来优秀人才加入，从而为企业的发展带来无限希望。

3. 有利于增强企业发展的可持续性

企业可以更合理、有效地利用人力资源，尽可能地为每个员工提供可充分展现自己才能的工作平台，积累充分的人才资源库，冲破企业发展与人才稀缺的瓶颈，强化企业的竞争力，促进企业的可持续发展。

4. 有利于提高企业的绩效

企业开展有效的职业生涯管理，有利于增强员工对职业环境的把握能力和对职业困境的控制能力，摒弃"职务不提升即职业不成功"的旧观念，并对自己有一个准确定位，能够在企业提供的工作舞台上更好地发挥自己的才智与能力，实现职业抱负。员工对企业的归属感更强，工作的热情和付出就会更多，进而推动企业绩效的提高。

5. 有助于企业文化的建设和维系

企业进行员工职业生涯规划，关注员工职业生涯规划情况，为员工的职业发展提供帮助，有助于传达企业文化的价值观，表达企业对员工的重视，塑造企业的整体形象，提高企业文化的推动力。

（二）对员工个人的意义

1. 引导员工认识自身的个性特征、潜在优势，帮助其认识自身价值并使其持续增值。
2. 引导员工对自身综合优势和劣势进行对比分析。
3. 引导员工探索或发展新的或有潜力的职业机会。
4. 明确职业发展目标和职业理想，引导评估个人目标与现状的差距。
5. 帮助员工实现个人发展目标和职业理想。
6. 帮助员工明晰职业发展进程，促使工作更富有成效。
7. 帮助员工更好地整理职业生涯，平衡工作与家庭、生活的关系。

三、职业生涯规划相关理论

（一）特质—因素理论

特质—因素理论（Trait-Factor Theory）由美国波士顿大学教授帕森斯（Parsons）创立，指的是人们依据人格特性及能力特点等条件，寻找具有与之对应因素的职业的理论。

1. 职业选择的条件

（1）应该清楚地了解自己的态度、能力、兴趣、智谋、局限和其他特征。

（2）应该清楚地了解职业选择成功的条件、所需知识以及在不同职业工作岗位上所具有的优势、劣势、机会和前途。

（3）在上述两个条件之间进行最佳搭配。

2. 特质—因素理论的应用前提

由职业选择需要具备的条件可以看出，特质—因素理论是建立在清楚认识、了解个人的主观条件和工作岗位需求条件的基础上的。具体来讲，应用特质—因素理论的前提应包括以下几个方面。

（1）每个人都有自己的特性，并且可以对其进行客观而有效的测量。

（2）每个人的特性又与特定的职业相关联。

（3）为了取得成功，不同职业需要配备具有不同个性特征的人员。

（4）个人特性与工作要求之间配合得越紧密，职业成功的可能性就越大。

（二）人格类型理论

20世纪60年代，霍兰德以自己的职业咨询经验为基础提出了一种关于职业选择的人格类型理论（Personality Typdoqy Theory）。这是一种在特质—因素理论基础上发展起来的人格与职业类型相匹配的理论。

1. 人格类型理论的主要观点

（1）职业选择是个人人格的反映和延伸。人格包括价值观、动机和需要等，是决定一个人选择职业的重要因素。

（2）大多数人的人格类型可以分为六种，分别为现实型（realistic）、研究型（investigative）、艺术型（artistic）、社会型（social）、企业家型（entrepreneurial）、传统型（conventional）。

（3）现实中同时也存在与上述人格类型相对应的六种工作性质，分别为现实性的、调查研究性的、艺术性的、社会性的、开拓性的、常规性的。

（4）人格类型理论的实质在于择业者的人格特点与职业类型的适应。在适宜的职业环境中，个人可以充分施展自己的技能和能力，表达自己的态度和价值观,并且能够完成那些令人愉快的使命。

2. 人格类型与职业类型的匹配

霍兰德认为,同一类型的劳动者与职业互相结合,便能够达到适应状态,其结果是劳动者找到适宜的职业岗位,职业岗位得到了合适的人才,劳动者的才能与积极性得以更好的发挥。人格类型与职业类型的匹配见表7-1。

表7-1 人格类型与职业类型的匹配

类型	人格特点	匹配的职业类型
现实型（R）	1. 愿意使用工具从事操作性强的工作 2. 动手能力强,做事手脚灵活,动作协调 3. 不善言辞,不善交际	1. 各类工程技术工作、农业工作,通常需要一定体力,需要运用工具或操作机械 2. 主要职业有工程师、技术员、机械操作工、维修安装工人、木工、电工、鞋匠、司机、测绘员、描图员、农民、牧民、渔民等
研究型（I）	1. 具有高度的抽象能力,求知欲强,肯动脑筋,善思考,不愿动手 2. 喜欢独立和富有创造性的工作 3. 知识渊博,有学识才能,不善于领导	1. 科学研究和科学实验工作 2. 主要职业有自然科学和社会科学方面的研究人员、专家、化学、冶金、电子、无线电、电视、飞机等方面的工程师、技术人员,飞行驾驶员、计算机操作人员等
艺术型（A）	1. 喜欢以各种艺术形式的创作来表现自己的才能,实现自身价值 2. 具有特殊艺术才能和个性 3. 乐于创造新颖的、与众不同的艺术成果,渴望表现自己的个性	1. 各种艺术创造工作 2. 主要职业有音乐、舞蹈、戏剧等方面的演员、艺术家编导、教师,文学、艺术方面的评论员,广播节目的主持人、编辑、作者,绘图、书法、摄影方面的艺术家,艺术、家具、珠宝、装修等行业的设计师
社会型（S）	1. 喜欢从事为他人服务和教育他人的工作 2. 喜欢参与解决人们共同关心的社会问题,渴望发挥自己的社会作用 3. 比较看重社会义务和社会道德	1. 各种直接为他人服务的工作,如医疗服务、教育服务、生活服务等 2. 主要职业有教师、保育员、行政人员、医护人员,衣食住行服务行业的经理、管理人员和服务人员,福利人员等

续表

类型	人格特点	匹配的职业类型
企业家型（E）	1. 精力充沛、自信、善交际，有领导才能 2. 喜欢竞争，敢冒风险 3. 喜欢权力、地位和物质财富	1. 组织与影响他人共同完成组织目标的工作 2. 主要职业有经理、政府官员、商人、行政部门和单位的领导者、管理者等
传统型（C）	1. 喜欢按计划办事，习惯接受他人的智慧和领导，自己不谋求领导职位 2. 不喜欢冒险和竞争 3. 工作踏实、忠诚可靠、遵守纪律	1. 与各类文件档案、图书资料、统计报表相关的工作 2. 主要职业有会计、出纳、统计人员，打字员，办公室人员，秘书和文书，图书管理员，旅游、外贸职员，保管员，邮递员，审计人员，人事职员等

（三）社会学习理论

库伦伯茨（Krumboltz）的社会学习理论（Social Learning Theory）主要探讨个人的教育与职业偏好和技能是如何形成的以及这些偏好和技能如何影响个人对职业的选择。该理论强调了人们的行为和认知在职业生涯选择中所起的重要作用，认为影响职业生涯选择的因素包括遗传素质和特殊能力、环境条件、学习经验、工作定向技能。

1. 遗传素质和特殊能力

个人源于遗传的一些特质，在一定程度上限制了个人对职业选择的自由。这些因素包括种族、性别、外在的仪表和特征等。它也可以拓展或限制个人的职业偏好和能力，如智力、音乐艺术才华、肌肉协调性等。

2. 环境条件

环境条件即个人所接受的教育与训练、家庭背景、社会政策、社会变迁等非个人所能控制的因素以及个人职业选择的具体领域等。家庭背景则包括父母所从事的职业及社会经济地位、父母的受教育程度以及家庭结构、父母期望等因素。

3. 学习经验

库伦伯茨认为，每个人都有独特的学习经验，这在决定其职业生涯时扮演着重要的角色。凡是成功的职业生涯规划、职业生涯发展所需的技能，均能够通过学习经验而获得。

4. 工作定向技能

工作定向技能即在上述各种因素的交互作用下，个人所获得的解决问题的技能、工作习惯、认知过程、情绪反应等，这些技能又会影响其他各项因素。

个人在上述四种因素及其交互作用的影响下，通过经验的累积与提炼，产生以下结果。

第一，自我认识的形成。这是指对自己各种表现的评估与推论，包括成就、兴趣、爱好、职业价值观等。评估的参照对象也可能是其他人的表现。评估结果是职业选择的关键。

第二，世界观的形成。基于自己的学习经验，个人也会对环境及未来的事物作出评估与推论，特别是在职业的前途与展望方面。

第三，工作定向技能。工作定向技能包括适应环境的认知、操作能力与情感反应，以及自我评估与对未来事件的预测能力。其中与职业选择有重要关系的技能包括价值观念的澄清、目标的决策、寻找不同的解决途径、收集资料、预测、计划等。

第四，行动。个人综合以前所有的学习经验、自我与环境的推论以及具备的各种能力，并应用于未来事业发展。

（四）择业动机理论

美国心理学家佛隆（Victor H. Vroom）通过对个体择业行为的研究，认为个体行为动机的强度取决于效价的大小和期望值的高低，动机强度与效价及期望值成正比，即 $F=V \times E$。

其中：F 为动机强度，是指积极性的激发程度，表明个体为达到一定目标而努力的程度；V 为效价，是指个体对一定目标重要性的主观评价；E 为期望值，是指个体对实现目标可能性大小的评估，即目标实现概率。

佛隆将这一期望理论用来解释个人的职业选择行为，具体化为择业动机理论。择业动机表明择业者对目标职业的追求程度，或者对某项职业选择意向的大小。

$$择业动机 = 职业效价 \times 职业概率$$

1. 职业效价

职业效价是指择业者对某项职业价值的评价，取决于以下两个因素。

（1）择业者的职业价值观。

（2）择业者对某项具体职业要素的评估，如兴趣、劳动条件、工资、职业声望等。

因此，职业效价 = 职业价值观 × 职业要素评估。

2. 职业概率

职业概率是指择业者获得某项职业可能性的大小，通常取决于以下四个条件。

（1）某项职业的需求量，在其他条件一定的情况下，职业概率同职业需求量呈正相关。

（2）择业者的竞争能力，即择业者自身工作能力和求职就业能力，竞争力越强，获得职业的可能性越大。

（3）竞争系数，是指谋求同一种职业的劳动者人数的多少。在其他条件一定的情况下，竞争系数越大，职业概率越小。

（4）其他随机因素。

因此，职业概率 = 职业需求量 × 竞争能力 × 竞争系数 × 随机性。

择业动机公式表明，对择业者来讲，某项职业的效价越高，择业者选择该项职业的意向或者倾向越大；反之，某项职业对择业者而言其效价越低，择业者选择这项职业的倾向也就越小。

（五）心理动力理论

美国心理学家爱德华·鲍亭（Edward Bordin）等人以弗洛伊德的个性心理分析为基础，吸取了特质—因素理论和心理咨询理论的一些概念和技术，经过对职业团体进行了大量的研究，于20世纪60年代后期提出了一种以强调个人内在动力和需要等动机因素在个人职业选择过程中的重要性的职业选择与职业指导理论，称为心理动力理论（Psychodynamic Approach）。

心理动力理论认为，社会上所有职业都能归入代表心理分析需要的、分属以下范围的职业群：养育的、操作的、感觉的、探究的、流动的、抑制的、显示的、有节奏的运动等，并认为这一理论除那些由于文化水平和经济因素而无法自由选择的人之外，可以适用其他所有的人。

心理动力理论注重从个人职业发展的观点以及个人内在因素来探索职业选择，强调通过尊重当事人个人人格来达到职业选择，重视当事人在职业选择中的自主作用。但是，该理论过于强调个人内在因素，而忽视了社会环境方面的因素。

第二节　个人职业生涯规划

一、自我认知

自我认知是指从员工的兴趣、能力、性格等方面出发来进行职业生涯规划。一般主要考虑以下五个因素。

（一）兴趣因素

在选择和规划职业时，个人的兴趣、爱好、特长是不容忽视的重要因素。兴趣是一个人相对稳定的心理活动，影响着人的行为和能力的发挥。一个人在做其感兴趣的工作时会动力十足、十分乐观；相反则会业绩平淡，事倍功半。

（二）能力因素

能力是一个人从事某项工作时所表现出来的智慧和水平。在职业选择时，要从现实出发，认清自己，扬长避短，发挥优势。如果一个人在某一方面具有超人的才能，且行业、企业选择正确，就会人尽其才，取得巨大的成就。

（三）性格因素

性格是一个人从出生到成长，在所处环境变化中形成的一种思维习惯和行为特性。如果一个人的行为特性和其选择的职业相适应，就会更好地发挥其聪明才智，不但自身会得到认可和满足，在职业领域也会有所建树。

（四）价值观

价值观是一个人看待事物所具有的准则、标准和度量观念，是一个人行为的内心驱动力量，可以引导人们的行动方向。受不同的民族文化习俗、教育程度、家庭及社会环境等因素的影响，每个人的价值观不一样，追求的方向也有所不同。

（五）家庭因素

一个人从出生开始，就会受到家庭环境的影响。家庭的经济条件如何、家庭成员是否和睦，这些因素对个人的价值观、思维方式和行为准则都会产生影响。这里需要注意的是，大学生在择业时会受到家庭因素的影响，但尊重家人的意见并不意味着丧失自己的主见，大学生应有独立的择业观。

二、环境分析

个人职业生涯规划环境分析是指员工对外部经济、政策法律、文化等环境因素进行分析，并根据其来确定自己的职业生涯路线。

（一）经济因素

一般情况下，社会经济发展状况较好，人力资源需求量大，就业的机会就会增加；相反，社会经济发展状况较差，人力资源需求量小，就业的机会就会减少。例如，由于受到经济危机的影响，经济增速减慢，企业裁员，劳动力需求减少，大量劳动力失业，毕业生就业就会面临困境。

（二）政策法律因素

政策法律因素是指国家或地方颁布的可以对国有企业、事业单位、民营企业、外资企业等造成较大影响的法律法规。国家或地方的法律法规对企业尤其是中小企业的发展有非常大的影响，进而影响到员工职业生涯的发展。

近年来，为适应就业的需要，国家陆续制定和颁布了一系列法规文件。如针对大学生就业方面有《普通高等学校毕业生就业工作暂行规定》《国务院办公厅转发教育部等部门关于深化高等学校毕业生就业制度改革有关问题意见的通知》等。只有了解相关就业政策，才能有效地制定择业对策，在就业中占有主动权。

（三）文化因素

文化因素影响着人们的思维方式和行为准则，对职业选择同样有着深刻的影响。一般情况下，在良好的社会文化环境当中，国家会更重视教育、尊重人才。

（四）行业因素

在择业的时候，必须考虑行业的发展状况，它的过去与现在、优势及劣势、发展前景等都将影响到职业的发展。具体来说，员工应主要从行业前景、人才竞争、技术水平、薪酬待遇四个方面去了解行业的情况。

（五）企业因素

企业因素包括：企业在行业中的地位和在消费者心中的形象；企业目前的产品或服务；企业的专业领域；战略目标，企业领导人的能力、魄力、眼光；企业的结构、管理制度、晋升制度、培训制度；企业的愿景，企业文化氛围等。这些都是选择企业要考虑的因素。

（六）地区因素

一个地区的特殊政策、文化风俗、交通设施、自然资源等情况对职业的选择有很大影响。因为一个企业的生存和发展会直接受到地区环境的影响。积极宽松的地方政策会促进企业的成长和发展，继而会促进就业；相反，紧缩的政策会抑制企业的发展，进而减少就业机会。

三、个人职业生涯规划方案

（一）个人职业生涯规划方案的主要内容

个人职业生涯规划方案的主要内容包括三个方面。

1. 职业

职业是职业生涯规划典型的内容之一。大多数人只会选择一种职业，但也有人选择两种或两种以上的职业，如"大学教师+培训讲师"。在职业的表述上，可以表述的非常具体，如"财务管理""人力资源管理""医生""教师"等，也可以稍微粗略地表述，如"管理""技术""营销"等。

2. 职业生涯目标

在选定的职业领域要取得的成绩或高度即为职业生涯目标。其中，最高的目标可以称为人生目标；在迈向人生目标过程中，在每一个阶段或时期设定的短期目标称为阶段性目标。

一般来说，典型的职业生涯规划，应有人生目标的设计。阶段性目标必须区分出长短期目标，有时也可以分出中期目标。人生目标可以是岗位目标、技术等级目标、收入目标、社会影响目标、重大成果目标、社会地位目标等。

为了保证人生目标和长期职业生涯目标的实现，必须制定职业生涯战略，以充分利用各种可供利用的资源，以指导职业生涯通道的制定。为保证短期目标的实现和指导短期职业生涯通道的设计，应制定职业生涯策略。

3. 职业生涯通道

与职业生涯目标相适应，职业生涯通道可以分为人生通道、长期通道、中期通道和短期通道。职业生涯通道设计的重点是短期通道，要设计得具有可操作性。由于不可知因素较多，长期通道和人生通道则可以设计得相对粗略一些。

（二）员工职业生涯规划方案的编制步骤

员工职业生涯规划方案的编制主要有八个步骤，其具体内容如下。

1. 明确现阶段人力资源发展规划

人力资源发展规划是企业根据自身的发展战略目标而定的。企业通过预测未来人力资源的供给和需求状况，制定基本的人力资源获取、使用、维持和开发的策略。

2. 构建企业职业生涯通道

在明确了现阶段人力资源发展规划后，企业应根据人力资源发展规划的需求，考虑现有人力资源的状况，设计适合本企业的职业生涯通道。构建职业生涯通道是企业进行职业生涯规划不可或缺的工作。

3. 制定员工职业生涯管理制度和规范

制定有效、健全、可行的员工职业生涯管理制度和规范，是确保企业职业生涯管理目标顺利达成的必备条件。合理的制度和规范可以引导员工的行为，确保优秀人才能够脱颖而出，从而为企业发展目标做出积极的贡献。

4. 进行员工基本素质测评

企业进行员工基本素质测评的目的在于掌握员工所具备的能力、个性倾向和职业倾向等信息，以便为职业生涯目标的设立提供参考依据。企业进行员工基本素质测评的信息包括员工基本信息和工作状况记录信息。员工基本信息包括员工的年龄、学历、工作经历、兴趣爱好等；工作状况记录信息包括绩效评估结果、晋升记录及参加各种培训情况的记录等。

5. 填写员工职业生涯规划表

企业根据职业生涯通道，参考员工基本素质测评的结果，同员工一起填写职业生涯规划表。

员工职业生涯规划表主要体现以下三个方面的信息。

（1）选择适宜职业。职业选择是事业发展的起点，选择正确与否，直接关系到事业的成败。

（2）选择职业生涯通道。职业生涯通道是指一个人选定职业后通过什么途径实现自己的职业目标，例如是向专业技术方向发展，还是向管理方向发展等。职业生涯目标可以是多层次、分阶段的，这样既可以使员工保持开放灵活的心境，又可以保持员工队伍的相对稳定，提高工作效率。

（3）选择职业生涯策略。职业生涯策略是指为实现职业目标所采取的各种行动和措施，例如应当参加的培训项目及轮岗训练等。

6. 实施员工职业生涯规划

实施员工职业生涯规划就是通过培训、轮岗、绩效考核等人力资源活动，帮助员工逐步实现员工职业生涯规划表中所列的规划目标的过程。

7. 进行职业生涯规划反馈和评估

企业在实施员工职业生涯规划的过程中，应及时地听取相关员工的反馈意见，并据此进行有效的评估。

8. 修正和完善职业生涯规划制度和规范

企业人力资源部门针对职业生涯规划评估过程中发现的问题，提出改进和完善的建议和举措，经企业高层决策者同意后，及时修正职业生涯规划制度和规范。及时修正和完善职业生涯规划制度和规范，可以纠正最终职业目标与阶段职业目标的偏差，同时还可以极大地增强员工实现职业目标的信心。

 课程实训

结合本节内容的学习，请制定你在大学期间及毕业3年内的个人职业生涯目标。

实训指导

对于大学生而言，职业生涯的制定需要有明确的志向、充分的自我评价、职业环境资料的收集并列出可行的职业生涯方案，最后采取具体的行动来实现。

下表给出了职业生涯规划目标表范例，供读者参考。

职业生涯规划目标表

时间		工作目标
大一	第一学期	
	第二学期	
大二	第一学期	
	第二学期	
大三	第一学期	
	第二学期	
大四	第一学期	
	第二学期	
毕业后第一年		
毕业后第二年		
毕业后第三年		

第三节 企业职业生涯管理

一、企业职业生涯管理的范畴

（一）企业职业生涯管理的内涵

企业职业生涯管理（organizational career management），是一种专门化的管理，即从企业角度对企业成员从事的职业和职业发展过程所进行的一系列计划、组织、领导和控制活动，以实现企业目标和个人发展的有效结合。在企业员工制定的和实施其个人职业生涯规划的过程中，都需要企业的参与和帮助，个人的职业发展是不可能脱离企业而存在的，因此企业在企业员工个人的职业发展中起着重要的作用。

企业职业生涯管理的出发点为"以人为本"，但要真正做到以人为本、一切本着人的需求出发却不是易事。企业作为职业生涯管理的主导者，应认真研究企业员工的心理发展特点，向企业员工提供企业的职业需求信息及职业提升路线或策略，了解自己的资源储备，并有针对性地开展企业内部人力资源的活动。这些工作一般包括以下内容。

1. 提供内部劳动力市场信息

在提供职业信息方面，主要采取的办法为以下三种。

（1）公布岗位空缺的信息。

（2）介绍职业通道，包括垂直或水平方向发展的通道，这些路径设定的依据主要是职业发展规律和管理者主观判断。为了使职业通道不断满足企业变化的需要，对职业通道要常作修订，另外，还要适当考虑跨职能部门的安排。

（3）建立职业资源中心。为了主动地获取企业人力资源信息，企业还可设立技能档案。档案中主要记录企业员工的学历、工作史、任职资格、取得的成就，有时还包括职业目标的信息，如工作喜好、工作目标、个人自我评价信息、发展机会和目标安排等。

2. 成立潜能评价中心

潜能评价中心主要用于对专业人员、管理者、技术人员升职的可行性评价。有时，个人对自己的评价不一定客观，如何科学地评价个人的潜能，是企业的核心问题。企业中常用的方法有三种，如图7-2所示。

企业潜能评价方法

1. 评价中心：用于确定管理者候选人，并为其制定职业发展规划和设计培训内容。
2. 心理测验：运用心理学测验工具对个人职业潜能、兴趣、价值观等进行测查。
3. 替换或继任规划：主要是确定主要管理部门中管理者新老交替人选。

图7-2　企业潜能评价方法

3. 实施发展项目

这是为了使企业能跟上时代发展的步伐，使企业员工具有企业所必须具备的竞争力而实施的人才培养措施。具体包括：工作轮换，使企业员工在不同岗位上积累经验，可以丰富工作内容；利用公司内、外人力资源发展项目对企业员工进行培训，如承担学费的学位教育，管理指导和建立师徒指导关系系统等；参加有关学术或非学术的研讨会；专门对管理者培训或实行双重职业计划。

（二）企业职业生涯管理的作用

企业职业生涯管理旨在将企业目标与个人目标结合起来，因此企业实施职业生涯管理本身就应该是一个双赢的过程。综合来看，其作用主要可以从企业和员工两个角度来考虑。

1. 从企业角度考虑

（1）使员工与企业同步发展，以适应企业发展和变革的需要。

任何成功的企业，其成功的根本原因是拥有高质量的人才。而这些人才除了依靠外部招聘，更主要的是要靠企业内部培养。在当今世界竞争激烈、经营环境不断变化的大背景下，实施职业生涯管理可以有效实现员工和企业的共同发展，不断更新员工的知识、技能，提高员工的创造力。

（2）优化企业人力资源配置结构，提高企业人力资源配置效率。

经过职业生涯管理，一旦企业中出现了职位空缺，可以很容易在企业内部寻求到替代者，既减少了填补职位空缺的时间，又为员工提供了更适合他们发展的舞台，解决了"人事合理配置"这一传统人力资源管理问题。

（3）提高员工满意度，降低员工流失率。

职业生涯管理的目的就是帮助员工提高在各个需求层次的满足程度，它通过各种测评技术真正了解员工在个人发展上想要什么和应该得到什么，协调并制定规划，帮助其实现职业生涯目标。这样可以有效提高员工对企业的认同度和归属感，降低员工流失率，进而形成企业发展的强大推动力,更高效地实现企业目标。

2. 从员工个人角度考虑

(1)让员工更好地认识自己,为他们发挥自己的潜力奠定基础。

(2)提高员工的专业技能和综合能力,从而增强他们自身的竞争力。

(3)能满足个人的归属需求、尊重需求和自我实现的需求,进而提高生活质量,增加个人满意度。

(4)有利于员工过好职业生活,处理好职业生活和生活其他部分的关系。

二、企业职业生涯的阶段管理

(一)企业实施的职业生涯早期管理

1. 为员工提供公开、公平、竞争的职业发展机会,给予新员工充分的信任,避免对员工存有偏见。

2. 上司应尽快熟悉新员工,了解下属的优点和不足,有针对性地进行引导,让下属获得成功体验,在融洽上下级关系的同时,为今后更好地合作共事奠定良好的基础。

3. 为新员工提供职业咨询和帮助。企业中富有经验的、有良好管理技能的资深管理者或技术专家,与新员工或经验不足但有发展潜力的员工建立支持性关系,帮助员工寻找早期职业困境产生的原因及解决方法。

(二)企业实施的职业生涯中期管理

1. 丰富员工的工作经验,为员工提供更多的职业发展机会,如增加新开发项目、增加新岗位、岗位轮换等。

2. 引入竞争机制,提高员工的竞争力。

3. 帮助员工树立新的职业观念。特别是帮助有挫败感的员工,分析其工作表现与职业理想的差距,使其更加清楚自己的优势和不足,明确自己在企业中的地位和作用。

4. 帮助员工解决工作家庭冲突。一方面是情绪性的帮助,如倾听、交谈；另一方面是工具性的帮助，为解决问题提供实质性的帮助。

（三）企业实施的职业生涯后期管理

1. 选好接班人，做好退休之际的工作衔接（接替人的培养和选拔）。
2. 给予充分的理解和尊重，以多种形式关心退休员工，办好补充养老和医疗保险。
3. 提供锻炼场所，开展丰富多彩、适合老年人的体育、娱乐活动，如安排度假旅游活动或开展生活技能培训。
4. 节假日以座谈会、联谊会等形式表达企业的关心慰问。
5. 向退休者通报企业发展情况，互通信息，并征求他们的意见和建议。
6. 加强企业和退休者、新老员工之间的沟通和联系。

三、企业职业生涯的通道管理

职业生涯通道（career path），又称职业生涯路径，是指一系列的工作职位，它包括员工在企业内晋升所需从事的相似工作和拥有的相关技能。

职业通道模式主要分三类：横向职业通道（单通道模式）、双重职业通道（双通道模式）、多重职业通道（多通道模式）。按职业性质又可分为管理性职业通道、技术性职业通道、技能性职业通道。根据各行业工作性质的不同，宜采用不同的职业通道。

（一）横向职业通道

这种模式采取工作轮换的方式，通过横向调动来使工作具有多样性，使员工焕发新的活力、迎接新的挑战。虽然没有加薪或晋升，但员工可以增加自己对企业的价值。当企业内没有足够多的高层职位为每个员工提供升职机会，而长期从事同一项工作使人倍感枯燥无味，影响员工工作效率时，可采用此种模式。

（二）双重职业通道

这种模式在为普通员工进行正常的职业通道设计时，为专业技术人员另外设计了一条职业发展的通道,从而在满足大部分员工职业发展需求的同时,也可以满足专业技术人员的职业发展需求。其模式是:管理生涯通道——沿着这条道路可以到达高级管理职位;专业生涯通道——沿着这条道路可以到达高级技术职位。

在这种模式中,员工可以自由选择管理通道或是专业技术通道,两个通道同一等级人员在地位上是平等的。因此这种模式能够保证企业既聘请到具有高技能的管理者,又雇用到具有高技能的专业技术人员,它适合在拥有较多的管理人才和专业技术人才的企业中采用。

(三) 多重职业通道

这种模式就是将双重职业通道中对专业技术人员的通道设计分成多个技术通道,为专业技术人员的职业发展提供了更大的空间。例如某技术公司为员工设计的职业发展通道是:技术人员通道——技术带头人通道——技术管理人员通道。这种模式为员工提供了更多的职业发展机会,也便于员工找到与自己兴趣相符、真正适合自己的工作,实现自己的职业目标,也增加了企业效益。

第四节 职业生涯规划评估与调整

一、职业生涯规划评估

职业生涯规划评估是周期性地对实施的职业生涯规划进行评估,它有利于企业检查员工职业生涯发展的效果,发现存在的问题,及时调整职业生涯规划工作,同时也让员工了解情况,积极参与并及时做出调整。

(一) 职业生涯规划评估的内容

1. 职业目标评估。根据职业生涯发展的实际情况对职业生涯规划目标的合理性、清晰性、挑战性等特性进行考量。

2. 职业路径评估。判断员工的职业生涯发展路径的正确性，保持职业发展路径主要目标和分目标一致、目标与执行措施一致、个人目标与企业发展目标一致。

3. 实施策略评估。将阶段性职业生涯发展的成果与职业生涯规划目标进行比较，明确职业生涯实施策略的实际效果，评估实施策略的指导作用，及时调整、修正实施策略。

4. 其他因素评估。评估个人、家庭、环境或不可抗因素等其他因素对职业生涯规划的影响程度。

（二）职业生涯规划评估的时间

职业生涯规划期限的不同，对应的职业生涯规划评估时间也不同。

1. 短期规划评估，是指针对三年以内的职业生涯规划进行评估。主要是对确定的近期目标、规划近期完成的任务的执行成果进行评估。

2. 中期规划评估，一般指对为期三年至五年的职业生涯规划进行评估。主要是对三年至五年内的职业目标与工作任务成果进行评估。

3. 长期规划评估，是指对五年至十年的职业生涯规划的评估。主要考察设定较长远目标的实现和执行现状。

二、职业生涯规划调整

职业生涯是一个动态的过程，随着经济社会和自己的条件、周边环境的变化，职业生涯规划也需要根据这些变化做及时的调整。

（一）职业生涯规划调整的原因

1. 影响因素发生变化

影响职业生涯规划的因素很多，有的变化因素是可以预测的，有的变化因素则难以预测。要使职业生涯规划行之有效，就需不断地对职业生涯规划进行评估、调整，调整的内容包括发展目标、发展阶梯、发展措施，调整的依据是发展的内、外条件的变化。

2. 职业目标发生变化

成功的职业生涯规划需要时时审视内外环境的变化，并且调整自己的前进步伐。目标的存在只是为了给前进指示一个方向，而制定者是目标的创造者，可以在不同时间、不同环境下更改它，使之更符合自己的理想。只有不断修正自己的目标，才能使自己立于不败之地。

3. 新技术的出现

科学进步的重要标志是新技术、新工艺在生产中的广泛应用和推广。就业岗位或因新技术、新工艺运用推广，或因设备更新，或因其任务、职责的变化而对就业者的要求发生变化。每一次变化，都会引起一些人不适应正在从事的工作而流动。

（二）职业生涯规划调整的步骤

1. 重新剖析自我

掌握个人条件的变化及其在职业实践中检验的结果，加深对自己的认识，检验自己的职业素质是否适合所从事的职业，弄清自己有能力做的职业。在此基础上选择更适合自己的方向，调整自己的职业生涯规划，从而为自己的长期发展奠定基础。

2. 重新评估职业生涯机会

在从业过程中，内外环境会给自己的职业生涯带来机遇和挑战。对此，自己要认真地进行重新评估，如分析当前经济社会发展趋势会是什么样子，所从事的职业在目前与未来社会中的地位将如何，社会发展对自身发展的影响有多大，自己所在企业的内外环境和个人的人际关系怎么样等。弄清了这些，就会明白自己应该干什么、不应该干什么。

3. 修正职业生涯规划目标

剖析自己和重新评估自己后，根据自己的能力、兴趣、个性等因素，调整自己的短期、中期和长期目标。

4. 制订计划

制订一个新的自我提升发展计划，进一步明确自己应该怎样实现自己的职业生涯规划目标，并且每过一段时间，都要审视一次内外环境的变化并且及时调整自己原定的职业生涯规划。调整并非放弃，而是与时俱进。每个人的职业生涯都不是一帆风顺的，调整的过程往往可以使人的多方面能力得到提高。

本章自测题

1. 职业生涯规划有哪些理论？
2. 个人职业生涯规划方案包括哪些内容？
3. 职业通道模式分为哪几类，分别在什么情况下适用？
4. 职业生涯规划调整的步骤是什么？

第八章 绩效管理

 学习目标

➢ 目标1 了解绩效管理的内容
➢ 目标2 掌握绩效考核的实施步骤
➢ 目标3 知晓绩效考核的方法和选择
➢ 目标4 掌握绩效沟通的方法

 引导案例

　　S公司是一家食品快餐公司，其下设有5家供应站，每站设有一名主管，负责食品及原料采购计划的编制、监控分管指定客户的销售服务等工作。

　　刘某于年初升任公司地区经理一职，主要负责巡视各供应站，了解其业务情况。刘某的直接下属是各供应站主管。

　　公司新年度的发展目标既定，各部门也据此制订本部门的工作计划。某月初，刘某要求各供应站主管制订个人绩效计划。

　　其中，在各供应站主管中，资历最老的要数老王，他从公司基层做起，通过三年的努力升到了供应站主管这个位置。不可否

认，老王的工作能力是得到公司全体员工一致肯定的，但有一点不足之处是他过于表现自己，自我感觉良好，一般人的意见他很少能听进去。在这次绩效计划的制订过程中，老王随便拟订了几项工作计划交了上去，这项工作就这样结束了。老王自视工作能力强，依旧我行我素，工作中出现的小差错，刘某也睁一只眼闭一只眼就不了了之。

由于业务的扩展，公司准备给刘某安排一名副手，候选人从公司内部提拔。正好年终绩效考核的时候到了，总体来说，老王这一年的工作做得挺不错的。而这次考核的结果直接关系到晋升的问题，所以，面对对老王的评估，刘某犹豫了，给他高分还是低分？评价高了，则很有可能他会得到提升，届时他们两人共同工作，肯定会发生不少分歧；评价低了，老王肯定不服气，且在一定程度上有失公允。

第一节 绩效管理概述

一、绩效管理的定义

绩效，也称业绩、效绩、成效等，反映的是员工进行某项工作产生的成绩和效果。一般来说，企业绩效指的就是企业管理活动的效果和效率。

绩效管理是指通过持续不断地监视、分析和评估员工个人的综合素质、态度、行为和工作成果，使用科学方法充分调动员工的积极性、主动性和创造力，从而改善企业的行为。

总之，绩效管理是一个将公司与部门及员工个人目标紧密联系在一起的、科学的管理活动，从目标、程序导向到意愿、行为、效果导向，从事前策划到过程的监测，从事后考评到绩效改进的动态过程。

二、绩效管理的方法

一般而言，员工绩效具有三个基本特征，即多因性、多维性和动态性。在设计和选择绩效管理方法时，可以根据被评估对象的性质和特征，分别采用品质导向型、行为导向型和效果导向型三种绩效管理方法。

1. 品质导向型

品质导向型的绩效管理方法，以考核员工的潜质为主，着眼于"这个人怎么样"，重点考核该员工具有何种潜质。

品质导向型的考核涉及员工信念、价值观、动机、忠诚度、诚信度等一系列素质，以及领导力、人际沟通能力、组织协调能力、理解力、判断力、创新能力、企划力、研究能力和计划能力等一系列能力。

由于品质导向型的考核需要使用如忠诚、可靠、主动、创造性、自信心、合作精神等定性的形容词，所以对考核者的素质要求较高。

2. 行为导向型

行为导向型的绩效管理方法，以考核员工的工作行为为主，着眼于"干什么"和"如何去干"，重点考核员工的工作方式和工作行为。由于行为导向型的考核，重在工作过程而非工作结果，所以考核的标准较易确定，操作性较强。行为导向型适合对管理性、事务性工作进行考核，特别是对人际接触和交往频繁的工作岗位尤其重要。

3. 效果导向型

效果导向型的绩效管理方法，以考核员工工作效果为主，着眼于"干出了什么"，重点考核"员工提供了何种服务、完成了哪些工作任务或生产了哪些产品"。效果导向型的考核注重的是员工的产出和贡献，即工作业绩，而不关心员工的行为和工作过程。

效果导向型的考核方法具有滞后性、短期性和表现性等特点。这种方法更适合生产性、操作性以及工作成果可以计量的工作岗位人员。

一般来说，效果导向型的考核，首先是为员工设定一个衡量工作成果的标准，然后再将员工的工作结果和标准对照，进而确定员工绩效。

工作标准是计量检验工作结果的关键，一般包括工作内容和工作质量两方面指标。

第二节 绩效管理体系设计

一、绩效管理体系的定义

绩效管理体系（performance management system）是一组有机集成的流程和系统，专注于建立、收集、处理和监视绩效数据。它不仅可以增强企业的决策能力，而且可以通过一系列全面、均衡的衡量指标帮助企业实现战略目标和业务计划。绩效管理是在管理者和员工之间就目标与如何实现目标达成共识的过程，是增强员工成功实现目标的管理方法以及促进员工实现卓越绩效的管理过程。

绩效管理体系是以实现企业最终目标为驱动力，以关键绩效指标和工作目标设定为载体，通过绩效管理的三个环节来实现对企业各层各类人员工作绩效的客观衡量、及时监督、有效指导、科学奖惩，从而调动全员积极性并发挥各岗位优势以提高企业绩效，实现企业的整体目标的管理体系。绩效管理的三个环节为：制订绩效计划及其衡量标准；进行日常和定期的绩效指导；最终评估、考核绩效并以此为基础确定个人薪资。

二、绩效管理体系的内容

（一）绩效指标体系设计

1. 配套考核指标设计

配套考核指标是指与考核指标密切相关的一个或几个指标。在企业实施绩效考核的过程中，可能一些指标的考核结果并不能充分呈现某个考核项目的真实情况，需要与此相关的一个或几个指标的结果之间相互比较，以便解决绩效考核的客观性、公正性等问题。

2. 考核指标权重设计

（1）考核指标权重的定义。考核指标权重是指该指标在本层指标中相对其他指标的重要程度，一般以 100% 为最高值，权重越大，该指标在本层指标中重要性越大。

（2）确定考核指标权重的原则。人力资源部门在确定各被考核对象的不同指标权重时，应遵循统一的原则，确保对被考核者具有一定的激励作用。具体来说，确定指标权重应遵循以下原则。

1）以战略目标和经营重点为导向原则；
2）系统优化原则；
3）业绩导向原则；
4）考核者的主观意图与客观实际相结合原则。

（3）设定考核指标权重的方法。为了使考核结果更具有客观性和可信性，人力资源部门在设定考核指标权重时，还应选择科学、合理的方法。具体的设定方法包括专家咨询法和层次分析法，表 8-1 是对这两种方法的应用说明和介绍。

表 8-1　　　　　　　　　考核指标权重设定的方法

方法	应用说明
专家咨询法	专家咨询法又称"德尔菲法"，其具体做法是召集专家，先让他们分别根据个人的经验和主观感受给每个指标确定一个权数，经过处理后，将第一轮的赋权结果反馈给各位专家，并进行第二轮评估，如此反复几次，直至专家们的评定意见一致为止
层次分析法	层次分析法是一种多因素决策分析方法，其基本思想是将一个复杂的问题分解，并将分解的部分进行分组，从而形成一个有序的阶梯形结构，然后通过两两比较的方式确定层次中各个因素的相对重要性，最后通过综合判断确定出各个要素的排列顺序

3. 加分考核指标设计

加分考核指标一般设置为零权重，该指标在考核周期内不一定发生，一旦发生，则按照事先规定的标准进行加分操作。

关于加分考核指标设计的说明如下。

（1）加分考核指标常适用于目标任务比较明确，任务完成比较稳定，同时鼓励员工在一定范围内做出更多贡献的情况。

（2）在设计加分指标时，可对总的加分值进行限制，如总加分最高不超过 30 分。

（3）在使用加分指标进行考核评分时，一般情况下最大值不能超过规定数值，最小值不应出现负数。

4. 减分考核指标设计

减分考核指标与加分考核指标一样，也是一种零权重指标。该指标在考核周期内不一定发生，一旦发生，将按照事先规定的标准进行减分操作。

关于减分考核指标设计的说明如下。

（1）当出现减分项时，经有关领导批准，可在基础分的基础上进行减分处理。

（2）减分考核指标一般适用于严重违纪或者对企业造成严重不利影响的情况。其目的是引起员工足够重视，为员工敲响警钟，防止员工出现对企业不利的言行。

（3）减分考核指标使用必须谨慎，其考核标准应在使用前进行公示。

5. 隐性考核指标设计

绩效成果有显性的也有隐性的，显性的成绩是看得见的成绩，隐性的成绩是暂时还没有出现效果的或者还看不出效果的成绩。在进行绩效考核指标体系设计时，必须对一些隐性指标加以考虑，不然基础工作（如战略、研发）就没人做了。

所谓隐性考核指标，是指虽然做了大量的工作，但按照季度、半年度或者年度考核无法量化的一些指标。隐性考核指标设计时，应注意以下三点。

（1）要注重发挥导向作用。

（2）要从长远角度、发展角度、企业角度、社会角度等考虑。

（3）应综合考虑原有基础条件、个人信誉、客户满意度、企业形象等潜在的隐性因素，通过设置相应分值，加强定性和定量分析，客观反映被考核者的工作业绩和素质能力。

（二）绩效考核体系设计

1. 企业级考核体系

企业级考核体系的建立和完善，有助于企业资源配置和目标协调，有助于核心竞争力的提升，使企业在激烈的竞争环境中得以生存和发展。

（1）企业级考核体系设计原则。为更好地进行企业级考核体系设计，设计人员应遵循以下四项基本原则。

1）目标一致原则。企业级考核体系设计必须能够保证企业经营目标、战略、方针的实现，并适用于企业的长远发展。

2）反映企业特性原则。企业级考核体系设计必须能够准确反映企业资源的优劣势以及面临的环境状况。

3）可接受原则。企业级考核体系设计必须能够反映全员的共同意识，并尽可能地得到使用者的认同。

4）应变性原则。企业级考核体系设计应对企业内外部环境的变化及时作出反应，并积极作出相应调整。

（2）企业级考核体系设计内容。企业级考核体系设计的核心内容包括以下五项。

1）绩效考核指标的筛选与设计。

2）绩效考核流程设计。

3）绩效考核争议处理。

4）绩效考核细则设计。

5）绩效考核配套制度设计。

2. 部门级考核体系

部门级考核体系的建立和完善，能够有效促进部门上下级沟通和各部门的相互协调，提高各部门的整体绩效水平。部门级考核体系在整个企业的绩效考核体系中起着承上启下的关键作用。部门级考核体系的设计步骤如下。

（1）确定企业战略重点。

（2）确定企业关键绩效目标。

（3）设定部门关键绩效目标。

（4）设计部门绩效考核体系。

（5）部门绩效考核流程设计。

（6）编制部门绩效考核体系文件。

3. 员工级考核体系

员工级考核体系的建立和完善，有利于推动企业人力资源的开发、积累、利用和管理，最大限度地开发、利用员工的潜质。

（1）员工级考核体系内容。员工级考核体系的内容通常包括工作业绩评估、工作能力评估、工作态度评估等。由于评估内容的不同，评估的要点也不同。

1）工作业绩评估。工作业绩评估是对员工在特定时间、特定岗位所取得的工作成果或履行职务的结果进行的评估。主要包括工作数量、工作质量、工作效率、工作成本、工作改进与创新等核心元素。

2）工作能力评估。工作能力评估是对员工在工作中所表现出来的能力进行的评估。员工工作能力主要可以通过观察来进行评估，也可以通过直接能力测评进行评估。员工工作能力评估主要从岗位工作所需的常识及相关专业知识、岗位工作应具备的技能与技术技巧、岗位工作应具备的工作经验等几个方面进行。

3）工作态度评估。工作态度是指员工对工作所持有的评价与行为倾向。工作态度评估要素主要包括主动性、责任感、协作性、纪律性等。

（2）不同类别员工考核评估方法与要求。企业可根据岗位员工的职责、工作特点、工作性质等的不同，对员工进行归类、划分。一般情况下，企业各个岗位的员工可大体分为管理人员、管理支持人员、技术人员、营销人员、操作人员等类型。表8-2为不同类别员工的考核方法与相关说明，供参考。

表 8-2　　　　　　　　　不同类别员工的考核方法与相关说明

人员类别		工作特点	考核难点	考核方法
1	管理人员	主要承担计划、组织、领导、控制等职责，从事规划、策划、决策等工作	1. 无法直接为企业创造利润和价值，无法用效益考核 2. 难以制定具体的评价标准，其工作任务可能很快完成，不便于观察和考核 3. 部门工作成果非显性，量化难度大、成本高	综合管理人员考核五大要素（德、能、勤、绩、廉），并有效运用指标量化方法，实现定性、定量相结合
2	管理支持人员	承担督促执行、辅助、支持等职责，从事某方面职能管理工作，不具备或不完全具备独立管理职责	不直接创造效益，难以用效益指标考核，量化难度大	1. 行为考核为主、结果考核为辅 2. 外部评价为主、内部评价为辅 3. 产出评价为主、价值评价为辅
3	技术人员	承担技术研发、设计等工作，对产品设计、技术研发、技术改进等工作承担责任，其工作内容具有一定技术含量	1. 结果难以衡量、监控，团队绩效难以过渡到个人绩效 2. 技术部门、小组和个人的考核指标紧密联系，指标设计不当容易互相矛盾、抵触	1. 考核必须紧密结合企业战略 2. 自上而下分解考核指标，形成系统性的考核指标体系 3. 平衡长期性与短期性指标、业绩指标与行为指标
4	营销人员	专业从事销售或市场开拓等工作的人员，对市场开发、销售业绩承担责任	指标设计与企业实际脱钩，如指标值设计的过高或过低	1. 结合企业实际、目标任务设计考核指标 2. 考核指标可分为销售增长指标、利润指标、客户满意度和忠诚度指标、团队建设指标等
5	操作人员	从事生产操作、一线操作的人员，对岗位专业化操作技能要求高，工作内容重复性强，创造性少	指标设计可能存在不够全面、科学等问题，导致顾此失彼，如盲目追求产量而忽视质量、安全等	1. 结果考核为主、行为考核为辅 2. 外部评价为主、内部评价为辅

（3）制定绩效考核标准。绩效考核标准必须得到考核者和被考核者的共同认可，标准必须准确、具体。在制定员工绩效考核标准时，相关人员必须注意两方面内容。

1）根据企业的岗位说明书和工作任务确定考核项目，不能无根据地随意制定。

2）考核标准确定后，管理者要与被考核者进行沟通，确保考核标准得到共同认可。

（4）明确考核评价依据。考核依据是考核者对照考核标准进行评价时使用的参考依据。员工工作业绩、工作能力、工作态度的考核依据主要有以下内容。

1）工作业绩考核依据。主要通过工作目标和计划指标的完成情况来考核，考核信息来源于工作成果和相关工作记录，主要由考核者、相关部门、服务对象等提供。

2）工作能力考核依据。考核信息来源于员工档案、日常记录以及有能力表现出的一些可形容、可量化、得到一致认可的事实。

3）工作态度考核依据。主要是考核者通过观察和记录员工日常工作表现所获取的事实或行为。

（5）员工绩效反馈管理。及时、具体的绩效反馈能够帮助员工保持良好的绩效水准并改进绩效，以达到企业的要求。绩效反馈并非只有在员工绩效出现问题时才进行，在日常工作中，上级管理人员也可对员工的绩效情况进行跟踪，发现绩效问题时可立即向下属员工指出，并同下属员工共同商讨解决办法，为改进其绩效水平提供精神和物质上的支持。

（三）绩效改进体系设计

1. 前期绩效体系评估

前期绩效体系评估就是对现有绩效体系进行诊断，分析绩效体系是否健全、不完善之处在哪里、对绩效管理有哪些不良影响，从而有针对性、有步骤地制定改进方案的过程。

（1）前期绩效体系评估的对象。前期绩效体系评估的对象主要是绩效指标体系与绩效考核体系。前者主要包括定性指标与定量指标体系等；后者主要包括企业三级考核体系（企业级、部门级、员工级）、业务与管理考核体系等。

（2）前期绩效体系评估的要项。前期绩效体系评估的要项包括以下几点。

1）绩效体系在运行中存在的问题。
2）绩效体系健全完善的程度。
3）绩效体系是否科学合理、真实可行。
4）目前亟待解决的问题以及需改善与调整之处。

2. 绩效改进体系方案

绩效改进体系方案是指导绩效改进体系建设与实施的重要方案。通过该方案可以了解绩效改进体系建设的主要工作步骤及每个步骤涉及的主要工作或组成因素。

绩效改进体系方案的主要内容如下。

（1）绩效诊断与分析。
（2）绩效改进管理部门。
（3）绩效改进方法。
（4）绩效变革管理。
（5）绩效改进效果评估。

3. 绩效改进体系实施

人力资源部门在组织实施绩效改进体系时，应分阶段做好以下工作。

（1）绩效改进体系实施初期工作要点。绩效改进体系实施初期，最重要的是让大家接受这种管理方式，并且接受企业相关的管理制度、组织结构、职责分工等。因此，人力资源部门应做好绩效改进体系的宣传和沟通工作，尽量取得高层及中基层管理人员的支持和广大员工的认可。

(2)绩效改进体系实施阶段工作要点。进入绩效改进体系实施阶段后,相关人员应注意以下几个要点。

1)人力资源部门及各级管理人员应不断提升自己的技能,确保绩效改进体系的实施效果。

2)现场指导对绩效改进体系的实施具有重要意义,人力资源部门及各级管理人员应充分重视并做好现场的绩效改进指导工作。

3)相关人员不轻易改变绩效改进体系,改变时应履行严格的审批、公告流程。

4)企业内部应尽量实现公开化、透明化,使员工及时了解自己的绩效及改进方向。

5)绩效改进体系的实施以自上而下的方式为主,自下而上的方式为辅。

6)尽量使每个员工在绩效改进体系中承担责任,以提高其积极性。

7)绩效改进体系是一个循环的动态系统,要实现环环相扣、可持续发展。

 课程实训

结合本节内容的学习,请尝试绘制绩效管理体系应用图示。

实训指导

绩效管理体系是指以实现企业最终目标为驱动力,以关键绩效指标和工作目标设定为载体,通过绩效管理的三个环节来实现对全公司各层各类人员工作绩效的客观衡量、及时监督、有效指导、科学奖惩,从而调动全员积极性并发挥各岗位优势以提高企业绩效,实现企业整体目标的管理体系。

下面给出了绩效管理体系应用的图示范例,供读者参考。

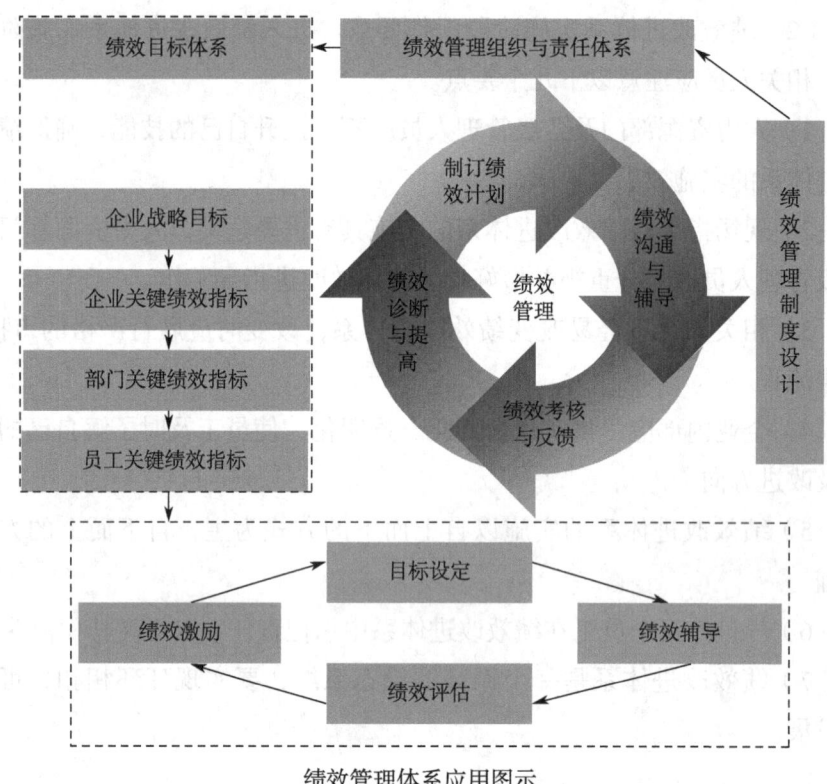

绩效管理体系应用图示

第三节 绩效计划与考核

一、绩效目标与计划

(一)绩效目标

绩效目标是对在特定时间内根据数量或质量标准需要实现的结果的说明。通常,绩效目标来自企业的战略目标、部门目标、职位的工作职责以及内部或外部客户需求。

1. 绩效目标设定的原则

绩效目标在设定时要遵循 SMART 原则,确保绩效目标制定者准确把握绩效目标设定的方向和目的,确保绩效目标的科学性和可行性。

（1）S——Specific，明确性。绩效目标设定的明确性不仅指需要完成的项目要明确，还指资源要求、度量标准、完成期限和完成每个项目的措施要明确。

（2）M——Measurable，可衡量性。绩效目标设定的可衡量性是指目标应用一组可衡量的数据来表达。目标的可衡量性应遵循"能量化则量化，不能量化则质化"的标准。

（3）A——Attainable，可实现性。绩效目标设定时应坚持可实现性的原则，避免超出能力所及的范围。坚持目标的可实现性，必须加强上下级的沟通，使设定的绩效目标与组织和员工个人意见达成一致。

（4）R——Relevant，相关性。设定的绩效目标应该与工作职责有关，不应该超出职责范围，发生越权的现象；同时，职责范围内的各个目标应具有高度的相关性，如果不相关或者相关度较低，此目标的设定就没有意义。

（5）T——Time-bound，时限性。任何一个目标都是有时间限制的，在绩效目标设定时，应根据任务的轻重缓急，确定完成目标的时间节点。

2. 绩效目标的设定方法

目标的设定方法很多，按照绩效目标设定的主体划分，可分为传递式目标设定法与参与式目标设定法。

（1）传递式目标设定法。绩效目标由企业的最高管理者决定，然后分解为子目标并落实到各个组织和层次中，是一个由上至下的过程。

（2）参与式目标设定法。绩效目标由上级与下级共同决定，并定期检查目标完成情况，它是由上至下和由下至上不断反复的过程。

3. 绩效目标设定应注意的问题

（1）设定绩效目标时应特别注意难以量化的领域。

（2）绩效目标的设定要针对那些能为企业创造价值的领域，而不是企业中所有工作内容。

（3）各个绩效目标虽然要具有关联性，但是各绩效目标的含义不能叠加。

4. 绩效目标设定的职责分配

绩效目标主要分为组织目标、部门目标和个人目标三个层次。根据绩效目标的三个层次，负责绩效目标制定的责任人应包括企业决策层、人力资源部门、部门领导和员工个人。企业决策层应提出企业的战略发展目标和年度发展计划，然后各部门领导按照企业的战略发展目标和年度发展计划制定本部门的绩效目标，并且按照本部门各岗位的工作职责分配到个人。在这个流程中，人力资源部门负责牵头组织、收集汇总和制订考核计划，协助各部门领导实施考核以及分析考核结果。

（二）绩效计划

绩效计划是在绩效管理开始前由考核者和被考核者共同制订的协议，从而使被考核者的工作目标与企业及企业各部门的工作计划、标准达成一致。

1. 绩效计划的内涵

绩效计划的内涵可以从以下三个方面来理解。

（1）绩效计划的内容是关于绩效周期内工作和绩效标准的契约，绩效契约往往是以绩效任务书的形式出现。绩效任务书需要管理者和员工签字认可，是管理者对员工绩效任务完成情况进行评价的依据。

（2）绩效计划的制订者是管理者和员工。例如，部门绩效计划应该由人力资源部门、各职能部门管理者以及员工本人三方面来共同制订。其中，各职能部门管理者可以看作是整个绩效计划工作的最终负责人，因为他们是最了解每个职位的工作职责和每个绩效周期应完成各项工作的人，由部门管理者来制订绩效计划可以使整个计划更加具有现实性和可操作性。

（3）绩效计划的制订是个双向沟通的过程，包含了管理者和员工双方的心理承诺。双向沟通的内容包括组织目标、部门及员工的职责任务、完成期限、员工的意见反馈等。在双向沟通的过程中，制订绩效计划的双方不仅要从行动上互相认可，还应从心理上互相认可。

2. 绩效计划的意义

绩效计划的意义可以总结为"三为",即为企业和部门目标的实施提供保证,为绩效考核提供依据,为员工工作提供方向和目标。

(1)为企业和部门目标的实施提供保证。员工绩效计划、部门绩效计划、企业绩效计划三者是相互依赖和支持的关系。一方面,员工绩效计划支持部门绩效计划,部门绩效计划支持企业绩效计划;另一方面,企业绩效计划的实现依赖于部门绩效计划的实现,部门绩效计划的实现依赖于员工绩效计划的实现。

(2)为绩效考核提供依据。绩效管理是由绩效计划的制订、绩效辅导的实施、绩效考核的评价、绩效考核的面谈等内容组成的一个系统。其中,制订切实可行的绩效计划,是绩效管理最重要的一个环节。

在考核期末,就可以根据由员工本人参与制订并作出承诺的绩效计划进行考核。一方面,对于出色完成绩效计划的部门和员工,其在绩效考核时会得到优异评价并会获得相应的奖励;另一方面,对于没有完成绩效计划的部门和员工,应分析没有完成绩效计划的原因并制订绩效改进计划。

(3)为员工工作提供方向和目标。绩效计划中的绩效考核指标、绩效目标和绩效标准对员工的工作提出了具体明确的要求,明确了员工在哪些方面取得成就会获得组织的奖励。一般情况下,员工会选择向组织期望的方向努力。

二、绩效考核指标的设计

(一)绩效考核指标概述

工作的好坏需要衡量,因此需要衡量的标准。这个衡量的标准,在企业里我们一般称作绩效考核指标。

由于企业中涉及的工作种类很多,因此,设计绩效考核指标不是一件容易的事情。另外,随着企业的不断发展和企业战略的不断变化,工作内容、工作要求也会随之发生变化,那么绩效考核指标必然也随之变化。因此，绩效考核指标应该是处于一种动态的、不断修正的过程之中。

通常，绩效考核指标是企业管理者与员工在充分沟通的基础上达成一致的结果。是否所有工作都需要考核？是否需要时时考核？考核本身也是一种工作，如果考核内容过大、考核压力太大，考核的效率必然不会很高，考核质量也可想而知。因此，企业管理者需要根据不同工作的性质确定合理的指标，协商一致的重要性便在此体现出来。如果绩效考核指标双方在事前没有达成一致，那么该绩效契约相当于没有生效，这样考核出来的结果自然也没什么公平可言，更没有参考性。

（二）不同绩效考核指标的设计方法

绩效考核指标一般分为定量考核指标和定性考核指标。

1. 定量考核指标设计

定量考核的指标主要有七种：数字量化指标、质量量化指标、成本量化指标、时间量化指标、结果量化指标、行动量化指标及标准量化指标。

（1）数字量化指标。数字量化指标是指用数据或百分比指标来量化员工的业绩和技能。下面列出两种数字量化指标的量化方式，具体内容见表8-3。

表 8-3　　　　　　绩效考核指标中的数字量化指标示例

分类	考核项	指标示例
量化方式一	数量额	如销售额、利润额、生产产量、产值
	百分比	如计划完成率、达成率、差错率
	频率	如次数、周转速度
量化方式二	工作量	如销售额、产量、计划完成率、次数
	工作质量	如合格率、优良率、完好率、通过率、差错率、满意度
	工作效率	如劳动生产率、及时率
	业务管理	如达成率、完成率
	员工管理	如投诉率、出勤率、持证上岗率

（2）质量量化指标。绩效考核中，很多企业除规定任务量之外，还需考核工作质量。常见的反映工作质量指标的考核项包括统计准确率、产品合格率、技术支持满意度等，具体内容见表8-4。

表8-4　　　　　　　绩效考核中的质量量化指标示例

考核项	指标示例
产品质量	产品合格率、产品优良率
生产报表统计	统计准确率
设备维护	设备完好率、维修合格率
技术支持	技术支持满意度、客户投诉次数
客户投诉处理	投诉处理满意度

（3）成本量化指标。从成本的角度细化、量化考核工作，落实成本管理责任，不仅有助于加强组织的成本管理，而且能增强全体成员成本管理责任意识。

这类指标的考核项包括成本节约率、费用控制率、投资回报率和折旧率等。企业在用成本的方式量化考核指标时，还可以对其进行更进一步的细分，具体内容见表8-5。

表8-5　　　　　　　绩效考核中的成本量化指标示例

考核项	指标示例
采购成本	采购成本节约率
生产成本	单位生产成本、生产成本下降率
质量成本	预防成本、鉴定成本、内部损失成本、外部损失成本
物流成本	配送成本、运输成本、仓储成本

（4）时间量化指标。研发型与知识型员工的工作，有一部分绩效是可以用时间进行量化的，如新产品开发周期、服务响应时间、天数、完成期限（如办公设备出现故障必须在规定的时间内予以排除）等，用时间量化指标考核有助于企业对其阶段工作进行有效的控制。

（5）结果量化指标。结果量化指标考核，是指通过一些关键性数据指标对员工工作的"质"和"量"进行全面、客观、公正的综合评价，从而得出考核结果，以此衡量员工工作绩效。通过结果量化指标考核得到的考核结果可以作为确定工资奖金收入、选优评先、职务升降等的直接依据。

（6）行动量化指标。对于像人力资源、财务、后勤这类职能部门来说，除一部分可以量化的指标如招聘计划完成率、招聘合格率、培训考核达标率、后勤支持满意率之外，还有一些如基础管理、业务支持等事务性工作很难具体化、量化，对这些不能量化的考核内容可以将其程序化或行为化。

（7）标准量化指标。标准量化指标是指按照国际标准、国家标准、行业标准进行量化，得到的考核指标。

2. 定性考核指标设计

定量考核指标主要是以统计数据为基础，把统计数据作为主要评估信息。当考核指标无法通过定量考核指标进行评价时，可以采用定性考核指标。

一般来说，定性考核指标主要有四种表现形式，即目标管理、绩效管理法、直接指标法和成绩记录。

（1）目标管理。目标管理是由员工和主管共同依据企业战略目标及部门目标而协商制定的个人目标。该法用可观察、可测评的工作结果作为员工工作绩效的标准，以制定的目标作为对员工考核的依据，从而使员工个人目标与企业目标保持一致。目标管理是领导者与下属员工之间双向互动的过程。

（2）绩效管理法。绩效管理法采用直接的工作绩效衡量的指标，通常适用于非管理岗位的员工，它采用的指标要更具体、合理、明确，应该有时间、空间、数量、质量的限制，而且要规定完成目标的先后顺序，保证个人目标与企业目标一致。

（3）直接指标法。直接指标法是在对员工的衡量方式上，采用可监测、可核算的指标构成若干考核要素，作为对下属员工的工作表现进行评估的主要依据。对于非管理人员可以衡量其生产率、工作数量、工作质量等指标；对于管理人员可以通过对其所管理的下属员工，如员工的缺勤率、流动率等指标进行考核。

（4）成绩记录。成绩记录适用于从事科研工作的人员，因为他们的工作内容是不同的，无法用固定的指标进行考核。具体步骤包括：首先，由被考核者把自己取得的与工作职责相关的成绩填写在一张成绩记录表上；其次，由其上级主管来验证成绩的真实性；最后，由外部专家评估这些资料，确定工作绩效。

三、绩效考核方法的选择

绩效考核方法有很多，下面列举几种常见的绩效考核方法，供企业结合实际自行选用。

（一）MBO 考核法

目标管理（management by objectives，MBO）自 20 世纪 50 年代中期在美国出现后被越来越多的企业所接受与应用，被称为"管理中的管理"。

1. MBO 考核法的定义

目标管理是企业最高管理者根据企业所面临的内外部形势，制定出一定时期内经营活动所要达到的总目标，然后由企业内各部门和员工根据总目标确定各自的分目标及保证措施，形成一个目标体系，并将目标完成情况作为考核依据的管理模式。

2. MBO 考核法的特点

MBO 考核法的特点主要体现在其自身的优点和缺点上，具体见表 8-6。

表 8-6　　　　　　　　MBO 考核法的特点

优点	缺点
1. 操作简单，考核成本较低 2. 绩效目标以员工与领导者的共识为建立基础，使考核更加公平 3. 强调结果，符合绩效管理的目的	1. 以结果为导向，缺少对执行过程的监督 2. 在制定目标过程中，往往会出现目标定位不准确的现象 3. 易出现短期效应，不利于企业长期目标的实现

3. MBO 考核法的实施步骤

绩效目标管理是一个循环管理过程,包括确定绩效目标、分解绩效目标、实施绩效评价及设定新绩效目标四个过程。

(1)确定绩效目标。绩效目标的确定是目标管理的开始,也是总领全局的一步。因此,在绩效目标确定中要做到以基本目标为主,同时要重点考虑卓越目标,即绩效目标在确定过程中要兼顾操作性和挑战性相结合的原则。

(2)分解绩效目标。在绩效目标分解时,上级应注意不要有遗漏,也不要使几个下级的工作发生重复,同时尽可能使下级的工作分量之和大于或等于工作总量。

(3)实施绩效评价。将实际达到的绩效水平与预先设定的绩效目标相比较,找出二者之间的差距,这既有助于确定对培训的需求,又能帮助确定下一绩效周期的绩效目标。

(4)设定新绩效目标。绩效目标并不是一成不变的,绩效目标要根据发展形势的变化而进行调整。绩效目标的调整也要求绩效评价方式和评价指标发生相应的变化,但所遵循的要求和步骤一般不会变动。如果企业需要增加或减少多个绩效目标,意味着企业目标要发生重大变化和调整,此时应首先对前期绩效目标进行正式的总结和员工绩效的评价,然后停止前期绩效目标的实施,开展新一轮绩效目标的实施。

(二)360 度考核法

360 度考核法又称"全方位考核法",最早是由英特尔公司提出并加以实施运用的。360 度考核法是指从与被考核者发生工作关系的多方主体那里获得被考核者的信息,并以此对被考核者进行全方位、多维度的绩效评估的过程。根据 360 度考核法的定义,360 度考核法的考核主体应该是被考核者的上级、下属员工、同级同事及客户。

360 度考核法在具体实施时分为四个阶段,包括考核的准备阶段、设计阶段、实施阶段、评估与反馈阶段,各个阶段的具体工作事项如下。

1. 考核的准备阶段

（1）获得高层领导的支持。获得高层领导的支持是360度考核法实施的前提，只有得到高层领导的支持，才能确保360度考核法的顺利开展，在出现问题时可以及时得到解决。

（2）成立考核小组。考核小组由人力资源部门负责组织，由被考核者的上级领导、下属员工、同级同事及客户组成考核团队，最后考评结果由人力资源部门整理、汇总、分析并反馈。

（3）360度考核法的宣传。通过宣传，让被考核者扫除心理障碍，避免抵制情绪的产生，让考核者正确认识自己的角色及360度考核法的作用，从而尽可能地提供客观真实的信息。

2. 考核的设计阶段

360度考核法的设计阶段主要是确定考核周期、考核人选、考核对象、考核内容以及设计调查工具。360度考核法因为实施和组织成本较大，因此一般是每年一次，时间通常定在每年度末，考核人选及对象是中高层领导者，考核内容涉及被考核者的任务绩效、管理绩效、周边绩效、态度和能力等方面。

360度考核法一般采用问卷调查法进行考核。问卷的形式分为两种：一种是等级量表问卷，即给考核者提供5分等级或者7分等级的量表，让考核者选择相应的分值；另一种是开放式问卷，即让考核者写出自己的评价意见。二者也可以综合采用。

3. 考核的实施阶段

（1）问卷发放及填写。对问卷的开封、发放要实施标准化的管理。问卷填写采用匿名评估的方式，整个问卷填写时间不宜过长，以15~30分钟为宜。

（2）问卷回收。对问卷的收卷和加封要严格执行保密规定，并由相关人员监督执行，避免篡改问卷。

（3）统计并报告结果。360度考核法评估报告应当包括以下内容：维度的定义和描述、被考核者核心能力的确定、不同来源评价观点的比较、被考核者的能力综述及最高和最低的得分项目。

4. 考核的评估与反馈阶段

360度考核法的评估与反馈阶段非常重要，因为这一阶段是360度考核法落实并发挥作用的过程。各部门领导应积极将360度考核法统计结果反馈给被考核者，并与被考核者进行面对面的交流，向被考核者解释每一项评价内容的含义，并协助被考核者制订发展计划。

（三）BSC 考核法

1. BSC 考核法的定义

哈佛商学院教授罗伯特·卡普兰和复兴全球战略集团创始人兼总裁大卫·诺顿用了一年的时间，在对绩效测评方面处于领先地位的12家企业进行研究后，于1992年发明了平衡计分卡（balanced score card, BSC）。

平衡计分卡是把对企业业绩的评价划分为财务、内部运营、客户及学习与发展四个维度，它不仅是一个指标评价系统，而且还是一个战略管理系统，是企业进行战略执行与监控的有效工具。

（1）财务维度。企业应该向股东展示什么？企业经营的最终目的是盈利，只有盈利才能够使企业生存和发展。股东评价企业盈利状况的工具就是企业的财务状况，因此，平衡计分卡将财务维度作为焦点。

（2）内部运营维度。企业必须擅长什么？内部运营维度突破了传统考核仅仅针对企业生存能力的单一评价，它更强调企业的独特竞争优势，使自己与其他竞争者区别开来。

（3）客户维度。客户怎样看待企业？企业要想在市场立足并不断扩大市场份额，就必须获得客户的认同，创造出满足客户需求的产品。

（4）学习与发展维度。企业能否继续创造更多的价值？学习与发展维度强调的是企业的可持续发展能力，避免企业发展的短视行为。

2. BSC 考核法的操作步骤

（1）建立企业愿景和战略任务。通过调查采集企业各种相关信息资料，运用SWOT分析、目标市场价值定位分析等方法对企业内外部环境和现状进行系统全面的分析，进而确立企业的愿景和战略任务。

（2）就企业的愿景和战略任务达成共识。与企业的所有员工沟通企业的愿景与战略任务，使其对企业的愿景和战略任务达成共识。根据企业战略，从财务、内部运营、客户、学习与发展四个维度设定具体的绩效考核指标。

（3）量化考核指标的确定。为四个维度的目标找出具体的、可量化的业绩考核指标。

（4）企业内部沟通与教育。加强企业内部沟通，利用各种信息传输的渠道和手段，如刊物、宣传栏、电视、广播、标语、会议等，将企业的愿景规划与战略构想向企业全员进行深入的传达和解释，并把绩效目标以及具体的衡量指标逐级落实到各级部门乃至基层的每一位员工。

（5）绩效目标值的确定。确定年度、季度、月度业绩衡量指标的具体数字，并与企业的计划和预算相结合。将每年企业员工的浮动薪酬与绩效目标值的完成程度挂钩，形成绩效奖惩机制。

（6）绩效考核的实施。为切实保障 BSC 考核法的顺利实施，应当不断强化各种管理基础工作，如完善人力资源信息系统、加强定编定岗定员定额、促进员工关系和谐、注重员工培训与开发等。

（7）绩效考核指标的调整。考核结束后，及时汇报企业各个部门的绩效考核结果，听取员工的意见，通过评估与反馈分析，对相关考核指标做出调整。

3. BSC 考核法在实践中存在的主要问题

（1）企业高层领导对平衡计分卡价值认识不足。BSC 考核法的操作方式一般是自上而下，需要得到高层领导的持续关注。而现实情况是很多企业一般只将其作为绩效考核的工具，而不是作为战略管理的工具。

（2）宣传、培训、沟通力度不够。在实际操作过程中，一般是企业高层领导对企业的经营战略很清楚，而下属员工却不是很了解，没有将企业战略成功地转化成确保能够实现目标的行动方案，甚至没有发展成衡量员工执行各种方案的绩效指标，从而导致平衡计分卡无法发挥应有的作用。

（3）技术层面的障碍。技术层面的障碍主要是绩效考核指标值及其权重的确定。例如，销售部门的客户拜访数量这一指标，尽管该指标是量化的，但指标的真伪虚实却很难得到保证，这就直接关系到其权重的设置比例，从而进一步影响考核的效果。

（四）KPI 考核法

关键绩效指标（key performance indicator，KPI）设计的思想是通过把影响 80% 工作的 20% 关键行为进行量化设计，变成可操作性的指标，从而提高绩效考核的效率。关键绩效指标的个数一般控制为 5~12 个。

1. KPI 考核法的定义

KPI 是用来衡量某一岗位工作人员工作绩效表现的量化指标，它来自对企业总体战略目标的分解，能够反映出最能有效影响企业价值创造的关键驱动因素。

KPI 是连接个体绩效和企业目标的一座桥梁，是根据能够对企业目标起增值作用的工作来设定的，它应该是可以量化的；如果确实难以量化，那么也必须是可行为化的。因此，KPI 考核法可以保证能让真正对企业有贡献的行为受到鼓励。

2. 确定 KPI 的方法

（1）标杆基准法。标杆基准法是企业将自身的关键绩效行为，与那些在行业中领先的、最具影响的或最具竞争力企业（基准企业）的关键绩效行为，进行深入全面的比较研究，探究这些基准企业绩效形成的原因，在此基础上建立企业可持续发展的关键绩效标准，并提出改进员工绩效的具体程序、步骤和方法。

（2）关键成功因素法。运用该方法建立 KPI，首先要分析完成该目标有哪些影响因素，然后选出其中最关键的若干因素，再针对这些影响因素的衡量指标确定 KPI。例如，某企业的战略目标是跨入同行业的前列，其中很重要的一个衡量指标就是企业利润的增长，然后企业就该因素设计其 KPI。

3. KPI 考核法的操作步骤

（1）明确企业总体战略目标。根据企业的战略方向，从增加利润、提升盈利能力、提高员工素质等角度分别确定企业的战略重点，并运用 KPI 的设计方法进行分析，从而明确企业总体战略目标。

（2）确定企业的战略子目标。将企业的总体战略目标按照内部的某些主要业务流程分解为几项主要的支持性子目标。

（3）内部流程的整合与分析。以内部流程整合为基础的 KPI 设计，将使员工知道自己是为哪一个流程服务的，自己对其他部门乃至企业的整体运作会产生什么样的影响。所以，要进行 KPI 细化的前提是进行内部流程整合与分析。

（4）部门级 KPI 的提取。通过对企业架构与部门职能的理解，对企业战略子目标进行分解。在分解的同时要注意根据各个部门的职能对分解的指标进行调整补充，并兼顾其与部门分管上级的指标关联度。

（5）形成 KPI 体系。根据部门 KPI、业务流程以及各岗位的工作说明书，对部门目标进行分解。根据岗位职责对个人 KPI 进行修正与补充。

（五）EVA 考核法

经济增值法（economy value added，EVA）是 1982 年由斯登-斯图尔特公司提出的。现在，一大批跨国公司已将经济增加值指标作为业绩评价的工具应用于公司的内部管理之中。

1. EVA 考核法的含义

EVA 就是指企业税后经营利润减去债务和权益成本，简单来说，就是企业资本收益与资本成本之间的差额。EVA 实质上是一种"经济增加值"，它是对真正"经济"利润的评价。如果这一差额为正，表明企业的经营收入在扣除所有成本和费用后仍然有剩余，此时，企业创造了价值；反之，则表示企业发生价值损失。

2. EVA 考核法的计算公式

EVA 的计算公式是：

$$EVA = 税后经营利润 - 总资本成本额$$

它的变形公式是：

$$EVA =（投资资本报酬率 - 单位资本成本率）\times 资金总额$$

其中，资金总额是指投入某项业务中的账面资金总额。

根据 EVA 的计算公式，使 EVA 增加的途径有三个：增加投资资本报酬率、降低单位资本成本率、扩大资金总额。

3. EVA 考核法的优缺点

越来越多的企业意识到，将 EVA 作为企业经营的绩效考核方法相比利润指标更能准确地反映企业的经营状况，驱动企业管理人员为股东创造价值，同时方便股东根据创造的价值对管理人员进行考核。这一方法虽不会受到时间的限制，但也有不足之处，主要体现在：

（1）EVA 主要适用于企业的高层管理人员，在普通员工中很难普及。

（2）EVA 反映的是结果，忽视了对过程的考核。

（3）EVA 更多的是考虑股东的权益，忽略了其他利益相关者的权益。

四、绩效考核实施

绩效考核实施是指考核者对照工作目标或绩效标准，采用一定的考核方法，评定员工的工作任务完成情况、员工的工作职责履行程度和员工的发展情况，并将上述评定结果反馈给员工的过程。绩效考核实施是绩效管理活动的中心环节，是考核者与被考核者双方对考核期间的工作绩效进行全面回顾和总结的过程。

（一）绩效考核实施的关键环节

绩效沟通与指导阶段是绩效考核实施中最重要的环节，是主管与下属员工共同实施计划的过程，是双方保持不断联系，全程进行指导、交流、沟通并产生互动的过程，也是不断完善、充实计划以及根据客观环境条件的变化对计划进行必要的调整与修订的过程。绩效沟通与指导能够使绩效管理建立在科学合理、现实可行的基础上。

（二）绩效考核实施的注意点

在企业进行绩效考核的过程中，应注意以下四点。

1. 使员工对衡量工作绩效的标准有清晰明确的认识，尽量减少歧义。

2. 以员工自我考核评价为主，主管和其他人考核评价为辅，真正实现员工自己教育自己，使员工对自己有客观、全面、正确的认识。

3. 在绩效考核的过程中，凡事（无论是主管还是下属员工）都要用数据、事实、结果来证明，防止主观臆断、推测，但又不能在数字上过分斤斤计较。

4. 绩效考核应在融洽和谐的气氛中进行。因为在平时的沟通中，员工应就自己的工作进度和成果业绩情况与主管基本上达成共识，因此，绩效考核只是对这些活动的进一步复核和总结。如果在绩效计划和绩效沟通的阶段就能够认真严格地贯彻执行有关标准和要求，那么考核时产生严重分歧的可能性就很小。

（三）绩效考核实施的步骤

绩效考核实施包括召开绩效考核启动会、绩效考核数据的收集、绩效考核方法的选择、绩效考核结果的汇总、绩效考核结果的公示、绩效考核争议及申诉面谈、绩效评估结果应用七个方面的内容。

1. 召开绩效考核启动会

绩效考核启动会，即为绩效考核实施前的动员会，通过召开启动会，让企业所有员工都能够理解和支持人力资源部门及用人部门的绩效考核工作。

在绩效考核启动会上，应重点宣讲绩效考核的含义及重要性、绩效考核的实施原因、绩效考核的实施管理制度、考核结果的应用说明和绩效考核的实施要求五项内容。

2. 绩效考核数据的收集

绩效考核数据是指在绩效考核中与员工绩效考核结果息息相关的各类资料。绩效考核数据按其来源的不同可以分为三类，具体说明见表8-7。

表 8-7　绩效考核数据说明

数据资料	说明
工作业绩数据	该类数据指的是被考核者的工作目标或工作任务完成情况的数据，是被考核者在工作中所记录和收集的
工作态度数据	该类数据指的是被考核者部门同事或客户提供的数据，这部分数据信息是由除考核双方外的第三方提供的，具有一定的客观性
工作能力数据	该类数据指的是被考核者的工作能力优异或低下的突出行为数据信息，这部分信息是考核人员从被考核者的工作中观察而得出的

3. 绩效考核方法的选择

绩效考核是绩效管理的关键环节，在实施绩效考核时，人力资源部门可选用的绩效考核方法有序列比较法、关键事件记录法、强制分布法、目标管理法、360度考核法、关键绩效指标法、平衡计分卡法等。

在选择绩效考核方法时，应从信度和效度两方面选择适合企业的考核方法（见表 8-8）。

表 8-8　考核方法的信度、效度说明

考核方法	方法说明	信度	效度
序列比较法	用于对相同职务员工进行绩效考核	较高	较高
关键事件记录法	对被考核者的工作行为事件进行观察、记录、分析，然后判断其内在素质	高	低
强制分布法	根据正态分布原理，通过强制设置被考核者的考核等级百分比来实施绩效考核	低	低
目标管理法	让企业员工参与到工作目标的制定中，以便在工作中实行"自我控制"	高	低
360度考核法	适用于企业中层及以上的人员的绩效考核	高	高
关键绩效指标法	通过衡量员工工作绩效的关键的、可量化的绩效考核指标，对员工实施绩效考核	高	高
平衡计分卡法	是根据企业的战略要求而设计的绩效指标体系	低	低

（1）信度。信度即考核结果的可靠程度。在选择考核方法时，能准确测算出各考核方法取得结果的前后一致性。

如果企业在同一考核周期对同一考核员工开展两次考核，两次考核结果一致，则说明该考核方法的信度很高；反之，则说明该考核方法的信度很低。这时，企业需要分析影响考核结果的原因，是因为考核者态度、动机、情景等个人因素，还是因为考核方法所采用的考核量表问题。如果是考核方法的问题，就需要另外选择考核方法。

（2）效度。效度即考核结果的有效性。在选择考核方法时，需要按照效度的侧重面，即内容效度、结构效度、效标关联效度三个方面对采用考核方法得出的考核结果的效度进行检验。

例如，在考核周期内对同一员工进行的两次考核，如果考核者对被考核者评分过高或过低，只要两次考核方向一致，则该考核方法的效度不高；而如果两次考核是考核者实事求是地考核，那么，该方法的效度就高。

除采用信度和效度两个重要指标外，在选择考核方法时，还需要考虑被考核者所在部门、岗位的工作职责及工作内容等相关事项，以保证能够准确反映员工的考核成绩。

4. 绩效考核结果的汇总

绩效考核结果的汇总包括计算考核结果、汇总考核结果、分析考核结果三个步骤，各步骤的具体说明如下。

（1）计算考核结果。在计算考核结果时，应按照考核方法所使用的考核指标及权重进行具体计算。如以 KPI 方法所示的考核项目和考核指标及权重为例，计算仓库管理员这一被考核者的考核结果，具体见表 8-9。

表 8-9　　　　　　　　　KPI 考核指标一览表

考核项目	权重	考核指标
工作业绩	60%	包括库房有效利用率、仓库密封性、火灾隐患整改率、防护方案编制完成率、仓库物资丢失次数、防盗措施有效率

续表

考核项目	权重	考核指标
工作能力	20%	包括学习能力、工作知识掌握能力两个方面
工作态度	20%	包括工作主动性、工作责任心、团队意识三个方面

根据表8-9，我们可确定仓库管理员考核结果的计算公式：

考核结果 = 工作业绩考核得分 × 60% + 工作能力考核得分 × 20% + 工作态度考核得分 × 20%。

假设仓库管理员的工作业绩得分为80分、工作能力得分为85分、工作态度得分为90分，那么，该被考核者的考核结果为：

考核结果 = 80 × 60% + 85 × 20% + 90 × 20% = 83（分）

当然，各考核项目应有自己的考核指标及各考核指标的权重，在计算各考核项目的分值时，应根据各考核指标的权重及各指标的得分进行计算。

（2）汇总考核结果。计算出各考核对象的考核结果后，需要按照部门、岗位进行汇总。

（3）分析考核结果。考核结果经汇总后，接下来的重要工作就是对汇总结果进行数据分析。在对考核结果进行分析时，可以采用图形的形式分析考核结果，也可以以表格的形式分析考核结果。

5. 绩效考核结果的公示

绩效考核结果经计算、汇总、分析后，需要着手对考核结果进行公示。在公示之前，首先应对考核结果进行再次确认，以防因疏忽导致的考核结果的登记错误；其次要选择合适的公示地点；最后公示文件完成后，应上报部门经理及总经理审核后进行公布。

6. 绩效考核争议及申诉面谈

（1）绩效考核争议及申诉。考核结果公布后，企业各部门及员工若对考核结果有异议，需及时上报上级领导和人力资源部门。上级领导和人力资源部门要认真对待考核申诉，并及时予以解决和答复。

（2）申诉面谈。在处理申诉过程中，应做好绩效申诉面谈的准备工作，具体的面谈准备工作见表8-10。

表 8-10　　　　　　　　申诉面谈准备工作说明

细分	具体说明
了解申诉员工的情况	主要了解申诉员工所在部门整体业绩情况、员工的工资福利待遇，以及员工的专业技能、工作业绩、工作能力和工作态度等
准备好与申诉员工进行面谈的内容	与员工进行申诉面谈的内容包括了解绩效考核中存在的主要问题和次要问题，然后根据主要问题及次要问题阐释员工绩效考核中存在的问题等
准备好申诉员工随时可能提出的问题	面谈人员告知申诉员工相关绩效考核事项时，申诉员工应有很多不明白或不理解的地方，面谈人员可预先对这部分问题进行预测，提前准备好详尽的答案
准备好要向申诉员工提出的问题	绩效面谈的最终目的是改善员工的绩效水平，因此，面谈人员需预先设定需要向申诉员工提出的问题，确认其有无改善绩效考核成绩的态度、想法和实际工作能力等

7. 绩效评估结果应用

绩效评估结果应用主要有以下方面。

（1）员工薪资调整。为了增强薪酬的激励作用，在员工的薪酬组成部分中，有一部分薪酬是与员工绩效直接挂钩的。根据工作性质的不同，其绩效薪酬设置的比例也不同。

（2）工作岗位的调整。通过对员工全方位的考核，可以了解员工所取得的业绩、具备的工作能力、发展潜力等方面内容，并作为员工工作岗位调整（职务晋升、降级、轮岗等）的重要参考依据之一。

（3）人员培训与开发。通过绩效评估，可以了解员工工作方面的优点和不足之处。针对优点，应当激励员工保持并提高；针对不足之处，应分析其产生的原因，并有重点地对员工进行培训，从而达到提高员工工作绩效的目的。

第四节 绩效沟通与辅导

一、绩效沟通

(一) 绩效沟通的定义

绩效沟通贯穿于绩效考核的整个过程,是管理者与下属员工之间就绩效考核的目标与方法进行持续双向交流的过程。

对管理者来讲,绩效沟通有助于其全面了解下属员工的工作情况,有针对性地提供相应的指导和资源,帮助下属员工提升能力;有助于管理者公平公正地考核下属员工的工作。

对下属员工来说,绩效沟通有助于其及时认识自身的不足,及时得到管理者相应的资源和帮助,改进工作绩效、提高工作技能;有利于其及时了解企业的目标、工作内容的变化。

(二) 绩效沟通的内容

通常情况下,企业所开展的绩效沟通主要包含四个方面的内容,即具体的阶段工作目标及任务完成情况、工作中表现好的地方及需要改进的地方、员工在工作上需要的帮助、让员工了解管理者能为员工提供的资源。

(三) 绩效沟通的方法

1. 正式沟通

正式沟通方式是指在正式的情况下进行预先的计划和安排,并按照一定规则进行沟通。常用的正式沟通方式主要有书面报告、会议沟通、面谈沟通等。

2. 非正式沟通

非正式沟通在时间、地点等的选择上,弹性较大,其好处是形式多样、灵活，不需要刻意准备；沟通及时，问题发生后，可以立即进行简短的交谈，从而使问题很快得到解决。常用的非正式沟通方式主要包括走动式管理、开放式办公及非正式会议三种。

走动式管理指管理者在员工工作期间不定时地到员工座位附近走动，与员工进行交流，或者解决员工提出的问题；开放式办公指管理者办公室向外开放，在没有特殊情况下，员工可以随时进入管理者办公室讨论工作中的问题；非正式会议，如企业举办的各种联欢会，能够使管理者与员工在较为轻松的气氛中进行沟通和交流。

二、绩效辅导

（一）绩效辅导的定义

绩效辅导，是指管理者与员工讨论有关工作的进展情况、潜在的障碍和问题、解决问题的办法和措施、员工取得的成绩以及存在的问题、管理者如何帮助员工等的过程。

绩效辅导不仅仅存在于绩效管理开始的时候，也不仅仅存在于绩效管理结束的时候，而是贯穿于整个绩效管理过程的始终。

（二）绩效辅导的管理要求

绩效辅导贯穿着绩效管理的全过程，是绩效管理中的关键环节，管理者要想使绩效管理真正产生效果，就必须在绩效辅导上多下些功夫。在每次进行绩效辅导时，管理者需要明确以下九项问题。

1. 所定工作目标进展的情况如何。
2. 哪些方面执行得要好一些。
3. 哪些方面需要进一步改善和提高。
4. 员工是否在向既定的绩效目标前进。
5. 为使员工更好地完成绩效目标，需要做哪些改善。
6. 在提高员工的知识、技能和经验方面，管理者需要做哪些工作。
7. 是否需要对员工的绩效目标进行调整，如果需要，怎样调整。

8. 管理者与员工在哪些方面达成了一致。

9. 管理者与员工需要在哪些方面进行进一步的沟通探讨。

（三）绩效辅导的意义

绩效辅导的根本目的在于管理者对员工实施绩效计划的过程进行有效管理，因为只要整个实施过程都是在可控范围之内的话，结果就不会出现太大的偏差。

绩效辅导的具体作用在于能够前瞻性地发现问题并在问题出现之前及时解决，还在于能把管理者与员工紧密联系在一起，管理者与员工经常性地就存在和可能存在的问题进行讨论，共同解决问题，排除障碍，有利于达到共同进步、共同提高和实现高绩效的目的。同时，绩效辅导还有利于建立管理者与员工良好的工作关系。

具体来说，绩效辅导的意义主要包括以下六个方面。

1. 了解员工工作的进展情况，以便于及时进行调整。

2. 了解员工工作时碰到的障碍，以便发挥自己的作用，帮助员工解决困难，提高绩效。

3. 通过沟通，可以在考核时避免一些意外的发生。

4. 掌握一些考核时必须用到的信息，使考核更有目的性和说服力。

5. 帮助员工协调工作，使之更加有信心地做好本职工作。

6. 提供员工需要的信息，让员工及时了解自己的想法和工作以外的改变，以便管理者和员工步调一致。

第五节 绩效反馈与改进

一、绩效反馈

（一）绩效反馈的定义

所谓绩效反馈，就是考核者与被考核者通过沟通，将考核结果告知被考核者，并向其解释考核结果，使被考核者能够了解自身的绩效水平的过程。

（二）绩效反馈的原则

1. 坚持具体全面原则

绩效反馈应当做到开门见山，表明此次绩效反馈的目的和内容；对员工存在的问题，应以事实举例为主的方式进行沟通，而不能使用需要员工绞尽脑汁去思考的语言描述问题；对员工考核结果优良的地方，要直接赞扬，鼓励其继续保持。

2. 坚持互动原则

绩效反馈不只是考核者对被考核者的提问和辅导，也包括被考核者向考核者询问、质疑考核结果。考核者有义务采用一些方式方法调动被考核者参与到关于考核结果的沟通中去。

3. 坚持对事不对人原则

绩效反馈关注的应当是与事件紧密相关的行为，而不是针对某个人。考核者应当做到客观、诚实、专业。

4. 坚持正面引导原则

绩效反馈的最终目的是让被考核者了解不足之处，然后改进。在绩效反馈之后，不应出现员工产生消极怠工的情绪，甚至离职的结果。

（三）绩效反馈的内容

绩效反馈是一项需要耐心的工作，在内容选取上，既要做到让员工了解到工作的不足之处，又要让员工看到自己的发展前景，对企业和所处的岗位充满希望。所以，绩效反馈的内容一般包括八个方面：绩效考核结果、存在的不足及改进措施、未来的任务目标、目标执行可提供的资源、目标执行的流程、目标实施的激励机制、目标实施中所有来自内部的支持和创造的组织氛围及在目标实施过程中会遇到的外部障碍。

（四）绩效反馈的方法

绩效反馈主要有两种方法：对正确行为的反馈和对错误行为的反馈。

1. 对正确行为的反馈

对正确行为的反馈主要通过表扬来进行。表扬也有一定的技巧可遵循，即表扬要及时且经常，要表扬行为价值并且切中要害，最重要的是避免"社会性懈怠"表扬。

在共同完成一项任务时，群体人数越多，个人出力越少的现象称为"社会性懈怠"，如"一个和尚打水喝，两个和尚抬水喝，三个和尚没水喝"。"社会性懈怠"产生的理论是"笨蛋效应"，就是当团队中其他人在偷懒的时候那种被骗的感觉。所以，表扬应该强调个体的表现和贡献，而不是集体荣誉。

2. 对错误行为的反馈

对错误行为的反馈是通过正面的批评来进行的。批评主要有两种方法，我们称为"汉堡原理"和BEST反馈。

（1）"汉堡原理"，指先对被考核人员表现积极的地方进行表扬，然后对其需要改进的工作进行批评指正，最后以肯定和支持结束。

（2）BEST反馈。BEST反馈主要有四步。

第一步：B——behavior description，行为描述。

第二步：E——express consequence，表达后果。

第三步：S——solicit input，征求意见。

第四步：T——talk about positive outcomes，着眼未来。

二、绩效改进

（一）绩效改进的定义

绩效改进是指通过确认绩效考核结果，分析员工工作中存在不足和差距的原因，据此制定一系列改进绩效的方法和策略。

绩效改进是绩效管理过程中的重要环节，是绩效考核的后续应用阶段，是连接绩效考核和下一循环计划目标制定的关键环节。绩效改进首先要分析员工的绩效考核结果，找出员工绩效中存在的优缺点；再针对员工存在的缺点制定合理的绩效改进方案，并能够确保其有效实施。

（二）绩效改进的内容

绩效改进的内容主要包括绩效诊断、绩效改进计划的制订、绩效改进计划的实施和评价。

1. 绩效诊断

绩效诊断是绩效改进最基本的环节。在绩效面谈中，面谈者和被面谈者通过分析和讨论考核结果，找出关键绩效问题和产生绩效问题的原因是绩效诊断的关键任务。

2. 绩效改进计划的制订

一般情况下，通过绩效诊断后确定的绩效改进计划的主要内容包括以下方面。

（1）员工和直接上级的基本情况，绩效改进计划的制订时间和实施时间。

（2）有待改进的项目。通常是指被考核者在工作能力、工作方法、工作习惯等方面有待提高的项目。由于被考核者有待改进的项目可能很多，所以在绩效改进计划中不必一一列明，只列明最为迫切需要改进且易改进的项目即可。

（3）改进这些项目的原因。计划中必须详细阐明将这些项目列入绩效改进计划中的原因。

（4）目前的绩效水平和期望达到的水平。绩效改进计划中应该有上一考核周期中的考核结果和期望达到的水平。通过两者的对比，有利于解决绩效考核期内发现的问题，使下一考核周期的绩效考核结果达到更高水平。

（5）改进这些项目的方式。即绩效改进项目从目前水平提高到期望水平所需要采取的方式。

（6）设定达到目标的期限。即绩效改进项目从目前水平达到期望水平所需的时限要求，以及改善的截止日期。

3. 绩效改进计划的实施和评价

被考核者应根据绩效改进计划来改善工作态度、工作方法和提高工作能力等，以达到期望目标。管理者应根据绩效改进计划对被考核者进行指导、监督和评价。

（三）绩效误差改进措施

绩效考核实施过程中应避免考核误差的出现，常见的绩效考核误差种类包括以下几种：指标制定误差、考核标准误差、信息收集误差、考核实施误差以及考核反馈误差。

1. 指标制定误差

指标制定误差主要是指制定的指标缺乏针对性、实用性，指标繁多且复杂，以及绩效指标的制定缺少沟通。应对指标制定误差问题，企业可通过以下三种途径改进。

（1）指标的制定应建立在企业发展战略以及对被考核者的岗位工作分析基础上。

（2）指标应具有针对性强、可操作性强、界限清楚、少而精等特点。

（3）在指标制定之前、指标制定过程中与指标确定后应与被考核者进行充分沟通。

2. 考核标准误差

考核标准误差主要是指定量考核标准的界限不明，标准前后不一；定性考核标准缺少详细描述，不同的人有不同的理解。应对考核标准误差问题，企业可通过以下三种途径改进。

（1）定量考核标准的描述应简洁、清晰。

（2）定性考核标准应对指标的完成状况进行尽可能详细的描述，并加以明确。

（3）对考核人员进行培训，使其明确绩效考核标准。

3. 信息收集误差

信息收集误差主要是指绩效信息跟踪记录不全、收集信息的渠道单一和收集的数据信息准确性不高。应对信息收集误差,企业可通过以下三种途径改进。

(1) 做好被考核者的工作绩效记录,收集岗位信息。

(2) 采取多种方法全面收集考核信息。

(3) 应仔细甄别所收集信息的准确性,剔除无效信息。

4. 考核实施误差

考核实施误差包括考核实施过程不规范、考核流程混乱、随意性较强,考核依据不足、主观性较强。应对考核实施误差,企业可通过以下两种途径改进。

(1) 制定和完善绩效考核管理制度体系,规范绩效考核实施过程。

(2) 对考核人员进行培训,避免绩效考核误差的发生。

5. 考核反馈误差

考核反馈误差是指在绩效考核后没有进行绩效考核结果反馈沟通,没有建立考核申诉管理体系,对被考核者的考核申诉没有给予快速、有效的回应。应对考核反馈误差,企业可通过以下两种途径改进。

(1) 绩效考核结束后,考核者应及时与被考核者沟通,予以考核结果反馈,促进被考核者改善绩效,制订绩效改进计划。

(2) 如果被考核者对考核结果有异议,向相关部门提出申诉后,受理部门应及时予以合理的答复。

本章自测题

1. 绩效管理的步骤分为哪四步?
2. 绩效考核的方法有哪些?应该如何选择?
3. 绩效考核指标应如何设计?
4. 绩效辅导时,管理者需要明确哪些问题?

第九章　薪酬管理

学习目标

- 目标 1　了解薪酬与薪酬管理的内容
- 目标 2　掌握薪酬体系设计的原则
- 目标 3　知晓薪酬预算、支付、控制与沟通的过程和相关规定

引导案例

B 公司是一家从事日化用品生产和销售的企业，人力资源部总是听到员工抱怨，内容大多数是与公司的薪酬福利相关。

B 公司的薪酬福利制度，目前仍然采用 20 年前的相关规定执行（全员采用岗位等级固定工资制度，福利只有法定福利）。在充分考虑目前的公司经营情况及市场环境后，人力资源部上报公司管理层，决定进行薪酬福利制度改革，但在薪酬水平的确定上犯了难。为此人力资源部准备进行薪酬调查后再进行改革。

一年一度的中秋节就要来临了，B 公司的高层领导为感谢广大员工的辛勤工作，特地为每一位员工准备了一个高级公文包。

公司本以为广大员工会为这份礼物感到高兴，没想到却听到了很多抱怨。

有的高层经理说:"那种包档次太低了,要发也发一个高级一点的嘛!"

有的员工说:"我平时上班根本用不着公文包,发一个也是扔在家里。"

尤其是女性员工更加反对:"都用一样的包,那样太没个性了。"

王女士说:"如果能给我一个热水器就好了,我正需要。"

面对这种情况,人力资源部人员陷入了深思。

1. 薪酬调查该如何做?
2. 薪酬水平该如何确定?
3. 津贴福利项目该如何设计?

第一节 薪酬管理概述

一、薪酬的概念与功能

(一)薪酬的概念

薪酬(compensation)是指员工为企业提供劳动而得到的货币和实物等报酬的总和。薪酬体系主要由外在薪酬和内在薪酬两部分构成。

1. 外在薪酬

外在薪酬一般是指物质回报,即员工为企业做出贡献而获得的直接或间接的货币收入,包括基本工资、奖金、津贴和补贴、保险以及其他福利等。直接货币收入是薪酬的主要构成部分,用以解决员工的基本生活需求,而间接货币收入则用以满足员工基本生活需求之外的较高层次的生活需求。

(1)基本工资。基本工资也称薪水,是劳动报酬的主体,它是根据员工的工作性质、工作类别、工作责任大小等因素确定的并由企业支付给员工的稳定性报酬,是按劳分配原则的重要体现。

(2)奖金。奖金是一种补充性的薪酬形式,它是企业针对员工的超额劳动或者增收节支而设置的一种报酬形式,旨在鼓励员工提高工作效率或工作绩效。奖金着眼于鼓励正常劳动之外的超额劳动。

(3)津贴和补贴。津贴和补贴是指企业为了补偿员工特殊或额外的劳动消耗和因其他特殊原因而支付给员工的基本工资以外的报酬,例如为了保证员工工资水平不受物价影响支付给员工的物价补贴。

(4)保险。保险属于福利的一种,它是对员工长远利益的保证或者对突发事件的预防。

(5)其他福利。其他福利是指除国家法定保险以外的福利,如企业为员工提供的带薪旅游、免费工作餐等。

2. 内在薪酬

内在薪酬一般是指非物质回报,如员工通过努力工作而获得晋升、受到表扬或重视等,进而产生的安全感、成就感、满足感、公平感、自我实现感、尊重感等,它是受心理和社会性因素所影响的。

内在薪酬往往是既看不见,也摸不着的,在管理实践中也经常会被管理者所忽视。然而,对于企业而言,如果内在薪酬运用得当,也会对员工产生较大的激励作用。所以,作为企业的薪酬管理人员,应当充分认识到内在薪酬的重要性和必要性,并在薪酬管理实践中合理、灵活地运用。

(二)薪酬的功能

1. 保障功能

员工作为企业的人力资源,通过劳动取得薪酬来满足自身的衣食住行等基本需求,保证自身劳动力的生产。

2. 激励功能

薪酬可以用来评价员工的工作绩效,促进劳动者工作数量和质量的提高,从而保护和激励他们的工作积极性。

3. 调节功能

薪酬差异是人力资源流动与配置的重要"调节器"。

4. 凝聚力功能

企业通过制定公平合理的薪酬，可以调动员工的积极性和创造性，增加员工对企业的情感依赖，使员工自觉地为自身发展和企业目标的实现而努力工作。

二、薪酬管理的概念与影响因素

（一）薪酬管理的概念

薪酬管理是指企业在发展战略指导下，对员工薪酬支付原则、薪酬策略、薪酬水平、薪酬结构以及薪酬构成进行确定、分配和调整的动态管理过程。

科学有效的薪酬管理有利于推动和支持企业战略目标的实现，确立企业的竞争优势；有利于满足员工的需求，激发员工潜能，开发员工能力；有利于调和员工关系，推动社会和谐发展。

（二）薪酬管理的影响因素

1. 内部因素

内部因素主要包括企业的财务状况和支付能力、企业的发展战略、人员与岗位的配置、企业文化等。

2. 外部因素

外部因素主要包括国家的相关法律法规、资本市场和商品市场的现状、企业所处行业的市场供求关系等。其中，市场供求关系是影响企业薪酬制度设计的最直接的因素。

3. 员工个人因素

员工个人因素包括员工的学历、资历、技能、工作表现、岗位职能差别、工作任务的完成状况等。个人因素是设计薪酬制度体系的基础性因素。

三、薪酬管理的内容

薪酬管理作为企业管理的重要手段之一,主要包括以下内容。

(一)工资总额管理

1. 工资总额界定

工资总额,是指企业在一定时期内直接支付给全部员工的劳动报酬总额,主要包括计时工资、计件工资、与生产有关的各种经常性奖金,以及根据法律规定的各种工资性质的津贴等。工资总额是企业工资计划管理的一个重要指标,也是计算企业平均工资的依据。

2. 工资总额构成

工资总额主要由以下六个部分构成,即计时工资、计件工资、奖金、津贴和补贴、加班加点工资以及特殊情况下支付的工资。

(1)计时工资。计时工资是指按计时工资标准(包括地区生活费补贴)和工作时间支付给个人的劳动报酬。其包括:

1)对已做工作按计时工资标准支付的工资;

2)实行结构工资制的企业支付给员工的基础工资和职务(岗位)工资;

3)新参加工作员工的见习工资(学徒的生活费)。

(2)计件工资。计件工资是指对已做工作按计件单价支付的劳动报酬。其包括:

1)实行超额累进计件、直接无限计件、限额计件、超定额计件等工资制;

2)按工作任务包干方法支付给个人的工资;

3)按营业额提成或利润提成办法支付给个人的工资。

(3)奖金。奖金是指支付给员工的超额劳动报酬和增收节支的劳动报酬,包括生产奖、节约奖、劳动竞赛奖,机关、事业单位的奖励工资以及其他奖金。

(4)津贴和补贴。津贴和补贴是指为了补偿员工特殊或额外的劳动消耗和因其他特殊原因支付给员工的津贴以及为了保证员工工资水平不受物价影响支付给员工的物价补贴。

1）津贴，包括补偿员工特殊或额外劳动消耗的津贴、保健性津贴、技术性津贴、年功性津贴及其他津贴。

2）物价补贴，包括为保证员工工资水平不受物价上涨或变动影响而支付的各种补贴。

（5）加班加点工资。加班加点工资是指按规定支付的加班工资和加点工资。

（6）特殊情况下支付的工资

1）根据国家法律、法规和政策规定，在职员工因病、工伤、产假、计划生育假、婚丧假、事假、探亲假、定期休假、停工学习、执行国家或社会义务等情况离岗，而需要按计时工资标准或计时工资标准的一定比例支付的工资。

2）附加工资、保留工资。

（二）企业内部薪酬水平的控制

薪酬水平是指企业内部各岗位人员的平均薪酬或人均基本薪酬。薪酬水平反映了企业薪酬相对于行业竞争者薪酬水平的高低。它对员工态度和行为、劳动力成本、企业利润和企业形象有着直接的影响。

薪酬水平控制是指企业为了保持薪酬的外部竞争性和内部的激励性，而对员工的薪酬数额和员工人数等方面进行监督和调整的活动。

薪酬水平的控制与企业的薪酬水平策略有关，一般企业薪酬策略有市场领先型策略、市场追随型策略、市场协调型策略和市场混合型策略，企业可根据其采用策略的不同，对薪酬水平进行必要的调整。

（三）企业内部薪酬管理制度

企业可根据职位设置、企业各项工作的需要、业务特点和市场行情，制定适合本企业特点的薪酬制度，采取适当的形式计发薪酬，并随着企业发展和外界条件的变化，及时进行调整。

(四)日常薪酬管理

日常薪酬管理主要包括日常薪酬的核算和发放、开展薪酬调查、制订薪酬计划、进行薪酬调整等。

第二节 薪酬体系设计

一、薪酬体系设计概述

一个设计良好的薪酬体系直接与企业的战略规划相联系,从而使员工能够把他们的努力和行为集中到帮助企业在市场中竞争和生存的方向上去。

(一)薪酬体系设计的原则

薪酬作为分配价值形式之一,设计薪酬体系时应遵循以下原则。

1. **公平性原则**

公平是薪酬体系的基础,员工只有在感觉到公平时,才可能认同企业的薪酬体系。员工的公平感主要包括横向公平、纵向公平及外部公平三个方面。

2. **战略导向原则**

薪酬体系的构建应与企业发展战略相结合,要符合企业长远发展的需要,使薪酬成为实现企业发展战略的重要杠杆。

3. **外部竞争性原则**

外部竞争性原则强调在进行薪酬体系设计时,必须考虑到同行业的薪酬水平和竞争对手的薪酬水平,以保证企业的薪酬水平在市场上具有一定的竞争力,能充分地吸引和留住企业发展所需的关键性人才。

4. **激励原则**

科学合理的薪酬制度能有效地起到激励作用。在进行薪酬体系设计时,要丰富其内容,适当拉开员工薪酬水平的差距,从而激发员工工作的积极性，提高企业的整体经济效益。

5. **经济性原则**

提高企业的薪酬水平，固然可以提高企业的竞争性与激励性，但同时也会不可避免地导致企业人力成本的增加。因此，企业在进行薪酬体系设计时，需考虑其实际承受能力的大小。

（二）薪酬体系设计的目标

良好的薪酬体系可使员工拥有更高的满意度、更好的敬业精神、更高的工作效率，以及创造出理想的经营业绩和成果。薪酬体系设计是以企业发展目标为指导，意图建立合理的薪酬结构和薪酬制度，补充和增强人力资源管理系统的作用，帮助企业吸引人才、发展人才、激励人才和保护人才，从而最终实现企业的发展目标。

（三）薪酬体系设计的策略

薪酬策略是指企业确定薪酬时，与外部薪酬水平相比较所采取的薪酬水平定位，即确定企业的薪酬水平与市场水平相比较所处的层次。设计薪酬体系时常用的策略有以下三种。

1. 市场领先型策略，即薪酬水平在市场居于领先地位，高于市场平均水平。

2. 市场协调型策略，即薪酬水平在市场居于中等水平，与市场平均水平持平。

3. 市场追随型策略，即薪酬水平在市场居于较低水平，跟随市场平均水平。

在实际操作中，很多企业采用的是市场混合型策略，即根据职位的类型或层级来分别制定不同的薪酬策略，而不是对所有的职位均采用相同的薪酬水平定位。例如，对关键岗位的人员采用市场领先型策略，对普通岗位人员采取市场协调型策略，对替代性强的基层岗位人员采取市场追随型策略。

二、薪酬体系设计的步骤

一套科学、合理的薪酬体系应该对内具有激励性,对外具有竞争性。若想设计一套科学、合理的薪酬体系,一般要经过确定薪酬策略、进行岗位分析、实施岗位评价、开展薪酬调查、进行薪酬定位、确定薪酬结构、明确薪酬水平和实施薪酬体系八个步骤。

(一)确定薪酬策略

企业的发展战略决定了其薪酬策略。发展战略不同,其薪酬政策、薪酬水平、薪酬结构、薪酬制度也会有所不同。

(二)进行岗位分析

通过岗位分析,明确各岗位的工作性质、所承担责任的大小、劳动强度的轻重、工作环境的好坏及岗位任职资格等。岗位分析为岗位评价及其薪酬水平的制定提供了客观的依据。

(三)实施岗位评价

岗位评价是保证薪酬体系内部公平性的重要手段之一。它不仅有助于比较企业内部各个岗位之间的相对价值,还为薪酬市场调查建立了统一的岗位评估标准,避免了由于企业间岗位名称相同而实际工作内容和工作职责不同、工作内容和工作职责相同而岗位名称不同等情况给薪酬调查带来的不便之处,确保了不同企业岗位之间、企业内部各岗位之间薪酬水平的可比性。

(四)开展薪酬调查

1. 薪酬市场调查

(1)调查目的。开展薪酬市场调查主要是为了解决企业薪酬外部均衡性的问题。外部均衡是指企业员工的薪酬水平应与企业所在地、同行业的薪酬水平保持基本一致,二者之间不能偏差太大。市场薪酬调查结果还可以为企业整体薪酬水平调整、薪酬晋升政策的调整以及薪酬级差的调整等提供重要的参考依据。

（2）调查对象。薪酬市场调查的对象主要是同行业中的其他企业或其他行业中与本企业构成竞争关系的企业。

（3）调查内容。薪酬市场调查的内容主要有本企业所属行业的整体工资水平、竞争对手的薪酬状况、企业所在地区的工资水平及生活水平等。

（4）选取调查岗位。选取调查岗位时至少应当满足以下三个条件。

第一，该岗位必须有详细的工作描述和说明，包括职位名称、该职位的主要工作内容及对企业的贡献、任职资格条件等；第二，大部分企业都设有该岗位；第三，该岗位必须有相对的稳定性。

（5）调查方式。薪酬市场调查方式通常有查看政府部门发布的薪酬调查资料、委托专业的调查公司、通过咨询本企业流动人员及进行问卷调查等。其中，问卷调查法是较为普遍的方法，它主要是通过设计问卷调查表并发给某些特定人员填写，从而收集相关信息的一种方法。

（6）调查结果分析。薪酬调查的结果要保证其真实、准确。

2. 员工薪酬满意度调查

薪酬满意度调查的对象一般是企业内部员工，其调查的内容主要包括员工对目前自身的薪酬福利待遇、薪酬级差、薪酬福利的调整和薪酬的发放方式等的满意度情况。

（五）进行薪酬定位

薪酬定位是薪酬体系设计的关键环节，它明确了企业的薪酬水平在市场上的相对位置，直接决定了企业薪酬水平竞争能力的强弱。它是衡量企业薪酬体系有效性的重要特征之一。企业常用的薪酬定位模式主要包括四种：基于职位的薪酬定位、基于技术的薪酬定位、基于能力的薪酬定位、基于绩效的薪酬定位。

（六）确定薪酬结构

薪酬结构是指员工薪酬的构成项目及其所占的比例。

薪酬的不同组成部分起着不同的激励作用，其中基本薪酬和福利主要承担适应劳动力市场外部竞争力的功能；浮动薪酬主要根据员工的工作业绩确定，这部分薪酬有很大的弹性（不稳定性），对员工的激励作用明显。典型的薪酬结构包括高弹性薪酬结构、高稳定性薪酬结构和调和性薪酬结构三种类型。

在进行薪酬结构设计时要进行薪酬等级数目设计、薪酬级差设计和薪酬等级宽度设计。

1. 薪酬等级数目设计

一个薪酬结构内部划分多少薪酬等级，一般根据岗位评价结果做出。

例如，以 1 000 分为满分，可以将岗位价值评估在 200 分以下的职位的薪酬水平定位为第一级，200～400 分为第二级，依次类推。

企业的规模和行业特点，都会影响薪酬等级的划分，其多寡并没有绝对的标准。一般来说，影响薪酬等级数目设计的因素有以下三种。

（1）企业的规模、性质及组织架构。规模大、性质复杂及纵向等级结构鲜明的企业，薪酬等级数目多，反之则少。

（2）工作的复杂程度。在确定薪酬等级数目时，要考虑同一工种内或不同工种间劳动复杂程度的差别。劳动复杂程度高、差别大的工种，设置的薪酬等级数目多，反之则少。

（3）薪酬级差。在既定的薪酬额度下，薪酬等级数目与薪酬级差呈反向关系。

2. 薪酬级差设计

级差又称中点差异，是指相邻薪酬等级中位值之间的差距。

在设计薪酬级差前，一般先要确定最高与最低薪酬等级的中位值。在设计最高与最低薪酬等级的中位值时，除需要参考岗位评价的结果外，常需要考虑以下几个方面，如最高与最低等级工作复杂程度的差别、当地政府规定的最低工资标准、市场上可比的薪酬水平、企业支付能力及企业的发展阶段等。

在实践中，可以对不同的等级将级差统一处理，即不同的薪酬等级中级差相同；也可以根据不同的薪酬等级将级差差别化设置。

薪酬级差可以用绝对额、级差百分比或薪酬等级系数表示。图9-1给出了薪酬级差以绝对额表示的示例。

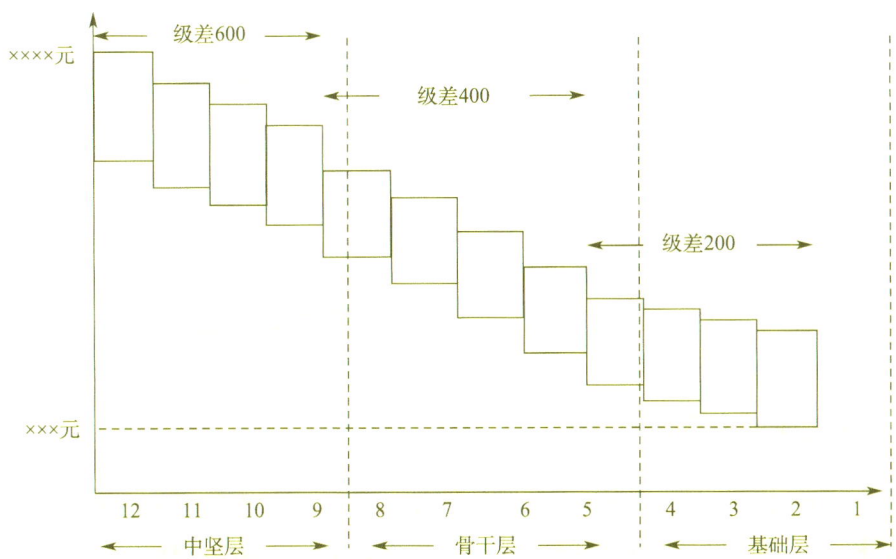

说明：岗位薪酬分为12个级别，基础层每晋升一个薪级涨200元，骨干层每晋升一个薪级涨400元，中坚层每晋升一个薪级涨600元。

图9-1　薪酬级差示例（以绝对额表示）

3. 薪酬等级宽度设计

（1）薪酬等级宽度。薪酬等级宽度指在同一个薪酬等级中，薪酬最高值和最低值之间的差距。下限为等级起薪点，上限为顶薪点。图9-2较清晰地说明了这一点。

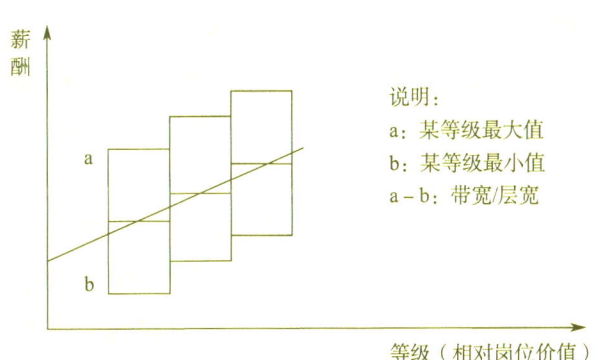

图9-2　薪酬等级宽度

(2)薪酬变动范围与变动比率的计算。

薪酬变动范围,即某一等级薪酬最高值与最低值之差。

薪酬变动比率以最低值为基础计算时,

$$薪酬变动比率 = \frac{最高值 - 最低值}{最低值} \times 100\%$$

薪酬变动比率以中值为基础计算时,

$$上半部分变动比率 = \frac{最高值 - 中值}{中值} \times 100\%$$

$$下半部分变动比率 = \frac{中值 - 最低值}{中值} \times 100\%$$

(七)明确薪酬水平

薪酬水平是指从某个角度按某种标准考察某一领域内员工薪酬的高低程度,它决定了企业薪酬的外部竞争力,对员工队伍的稳定性有重要的影响。

在确定某一具体岗位的薪酬水平时,企业可以利用工作分析和岗位评价等工作事先确定不同职级和职等的薪酬水平、薪酬幅度、薪酬级差,并在此基础上确定各个具体岗位的薪酬水平。

薪酬水平可以分为宏观薪酬水平、微观薪酬水平及个人薪酬水平。薪酬水平还可以分为企业外部薪酬水平和企业内部薪酬水平。

1. 薪酬水平的衡量

薪酬水平的衡量指标主要包括四个,具体内容如下。

(1)薪酬平均率是指实际平均薪酬与薪酬幅度中间数的比值。

(2)增薪幅度是指全体员工年度的平均薪酬水平较上年度增长的数额。

(3)平均增薪率是指薪酬水平递增的速率。具体公式为:

$$平均增薪率 = 增薪幅度 / 上一年平均薪酬水平$$

(4)薪酬比较比率。用薪酬比较比率可以控制薪酬成本。薪酬比较比率可以分为个人薪酬比较比率和企业薪酬比较比率。个人薪酬比较比率为员工实际获得的薪酬与所在薪酬等级的中间值的比率。企业薪酬比较比率是指企业某类员工实际平均薪酬水平与市场薪酬水平的比率。

2. 最高和最低薪酬额度的确定

企业根据薪酬调查数据，结合自身实际情况，确定整个薪酬体系的最高薪酬和最低薪酬。在这个过程中，需要考虑区域及行业人力资源市场供求状况的影响并正确判断薪酬水平发展趋势，确保今后一定时期内企业所有人员的工资水平不会超出这个范围。一般来说，在企业经济条件允许的情况下，企业所确定的薪酬水平要在本地区同行业中处于中、上等水平，才具有竞争力。

（1）薪酬结构线。根据企业组织结构中各项职位的相对价值及其对应的实付薪酬之间保持的对应关系所描绘出的曲线就叫薪酬结构线。

（2）薪酬分位。如10P、25P、50P、75P、90P等就是薪酬分位的表述形式，其含义是，假如有100家企业参与薪酬调查的话，有多少家企业处在既定的薪酬水平之下。一般来说，企业在薪酬定位上具体可以选择市场领先型策略或市场跟随型策略。

总之，当企业有较雄厚的经济实力，同时继续打开市场或提升经营业绩时会采用市场领先型策略，期望通过完善的薪酬体系、较高的薪酬水平以及其他方面的配套措施吸引和保留能实现企业快速发展目标的优秀人才。而当企业处于创业初期，或尚未建立市场声誉、资金周转比较困难时则倾向于采用市场跟随型策略。

（八）实施薪酬体系

薪酬体系设计完成后，在正式实施之前，企业需要事先和员工进行沟通，必要时还要辅以培训，并考虑该薪酬体系是否符合企业的经济实力、价值取向等。同时，需要定期调查员工的薪酬需求及满意度，了解员工的想法与建议。在企业发展过程中，还要考虑外部环境的变化，以便及时对薪酬体系进行相应的调整。

三、薪酬构成框架设计

薪酬构成框架一般包含工资设计、奖金设计、福利设计和长期激励设计。

（一）工资设计

工资设计应当符合以下标准。

1. **公平性**

（1）横向公平。企业所有员工的工资标准、衡量尺度是一致的。

（2）纵向公平。员工过去的投入产出比和现在乃至将来的投入产出比基本一致。

（3）外部公平。同一行业、同一地区及同等规模企业的相似岗位的报酬基本相当。

2. **经济性**

一方面要保证工资具有竞争性和激励性，另一方面能够确保企业留有足够可持续发展的资金。

3. **激励性**

不同岗位及不同职位之间的工资水平，应在合理的基础上拉开薪酬差距，以此激励员工提高业务能力。

4. **合法性**

必须符合国家的政策与法律，如国家对最低工资标准、工作时间、加班加点付薪等方面的规定。

5. **补偿性**

保证员工的收入足以覆盖其支出，包括员工恢复工作能力所必需的衣食住行费用和员工进一步学习发展的投入。

6. **外部竞争性**

考虑同行业整体工资水平和竞争对手的工资水平，以便吸引和保留人才。

7. 战略导向性

工资设计必须从企业战略角度进行分析，有助于企业战略的实现。

（二）奖金设计

奖金是员工工资的重要补充，是激励员工的重要手段，是企业对员工超额劳动部分或劳动绩效突出部分所支付的劳动报酬。

1. 奖金的种类

（1）根据奖金发放周期划分，分为月度奖、季度奖、年度奖。

（2）根据奖金发放次数划分，分为经常性奖金和一次性奖金。

（3）根据奖励范围划分，分为个人奖和集体奖。

（4）根据奖励条件划分，分为综合奖和单项奖。综合奖一般指考虑多项考核指标的奖项；单项奖一般指考虑单项考核指标的奖项。

2. 奖金设计的步骤

（1）制定奖励项目和条件。企业根据自身经营、工作的需要确定奖励的项目，如产品质量是影响企业整个生产的关键，为此，可设立质量奖。奖励条件是对奖励指标实现程度上的要求，如为产品质量指标而设立的奖励指标是合格率、优良品率。

（2）明确奖励范围、周期和计奖部门。奖励范围是在既定的条件下，参加奖金分配的人员范围和奖励幅度。奖励周期是支付奖金的时间单位，应根据奖励项目的性质和工作需要确定。计奖部门包括以下三种类型。

1）独立计奖部门，是指企业中计奖项目和计奖条件非常明确、易于考核，从而独立给予奖励的部门。

2）参照计奖部门，是指企业中从事服务性质、辅助性质工作的部门，如后勤部门和维修部门需要以被服务对象的业绩为基础。

3）平均计奖部门，是指工作成果不能准确计量的部门，如总经理办公室以企业的平均奖作为参照依据来计发。

（3）确定奖金总额。确定奖金总额的方式有以下几种。

1）按企业超额利润的一定百分比提取奖金，计算公式为：

本期新增奖金额 =（本期实际利润 − 上期实际利润）× 超额利润奖金系数

2）按企业实际经营效果和实际支付的人工成本确定奖金总额，计算公式为：

奖金总额 = 生产（销售）总量 × 标准人工成本费用 – 实际支付工资总额

3）按企业年度产量（销售量）的超额程度提取奖金总额，计算公式为：

奖金总额 =（年度实现销售额 – 年度目标销售额）× 计奖比例

4）按成本节约量的一定比例提取奖金总额，计算公式为：

奖金总额 = 成本节约额 × 计奖比例

5）以附加值（净产值）为基准计算奖金总额，计算公式为：

奖金总额 = 附加价值 × 标准劳动生产率 – 实际支付工资总额

（4）制定奖金分配办法有计分法和系数法两种。

计分法实施步骤为：第一，规定各项奖励条件的最高分数；第二，根据制定的奖励条件标准对员工工作表现进行评分，对有定额的员工按照定额完成情况进行评分，对无定额的员工按照任务完成程度进行评分；第三，按照奖金总分求出每位员工奖金的分值，计算公式为：个人奖金额 = 企业奖金总额/考核总得分 × 个人考核得分。

系数法，是在工作评价的基础上，根据岗位贡献大小确定岗位奖金系数，最后根据个人完成任务情况按系数进行奖金分配，计算公式为：个人奖金额 = [企业奖金总额/$\sum$（岗位人数 × 岗位系数）] × 个人岗位计奖系数。

（三）福利设计

福利是企业为员工提供的各种与工作和生活相关的补偿和服务形式，是员工薪酬体系不可缺少的部分。

1. 福利体系的内容

福利体系的内容一般包括以下四类。

（1）国家法定福利。包括基本养老保险、医疗保险、失业保险、工伤保险、生育保险；法定假期，包括法定节假日、公休假日、带薪年休假等。

（2）企业补充福利。包括企业年金计划、健康保险计划、员工服务计划、补充医疗保险、人寿保险、意外及伤残保险。

（3）企业专项福利。包括股权、期权计划、无息贷款、子女教育费用。

（4）其他福利。包括住房、交通、教育培训、其他带薪休假及福利计划、娱乐设施等。

2. 福利的设计步骤

员工福利设计的七个步骤及具体内容如下。

（1）开展员工福利调查。该项工作包括了解企业福利计划设计的必要性、福利计划涉及人员的规模，通过问卷调查或者员工访谈法来确定大部分员工的福利愿望以及员工福利的主要项目。

（2）确定员工福利目标。员工福利的目标应当与企业的薪酬策略保持一致。员工福利设计的目的一般是对员工产生激励作用，促进企业战略发展目标的实现。

（3）选择员工福利方案。员工福利方案包括以下三种。

1）固定项目福利方案。企业设计一系列固定不变的福利项目组合的方案。

2）自助项目福利方案。员工根据自己的喜好，自由挑选福利项目的福利计划。

3）固定加自助项目福利方案。一部分是企业所有员工都可以享受的，另一部分是供可以享受这部分福利的员工根据自己的喜好自由挑选。

（4）制订员工福利计划。员工福利计划应当建立在员工福利需求和薪酬策略的基础之上。员工福利计划的内容不仅包括各项福利内容、发放时间、发放原则及其负责人，也应当包括福利成本。

（5）计算员工福利成本。员工福利成本应该计入企业人工成本，并选择员工福利发放的合理形式，以节约税收费用。员工福利成本的承担者主要有三种选择：一是完全由企业承担，二是企业和员工分担，三是完全由员工承担。

（6）实施员工福利方案。员工福利方案的实施要做到以下三点。

1）传递企业福利理念。及时、准确地让员工了解企业的福利政策和福利成本开支情况。

2）编写福利手册。运用通俗的语言编写福利手册,解释企业提供给员工的各项福利计划,让所有员工理解。

3）信息化管理平台的建设。组建内部局域网,发布福利信息和开辟专门的福利板块,及时与员工沟通,了解员工对福利方案实施的感受,减少因沟通不畅导致的福利纠纷。

（7）评估福利方案实施效果。该项工作具体包括劳动关系协调情况的评估、员工福利满意度的评估、福利设计目标实现程度的评估及福利享受者工作效率的评估。

福利中还包含有津贴项目。津贴是薪酬的一种补充形式,是企业为了补偿员工特殊或额外的劳动消耗和因其他特殊原因而支付给员工劳动报酬的一种工资形式。津贴的名目繁多,按不同的分类标准可以分为不同的类型,具体见表9-1。

表9-1　　　　　　　　　　　津贴的种类

划分标准	津贴分类	具体说明
国家或地区统一制定的津贴		如夜班津贴、特种作业津贴、高温津贴等
按性质和目的划分	补偿性津贴	为了补偿员工在某些特殊条件下工作或额外劳动消耗而设置的津贴,如高空津贴、野外工作津贴、林区津贴、矿山井下津贴、特殊岗位津贴等
	保健性津贴	为保证员工身体健康,针对从事有毒、有害作业的员工而设立的津贴,如卫生防疫津贴、医疗卫生津贴、科技保健津贴以及其他行业员工的特殊保健津贴等
	技术性津贴	如科研津贴、工人技师津贴等
	年功性津贴	如教龄津贴等
	其他津贴	如伙食津贴、书报津贴等

（四）长期激励设计

长期激励设计详见本章第三节内容。

 课程实训

结合本节内容的学习,请试着编制研发人员薪酬体系设计方案。

实训指导

研发人员是知识型员工,对其薪酬设计的考虑不仅限于满足其经济追求,对其成就需求、学习提升需求、良好的企业文化需求等,都需要薪酬设计者在设计薪酬时考虑在内。一般来说,知识型员工的薪酬体系结构如下图所示,薪酬设计者可根据企业实际情况参考。

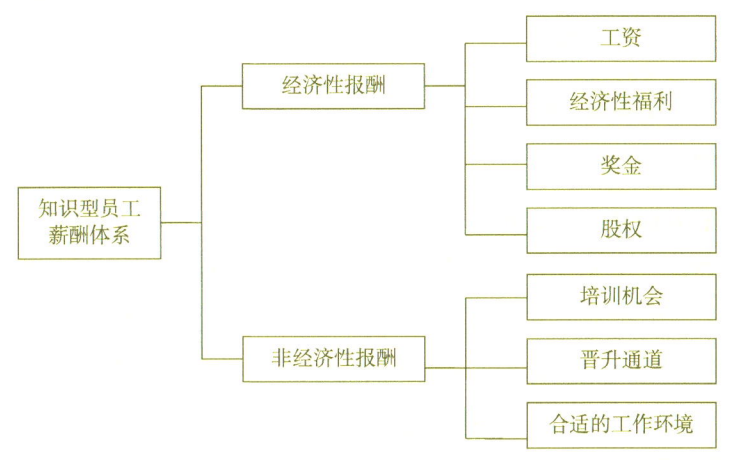

知识型员工薪酬体系结构

下面给出了一则范例,供读者参考。

研发人员薪酬体系设计方案

一、案例背景分析

某高新企业两年前开发了一项专利技术,但由于研发骨干人员不断流失,造成研究工作不能连续进行,影响企业发展。为此,企业管理人员计划设计新的薪酬模式,以期吸引和留住更多优秀人才,加快企业发展。

二、设计思路

1. 减少研发人员的薪酬等级设置,将原来的八个技术等级合并为四个技术等级,并相应增加每级研发人员的数量,形成宽带薪酬模式。

2. 通过对研发人员的能力进行综合评估,确定每位研发人员的薪酬级别。

三、薪酬设计具体实施办法

1. 设计能力素质模型

能力素质模型的建立是宽带薪酬设计的关键,结合本企业内外部情况和发展方向,经过调研、数据收集和分析,企业最终确定了研发人员所需能力的框架,具体见下表。

研发人员能力要求框架

研发人员核心能力	研发人员一般能力
创新性 灵活应变能力 分析判断能力	专业技术能力 专业知识 技术应用能力 快速学习能力

2. 建立能力评估框架

针对研发人员,企业首先将其所处的职位按照上述能力予以评估,确定该职位处于哪个宽带技术等级,然后在每个宽带技术等级中再设三个级别,即入门级、应用级和拓展级,其衡量标准详见下表。

技术级别及能力定义

级别	能力定义
入门级(基本要求)	只具备基本水平的技能,应努力提高技能
应用级(完全胜任)	个人能够全面胜任工作或技术技能达到娴熟的水平
拓展级(创新应用)	个人表现超出标准期望水平,且能够在该领域有所创新,超过对其职责界定的范围

3. 明确研发人员薪酬构成

研发人员的薪酬包括基本薪酬、绩效薪酬、学历津贴和福利四部分。

(1)基本薪酬。由于研发系统采用宽带等级,一般每个宽带等级再设立3~4个级别即可。通过能力评估确定能力等级后,根据薪酬调查结果和企业自身发展情况制定薪酬方案。企业核心研发人员应领先市场中位水平，一般研发人员以市场中值为基准。

在新的薪酬系统中，等级越高则薪酬相差幅度越大，最低等级月薪相差几十元，最高等级月薪则相差几百元，三档累计薪酬范围，最低最高的幅度相差100%~150%，具体如下图所示。

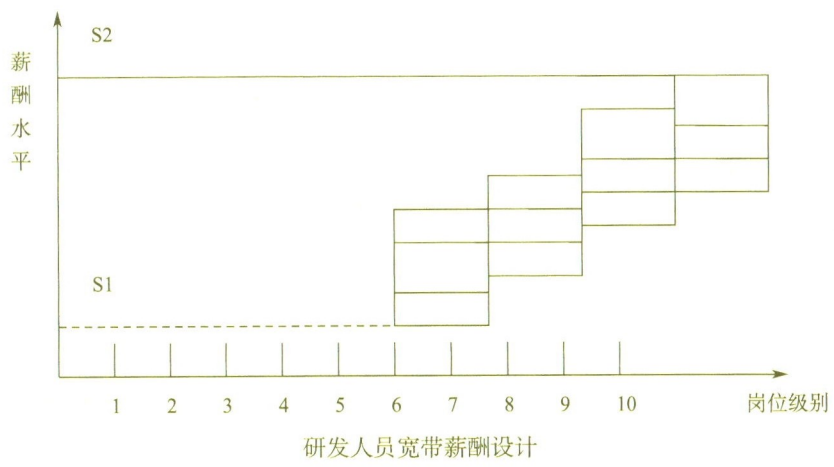

研发人员宽带薪酬设计

（2）绩效薪酬。绩效薪酬的表现形式主要是项目奖金。

1）项目经理不参与项目奖金的分配，而由项目评审委员会确定，原则上为项目研发人员人均奖金的120%~160%。

2）根据研发难度、进程的不同，项目奖金的分配标准也不同，具体执行标准见下表。

项目奖金发放标准

项目	项目难度系数	项目进程完成率	奖励标准
项目一 （奖金总额为A）	≤0.4	提前完成	A×110%
		完成85%~100%	A×80%
		完成70%~84%	A×60%
		完成60%~69%	A×50%
项目二 （奖金总额为B）	0.4＜难度系数≤0.6	提前完成	B×110%
		完成85%~100%	B×80%
		完成70%~84%	B×60%
		完成60%~69%	B×50%

续表

项目	项目难度系数	项目进程完成率	奖励标准
项目三 （奖金总额为 C）	0.6< 难度系数≤0.8	提前完成	C×110%
		完成 85%~100%	C×80%
		完成 70%~84%	C×60%
		完成 60%~69%	C×50%
项目四 （奖金总额为 D）	0.8< 难度系数≤1	提前完成	D×110%
		完成 85%~100%	D×80%
		完成 70%~84%	D×60%
		完成 60%~69%	D×50%

3）项目奖金在项目通过内部验收的当月发放。

（3）学历津贴。学历津贴根据研发人员所拥有的学历按月计发，其计发标准如下：博士600元／月、硕士400元／月、本科200元／月、专科100元／月。

（4）福利。由于工作的特殊性，企业对科技研发人员的福利进行设计时应主要从以下几个方面入手。

1）提供学习和培训的机会。

2）自助式福利套餐。在福利总额一定的情况下，企业可提供多种可选的福利项目，让员工自由选择。

另外，对企业的核心研发人员，可采用股份期权的方式将其纳入长期股权激励体系中。

4. 建立薪酬管理机制

为顺利实施新制定的薪酬体系并达到预期目的，企业应采取以下配套措施。

（1）营造一种尊重科技、尊重人才的文化氛围。

（2）企业提供学习机会（既可以是正规的培训，也可以是在职培训），不断提高研发人员的核心竞争力。

（3）实行"双跑道"薪酬管理模式，即当研发人员的职业发展达到一定的阶段，可选择从事管理岗位或专业技术工作两种发展通道。

（4）为员工建立能力发展档案，保证能力评价的持续性和可信度。

第三节　激励机制设计

一、长期激励机制设计

西方企业发展和推行激励制度的实践证明，股权激励、期权激励已经成为众多理论和制度中最富有成效和操作性的激励制度之一。

股权（equity），是有限责任公司或者股份有限公司的股东对公司享有的人身和财产权益的一种综合性权利，即股权是股东基于其股东资格而享有的，从公司获得经济利益，并参与公司经营管理的权利。

期权（option），又称选择权，是指一种合约，源于18世纪后期的美国和欧洲市场，该合约赋予持有人在某一特定日期或该日期之前的任何时间以固定价格购进或售出一种资产的权利。期权只有在购买后，才会成为股权。

（一）股权与期权激励理论的发展

1. 股权激励理论的发展

伯利（Berly）和米恩斯（Means）于1932年在《私有产权与现代企业》中，首次提出由于股权高度分散，不拥有公司股权的经理与相对较为分散的小股东之间是存在利益矛盾的，分散的股东与不拥有股权的经理之间的"委托—代理"关系无法使企业利益趋于一致，无法达到企业绩效最优。

斯图尔兹（Stulz）于1958的研究表明，在存在委托—代理关系的情况下让公司管理人员拥有适度的持股权，会在很大程度上缓和管理者与公司之间的利益冲突。詹森（Jensen）和麦肯（Meckling）于1976年通过实证研究表明，管理层持股将有效地降低公司代理成本，进而改善业绩。

麦康奈尔（McConnel）与瑟韦斯（Servaes）于1990年的研究发现，

公司价值与股权水平两者之间是倒 U 形的关系。沃森·怀亚特（Waston Wyatt）在此基础上进一步发现，管理层持股比例高的公司相比那些仅为市场平均持股水平的公司股东回报率高出近 53%，管理层持股与股东回报率成正相关关系。

2. 期权激励理论的发展

詹森和麦肯于 1976 年提出利益收敛假说，认为股票期权可以将管理者和股东的动机统一起来，经理人持股比例的增加有助于使其追求公司价值的最大化。

荷尔（Hall）和利布曼（Liebman）于 1997 年采用 Black—Scholes 模型计算了 1980—1990 年 478 家美国大公司的首席执行官薪酬与股票市值之间的关系。研究发现，公司价值与管理人员持有的公司股票期权之间的关系要比他们获得的工资和奖金之间的相关性显著。

尚恩·约翰逊（Shane A. Johnson）等人构建了指数股票期权模式，利用基准股票价格代表绩效中的共同部分，过滤掉个体经理人不能控制的风险，使股票期权只就特有业绩进行报酬。阿尔弗洛德·拉帕波特（Alfred Rappaport）基于目前业绩与股票期权报酬相关性差的状况，建议以一种与市场指数紧密联系的期权代替传统的股票期权。

张晖明和陈志广于 2002 年利用沪市 593 家上市公司 2000 年年报数据专门考察了高管人员激励与公司绩效的关系，发现两者呈显著正相关，特别是以净资产收益率和主营业务利润率为表现的公司绩效与高管人员报酬具有明显的线性关系。

从上述学者研究股票期权和绩效之间的关系来看，结果说明，股票期权是一种比较有效的激励方式。

（二）股权期权激励的作用

股权期权激励是一种新型的、按照生产要素分配的有效形式，是经过发达国家资本市场多年实践证明的、长期激励的有效方式。与其他激励方式相比，股权期权激励具有力度大、时效长等特点。股权期权激励作为一种薪酬政策，主要有以下作用。

1. 对企业核心人才有明显的激励作用

在我国现代企业制度下,所有权和经营权相分离,所有者与经营者之间是一种委托与被委托的契约关系。除经营者外,企业在管理层、技术层等还存在一些核心人才,他们的决策和工作行为对企业的可持续发展具有重要的作用。

从代理关系和核心人才的观点来看,股权期权激励涵盖两个方面的内容,一是防止代理人(经理)、其他核心人才偷懒或不努力的行为,二是激励核心人才按照股东的利益作出决策。股权期权激励建立起了核心人才与企业的资金纽带联系,有助于理顺委托代理链条中的利益分配关系,使得核心人员的利益与企业的发展息息相关,使其与企业形成了紧密的利益共享、风险共担的发展关系。

2. 对企业核心人才具有约束作用

股权期权激励是一种激励和约束合一的机制。实施股权期权激励时,由于核心人才要获得实际利益必须以实现预定的经营目标为前提,所以该激励是以约束为前提的。股权期权激励本质上是让企业核心人才拥有一定的"剩余索取权"并承担相应的风险,这种"剩余索取权"驱动核心人才不断努力提高业绩,实现企业的长远发展及股东利润最大化的统一,从而避免企业内部核心人才的短期行为。

3. 吸引和留住核心人才

企业面对世界范围的人才争夺,必须将薪酬作为吸引人才的重要手段之一。为招揽并留住各类核心人才,必须采取措施使其获得的薪酬达到和超过核心人才的"机会成本"。其中,措施之一就是采用技术入股、管理入股或实施期权计划等,以充分体现人才的价值,最大限度地吸引有管理能力、技术能力、创新能力的高层次人才。

4. 有利于降低企业的代理成本

企业所有权与经营权的分离形成了一种委托—代理关系,所有者必须支付给代理人一定的代理成本。该成本既包括以现金和红利方式支付给经营者的显性成本,还包括由于经营者过失或不作为而造成的隐性成本。而采取股权期权激励制度可以提高经营者工作的积极性和主动性,这有助于降低隐性成本；另外，实施股权期权激励制度企业也不需要向经营者支付大量的现金作为报酬，从而有助于降低代理成本中的显性成本。

5. 有助于创建和丰富有特色的企业文化

股权期权激励有助于营造员工当家做主的氛围，激发员工的创造性和积极性，体现了包容性和利益共享的企业文化。

（三）常见的长期激励模式

企业员工的长期激励模式是企业人力资源管理中的一项重要内容，它是企业为留住、吸引核心员工，与员工共享收益、共担风险的一种激励模式。长期激励模式能够将员工的利益与企业的利益紧密地结合起来，从而增强员工的积极主动性和主人翁意识，促使员工与企业共同发展。

常见的长期激励模式包括股权激励、期权激励、利润分享和福利等，企业在选择长期激励模式时，不能一味地以国外企业、上市公司的激励模式为参考，还要考虑企业所处的内外部环境、历史和现实状况、激励对象的不同特征等。

根据股权和期权的定义，期权在购买后，就变成了股权，因此此处只介绍常见的股权激励模式。

1. 分红权激励

分红权激励是指企业股东将部分分配利润奖励给为企业发展做出突出贡献的员工的激励方式，奖励实现需要员工的工作达到约定的业绩。

2. 分红回填股份激励

分红回填股份激励是指在企业登记注册、增资扩股时激励对象向其他股东借款入股，或在企业存续期间，激励对象受让企业股东部分股份，在以后用红利冲抵借款或转让借款，而使激励对象拥有完整股权权益的股份激励方式。

3. 赠予股份

赠予股份是指企业股东将其持有的部分股份等直接无偿赠予激励对象（对企业有重要作用或业绩达到约定条件时），使激励对象享有企业的部分股权。

4. 技术入股激励

技术入股激励是指技术持有人（或者技术出资人）以技术成果、发明专利等作为无形资产作价出资企业的行为，相应的技术成果或发明专利入股后，技术持有人（或出资方）取得股东地位，相应的技术成果财产权转归企业享有的激励方式。

5. 员工持股激励

员工持股激励属于一种特殊的薪酬激励计划，是指为了吸引、保留和激励企业员工，通过让企业内部员工人人持有本企业部分股权的形式，使员工享有剩余索取权和参与经营决策权的一种激励方式。

6. 虚拟股票

虚拟股票是指企业授予激励对象一种虚拟的股票，激励对象在任期内可以据此享受一定数量的分红权和股价升值收益。虚拟股票持有者没有所有权，不能转让和出售，在激励对象离开企业时自动失效。

7. 股票增值权

股票增值权是指企业授予激励对象与虚拟股票类似的一种以数量来计算的权利，当企业的股价上升时，激励对象可以通过行权获得相应的股价升值收益。享有股票增值权的激励对象不拥有实际意义上的股票，不拥有股东表决权、配股权、分红权。另外，股票增值权不能转让、担保、偿还债务等。

8. 限制性股票激励

限制性股票激励是指企业为实现特定目的，按照预先确定的条件，将一定数量的股票赠予或以较低价格出售给激励对象，激励对象只有在工作年限或业绩目标符合股权激励计划规定条件时，才可抛售股票的一种激励方式。

9. 延期支付计划

延期支付计划是指企业将管理层的部分薪酬按当日企业股票市场价格折算成股票数量，存入企业为管理层人员设立的账户中。在达到企业规定的期限后，再以企业的股票形式或根据期满时的股票市场价格以现金方式支付给激励对象。

10. 储蓄—股票参与计划

储蓄—股票参与计划是指参加该计划的员工将每月工资的一定比例存入储蓄账户，就可以在一定时间内两次以低于股票市价的价格购买企业一定数量的股票，企业根据员工认购股数、认购价与到期时市价的差额支付给员工个人的收益。

11. 股票奖励

股票奖励是指企业无偿赠予激励对象一定数量的股票，激励对象自获得赠予起享受分红，如果实现了预定的业绩目标，则激励对象可以获得奖励股票的所有权；如果没有实现预定的业绩目标，则激励对象应该将奖励股票期末归还企业，当年所获分红不必归还。有时为激励员工，企业也会将股票作为一次性奖励无条件地赠予员工。

12. 业绩股票

业绩股票是指企业用普通股作为长期激励性报酬支付给经营者和工作业绩有明确的数量指标的具体业务负责人，其中，激励对象能否真正获得业绩股票主要由事先规定的业绩指标来决定。

13. 业绩单位

业绩单位与业绩股票模式完全相同，只是价值支付方式有差异，业绩股票是无偿赠予股票，而业绩单位是赠予现金。

14. 管理层/员工收购

管理层/员工收购是指企业的管理层或员工利用借贷所融资本或股权交易收购本企业的行为，通过收购，企业的管理者或员工变为了企业的所有者。

二、短期激励机制设计

短期激励是指企业给予员工的静态工资、动态工资和人态工资等实质性的薪酬奖励机制。

静态工资是指员工的基本工资，它是员工生活的基本保障，不随企业经济效益的变化而变化，无论企业经济效益好坏，均应为员工发放的工资。

动态工资是指绩效工资，一般是以目标任务为总的依据，根据考核的结果作为核发标准的工资。动态工资分为两种，一种为年薪（含半年薪），适用于企业中层以上管理人员；另一种为奖金（包括销售提成、项目奖金等），适用于企业一般员工。

人态工资是由年功工资（企业工龄津贴）和国家规定的其他津贴构成。

按照激励的对象不同，短期激励薪酬可分为个人激励层面、团队激励层面和企业激励层面三个层次，具体如图9-3所示。

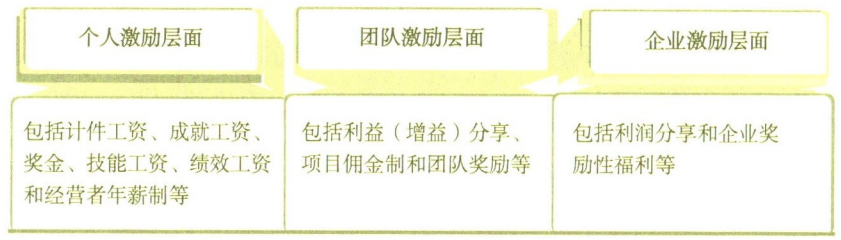

图9-3 短期激励薪酬的层次

激励薪酬被认为是企业实现最低成本和市场导向战略的有效工具，设计优良的短期绩效薪酬激励措施，能够促进员工提高努力程度和工作业绩，降低企业的人工成本并提高劳动生产率，增加企业利润。

 课程实训

结合本节内容的学习，请试着编制员工持股计划方案。

实训指导

员工持股计划方案应包括股份来源、资金来源、授予对象、授予条件、分配比例、股权管理等内容，在实践过程中，可以根据实际需求选择方案的具体内容。

下面给出了一则范例，以供读者参考。

员工持股计划方案

一、实施背景说明

1. 某公司自2001年年初开始正式运营，从事汽车零配件加工，在各

级领导和全体员工的共同努力下，经过多年的艰苦创业，各项工作已逐步进入正轨。为满足本企业进一步发展的需求，不断提高员工的工作积极性，决定实施员工持股计划。

2. 通过员工持股计划建立产权清晰、机制灵活、股权结构合理的现代企业产权结构。

3. 建立长期的激励与约束机制，为公司吸引和凝聚一批高素质的员工，更多关注公司中长期的持续发展，保持员工个人与所有股东及公司在长远利益上的一致性，与公司共同增值、共同成长。

二、设计原则

1. 秉持"总量控制、公开认购、自愿入股、同股同权"的原则。

2. 本方案实施的过程须符合相关法律、法规和政策的有关规定。

3. 本方案使用的计量单位和计算方法均采用通用标准。

三、基本要素

（一）适用员工范围

本公司员工满足以下条件，均可自愿申请持有公司的股份而成为股东，参与公司的经营管理和决策。

1. 公司内部正式员工，并且不是本公司的普通股东。

2. 在本公司工作至少1年。

3. 对公司发展做出过特殊贡献。

（二）管理机构

1. 员工持股计划由持股员工选举产生的员工持股会及其管理委员会制订，并负责员工股的集中托管和日常工作的管理。

2. 董事会是股东大会的执行机构，负责具体执行股东大会所作出的关于员工持股管理的相关工作。

3. 股东大会是员工持股管理工作的最高决策机构，负责对员工持股工作进行全面管理。

（三）员工持股比例

1. 公司出让股权_____份（占总股份的_____%），作为员工的持有股，其中_____%为预留股份。

2. 管理人员作为公司的主要管理者，占有公司_____%的股份，个人持股比例不得高于_____%。

3. 技术研发人员作为公司产品的技术支持者和开发者，占有公司_____%的股份，个人持股比例不得高于_____%。

4. 销售人员作为公司产品的主要销售者，占有公司_____%的股份，个人持股比例不得高于_____%。

5. 生产人员作为公司产品的主要生产者，占有公司_____%的股份，个人持股比例不得高于_____%。

（四）股份来源

本次员工持股计划在原股权基础上采用增资方式扩增股份，因此，股份来源于根据股东大会批准的员工增资。

（五）持股资金来源

首批持股员工按规定程序和标准出资认购公司股份，所需资金依照个人自愿出资和多渠道集资相结合的原则进行筹集。

1. 员工个人最低出资额度占出资总额的20%以上。

2. 剩余部分由公司划出专项资金借给员工，利率按同期贷款较低利率计算，借款本息在每年分红或工资中直接扣回。

四、员工持股计划实施前后公司股权结构变化

1. 员工持股计划实施前的公司股权结构

本公司注册资本500万元人民币，实收资本500万元人民币，公司股权结构见下表。

员工持股计划实施前公司股权结构

股东	股本金（万元）	出资额比例（%）
股东A	35	35
股东B	20	20
股东C	10	10
股东D	20	20
股东E	10	10
股东F	5	5
合计	100	100

2. 员工持股计划实施后的公司股权结构

本次员工持股计划采用增资扩股的方法实施，拟增资至1 000万元。设定公司总股本1 000万股，每股面值为1元人民币。该员工持股计划实施后，股权结构见下表。

员工持股计划实施后公司股权结构

现股东	股本金（万股）	现出资额比例（%）
股东A	200	20
股东B	150	15
股东C	150	15
股东D	150	15
股东E	50	5
股东F	50	5
员工持股会	250	25
合计	1 000	100

五、员工股权设置

1. 基本股权设定总额为100万股，占员工持股计划股权总额的40%。符合公司规定购股条件的员工，可按照工作岗位、业绩水平、职务等级持有基本股份。

2. 预留股设定总额为150万股，占员工持股计划股权总额的60%。

六、员工持股的认购程序及发行管理

（一）员工认股程序

1. 董事会接收员工提交的申请表，并对持股申请进行调查，提交股东大会决议。

2. 股东大会批准员工的持股申请后，董事会责成员工持股会为员工开立员工股收款账户。

3. 持股申请员工应及时到公司指定的地点缴纳认购款，办理认购手续，并由公司办理持股认证的证明文件。

（二）发行管理

1. 持股员工未经公司及股东大会批准，股权不得转让、交易或继承。

2. 员工通过公司专用基金或向公司借款购买员工股的，员工股的红利部分应先行作为借款本息归还公司。

3. 持股员工与公司风险共担，并以其所持股份对公司承担有限责任。

七、员工股权回购

（一）普通员工所持股份回购

1. 普通员工脱离公司后，所持股份由员工持股会代表公司进行回购，或转为预留股份，回购价格不得超过认购时的每股净资产。

2. 员工持股会应退还员工个人股款，股息按照公司上一年末每股净资产值进行计算。

（二）高层管理人员所持股份回购

公司高层管理人员在脱离公司半年内不得办理股份回购，半年后由员工持股会参照普通员工持股回购的办法办理。

八、持股人风险

由于日趋激烈的市场竞争、公司的经营管理水平未达到期望水准，以及其他无法预见的因素，可能会令公司的经营目标在一定时间内不能按计划实现，无法实现预期收益，甚至出现经营亏损等不能令持股人对红利满意的情况。

九、附则

本方案由股东大会批准通过，由董事会授权员工持股计划小组执行并负责解释。自公布之日起执行。

第四节 薪酬控制与运行管理

薪酬控制与运行管理包括薪酬测算、薪酬预算与支付、薪酬成本控制、薪酬沟通、薪酬诊断与调整等内容。

一、薪酬测算

薪酬测算，是指企业为了更好地进行薪酬管理，通过科学的计算方法，对薪酬调整后的薪酬变动情况进行测算、分析的过程。由于企业性质、发展阶段、经营状况以及支付能力等存在差异，每个企业所采用的薪酬测算基准也会存在一定的差异。

（一）薪酬测算的内容

在薪酬测算中最重要的是薪酬总额测算和企业薪酬承受能力测算。

1. 薪酬总额测算

薪酬总额在薪酬管理中有特定的含义，具体包括以下几项。

$$薪酬总额 = 计时工资 + 计件工资 + 奖金 + 津贴和补贴 + 加班加点工资 + 特殊情况下支付的工资$$

（1）薪酬总额计算。为确保员工薪酬总额与企业整体业绩、人员数量相匹配，企业通常采用两个关键的薪酬监控指标，即"人均营业额""人工成本率"来进行薪酬总额的计算，其计算公式如下。

$$人均营业额 = 总营业额 / 总人数$$
$$人工成本率 = 薪酬总额 / 总营业额$$

（2）薪酬总额推算。在确保人工成本率符合行业平均水平和企业在行业内的大致地位的前提下，薪酬管理人员可根据本年度企业营业目标推算薪酬总额。

1）根据行业平均水平和企业实际情况，确定本企业的人均营业额、人工成本率。

2）根据人均营业额和预期的经营目标，确定要完成预期的经营目标所需要的员工人数。

3）根据人工成本率和预期的经营目标，确定薪酬总额。

4）根据推算出的员工人数和薪酬总额，计算人均薪酬、人均固定薪酬，并与市场人均薪酬或人均固定薪酬相比较，以确保企业的薪酬水平与市场水平相接近。

2. 企业薪酬承受能力测算

企业需要明确自身的薪酬承受能力如何、薪酬和本企业的营业收入有什么样的关系等问题，这也是薪酬设计时需要考虑的问题。要使企业所构建的薪酬体系符合有关要求，薪酬管理人员需要对企业薪酬承受能力进行测算。

同时，企业可以根据薪酬设计方案中设定的薪酬总额，对企业薪酬承受能力进行测算。

（1）薪酬测算。企业可以按照设计的薪酬体系来测算各类人员的薪酬，主要薪酬项目包括管理序列中层以上管理人员的年薪（包括静态工资和动态工资），技术序列、销售序列和工人序列中各职级职位的静态工资，一般行政管理人员的静态工资、动态工资总额（各职位人员工资取最高职级薪点计算）。

由于这些职位的动态工资可能会随其业绩有较大的变化，这些职位的动态工资应列入相应的开发、销售、生产成本之中。企业下设的参股、控股子公司，如果是独立法人，则其员工薪酬应单独核算。

（2）销售收入倒推算。企业可以根据自身的销售收入水平及销售成本的关系进行倒推算，在核算成本的同时对人工成本进行测算和预算。通常情况下，企业的人工成本占销售收入的10%为宜。

（3）薪酬测算检验与改进。企业通过薪酬测算检验能够判断薪酬方案是否可行。实行薪酬方案的前提是一定要按照职位设置方案进行人员安排。如果实际的薪酬测算结果并不是非常准确，企业应根据相关历史资料和数据进行更为详细的分析和计算。

企业所建立的薪酬方案，需要满足的原则之一即"经济性原则"，它强调的是企业提供的薪酬水平须与企业的经济效益和承受能力保持一致。同时，企业在确定薪酬方案之后，可以与本地区同行业的其他企业进行对比，以明确本企业薪酬标准所处的外部水平。

准确的薪酬分析与测算，可以保证企业在未来一段时间内的薪酬支付受到一定程度的协调和控制。企业薪酬承受能力测算要求管理者在进行薪酬决策时，综合考虑企业的财务状况、薪酬结构及企业所处的市场环境因素的影响，确保企业的薪酬成本不超出企业的承受能力。

（二）薪酬测算的方法

1. 实际测算法

实际测算法，是指将员工岗位与薪酬标准相互对应，先算出企业每个月的工资总额，然后计算出企业的年度工资总额与企业年度销售净收入的比例关系。

2. 预估测算法

预估测算法，是指将类似职位的人数和类似职位的平均工资数相乘，得出一个大致的工资总额，然后将此数据和企业销售净收入进行比较。预估测算法的计算结果相对比较粗糙，但计算速度较快。在测算企业薪酬承受能力时，可以先利用该方法进行估算，再视其结果进行精确计算。

3. 工资标准测算系数法

工资标准测算，即在一定的工资总额范围内，根据岗位之间的相对价值关系和市场工资率确定合理的工资结构。工资标准测算系数法，是指以企业现有的岗位之间工资标准的差距和市场工资率为依据，采用一定的系数确定各岗级的工资标准。由于系数法具有较大的灵活性和较强的适应性，一般企业在进行工资标准测算时都会采用这种方法。

二、薪酬预算

（一）薪酬预算的定义

薪酬预算，其实质是管理者在薪酬管理过程中进行的一系列成本开支方面的权衡和取舍。薪酬预算是企业人力资源战略中的重要组成部分，选择与企业实际状况相吻合的预算方案，可以保证员工工作的稳定性和积极性，同时可以把企业的成本控制在一定的范围内，增加企业的经济效益。

企业在做薪酬预算时，需要注意的是薪酬预算和企业的其他人力资源财务成本开支（如人力资源的培训、交通补助等）存在此消彼长的关系。企业在做薪酬预算时要处理好员工薪酬与其他成本开支之间的关系。

另外，在做薪酬预算时，要综合考虑多方面的因素，如劳动力市场的薪酬状况、当前的经济形势、物价指数等。

（二）人工成本的分析

人工成本是指企业雇用劳动力为其工作后，支付给劳动力的全部费用。企业人工成本包括：员工工资总额、社会保险费、员工福利费、员工教育费、劳动保护费、员工住房费用和其他人工成本费用七大项。

人工成本的分析主要是对劳动分配率、人事费用率、人工成本利润率、人工成本占总成本的比重四个指标进行分析。

1. 劳动分配率

劳动分配率是指人工成本总额与增加值的比率。增加值包括企业折旧费、税收、利润、人工成本、财务费用、租金六个方面。劳动分配率表示在一定时期内新创造的价值中用于支付人工成本的比例，反映企业投入的人工要素为企业创造价值的能力。

2. 人事费用率

人事费用率是指人工成本总额与销售收入的比率。表示在一定时期内企业生产和销售的总价值中用于支付人工成本的比例。其本质含义是反映企业投入的人工要素在企业整体价值生产和价值实现过程中的效率。

3. 人工成本利润率

人工成本利润率是指人工成本总额与利润总额的比率。该指标表示企业的单位利润需要消耗的人工成本，该指标越大，企业单位利润需要消耗的人工成本越大，则表明企业人员产出效率比较低；该指标越小，企业单位利润需要消耗的人工成本越小，则表明企业的人员产出效率比较高。

4. 人工成本占总成本的比重

人工成本占总成本的比重是指人工成本与企业总成本的比值。该指标反映了企业人工成本与其他成本费用之间的关系。通过该指标可以判定企业人工成本的相对过多或过少，有利于对企业总体的成本结构进行分析和控制。

（三）薪酬预算的目标

企业在进行薪酬预算时，一般希望实现以下三个方面的目标。

1. 控制员工流动率

员工通常会要求得到等于或超过其自身贡献的薪酬回报，否则就有可能终止与企业的劳动关系。因此，如果企业期望与大多数员工建立起长期而稳定的劳动关系，企业在进行薪酬预算时，就必须考虑会影响员工流动性的一些因素。如企业自身所处行业的薪酬标准、劳动力市场的薪酬水平、企业的薪酬承受能力、员工的期望工资和职业发展规划等方面的因素，使得企业的薪酬预算在满足企业财务成本目标的同时，达到员工的期望值，进而将员工的流动率控制在合理的水平。

2. 降低企业的劳动力成本

企业和员工都想在提供较少的投资的情况下得到最大的回报。而在企业劳动力成本的变动过程中，会出现企业的边际劳动力成本等于它所获得的边际劳动力收益的情况，即达到劳动力成本与企业收益的均衡点。薪酬预算最为重要的目标就是找到这一均衡点，实现劳动力成本与企业收益之间的平衡，保证企业收益最大化的实现。

3. 提高员工的工作绩效

提高员工的工作绩效对于企业取得良好的经营效益至关重要。为促使员工取得优良的工作绩效，可以把绩效要求与岗位要求结合在一起，员工在与企业建立劳动关系的同时，就应该明确了解自己需要达到的绩效标准。

在预算方面，企业在建立完善的绩效考核制度时，应注意绩效的变动所引起的薪酬变动，在员工的基本薪酬增长方面则应注意控制预算增长幅度。这样一方面可以使得企业的预算保持在合理范围之内，另一方面可以使绩效考核制度对员工的积极性起到提高的作用。

（四）薪酬预算的编制

薪酬预算的编制通常采用自下而上法和自上而下法。

1. 自下而上法

自下而上法，是通过对每位员工未来一年的薪酬水平进行预算，然后汇总该部门所有员工的薪酬总额预算，计算出整个部门的薪酬支出预算，最后再将企业所有部门的薪酬支出预算进行汇总，安排企业总体薪酬预算的方法。自下而上法中部门用到的薪酬预算表见表 9-2。

表 9-2　　　　　　　　　　部门薪酬预算表

姓名	岗位	工龄	最近一次调薪数目、日期	现在基本薪酬	工作表现	预测增薪	增薪后基本薪酬

制表人：　　　　　　　一级审核人：　　　　　　　二级审核人：

自下而上法的优点是比较实际、灵活，且可行性较高。部门经理只需按照企业的薪酬政策，进行加薪等薪酬调整安排，计算出员工的薪酬预算和部门薪酬预算，再通过上级的批准即可。但是自下而上法不易控制总体的人工成本。

2. 自上而下法

自上而下法，是指企业的管理者根据往年的业绩和市场环境，对企业下一年的业绩进行预测，并对企业薪酬总额进行预算，然后将整个预算数额分配到每个部门。各部门再根据预算的额度以及部门内部的实际情况，将数额分配给每个员工。自上而下法中用到的薪酬预算表见表 9-3。

表 9-3　　　　　　　　　　企业薪酬预算表

部门	人数	上年同期实际薪酬	今年薪酬预算	调薪幅度	备注

制表人：　　　　　　　一级审核人：　　　　　　　二级审核人：

自上而下法中，薪酬的预算额度是由企业管理者设定的，具体的细分和执行由部门经理决定，所以自上而下法比较容易控制总体的薪酬成本。但是自上而下法缺乏灵活性，并且易受管理者的主观因素影响，降低了预算的准确性。

三、薪酬支付

（一）薪酬支付的依据

薪酬支付的依据主要包括员工的职位、能力、业绩和市场价格四个方面。

1. 职位

依据职位付酬是指以员工的职位与职务为基础付酬。依据职位付酬是大多数企业采用的形式，是确定员工基础工资的重要依据。一般适用于职能人员、管理人员、一般操作类人员。

2. 能力

依据能力付酬是指以员工具有的知识、技能、能力为基础付酬。此种付酬方式适合于研发人员、工程技术人员和生产技术人员。

3. 业绩

依据业绩付酬是指以员工的工作业绩为基础付酬。此种报酬的表现形式一般为佣金、绩效工资、奖金等，适合于销售人员和其他业绩可以直接衡量的人员。

4. 市场价格

依据市场价格付酬是指以劳动力市场价格为基础支付员工的薪酬。此种报酬的表现形式一般为谈判工资、市场工资等，适合于特殊人才、基层可替代人员等。

（二）薪酬支付的形式

薪酬支付的形式包括一般员工薪酬支付形式、管理人员薪酬支付形式、销售人员薪酬支付形式三种。

1. 一般员工薪酬支付形式

对于一般员工，企业主要采取计时支付和计件支付两种基本的支付方式。计时薪酬既可以是小时薪酬（如兼职人员的薪酬支付）、周薪酬，也可以是月薪酬。

工资至少每月支付一次，对于实行小时工资制和周工资制的人员，工资也可以按日或周发放。对完成一次性临时劳动或某项具体工作的劳动者，企业应按有关协议或合同规定在其完成劳动任务后及时支付工资。

2. 管理人员薪酬支付形式

管理人员的薪酬主要由以下几项构成。

（1）基本薪酬。基本薪酬是企业按月支付给管理人员的固定现金收入，它是由管理人员岗位特点，及其个人资历、工作能力、知识水平决定的。

（2）年终分红。年终分红指企业为提高员工积极性与工作绩效而采取在年终（一般是春节前）向员工发放红利的激励方法。该方法属于短期激励方法，与基本薪酬不同，年终分红在数额上有较大的波动性，且与员工当年工作绩效有密切联系。

（3）长期激励。长期激励的目的在于激励管理人员注重企业的长远发展，如股票期权。

（4）管理者福利。一般比员工福利待遇要高。

（5）额外津贴。额外津贴是指企业提供给管理人员的特殊津贴，如企业提供的汽车、俱乐部会员资格等。

3. 销售人员薪酬支付形式

对于销售人员，企业一般采取底薪制、佣金制、复合制三种形式。

（1）底薪制。底薪制通常有三种形式：一种是无责任底薪，此种底薪与业绩完成没有关系；一种是业绩底薪，这种底薪和业绩完成情况相联系，根据业绩完成率按比例或既定的规范发放；还有一种是混合底薪，就是底薪中有一部分是无责任底薪，其他部分和业绩挂钩。

（2）佣金制。佣金制是按销售额的一定百分比来支付销售人员的报酬，因而有利于调动员工工作的积极性，提高员工绩效水平。

（3）复合制。复合制是将底薪制和佣金制综合运用的薪酬支付形式。

（三）最低工资的给付

最低工资是指劳动者在法定工作时间内提供了正常劳动的前提下，其所在企业应支付的最低劳动报酬。它不包括加班加点工资，中班、夜班、高温、低温、井下、有毒有害等特殊工作环境、条件下的津贴，以及国家法律法规、政策规定的社会保险、福利待遇和企业通过补贴伙食、住房等支付给劳动者的非货币性收入等。

《中华人民共和国劳动法》（以下简称《劳动法》）、《中华人民共和国劳动合同法》（以下简称《劳动合同法》）、《最低工资规定》、《工资支付暂行规定》等法律法规，对最低工资的给付进行了规范，企业不得以任何名义克扣或减少最低工资给付的数额。

1. 实行计件工资或提成工资等工资形式的用人单位，在科学合理的劳动定额基础上，其支付劳动者的工资不得低于相应的最低工资标准。

2. 劳动者由于本人原因造成在法定工作时间内或依法签订的劳动合同约定的工作时间内未提供正常劳动的，不适用最低工资规定。

3. 用人单位支付给劳动者的工资低于最低工资标准的，由劳动保障行政部门责令其限期补发所欠劳动者工资，并可责令其按所欠工资的1~5倍支付劳动者赔偿金。

（四）加班加点工资的支付

有关加班加点工资的支付，《劳动法》和《工资支付暂行规定》都作出了相关规定。

《劳动法》第四十三条规定，用人单位不得违反本法规定延长劳动者的工作时间。

第四十四条规定，有下列情形之一的，用人单位应当按照下列标准支付高于劳动者正常工作时间工资的工资报酬：

（1）安排劳动者延长工作时间的，支付不低于工资的150%的工资报酬；

（2）休息日安排劳动者工作又不能安排补休的，支付不低于工资的200%的工资报酬；

（3）法定休假日安排劳动者工作的，支付不低于工资的300%的工资报酬。

《工资支付暂行规定》第十三条规定，用人单位在劳动者完成劳动定额或规定的工作任务后，根据实际需要安排劳动者在法定标准工作时间以外工作的，应按以下标准支付工资：

（1）用人单位依法安排劳动者在日法定标准工作时间以外延长工作时间的，按照不低于劳动合同规定的劳动者本人小时工资标准的150%支付劳动者工资；

（2）用人单位依法安排劳动者在休息日工作，而又不能安排补休的，按照不低于劳动合同规定的劳动者本人日或小时工资标准的200%支付劳动者工资；

（3）用人单位依法安排劳动者在法定休假节日工作的，按照不低于劳动合同规定的劳动者本人日或小时工资标准的300%支付劳动者工资。

实行计件工资的劳动者，在完成计件定额任务后，由用人单位安排延长工作时间的，应根据上述规定的原则，分别按照不低于其本人法定工作时间计件单价的150%、200%、300%支付其工资。

（五）特殊情况的工资支付

1.《工资支付暂行规定》的相关规定

第九条　劳动关系双方依法解除或终止劳动合同时，用人单位应在解除或终止劳动合同时一次付清劳动者工资。

第十条　劳动者在法定工作时间内依法参加社会活动期间，用人单位应视同其提供了正常劳动而支付工资。社会活动包括：依法行使选举权或被选举权；当选代表出席乡（镇）、区以上政府、党派、工会、青年团、妇女联合会等组织召开的会议；出任人民法庭证明人；出席劳动模范、先进工作者大会；《工会法》规定的不脱产工会基层委员会委员因工会活动占用的生产或工作时间；其他依法参加的社会活动。

第十一条　劳动者依法享受年休假、探亲假、婚假、丧假期间，用人单位应按劳动合同规定的标准支付劳动者工资。

第十四条　用人单位依法破产时，劳动者有权获得其工资。在破产清偿中用人单位应按《中华人民共和国企业破产法》规定的清偿顺序，首先支付欠付本单位劳动者的工资。

第十六条　因劳动者本人原因给用人单位造成经济损失的，用人单位可按照劳动合同的约定要求其赔偿经济损失。经济损失的赔偿，可从劳动者本人的工资中扣除。但每月扣除的部分不得超过劳动者当月工资的20%。若扣除后的剩余工资部分低于当地月最低工资标准，则按最低工资标准支付。

2.《劳动合同法》的相关规定

第四十七条　经济补偿按劳动者在本单位工作的年限，每满一年支付一个月工资的标准向劳动者支付。六个月以上不满一年的，按一年计算；不满六个月的，向劳动者支付半个月工资的经济补偿。

劳动者月工资高于用人单位所在直辖市、设区的市级人民政府公布的本地区上年度职工月平均工资三倍的，向其支付经济补偿的标准按职工月平均工资三倍的数额支付，向其支付经济补偿的年限最高不超过十二年。

本条所称月工资是指劳动者在劳动合同解除或者终止前十二个月的平均工资。

3. **其他法律法规的相关规定**

《中华人民共和国劳动争议调解仲裁法》第十六条规定，因支付拖欠劳动报酬、工伤医疗费、经济补偿或者赔偿金事项达成调解协议，用人单位在协议约定期限内不履行的，劳动者可以持调解协议书依法向人民法院申请支付令。人民法院应当依法发出支付令。

《职工带薪年休假条例》第五条规定，单位根据生产、工作的具体情况，并考虑职工本人意愿，统筹安排职工年休假。年休假在1个年度内可以集中安排，也可以分段安排，一般不跨年度安排。单位因生产、工作特点确有必要跨年度安排职工年休假的，可以跨1个年度安排。单位确因工作需要不能安排职工休年休假的,经职工本人同意,可以不安排职工休年休假。对职工应休未休的年休假天数,单位应当按照该职工日工资收入的 300% 支付年休假工资报酬。

四、薪酬成本控制

(一)薪酬总额控制

薪酬总额是指企业在一定的经营时期内,支付给所有员工的劳动报酬总额,包括企业员工的工资、奖金、加班费、补贴、福利、保险等费用开支。

1. 薪酬总额控制的内容

薪酬总额控制主要包括薪酬总额占营业额的比例控制、薪酬总额占人力资源费用的比例控制、人均薪酬的控制三个方面。

(1)薪酬总额占营业额的比例控制。企业在薪酬方面的投入要与企业的产出相联系,投入过高会使得企业的成本压力过大,投入太少又发挥不了薪酬的激励作用。

(2)薪酬总额占人力资源费用的比例控制。企业支付的薪酬总额要在人力资源支出成本中占有合理的比例,以有利于其他人力资源管理工作的开展。

(3)人均薪酬的控制。人均薪酬的控制一方面要求企业的薪酬控制在科学合理的浮动范围之内,另一方面要求企业的薪酬设计要根据职位素质、技能、能力的要求进行设置。

2. 薪酬总额调整依据

薪酬总额调整的依据主要包括国家的薪酬政策、相关行业的薪酬水平、物价指数水平、企业的经营效益四个方面。

(1)国家的薪酬政策。企业属于国家内部的经济组织,国家的有关薪酬政策的变动,会引起企业进行薪酬调整。如国家规定的最低工资标准。

(2)相关行业的薪酬水平。不同行业由于其性质不同,相应的劳动方式和报酬也有所区别,但作为行业成员的企业来讲,如果行业的薪酬水平发生了变动，企业的薪酬也应该进行必要的调整，以使企业符合行业的薪酬标准。

（3）物价指数水平。物价指数水平是根据与居民生活有关的产品及劳务价格统计出来的物价变动指标。如果由于通货膨胀或紧缩引起了物价的大幅波动，企业也应该根据员工的消费能力进行薪酬的调整，以使员工的生活水平有所保障。

（4）企业的经营效益。员工的薪酬与企业的经营效益密切相关，特别是具有较成熟和完善的绩效考核制度的企业最能体现这一点。当企业经营效益较好时，企业支付给员工的薪酬总额会随之增长；相反，当企业经营效益不好时，企业支付给员工的薪酬总额也会相应的减少。

（二）薪酬总额控制方法

薪酬总额控制方法主要包括控制员工人数、控制劳动时间、控制薪酬数额、控制薪酬构成四个方面。

1. 控制员工人数

企业一般通过把握核心员工的数量，把核心员工的数量控制在一定范围内，无论经济形势和企业效益发生多大的变化，其数量基本不变。而对于非核心员工的数量可以进行较大幅度的调整，允许其有一定的流动性，在经济形势不好时可以实施裁员等措施，而经济形势好转时可以进行再招聘。

2. 控制劳动时间

在经济形势不好，或企业效益不好时，企业可以通过减少加班时间或增加兼职的工作人员来降低成本。当经济形势好转或企业效益好的时候，可以通过与员工协议增加工作时间的方式，把薪酬控制在一定范围之内。

3. 控制薪酬数额

薪酬数额的控制主要采用降低薪酬、薪酬冻结、延缓提薪的方式。降低薪酬的方式，一般是指对于新招进的员工采用比前期招聘进入公司的员工工资低的方式，一般是经济形势不好，或企业效益不好时采用的策略。对于已经在公司中工作的员工，不适宜采取此种降薪的策略，而可以通过薪酬冻结或延缓提薪来实现。薪酬冻结是指保持员工的工资在一定时期内不发生变化；延缓提薪是指对应该提薪的员工，延迟一段时间提薪。

4. 控制薪酬构成

由于薪酬是由基本薪酬和可变薪酬构成，基本薪酬具有一定的刚性，不易改变；而可变薪酬具有一定的柔性，可以根据企业的经营状况进行适当的调整。从薪酬构成来看，可变薪酬占总薪酬的比例越大，管理者对于薪酬的调整余地就越大，越有利于企业进行薪酬的控制。

（三）薪酬水平控制

薪酬水平是指企业内部各职位人员的平均薪酬或人均基本薪酬。薪酬水平反映了企业薪酬相对于行业竞争者薪酬水平的高低。它对员工工作积极性、劳动力成本、企业利润和企业形象有着直接的影响。

薪酬水平控制是指企业为了保持薪酬的外部竞争性和内部激励性，而对员工的薪酬数额和员工人数等方面进行监督和调整的活动。薪酬水平控制与企业的薪酬策略有关，一般企业薪酬策略有市场领先型策略、市场追随型策略、市场协调型策略和市场混合型策略，企业可根据其采用策略的不同，对薪酬水平进行必要的调整。

（四）薪酬水平控制方法

薪酬水平的控制主要是通过人均薪酬控制和薪酬比较率两种方法进行。

1. 人均薪酬控制

人均薪酬是企业员工年薪总额与企业员工总数的比值。可以通过对企业员工薪酬总额进行调整或对企业员工总数进行调整的方式，对企业的人均薪酬进行控制。

2. 薪酬比较率

薪酬比较率是企业实际支付的平均薪酬与某一薪酬等级的比值。其作用是衡量该等级内部员工薪酬的分布情况。

当薪酬比较率等于1时,表示企业某等级的业绩表现居中的员工和该等级的平均薪酬水平相等,企业的薪酬水平控制是比较合理的。

当薪酬比较率大于1时,表示企业的人工成本控制不当或多数员工的绩效表现非常好,或是企业招聘具有较高资历的员工,工资的起点比较高。此时,企业要注意薪酬水平是否过高,超出了企业的支付能力。

当薪酬比较率小于1时,表示企业的薪酬水平没有达到目标水平。此时,企业要注意员工的实际业绩表现是否与其薪酬水平相适应。

五、薪酬沟通

(一)薪酬沟通的必要性

薪酬沟通是指企业在薪酬战略体系的设计和决策中,与员工之间就薪酬问题所进行的各种形式的交流。薪酬沟通有四项必要性。

1. 提高员工的薪酬满意度

企业在设计、决定及实施薪酬体系时,与员工进行有效的沟通,征求员工意见和建议,并让员工全面参与,体现了企业对员工的关怀和尊重,可以在一定程度上提高员工的满意度。

2. 增强薪酬的激励功能

薪酬沟通可以使员工产生主人翁责任感,能极大地调动其工作积极性。因此,薪酬沟通具有较强的激励性。

3. 建立良好的内部关系

在企业与员工沟通过程中,可以发现企业中存在的矛盾,便于及时协调企业内部关系,消除员工的不满情绪,解决企业内部存在的矛盾,促进企业平稳快速发展。

4. 实现薪酬管理的目标

薪酬沟通可以把企业薪酬管理目标有效地传递给员工,并把薪酬管理目标与员工工作目标相结合,在员工高效完成工作的同时,实现企业的薪酬管理目标。

（二）薪酬沟通步骤

薪酬沟通可以分为确定目标、获取信息、开发策略、决定媒介、召开会议、评价方案实施效果六个步骤。

1. 确定目标

薪酬沟通的目标主要包括三个方面。

（1）确认员工完全理解新的薪酬体系的所有组成部分。

（2）改变员工对薪酬决策方式的看法。

（3）激励员工在新的薪酬体系下充分发挥自身能力，将工作做得更好。

2. 获取信息

在获取信息时可以采取焦点组方法、管理人员面谈法等。

焦点组方法，是指对比较关键的成员进行样本分析的方法。采用此方法要注意把高层管理者与普通员工区分开来，并使其涵盖企业的各个部门。

管理人员面谈法，是指与企业管理人员进行沟通交流搜集信息的方法。采用此法前应了解企业的管理文化，并使沟通的基调与其相匹配。

3. 开发策略

收集完员工信息后，需要在既定的目标框架之内制定一个沟通策略。一般来讲，制定薪酬沟通策略的步骤如下。

（1）以企业管理人员名义给所有员工分发一个备忘录。

（2）安排关键管理人员召开一系列会议。

（3）开发企业管理人员和员工之间能够持续沟通的项目。

（4）在薪酬方案完成后，召开正式的沟通会议。

4. 决定媒介

信息沟通媒介的类型有视听媒介、印刷媒介、人际媒介、电子媒介四种。

（1）视听媒介，主要包括幻灯片、电影、电子远程会议。视听媒介的优点是直观，能营造生动的交流气氛，缺点是前期投入成本比较高、参加会议的人数有限制。

（2）印刷媒介，主要包括薪酬手册、书信、企业内部刊物、薪酬指南等。印刷媒介的优点是传递信息量大、成本低，缺点是信息不能及时更新、缺少互动性。

（3）人际媒介，主要指薪酬沟通时的面谈交流。人际媒介的优点是有助于管理人员直观地发现诸多问题，缺点是需要较多的财务支出和时间投入。

（4）电子媒介，主要包括信息中心、电话问答系统、交互式电脑程序、E-mail系统。电子媒介的优点是时效性与互动性强，缺点是前期投入成本比较大。

5. 召开会议

沟通方案中最重要的组成部分是正式沟通会议的准备和召开。在正式沟通会议中，要针对不同层次的需要，强调不同的细节和重点。

会议中，首先，应为董事详细解释薪酬方案的构成、薪酬体系的作用、薪酬执行程序；其次，为管理人员细致解释薪酬方案的构成部分，以及薪酬管理、绩效考核和激励计划对员工的开发和激励的作用；最后，为一般员工详细介绍薪酬方案构成部分、程序和政策信息，以及激励计划运作的相关信息。

6. 评价方案实施效果

评价方案实施效果通常在正式沟通会议召开后的4~6个月内进行比较合适。通过对下述四个问题在会议之前和之后的回答进行对比，对薪酬沟通方案进行评价，如图9-4所示。

（三）薪酬集体协商沟通

劳动和社会保障部发布的《集体合同规定》对此作出了相关规定。

第四条 用人单位与本单位职工签订集体合同或专项集体合同，以及确定相关事宜，应当采取集体协商的方式。集体协商主要采取协商会议的形式。

第五条 进行集体协商，签订集体合同或专项集体合同，应当遵循下列原则：

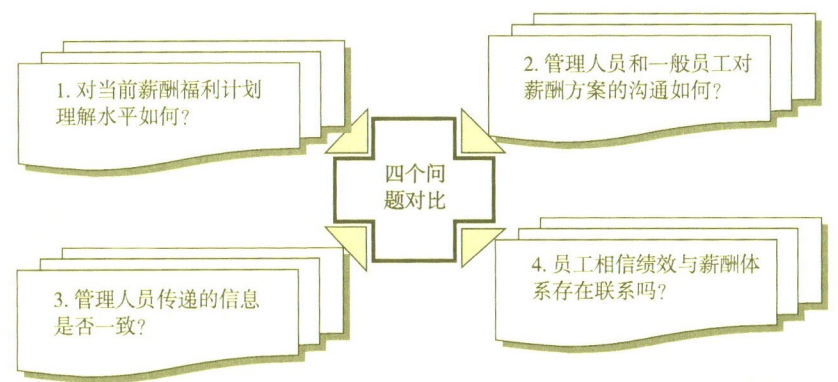

图 9-4　评价方案实施效果的四个问题

（1）遵守法律、法规、规章及国家有关规定；

（2）相互尊重，平等协商；

（3）诚实守信，公平合作；

（4）兼顾双方合法权益；

（5）不得采取过激行为。

第三十二条　集体协商任何一方均可就签订集体合同或专项集体合同以及相关事宜，以书面形式向对方提出进行集体协商的要求。

一方提出进行集体协商要求的，另一方应当在收到集体协商要求之日起 20 日内以书面形式给予回应，无正当理由不得拒绝进行集体协商。

第三十三条　协商代表在协商前应进行下列准备工作：

（1）熟悉与集体协商内容有关的法律、法规、规章和制度；

（2）了解与集体协商内容有关的情况和资料，收集用人单位和职工对协商意向所持的意见；

（3）拟定集体协商议题，集体协商议题可由提出协商议题的一方起草，也可由双方指派代表共同起草；

（4）确定集体协商的时间、地点等事项；

（5）共同确定一名非协商代表担任集体协商记录员。记录员应保持中立、公正，并为集体协商双方保密。

第三十四条　集体协商会议由双方首席代表轮流主持，并按下列程序进行：

（1）宣布会议议程和会议纪律；

（2）一方首席代表提出协商的具体内容和要求，另一方首席代表就对方的要求作出回应；

（3）协商双方就商谈事项发表各自意见，开展充分讨论；

（4）双方首席代表归纳意见。达成一致的，应当形成集体合同草案或专项集体合同草案，由双方首席代表签字。

第三十五条　集体协商未达成一致意见或出现事先未预料的问题时，经双方协商，可以中止协商。中止期限及下次协商时间、地点、内容由双方商定。

（四）薪酬平等协商沟通

企业中的薪酬平等协商沟通，一般是通过企业的职工代表大会代表职工行使薪酬平等协商等权利。为了完善企业的民主管理制度，保障职工的权利，2012年2月13日，中共中央纪委、中共中央组织部、国务院国有资产监督管理委员会、监察部、中华全国总工会、中华全国工商业联合会联合发布了《企业民主管理规定》。《企业民主管理规定》中的相关规定如下。

第三条　职工代表大会（或职工大会，下同）是职工行使民主管理权力的机构，是企业民主管理的基本形式。

企业应当按照合法、有序、公开、公正的原则，建立以职工代表大会为基本形式的民主管理制度，实行厂务公开，推行民主管理。公司制企业（以下简称公司）应当依法建立职工董事、职工监事制度。

企业应当尊重和保障职工依法享有的知情权、参与权、表达权和监督权等民主权利，支持职工参加企业管理活动。

第六条　企业代表组织应当推动企业实行民主管理，促进企业健康发展。

第八条　企业可以根据职工人数确定召开职工代表大会或者职工大会。

企业召开职工代表大会的，职工代表人数按照不少于全体职工人数的 5% 确定，最少不少于 30 人。职工代表人数超过 100 人的，超出的代表人数可以由企业与工会协商确定。

第九条 职工代表大会的代表由工人、技术人员、管理人员、企业领导人员和其他方面的职工组成。其中，企业中层以上管理人员和领导人员一般不得超过职工代表总人数的 20%。有女职工和劳务派遣职工的企业，职工代表中应当有适当比例的女职工和劳务派遣职工代表。

第十三条 职工代表大会行使下列职权：

（1）听取企业主要负责人关于企业发展规划、年度生产经营管理情况，企业改革和制定重要规章制度情况，企业用工、劳动合同和集体合同签订履行情况，企业安全生产情况，企业缴纳社会保险费和住房公积金情况等报告，提出意见和建议；

审议企业制定、修改或者决定的有关劳动报酬、工作时间、休息休假、劳动安全卫生、保险福利、职工培训、劳动纪律以及劳动定额管理等直接涉及劳动者切身利益的规章制度或者重大事项方案，提出意见和建议；

（2）审议通过集体合同草案，按照国家有关规定提取的职工福利基金使用方案、住房公积金和社会保险费缴纳比例和时间的调整方案，劳动模范的推荐人选等重大事项；

（3）选举或者罢免职工董事、职工监事，选举依法进入破产程序企业的债权人会议和债权人委员会中的职工代表，根据授权推荐或者选举企业经营管理人员；

（4）审查监督企业执行劳动法律法规和劳动规章制度情况，民主评议企业领导人员，并提出奖惩建议；

（5）法律法规规定的其他职权。

六、薪酬诊断与调整

（一）薪酬诊断

薪酬诊断，是指综合利用各种先进的分析手段和方法，发现企业薪酬方面存在的问题和薄弱环节，分析产生问题的原因，提出切实可行的方案或建议，进而指导方案实施以解决问题、改变现状、提高企业的薪酬管理水平。通常情况下，薪酬诊断是由具有丰富的企业管理、人力资源管理和薪酬管理理论知识和实践经验的专家，与企业有关人员密切配合来进行的。

1. 薪酬诊断的内容

一般而言，薪酬的诊断可以从五个方面进行，即对薪酬目标、薪酬水平、薪酬体系、薪酬结构以及薪酬制度进行诊断。

（1）薪酬目标。薪酬目标，是薪酬应该怎样支持企业的发展战略，又该如何满足员工的需要。薪酬目标是企业薪酬管理最基础和核心的内容，其主要诊断内容包括：薪酬目标设计是否经过充分调研和分析；薪酬目标是否科学、合理，是否符合企业的现实生存环境和自身的实际发展。

（2）薪酬水平。薪酬要满足内部公平性和外部竞争性的要求，并根据员工绩效、能力和工作态度进行动态调整，包括确定企业管理层、企业技术人员和企业营销人员的薪酬水平；为了打造更好的人才战略，还要确定稀缺人才的薪酬水平以及确定与竞争对手可比的薪酬水平。检测当前企业的总体薪酬水平与市场的关系，以保持企业薪酬的外部竞争性，其主要诊断内容包括：当前市场环境是否变化，这些变化对企业薪酬水平，特别是核心员工薪酬的外部竞争力是否有影响；是否具有外部竞争力，特别是核心员工的外部竞争力；当前薪酬水平与企业目前的经营状况和财务目标是否一致；当前企业的薪酬水平和薪酬结构之间的关系是否协调。

（3）薪酬体系。薪酬体系涉及基础工资、绩效工资、期权股期的管理，以及如何给员工提供个人成长、工作成就感、良好的职业发展和再就业能力的管理。其实就是从物质薪酬和精神薪酬两个方面保证员工的利益和企业的稳定。诊断的内容主要包括：在员工薪酬体系中，各薪酬要素之间的比例关系是否合理，是否具有激励效应；员工的努力程度是否与薪酬有直接的关系，激励薪酬对员工是否具有吸引力；当前的薪酬支付方式是否合理,是否考虑了时间性和个体差异。

(4)薪酬结构。企业对薪酬结构的管理包括正确划分企业的薪级和薪等,正确确定合理的级差和等差,还包括如何适应企业组织结构扁平化和员工岗位大规模轮换的需要,合理确定薪酬带宽。企业需要检测当前薪酬的纵向结构是否合理,以保持企业薪酬的内部一致性。其主要诊断内容包括:薪酬等级的数目和级差是否合理,是否体现内部公平的原则;各类各级员工的薪酬关系是否协调,是否体现员工公平的原则;核心员工的流失率是否与薪酬结构,特别是薪酬等级结构的设计有关。

(5)薪酬制度。薪酬制度涉及薪酬决策应在多大程度上向所有员工公开和透明,谁负责设计和管理薪酬制度,薪酬管理的预算、审计和控制体系又该如何建立和设计等。对企业的薪酬制度进行诊断,需要重点关注企业所实施的薪酬制度是否符合以下四项基本原则:与企业战略的基本方向和未来目标是否一致;与企业人力资源管理系统及其各环节之间的关系是否协调;是否体现了职、能、绩三统一的原则;是否考虑了现实可行性与未来调整的空间。

2. 薪酬诊断步骤

薪酬诊断主要包括创造薪酬问题初始假设、薪酬诊断地图设计、薪酬数据与事实收集以及薪酬诊断结论四个步骤。值得注意的是,在薪酬诊断地图设计以及薪酬数据与事实收集过程中,应该明确薪酬分析方法和相关的诊断要素,以充分的数据支持和依据做出诊断结果。

(二)薪酬调整

企业薪酬调整,是指为促进薪酬管理的有效性所进行的薪酬体系的调整或改变。它主要是对薪酬水平、薪酬结构以及薪酬要素组合的调整。

1. 薪酬水平调整

薪酬水平调整,是指薪酬结构、等级要素、构成要素等不变,调整薪酬结构中每一等级或每一要素的数额。

薪酬水平调整的类型有以下四种。

（1）奖励性调整，主要针对员工的优良业绩进行奖励，是为了使他们继续保持这种良好的工作状态，并激励其他员工积极努力向他们学习而采取的薪酬调整方式。

（2）生活指数调整，主要是为了补偿员工因通货膨胀而导致的实际收入无形减少的损失，使生活水平不致降低。

（3）效益性调整，即企业效益好时，对全部员工的薪酬进行普遍提高的调整；效益不好时，可以根据企业的实际情况再次进行调整。

（4）工龄性调整，是把员工的资历和经验当作一种能力和效率予以奖励的薪酬调整方式。

2. 薪酬结构调整

薪酬结构调整包括纵向结构调整和横向结构调整两个方面。纵向结构是指薪酬的等级结构，横向结构是指各薪酬要素的组合。

（1）薪酬等级调整的内容。企业一般定期会对企业内部员工的薪酬结构进行调整，主要从工资标准和薪酬等级两个方面进行。

1）对某一薪酬等级人员的调整。例如，在薪酬总额不变的情况下，对高、中、低不同层次的人员进行缩减或增加。

2）对整体薪酬水平的调整。例如，对薪酬等级线、薪酬级差进行调整。

（2）薪酬等级调整的方法。

1）增加薪酬等级。增加薪酬等级主要是为了细化岗位之间的差别，从而更加明确岗位和职位付薪原则。它比较适用于规范化的制造业、加工业和机械化程度较高的大型企业。

2）减少薪酬等级。减少薪酬等级就是将等级结构"宽波段化"。所谓"宽波段化"，就是将薪酬等级线延长，即减少薪酬类别，将原来的十几个减少至三五个，使得每种薪酬类别包含更多的薪酬等级和薪酬标准，使各薪酬类别之间的薪酬支付标准有一定的交叉和重叠的部分。

3）调整不同等级人员的规模和比例。调整不同等级人员的规模和比例是指企业可以在薪酬等级结构不变的前提下，定期对每个等级人员的数量进行调整，即通过调整不同薪酬等级人员的规模和比例进行薪资调整。

4）调整薪酬标准和薪酬率。这种调整主要适用于绩效薪酬制和弹性薪酬制的企业，以便企业在员工收入分配上具有更大的灵活性。

通过调整薪酬水平和薪酬结构，让企业的薪酬管理"动"起来，不仅有助于增强企业薪酬的外部竞争力，有效地吸引和保留人才，还有助于实现企业薪酬的内部公平，有效地激励员工。

3. 薪酬要素组合调整

在薪酬构成的不同部分中，不同的薪酬要素分别起着不同的作用。其中，基本薪酬和福利薪酬主要承担适应劳动力市场外部竞争力的功能，而浮动薪酬则主要通过协调薪酬内部的一致性达到降低成本与刺激业绩的目的。

薪酬要素组合调整重点在于是否增加新的薪酬要素。

（1）薪酬要素组合调整方式。

1）在薪酬水平不变的情况下，重新配置固定薪酬与浮动薪酬之间的比例。

2）通过薪酬水平变动的机会，增加某一部分薪酬比例。

（2）薪酬要素组合调整的具体方法。

1）加大员工薪酬中奖金和激励薪酬的比例，拉大绩优员工与其他员工之间的报酬差距。

2）采取风险薪酬模式，使员工的基础薪酬部分处于变动中，缩小员工的稳定收入比重，增加不稳定收入比重。

3）将以工作量为基础的付薪机制转变为以技能和绩效为主的付薪机制，报酬向高技能、高绩效员工倾斜。

根据宏观经济形势、市场行情及企业自身的情况（包括企业规模、企业发展阶段、企业战略目标、企业性质等因素），结合薪酬预算与薪酬分析，企业应进行薪酬要素组合调整，使得调整后的薪酬要素组合可以降低企业薪酬费用，同时又具有竞争力。

本章自测题

1. 薪酬水平的衡量指标主要包括哪几项?
2. 津贴设计包括哪些步骤?
3. 企业人工成本包括哪几项?
4. 薪酬水平的控制方法有哪些?

第十章　员工关系

 **学习目标**

- 目标 1　了解员工关系的概念
- 目标 2　知晓劳动关系的相关理论
- 目标 3　掌握劳动合同的订立和履行
- 目标 4　掌握劳动争议的处理方式
- 目标 5　掌握劳动保护的措施

 **引导案例**

小马是某生产企业流水线上的一名员工,于 2022 年 9 月到该企业工作。入职前,该企业对其进行了安全培训,并在小马安全培训考试合格后安排其上岗。在岗期间,该企业并未按照国家规定为小马缴纳工伤保险。

2023 年 3 月,小马因操作不当,导致左手被切割机切伤。在医院治疗期间,该企业为小马支付了全部医药费,并在未进行工伤认定和伤残等级鉴定的情况下,与小马签订经济补偿协议,一次性补偿小马 8 000 元,其他责任双方互不追究。小马和企业负责人在协议上签字，小马领取了这笔赔偿费用。

2023年5月，小马在与同事交流中得知，员工发生工伤事故后可申请工伤鉴定。于是小马向当地劳动保障部门提请工伤认定和劳动能力鉴定。劳动保障部门鉴定结果显示：小马为九级伤残。

小马持鉴定结果多次到企业要求落实工伤待遇，均遭到企业拒绝。该企业认为：第一，小马因操作不当导致的伤残，企业不承担任何责任，但考虑到小马的家境困难，才给予小马8 000元经济补偿，企业已经仁至义尽；第二，企业已与小马协商一致，在双方自愿情况下签订经济补偿协议，协议中明确规定双方互不追究责任，企业义务已履行完毕。

在协商未果的情况下，小马向当地劳动争议仲裁委员会申请仲裁，要求企业向其支付工伤保险待遇、停工留薪期工资、住院伙食费等。仲裁委员会审理认为：小马经劳动保障部门认定为工伤，应享受相关工伤待遇。用人单位虽然与小马签订了经济补偿协议，但该协议是在工伤鉴定前作出，缺乏客观事实依据，且赔偿标准明显低于《工伤保险条例》规定赔偿标准，协议内容有失公平，用人单位应按《工伤保险条例》的规定向小马支付工伤保险待遇。

案例中的生产企业，在员工关系管理工作中存在哪些不当之处呢？

第一节 员工关系概述

一、员工关系的概念

（一）员工关系

"员工关系"由西方人力资源管理中的劳资关系演变而来。19世纪末，由于西方工业的迅猛发展，劳动者与资本家的矛盾逐渐激化。这种矛盾给企业的正常发展带来了负面影响，由此人们开始重视劳资关系。

随着管理理论的发展、对人性本质的深入研究，以及劳动法律体系的建立和完善，人们对企业中各种关系的关注不再局限于劳资关系，还强调加强内部沟通、提高员工参与度、注重企业内部和谐与合作等方面。这就使企业中的关系发展成了既包括劳资关系又包括员工与管理者、员工与员工之间的关系等更为广泛的员工关系。

由此，员工关系的定义可归纳为：以组织契约精神为基础，通过工作而产生的不同主体之间的各种经济、法律和工作关系的总和。

（二）员工关系管理

1. 定义

员工关系管理（employee relations management，ERM）兴起于20世纪80年代，是人力资源管理的一个特定领域。

一般来说，员工关系管理是指管理者，特别是人力资源职能管理人员，通过拟订各项人力资源政策和实施各种管理行为，调节企业的所有者、经营者、员工等因素之间的联系和影响，以实现企业发展目标。

2. 基本性质

（1）员工关系管理是人力资源管理中一项重要的基本职能。员工关系贯穿员工管理的各个方面以及人力资源管理的各个环节，是人力资源管理的基础职能之一。有效的员工关系管理可以保证人力资源管理各环节工作的顺利开展，和谐的员工关系管理可以为其他人力资源管理职能（如招聘、培训等）提供保障。员工关系管理提倡从员工角度出发制定和实施一系列人力资源管理策略和措施，强调运用非强制性的、柔性的、激励性的方法和手段实现员工的行为管理和绩效提升。

（2）员工关系管理是企业人才管理的有效手段。根据赫兹伯格的双因素理论，以具有竞争力的薪资吸引人和留住人，其效果未必能长久，而创建和维护积极的员工关系环境则是员工的内在需求。在这样的工作环境中，员工的聪明才智能够得到充分发挥，自我实现的需求得到更大满足，更利于留住优秀员工。

（3）为了保证企业经营管理的正常运行，员工关系管理需要在既定的制度和规则下运行。在进行员工关系管理的过程中，一方面，要运用制度、规范、惩罚、争议和冲突处理等约束性手段规制企业成员的行为；另一方面，要通过协调、沟通、帮助、关爱以及合作等激励性措施激发员工的积极性和创造性。

二、员工关系实质

企业和员工之间的矛盾和问题是普遍存在的，虽然员工关系管理所涉及的内容非常复杂，但最终都可以归结为冲突和合作两个方面的内容。员工关系与其所处的环境之间存在着复杂的相互关系，保持员工关系系统与员工管理环境的动态平衡、实现员工关系与环境的和谐统一是企业可持续发展的主要动力。

（一）冲突与合作

冲突是指在企业与员工劳动关系存续期间，双方由于利益、目标和期望的差异而产生的分歧、矛盾等。合作是指企业与员工要共同生产产品和服务，并在很大程度上遵守一系列既定的制度和行为规则。

1. 冲突的根源

冲突的根源可以分为"根本根源"和"背景根源"两种，其中"根本根源"是指由员工关系的本质属性造成的冲突，"背景根源"是指由那些易变的企业、产业、地域、国家等因素而造成的冲突。

（1）冲突的根本根源。一是异化的合法化。大部分员工并非为自己工作，员工在法律上既不拥有生产资料、产品及生产收益，也不能控制生产过程，从而造成了员工与这些生产特征的分离。生产资料、生产过程、产品、生产收益等在法律上不归员工所有，是致使员工缺乏努力工作的客观理由。二是客观的利益差异。对利润的追求意味着企业和员工之间的利益存在着本质的冲突，企业的利益在于员工报酬最小化，员工的利益在于工资福利的最大化。三是雇佣关系的性质。在崇尚民主及个人价值实现的社会，员工不愿意处于从属地位，而在实际工作中，员工参与管理的权利是很小的，更为重要的是，管理权利的分布不是员工的利益所在，而是企业的利益所在。

（2）冲突的背景根源。一是广泛的社会不平等。经济增长的成果被少数人所占有，使得少数人变得越来越富有，而多数劳动者却越来越得不到生活的改善。二是劳动力市场状况。在劳动力市场上，失业率不断上升使得员工找工作更加困难，而企业却因有过多的选择机会而更加挑剔。三是工作场所的不平等。表现为垄断行业与非垄断行业之间工作场所的不平等、不同地区和部门之间工作场所的不平等、性别的不平等，致使矛盾不断激化。四是工作本身的属性。员工工作过度紧张和超负荷、工作内容单一等也会造成冲突的激化。

2. **合作的根源**

合作的根源主要有两个方面，即"被迫"和"获得满足"。

"被迫"是指员工由于谋生、个人发展等压力不得不合作。在各种压力下，员工愿意与企业建立劳动关系，并愿意通过提高自身工作的稳定性，来获得加薪、增加福利、岗位晋升等机会。

"获得满足"主要建立在员工对企业信任的基础上，这种信任来自对立法公正的理解和对当前管理权利的限制措施。另外，企业也会采取灵活多变的"人性化"策略来提升员工的满意度，从而使员工更加自觉地增强合作意识。

（二）员工关系管理环境新变化

在我国从传统的计划经济体制向社会主义市场经济体制转变的过程中，处于不同所有制经济中的员工关系也变得越来越复杂。特别是21世纪以来，交通业与通信技术的快速发展，使得员工关系管理的环境有了新的变化。

1. **员工关系管理环境的变化趋势**

（1）国际化、自由化与全球化。由于交通业与通信技术的发展，过去不能自由流动的生产资料（如资本、技术、劳动力），现在可以快速、低廉地在全球各地自由流通，这就造成了全球经济的国际化、自由化，形成了国际分工。中国借助经济全球化实现了国内市场和国际市场的连接相通，实现了国内和国际两种资源的结合。现今中国企业的生存环境也发生了根本性的变化，它们面对的不仅仅是国内市场，还必须面对国际市场。

（2）产品需求的多元化。随着经济的发展，物质生活水平的提高，人们的生活理念、思想境界与需求发生了根本性的改变，人们不再满足于基本生存条件的衣食住行，而是追求多样化的衣食住行。由此，给企业带来新的压力，企业必须生产多样化、个性化的产品，以满足人们的新需求。

（3）产业结构的合理化。通信技术的发展，促进产业结构的合理化。制造业和服务业出现了整合的趋势。由于通信技术的发展，服务业改变了过去生产与消费不可分割的情况，并使有形产品的重要性下降，而无形产品的重要性大幅上升。这种情况直接影响了员工关系的构成和特点。

（4）政治民主化。经济发展提升了人们的受教育程度和收入水平，高知识和高收入的群体对政治民主化提出了更高的要求。政治民主化带来的产业民主化，会引起企业管理方式的改变，同时也会使员工关系与人力资源管理发生重大变化。

2. 员工关系管理环境的变化对员工关系的影响

自改革开放以来，我国的国民经济保持了快速发展的势头，员工关系总体上是稳定的。但随着多种经济成分的出现和发展，我国员工关系类型呈现出了多样性和复杂性，员工关系主体不断明确化，员工关系运行不断市场化，员工关系的利益协调机制趋向法治化，员工关系的管理趋向国际化。

第二节 劳动关系管理与劳动保护

一、劳动关系与劳动保护概述

劳动关系是指企业与员工之间在劳动过程中发生的，以经济利益关系为核心的各种关系的总和。劳动关系管理的主要工作事项包括劳动合同管理、劳动纠纷管理、员工满意度管理和沟通与冲突管理等。

(一)劳动关系的特征

劳动关系与一般经济学中所概括的其他各种社会关系相比,具有以下特征。

1. 劳动关系的内容是劳动

在现代市场经济条件下,劳动关系是劳动的社会形式,劳动是劳动关系的基础,也是它的实质和内容。

2. 劳动关系具有人身关系属性和财产关系属性相结合的特点

由于劳动力是人体的一种功能,劳动力只能寄寓在活的人体之中,因此劳动力具有显著的生理性特征,其存在和消费与劳动者人身不可分离。雇员向雇主提供劳动,实际上就是将其人身在一定限度内交给雇主,因而劳动关系就其本质意义上说是一种人身关系。

企业或雇主之所以雇用劳动力,是因为能够得到劳动给付,通过劳动力与生产资料的结合,可以向市场提供商品或服务,收回成本和取得利润。所以,劳动关系又是一种财产关系,并且财产关系中所存在的各种矛盾都会反映到劳动关系的运行中。

3. 劳动关系具有平等性和隶属性的特点

在现代社会,劳动关系是当事人即雇主与雇员之间意思表示一致而形成的契约关系,两者具有平等独立的法律人格。建立劳动关系首先取决于当事人各自的意志。工资、劳动条件及其劳动能力结构的要求与适应是当事人双方对等协商的结果,具有显著的形式平等的特征。

劳动关系一经建立,劳动者就成为企业的雇员,企业就成为劳动者的支配者和管理者,雇员必须听从雇主的领导、命令和指挥,并要遵守企业内部的劳动规则,这使得劳动关系具有隶属性,即成为一种隶属主体间的,以指挥、命令和服从为特征的管理关系。

劳动关系上述特征的客观存在,决定了劳动关系是诸种社会关系中最为基本的关系之一,人们在劳动关系中的地位与作用直接决定了人们在社会关系中的地位和作用。

（二）劳动关系的调整方式

劳动关系的调整方式依据调节手段的不同，主要分为七种：劳动法律、法规对劳动关系的调整，劳动合同规范的调整，集体合同规范的调整，民主管理制度（职工代表大会、职工大会）的调整，企业内部劳动规则（规章制度）的调整，劳动争议处理制度的调整和国家劳动监督检查制度的调整。

二、劳动关系相关理论

西方学者从不同立场、理念等对劳动关系进行了研究，得出了互不相同的结论，形成了具有代表性的五大理论学派，即新保守派、管理主义学派、正统多元论学派、自由改革主义学派、激进派。

（一）新保守派

新保守派基本由保守主义经济学家组成，他们对于经济效率的最大化给予了极高的关注，主要研究、分析市场力量的作用，并认为市场力量能够使企业的经济效率达到最大，而且也能使劳动者在劳动力市场上得到公平合理的待遇。对于劳动关系，该学派认为，它是具有经济理性的劳资双方之间的自由、平等的交换关系，且劳资双方具有不同的利益和目标。

该学派还认为，劳动力市场自身所具备的制度和管理能够保证劳资双方利益的实现，即使劳资双方出现了利益冲突，也是极其微小的。如果劳动者对于其所处的劳动关系不满意，可以自由地辞职和寻找新工作；如果雇主对其所处的劳动关系不满意，也可以自由地替换劳动者。因此，他们认为工会在劳动关系中的作用不是很大，有时候甚至还会起负面作用。

该学派主张将市场"规律和准则"应用到劳动者的工资和福利制度上，对劳动者采用额外支付计划，使其收入和工作绩效挂钩。他们认为理想的劳动法应该是使工会难以生存或即使有工会，其所享有的权利也是很小的，这样，会使得劳动力市场和企业在资源配置上更加灵活，才能提高劳动生产率。

（二）管理主义学派

管理主义学派是由组织行为学者和人力资源管理专家组成的。他们更关注劳动关系中员工的动机、员工对企业的认同度和忠诚度问题，主要研究的是企业对员工的相关管理政策、策略及其在具体实践中的应用。在人力资源管理方面，管理主义学派主张采用新的、多样化的、弹性化的工作形式，重点强调企业和雇员之间的相互合作与信任。

管理主义学派认为，劳资关系（劳动关系）双方的基本利益是一致的，劳资关系双方出现各种冲突和矛盾的主要原因，在于劳动者始终认为自己在劳资关系中处于被管理的从属地位，这种管理和被管理的关系是员工产生不满情绪的主要原因。因此，该学派认为，如果一个企业采用高工资、高福利，保证员工得到公平合理的待遇，各种岗位轮换制度等高绩效管理模式，则劳资关系之间的冲突就可以避免，从而使双方的关系趋于和谐化。

该学派对工会的态度比较模糊。由于工会的存在对企业的管理及其权利的使用，在一定程度上具有威胁作用，容易给劳资关系带来不确定性，甚至产生破坏性的影响，因此，他们认为应尽量避免建立工会。然而，对于已经建立工会的企业，管理主义学派则认为，企业应将工会的存在当作既定的事实，不应该忽略工会的存在，企业应与工会的相关领导建立合作关系。

（三）正统多元论学派

正统多元论学派多由传统上采用制度主义方法的经济学家和劳动关系学者组成，该学派非常关注经济体系中对效率的需求与劳动关系中对公平的需求之间的平衡，主要研究劳动法律、工会、集体谈判制度等。正统多元论学派认为，劳动者对公平、公正待遇的关心，与管理方对经济效率和组织效率的关心是相互冲突的,而这些冲突一般是可以通过双方之间存在的、共同的根本利益加以解决的。

该学派的核心假设是,通过劳动法和集体谈判确保公平与效率的和谐发展是建立最有效的劳动关系的途径。该学派强调弱势群体的工会化,强调更为集中的、在产业层次上的集体谈判,反对因任何偏见开除罢工工人,还提出了用工人代表制度等形式来保证劳动标准的推行。

(四)自由改革主义学派

自由改革主义学派积极主张改革,非常关注如何减少或消灭劳动者受到的不平等和不公正待遇。该学派认为劳动关系是一种不均衡的关系,管理方凭借其特殊权力处于主导地位,为了确保劳动者获得公正平等的待遇,必须加大政府对经济的干预力度。

自由改革主义学派提出了"结构不公平理论",将经济部门划分为"核心"部门和"边缘"部门。其中,"核心"部门是指规模较大、资本密集且在市场上处于主导地位的厂商,"边缘"部门是指规模较小、劳动密集且处于竞争性更强的市场上的厂商。该学派认为,由于"核心"部门经济实力强,其消化和转移附加成本的能力也强,与"边缘"部门相比,"核心"部门更能够为劳动者提供优越的劳动条件。对于结构不公平的研究说明,工会的存在和集体谈判的开展是十分必要的。

(五)激进派

激进派主要由西方马克思主义者组成。激进派更关注劳动关系中双方的冲突及对冲突过程的控制。该学派认为,在经济中代表劳动者的"劳动"利益,与代表企业所有者和管理者的"资本"利益,是完全对立的。该学派还认为,其他学派提出的"和谐的劳动关系"只是一种假象。尽管工会可能使工人的待遇得到某些改善,但这些改善是微不足道的,只要资本主义经济体系不发生变化,工会的作用就非常有限。

三、劳动合同

（一）员工劳动合同

劳动合同（employment contract）是劳动者与用人单位确立劳动关系、明确双方权利义务的协议。劳动合同是劳动关系当事人依据国家法律有关规定，经平等自愿、协商一致缔结的，体现当事人双方的意志，是劳动关系当事人双方合意的结果。订立劳动合同的目的是在劳动者和用人单位之间建立劳动法律关系，规定劳动合同双方当事人的权利和义务。

劳动者和用人单位签订劳动合同法律地位平等。但在劳动合同履行过程中，劳动者必须加入到用人单位的劳动组织中，担任一定职务或工种、岗位的工作，服从用人单位的领导和指挥，遵守用人单位的劳动纪律、内部劳动规则和各项规章制度，同时享有用人单位的工资、保险和福利待遇。

1. 劳动合同的订立

（1）订立劳动合同的原则。《劳动法》第十七条规定，订立和变更劳动合同，应当遵循平等自愿、协商一致的原则，不得违反法律、行政法规的规定。

（2）劳动合同的形式。劳动合同的形式一般有书面形式和口头形式两种。书面合同是由双方当事人达成协议后，将协议的内容用文字形式固定下来，并经双方签字，作为凭证的合同。《劳动法》规定，劳动合同应当以书面形式订立。

（3）劳动合同的订立程序。劳动合同的订立主要包括三个步骤，即要约和承诺、互相协商及双方签约。

1）要约和承诺。

①订立劳动合同的程序分为要约和承诺两个基本阶段。要约是一方向另一方提出订立劳动合同的要求。提出要求的一方为要约方，与之相对应的一方为被要约方，被要约方接受要约方的建议并表示完全同意，在法律上称为承诺。承诺一旦做出，劳动合同即告成立。

②企业通过招工简章、职业介绍机构的招聘登记等形式，提出要约。要约包括工作岗位、工作任务、劳动报酬、劳动条件、保险福利等事项，以及所招聘人员应具备的条件等。

③要约方也可以是求职者。求职者通过求职信、求职登记表等形式提出要约。

2）互相协商。

①被要约方与要约方就签订劳动合同的建议和要求进行平等协商，各自向对方如实介绍自身情况和要求。通常情况下，以企业提供草拟的劳动合同文本作为双方协商的基础。

②草拟的劳动合同文本规定了双方的权利和义务，在双方对各自的权利和义务达成一致后，协商即告结束。

3）双方签约。

①劳动合同双方当事人在签约前，应认真审阅劳动合同文本约定的内容是否真实，是否与协商签约条件一致。经确认后，员工本人和企业法定代表人签字、盖章，并填写签字时的年、月、日。

②法定代表人可以书面委托有关人员代理签字，如果当事人双方要求的劳动合同生效时间与最后一方签字盖章的时间不一致，必须注明该劳动合同的生效时间。

（4）劳动合同的内容与条款。根据《劳动合同法》的规定，劳动合同的必备条款有以下几个方面。

1）用人单位的名称、住所和法定代表人或者主要负责人。

2）劳动者的姓名、住址和居民身份证或者其他有效身份证件号码。

3）劳动合同期限。劳动合同期限是双方当事人相互享有权利、履行义务的时间界限，即劳动合同的有效期限。主要分为有固定期限、无固定期限和以完成一定工作任务为期限三种。

4）工作内容和工作地点。工作内容是员工入职后应当为企业提供的劳动，即承担何种工作或职务，包括工种和岗位、工作地点和场所。工作地点是员工工作所在的地方或场所。

5）工作时间和休息休假。工作时间是指员工为企业正常提供劳动的时间，休息休假是指员工在工作之余，正常休息放松的时间。在合同中明确工作时间和休息休假是为了在法定标准基础上，进一步明确该员工具体的工作时间和休息休假安排。

6）劳动报酬。劳动报酬是指企业根据员工的劳动数量和质量，以货币形式支付给员工的工资。此项条款应明确员工适用的工资制度、工资支付时间、支付标准、支付周期、工资计算办法、奖金津贴获得的条件和标准。如有必要，还可以明确加班加点工资的计算办法、支付时间以及下岗待工期间的工资待遇等。

7）社会保险。社会保险是国家通过立法建立的、对符合法定条件的员工在其年老、疾病、工伤、失业、生育以及发生其他生活困难的情形时，给予物质帮助的制度。本项条款明确了双方当事人各自的社会保险缴费项目、缴费标准和缴费办法等。

8）劳动保护、劳动条件和职业危害防护。劳动保护是企业为保障员工在劳动过程中的安全和健康，防止工伤事故和预防职业病的发生，所应采取的技术措施和组织措施。劳动条件是指为完成工作任务应由企业提供的，不得低于国家规定标准的必要条件。具体的构成条件应包括加班制度、工作班制、劳动工作条件、劳动工具、生产工艺流程、安全操作规程、安全卫生制度、健康检查、女职工及未成年工特殊劳动保护和伤亡事故处理制度等。职业危害防护，是指企业为避免员工在日常生产过程中产生的职业病危害而采取的防护措施。

9）法律、法规规定应当纳入劳动合同的其他事项。除规定的必备条款外，用人单位与劳动者可以约定试用期、培训、保守秘密、补充保险和福利待遇等其他事项。也就是说，劳动合同的双方当事人还可以在国家立法规定的范围内通过协商订立约定条款，如约定用人单位出资培训、劳动者保守用人单位商业秘密等条款或事项。

另外，《劳动合同法》第二十二条对服务期规定如下。

用人单位为劳动者提供专项培训费用，对其进行专业技术培训的，可以与该劳动者订立协议，约定服务期。

劳动者违反服务期约定的，应当按照约定向用人单位支付违约金。

违约金的数额不得超过用人单位提供的培训费用。用人单位要求劳动者支付的违约金不得超过服务期尚未履行部分所应分摊的培训费用。

2. 劳动合同的履行

劳动合同的履行是指当事人双方按照劳动合同规定的条件，履行自己所应承担义务的行为。履行劳动合同要遵循亲自履行原则、权利义务统一原则、全面履行原则、协作履行原则。

《劳动合同法》在劳动合同的履行方面做了以下规定。

（1）用人单位与劳动者应当按照劳动合同的约定，全面履行各自的义务。

（2）用人单位应当按照劳动合同约定和国家规定，向劳动者及时足额支付劳动报酬。

用人单位拖欠或者未足额支付劳动报酬的，劳动者可以依法向当地人民法院申请支付令，人民法院应当依法发出支付令。

（3）用人单位应当严格执行劳动定额标准，不得强迫或者变相强迫劳动者加班。用人单位安排加班的，应当按照国家有关规定向劳动者支付加班费。

（4）劳动者拒绝用人单位管理人员违章指挥、强令冒险作业的，不视为违反劳动合同。

劳动者对危害生命安全和身体健康的劳动条件，有权对用人单位提出批评、检举和控告。

（5）用人单位变更名称、法定代表人、主要负责人或者投资人等事项，不影响劳动合同的履行。

（6）用人单位发生合并或者分立等情况，原劳动合同继续有效，劳动合同由承继其权利和义务的用人单位继续履行。

3. 劳动合同的变更

一般情况下，劳动合同订立后，双方当事人必须认真履行，任何一方不得擅自变更劳动合同。但是，在履行劳动合同过程中，根据企业生产经营状况的变化，或者职工劳动、生活情况的变化等情况，也可以变更劳动合同。

（1）劳动合同变更条件。《劳动合同法》第三十五条规定，用人单位与劳动者协商一致，可以变更劳动合同约定的内容。变更劳动合同，应当采用书面形式。

（2）劳动合同变更程序。

1）提出变更要求。及时向对方提出变更劳动合同的要求，即提出变更劳动合同的主体可以是企业，也可以是职工，不论哪一方要求变更劳动合同，都应当及时向对方提出变更劳动合同的要求，说明变更劳动合同的理由、内容、条件等。

2）作出答复。按期向对方作出答复，即当事人一方得知对方变更劳动合同的要求后，应在对方规定的期限内作出答复。

3）双方达成书面协议。即当事人双方就变更劳动合同的内容经过协商，取得一致意见后，应当达成变更劳动合同的书面协议。书面协议应指明对哪些条款进行变更，并应明确变更后劳动合同的生效日期，书面协议经双方当事人签字盖章生效。

4. 劳动合同的解除和终止

（1）劳动合同的解除。

1）双方协商一致依法解除。《劳动法》第二十四条规定，经劳动合同当事人协商一致，劳动合同可以解除。

2）用人单位单方面解除。

①劳动者过失性解除。《劳动法》第二十五条规定，劳动者有下列情形之一的，用人单位可以解除劳动合同：在试用期间被证明不符合录用条件的；严重违反劳动纪律或者用人单位规章制度的；严重失职、营私舞弊，对用人单位利益造成重大损害的；被依法追究刑事责任的。

②劳动者无过失性辞退。关于劳动者无过失性辞退，《劳动合同法》第四十条规定，有下列情形之一的，用人单位提前30日以书面形式通知劳动者本人或者额外支付劳动者一个月工资后，可以解除劳动合同：劳动者患病或者非因工负伤，在规定的医疗期满后不能从事原工作，也不能从事由用人单位另行安排的工作的；劳动者不能胜任工作，经过培训或者调整工作岗位，仍不能胜任工作的；劳动合同订立时所依据的客观

情况发生重大变化，致使劳动合同无法履行，经用人单位与劳动者协商，未能就变更劳动合同内容达成协议的。

另外，《劳动合同法》第四十二条规定，劳动者有下列情形之一的，用人单位不得依照本法第四十条、第四十一条的规定解除劳动合同：从事接触职业病危害作业的劳动者未进行离岗前职业健康检查，或者疑似职业病病人在诊断或者医学观察期间的；在本单位患职业病或者因工负伤并被确认丧失或者部分丧失劳动能力的；患病或者非因工负伤，在规定的医疗期内的；女职工在孕期、产期、哺乳期的；在本单位连续工作满15年，且距法定退休年龄不足5年的；法律、行政法规规定的其他情形。

③用人单位经济性裁员。《劳动合同法》第四十一条规定，有下列情形之一，需要裁减人员20人以上或者裁减不足20人但占企业职工总数10%以上的，用人单位提前30日向工会或者全体职工说明情况，听取工会或者职工的意见后，裁减人员方案经向劳动行政部门报告，可以裁减人员：依照企业破产法规定进行重整的；生产经营发生严重困难的；企业转产、重大技术革新或者经营方式调整，经变更劳动合同后，仍需裁减人员的；其他因劳动合同订立时所依据的客观经济情况发生重大变化，致使劳动合同无法履行的。

3）劳动者单方解除。

①提前通知解除。《劳动合同法》第三十七条规定，劳动者提前30日以书面形式通知用人单位，可以解除劳动合同。劳动者在试用期内提前3日通知用人单位，可以解除劳动合同。

②有条件随时通知解除。《劳动合同法》第三十八条规定，用人单位有下列情形之一的，劳动者可以解除劳动合同：未按照劳动合同约定提供劳动保护或者劳动条件的；未及时足额支付劳动报酬的；未依法为劳动者缴纳社会保险费的；用人单位的规章制度违反法律、法规的规定，损害劳动者权益的；因以欺诈、胁迫的手段或者乘人之危，使对方在违背真实意思的情况下订立或者变更劳动合同，致使劳动合同无效的；法律、行政法规规定劳动者可以解除劳动合同的其他情形。

用人单位以暴力、威胁或者非法限制人身自由的手段强迫劳动者劳动的,或者用人单位违章指挥、强令冒险作业危及劳动者人身安全的,劳动者可以立即解除劳动合同,不需事先告知用人单位。

(2)劳动合同的终止。

《劳动法》第二十三条规定,劳动合同期满或者当事人约定的劳动合同终止条件出现,劳动合同即行终止。

《劳动合同法》第四十四条规定,有下列情形之一的,劳动合同终止:劳动合同期满的;劳动者开始依法享受基本养老保险待遇的;劳动者死亡,或者被人民法院宣告死亡或者宣告失踪的;用人单位被依法宣告破产的;用人单位被吊销营业执照、责令关闭、撤销或者用人单位决定提前解散的;法律、行政法规规定的其他情形。

(二)集体劳动合同

集体劳动合同(collective labor contract)是指用人单位与本单位职工根据法律、法规、规章的规定,就劳动报酬、工作时间、休息休假、劳动安全卫生、职业培训、保险福利等事项,通过集体协商签订的书面协议。

1. 集体劳动合同的分类

集体劳动合同根据协商、签约代表所代表范围的不同,分为基层集体劳动合同、行业集体劳动合同、地区集体劳动合同等。

2. 集体合同的订立

(1)集体合同的签订。集体合同是集体协商的结果,集体合同的奠定应建立在集体协商的基础上。集体协商是企业工会或职工代表与相应的企业代表,为签订集体合同进行商谈的行为。

(2)集体协商代表的确定。集体协商代表的确定要求如下。

1)集体协商双方的代表人数应当对等,每方至少3人,并各自确定1名首席代表。

2)职工一方的协商代表由本单位工会选派。未建立工会的,由本单位职工民主推荐,并经本单位半数以上职工同意。

3）职工一方的首席代表由本单位工会主席担任。工会主席也可以书面委托其他协商代表代理首席代表一职。

4）工会主席空缺的，首席代表由工会主要负责人担任。未建立工会的，职工一方的首席代表应从协商代表中民主推举产生。

5）用人单位一方的协商代表由用人单位法定代表人指派，首席代表由单位法定代表人担任或由其书面委托的其他管理人员担任。

6）集体协商双方首席代表可以书面委托本单位以外的专业人员代理集体协商代表。委托人数不得超过本方代表的1/3，首席代表不得由非本单位人员代理。

7）用人单位协商代表与职工协商代表不得相互兼任。

（3）集体合同的审查。凡符合法律规定的集体合同，一经签订就具有了法律效力。集体合同的法律效力包括：

1）集体合同对人的法律效力。集体合同对人的法律效力是指集体合同对什么人具有法律约束力。根据《劳动法》的规定，依法签订的集体合同对企业和企业全体职工具有约束力。这种约束力表现在，集体合同双方当事人必须全面履行集体合同中规定的义务，任何一方都不得擅自变更或解除集体合同。

如果集体合同的当事人违反集体合同的规定，就要承担相应的法律责任。劳动者个人与用人单位订立的劳动合同中有关劳动条件和劳动报酬等标准不得低于集体合同的规定。

2）集体合同的时间效力。集体合同的时间效力是指集体合同从什么时间开始发生效力、什么时间终止其效力。集体合同的时间效力通常以其存续时间为标准，一般从集体合同成立之日起生效。如果当事人另有约定的，应在集体合同中明确规定。集体合同的期限届满，其效力终止。

3）集体合同的空间效力。集体合同对空间的效力是指集体合同对于哪些领域、哪些产业的劳动者、哪些用人单位具有约束力。

（三）劳务派遣协议

劳务派遣，又称人才派遣、人才租赁、劳动派遣、劳动力租赁，是指由劳务派遣单位与被派遣劳动者订立劳动合同,由实际用工单位向被派遣劳动者给付劳务报酬,劳动合同关系存在于劳务派遣单位与被派遣劳动者之间,但劳务报酬给付的事实则发生于被派遣劳动者与实际用工单位之间。

劳务派遣协议(the labor dispatch agreement)指被派遣劳动者与劳务派遣单位签订的合同和用工单位与劳务派遣单位签订的合同,劳动者被派遣至用工单位工作,劳务关系涉及劳动者、劳务派遣单位、用工单位三方。

1. 劳务派遣合同的订立

劳务派遣合同必备条款除《劳动合同法》第十七条规定的一般劳动合同必备条款之外,还应当载明被派遣劳动者的用工单位以及派遣期限、工作岗位等情况。

劳务派遣单位要与用工单位协商确定被派遣劳动者的工作内容和工作地点、劳动保护和劳动条件、派遣期限、工作岗位等事项,并就用工单位履行这些事项的情况对劳动者负责,而不是仅仅为劳动者找一个单位并派遣出去就完成了全部任务。

2. 劳务派遣合同订立注意事项

(1)派遣内容。劳务派遣合同应当载明被派遣劳动者的用工单位以及派遣期限、工作岗位等情况。

(2)合同期限。劳务派遣单位应当与被派遣劳动者订立两年以上的固定期限劳动合同。

(3)费用问题。具体费用问题应注意以下四点。

1)劳务派遣单位应按月支付劳动报酬。

2)被派遣劳动者在无工作期间,劳务派遣单位应当按照所在地人民政府规定的最低工资标准,向其按月支付报酬。

3)跨地区劳务派遣,被派遣劳动者享有的劳动报酬和劳动条件,按照用工单位所在地的标准执行。

4)劳务派遣单位和用工单位不得向被派遣劳动者收取费用。

(4)社会保险问题。劳务派遣单位应按照法律的相关规定为被派遣劳动者缴纳社会保险。

(四) 非全日制用工合同

非全日制用工合同 (part-time employment agreement)，是指劳动者与用人单位订立的以小时计酬为主，劳动者在同一用人单位一般平均每日工作时间不超过 4 小时，每周工作时间累计不超过 24 小时的用工合同。《劳动合同法》中关于非全日制用工合同的内容如下。

第六十九条　非全日制用工双方当事人可以订立口头协议。从事非全日制用工的劳动者可以与一个或者一个以上用人单位订立劳动合同；但是，后订立的劳动合同不得影响先订立的劳动合同的履行。

第七十条　非全日制用工双方当事人不得约定试用期。

第七十一条　非全日制用工双方当事人任何一方都可以随时通知对方终止用工。终止用工，用人单位不向劳动者支付经济补偿。

第七十二条　非全日制用工小时计酬标准不得低于用人单位所在地人民政府规定的最低小时工资标准。非全日制用工劳动报酬结算支付周期最长不得超过 15 日。

四、劳动争议

(一) 劳动争议概述

劳动争议是劳动关系当事人之间因劳动的权利与义务发生分歧而引起的争议，又称劳动纠纷。其中有的属于既定权利的争议，即因适用劳动法和劳动合同、集体合同的既定内容而发生的争议；有的属于要求新的权利而出现的争议，是因制定或变更劳动条件而发生的争议。

劳动争议发生后，当事人应当协商解决；不愿协商或协商不成的，可以向本企业劳动争议调解委员会申请调解；调解不成的，可以向劳动争议仲裁委员会申请仲裁。当事人也可以不经调解直接向劳动争议仲裁委员会申请仲裁。对仲裁结果不服的，可以向人民法院起诉。

1. 劳动争议处理方式

（1）协商。劳动争议发生后，当事人就争议事项进行协商，找出解决争议的方法，使双方消除矛盾。当然，协商并不是解决劳动争议的必经程序，不愿协商或者协商不成的，当事人可以并有权申请调解或仲裁。

（2）企业调解。劳动争议调解，是指劳动争议调解委员会对企业与劳动者之间发生的劳动争议，在查明事实、分清是非、明确责任的基础上，依照国家劳动法律、法规，以及依法制定的企业规章和劳动合同，通过民主协商的方式，推动双方互谅互让，达成协议，消除争议的一种活动。

1）劳动争议调解的原则。

①自愿原则。劳动争议调解委员会应当依照法律、法规，遵循双方当事人自愿原则进行调解。自愿是进行调解的本质和前提，如果一方不愿调解，则调解程序就无法启动；如果当事人在调解过程中不能达成共识、取得一致，任何人也不得强迫当事人接受调解协议。

②民主协商原则。在调解劳动纠纷时，主要依据法律、法规，运用民主讨论、说服教育的方法，摆事实，讲道理，做深入细致的思想工作，在双方认识一致的前提下，动员其自愿协商后达成协议，反对强迫命令、用权势压服的做法。

③平等原则。劳动争议双方享有平等的法律地位，具有平等的权利和义务，双方在适用法律上一律平等。

④尊重当事人申请权利。如果当事人选择调解，应当及时进行调解；如果当事人在调解过程中又选择申请仲裁，应当积极支持当事人申请仲裁。

2）劳动争议调解的程序。

劳动争议调解委员会主要按照以下程序进行调解。

①及时指派劳动争议调解委员对争议事项进行全面调查核实，调查应做笔录，并由调查人签名或盖章。

②劳动争议调解委员会主任主持召开有争议双方当事人参加的调解会议，有关单位和个人可以参加调解会议协助调解。简单的争议，可由

劳动争议调解委员会指定1~2名调解委员进行调解。

③劳动争议调解委员会应听取双方当事人对争议事实和理由的陈述，在查明事实、分清是非的基础上，依照有关法律、法规，以及企业规章和劳动合同，公正调解。

④经调解达成协议的，签订调解协议书，双方当事人应自觉履行。调解协议书应写明双方当事人的姓名（单位、法定代表人）、职务、争议事项、调解结果及其他应说明的事项，由劳动争议调解委员会主任以及双方当事人签名或盖章，并加盖劳动争议调解委员会印章。调解协议书一式三份。

⑤调解不成的，应做好记录，并在调解意见书上说明情况，由劳动争议调解委员会主任签名、盖章，并加盖劳动争议调解委员会印章。调解意见书一式三份。

⑥劳动争议调解委员会调解劳动争议，应当自当事人申请调解之日起30日内结束。到期未结束的，视为调解不成。对企业劳动争议调解委员会的调解工作时间加以限制，可以督促其提高工作效率，及时调解，避免久拖不决，使劳动者丧失了通过仲裁、审判等其他途径解决劳动争议的时机。

（3）仲裁与诉讼。

1）仲裁。劳动争议仲裁是指劳动争议仲裁委员会对用人单位与劳动者之间发生的劳动争议，在查明事实、明确是非、分清责任的基础上，依法作出的裁决活动。劳动争议仲裁具有较强的专业性，其程序与司法程序相比较为简单和及时。

在我国，劳动争议仲裁是处理劳动争议的中间环节，也是劳动争议诉讼的前置程序。劳动争议仲裁案件受理主要包括以下三种情形。

①发生劳动争议后，直接向劳动争议仲裁委员会申请仲裁的；

②发生劳动争议后，本企业没有劳动争议调解委员会的；

③发生劳动争议后，经企业劳动争议调解委员会调解不成的。

符合上述三种情况，又符合法律规定受案范围的劳动争议，双方当事人都有权向劳动争议仲裁委员会申请仲裁。

2）诉讼。劳动争议诉讼是劳动争议当事人不服劳动争议仲裁委员会的裁决，在规定的期限内向人民法院起诉，人民法院依照民事诉讼程序，依法对劳动争议案件进行审理的活动。劳动争议的诉讼还包括当事人一方不履行已发生法律效力的劳动争议裁决书或调解书，另一方当事人申请人民法院强制执行的活动。

当出现下列情形，当事人不服劳动争议仲裁委员会作出的裁决，依法向人民法院起诉的，人民法院应当受理：

① 劳动者与用人单位在履行合同过程中发生纠纷的；

② 劳动者与用人单位之间没有订立书面劳动合同，但已形成劳动关系后发生纠纷的；

③ 劳动者退休后，与尚未参加社会保险统筹的原用人单位因追索养老金、医疗费、工伤保险待遇和其他社会保险费而发生纠纷的。

另外，当劳动争议仲裁委员会以当事人申请仲裁的事项不属于劳动争议为由，或者以当事人的仲裁申请超过60日期限为由，作出不予受理的书面裁决、决定或者通知，或者劳动争议仲裁委员会为纠正原仲裁裁决错误重新作出裁决，当事人不服并依法向人民法院起诉的，人民法院应当受理。

2. 劳动争议的预防

如何防范劳动争议的发生，对企业来说非常重要。劳动争议的预防措施可以从三个方面制定。

（1）制定完善的企业规章制度。用人单位应根据国家法律和地方性法规制定完善的内部规章制度，这不仅可以为企业建立健康而良好的管理秩序，同时也因其中包含着员工的行为规范及员工的责任和权利，而对规范企业的管理起着至关重要的作用。

（2）制定严格规范的劳动合同。劳动合同可以对劳动内容和法律未尽事宜做出详细、具体的规定，使双方明了权利和义务，促使双方全面履行合同，防止因合同违约而发生责任纠纷；劳动合同是劳动者与企业之间劳动关系的体现，也是处理劳动争议的重要依据。

（3）构建有效防范劳动争议的内部机制。用人单位应注重构建有效防范劳动争议的内部机制,当企业与员工发生劳动纠纷时,应力争通过内部的渠道化解劳动争议。

1)建立有效的劳动争议内部应对机制。这样可以及时防范、化解因企业劳动争议可能导致的劳动关系、劳资矛盾等问题的激化,保障生产经营活动的正常顺利开展。

2)建立职工参与或影响决策的管理机制。增强职工对企业工作环境的认识,减少和克服因不了解企业管理者的意图和措施而引起的不满心理,加强彼此间的沟通和信任。

3)做好员工关系管理。人力资源管理人员应清楚地了解员工的需求和愿望,从而提高员工的满意度,支持企业其他管理目标的实现。

4)建立健全的企业劳动争议调解委员会。企业要加强本企业内部劳动争议调解委员会的自身建设,充分发挥其作用,建立健全的企业规章制度,主动了解员工的情况,预防劳动争议的发生。

(二)劳动争议的类别

一般来讲,劳动争议可分为如表10-1所示的类别。

表10-1 劳动争议的类别

划分依据	争议类别	具体说明
争议主体	个别争议	是指两人及以下员工当事人与企业之间发生的劳动争议
	集体争议	是指三人及以上员工当事人基于共同的理由与企业发生的劳动争议
	团体争议	是指工会与企业因签订或履行集体合同发生的争议
争议性质	权利争议	1. 又称既定权利争议,是劳动关系当事人基于劳动法律、法规的规定,或集体合同、劳动合同约定的权利和义务所发生的争议 2. 在当事人权利和义务既定的情况下,只要当事人双方都按照法律或合同规定或约定行使权利,履行义务,一般不会发生争议 3. 若当事人不按规定履行,侵犯另一方既定权利,或者当事人对如何行使权利和义务理解上存在分歧,争议就会发生

续表

划分依据	争议类别	具体说明
争议性质	利益争议	1. 当事人因主张有待确定的权利和义务所发生的争议。在劳动关系当事人的权利和义务尚未确定的情况下，双方对权利和义务有不同的主张，即当事人对利益未来如何分配而发生的争议 2. 只有在存在劳动关系的情况下，才会发生此类争议，它通常表现为签订、变更集体合同所发生的争议
争议标的		劳动合同争议，是指因解除、终止劳动合同而发生的争议。因对开除、辞职等对适用条件的不同理解与实施而发生的争议
		关于劳动安全卫生、工作时间、休息休假、保险福利而发生的争议
		关于劳动报酬、培训、奖惩等适用条件的不同理解与实施而发生的争议等

（三）劳动争议仲裁

劳动争议仲裁是劳动争议仲裁机构根据劳动争议当事人一方或双方的申请，依法就劳动争议的事实和当事人应承担的责任作出判断和裁决的活动。

1. 劳动争议仲裁的组织机构

劳动争议仲裁的组织机构是劳动争议仲裁委员会，它是经国家授权、依法独立处理劳动争议案件的专门机构。它由劳动行政部门代表、同级工会代表与用人单位的代表三方组成，是劳动关系协调中"三方原则"在劳动争议处理体制中的具体表现。

劳动争议仲裁是兼有司法特征的劳动行政执法行为。

2.《劳动法》关于劳动争议仲裁的内容

第八十一条　劳动争议仲裁委员会由劳动行政部门代表、同级工会代表、用人单位方面的代表组成。劳动争议仲裁委员会主任由劳动行政部门代表担任。

第八十二条　提出仲裁要求的一方应当自劳动争议发生之日起60日内向劳动争议仲裁委员会提出书面申请。仲裁裁决一般应在收到仲裁申请的60日内作出。对仲裁裁决无异议的，当事人必须履行。

（四）劳动争议诉讼

劳动争议诉讼是人民法院按照民事诉讼法规定的程序，以劳动法规为依据，对劳动争议案件进行审理的活动。

《劳动法》关于劳动争议诉讼的内容如下。

第八十三条　劳动争议当事人对仲裁裁决不服的，可以自收到仲裁裁决书之日起15日内向人民法院提起诉讼。一方当事人在法定期限内不起诉又不履行仲裁裁决的，另一方当事人可以申请人民法院强制执行。

第八十四条　因签订集体合同发生争议，当事人协商解决不成的，当地人民政府劳动行政部门可以组织有关各方协调处理。

因履行集体合同发生争议，当事人协商解决不成的，可以向劳动争议仲裁委员会申请仲裁；对仲裁裁决不服的，可以自收到仲裁裁决书之日起15日内向人民法院提起诉讼。

课程实训

结合本节内容的学习，请试编劳动争议处理预案。

实训指导

岗位说明书包括岗位描述和工作规范两部分内容。岗位描述说明了岗位设立的目的、意义，岗位工作内容，岗位职责和权限等；工作规范说明了胜任此岗位须具备的各种知识技能，以及该岗位的工作程序等。

下面给出了一则范例，以供读者参考。

劳动争议处理预案

一、预案目的

为了公司能妥善处理劳动争议，协调公司和员工之间的利益关系，提高公司管理效率，保证公司生产经营活动的顺利开展，依据公司劳动关系实际情况，特制定本预案。

二、核批人员

劳动争议处理预案的审核人员为人力资源经理、人力资源总监，审批人员为总经理。

三、执行主体

劳动争议处理预案的执行主体主要包括人力资源专员、人力资源经理、人力资源总监、各部门主管或经理以及劳动争议调解委员会等。

四、预案措施

1. 劳动争议调解委员会

（1）主任为公司副总裁，成员为各部门的主管、人力资源总监、人力资源专员及员工代表。

（2）劳动争议调解委员会负责建立劳动争议预防机制，处理劳动争议。

2. 建立劳动争议预防机制

（1）各部门相关人员应及时了解员工的思想动态，建立和谐稳定的劳动关系以防患于未然。

（2）完善公司规章制度，预见可能发生的劳动争议，及时发现潜在的问题。

3. 预案的实施

（1）在事件发生后，劳动争议调解委员会应立即派员赶赴现场控制事态，并将详细情况及时向劳动争议调解委员会主任汇报，委员会视情况召开专题会议，提出协商解决劳动争议的措施。

（2）劳动争议调解委员会在处理劳动争议的过程中，各部门应积极配合，共同实施处理办法。一旦未能控制事态发展，或发生重大变故，劳动争议调解委员会应按规定向上级工会及劳动保障部门汇报。

（3）当劳动争议当事人到人民法院起诉时，劳动争议调解委员会应做好公司与法院、员工代表的沟通，协调各方利益，争取将公司的损失降到最低。

4. 后期处理

劳动争议调解委员会要组织相关人员对事件进行分析、评估，并形成报告留公司备案，并监督当事人履行调解协议，对引发劳动争议的过失人员追究其相关责任。同时总结经验教训，防止类似事件的再次发生。

五、工具支持

公司劳动争议处理的工具支持为公司劳动争议处理工作标准表（具体见下表）。

公司劳动争议处理工作标准

任务名称		任务程序及标准	时限	相关资料
争议调查	程序	员工向公司提出劳动争议	1个工作日	
		人力资源部对其进行调查研究，了解情况	1个工作日	
		劳动争议调解委员会提出解决争议的相关措施	1个工作日	
	标准	真实、可靠		
争议调解	程序	判断劳动争议是否属实	1个工作日	劳动争议调查表
		若内容属实，申请调解	1个工作日	
		劳动争议调解委员会派员与员工沟通公司意愿	2个工作日	
		双方寻求解决方式	5个工作日	
		人力资源部提供相关资料	1个工作日	
	标准	公正、合法		
争议调解总结与改进	程序	劳动争议调解委员会对事件进行分析、评估	1个工作日	劳动争议调解报告
		人力资源部编写总结报告	2个工作日	
		责令相关部门改进	1个工作日	
	标准	科学、积极		

六、费用预算

实施该预案的费用主要包括资料费、法律咨询费用、劳动争议赔偿费用和调解委员会成员工资和奖金等。初步计算，完成该预案预计需要_____元。

七、有关奖惩措施

1. 奖励措施。在劳动争议处理中有效解决争端并为公司挽回重大损失的，当月给予奖金_____元。

2. 惩罚措施。工作过程中严重违反公司有关规定，甚至与有关人员发生语言及肢体冲突，给公司造成重大损失的，应扣发当事人当月奖金，并作出停薪留职的处理。

五、员工离职管理

随着经济的发展和知识型员工的增多，员工流动成为一种普遍现象。从企业角度来看，一定比例的人才流动对企业的发展是有好处的，既可以保持企业的活跃度，又不至于承担过重的人力成本。从员工角度出发，他们可以重新进入劳动力市场，评估自己的价值，选择其他企业，更好地实现自我价值。但是过多的员工离职会给企业带来人力资源管理成本过高和核心人才流失等不利影响。因此，如何管理员工的离职是企业人力资源管理的一项重要工作，也是实现人力资源管理目标的重要条件。

（一）员工离职的内涵

员工离职有广义和狭义之分，广义的员工离职是指员工个体作为企业成员状态的改变，即反映员工从一种工作状态到另一种工作状态的改变，包括工作岗位、工作地点、岗位职务、工作对象和工作性质的变化，也就是说，员工的工作出现状态调整，但员工与企业的雇佣关系依然存在。而狭义的员工离职是指从企业中获取物质利益的个体终止其企业成员关系的过程和行为，即员工终止了与企业的雇佣关系的状态。我们这里所讲的员工离职是狭义的员工离职，即员工与企业终止雇佣关系的离职行为。

（二）员工离职分类

员工离职主要分为三种情况：自愿离职、非自愿离职与自然离职。自愿离职是员工出于个人原因自愿离开企业所形成的人员流出；非自愿离职是指由于企业的原因或其他客观原因导致的企业人员流出；自然离职是指因一些不可避免的人力资源耗损（退休、工伤、死亡等）导致企业人员流出。

（三）自愿离职的管理

对于自愿离职员工的管理分为五个步骤：分析自愿离职的原因并进行归纳总结，查找导致员工离职的企业层面因素，进行旨在减少员工自愿离职的政策改进，进行效果评估，明确离职流程。

1. 分析离职原因

员工离职的原因是多方面的，主要可以归纳为三点：个人因素、企业因素、报酬因素。其中个人因素离职是指由于员工个人工作以外的原因导致的离职；企业因素离职是指由于员工认为企业给其带来的心理满足低于其心理期望而导致的离职；报酬因素离职是指由于员工认为企业所提供的物质回报低于其心理预期而导致的离职。针对不同原因离职的员工，企业可以采取相关的改进措施，以降低自愿离职率。

分析员工离职的原因所使用的方法有：离职人员访谈法、员工主管座谈法、员工工作满意度调查、员工意见箱制度等。其中离职人员访谈法与员工工作满意度调查是最常用的方法。

2. 查找企业层面因素

当管理者对离职员工的离职原因进行收集与归纳后，就可以开始探索除离职者个人因素外，是哪些企业层面的制度缺陷造成了员工离职。

3. 政策改进

任何企业层面的制度变革遇到的阻力都不会小，这种对企业制度与政策的修正和调整一般都会有复杂性高、难度大、花费时间长等特点。

4. 效果评估

前三个步骤完成之后，企业需要对离职管理的整体效果进行评估。评估可以从几个方面进行：首先，可以考察企业在下一个时间段内的员工离职情况，优秀人才的离职率是否有所降低；其次，可以调查在职员工的满意度是否有所提高；最后，对离职管理的成本进行核算，在合理范围内尽量降低成本。

通过以上四个环节的努力,企业有可能了解到自愿离职员工的离职原因,进而改进企业中有缺陷的制度与政策,为降低企业所不希望发生的自愿离职率提供制度保证。

5. 明确离职流程

虽然企业采取各种方法和手段尽量避免员工主动离职行为的发生,但员工自愿离职仍难以避免。人力资源部门应该建立相关的制度、规范和流程,把员工离职给企业带来的损失降至最低。员工离职流程一般包括以下几个步骤。

(1)辞职申请。企业要事先明文规定员工提前递交辞职报告的时间、辞职报告接收人和辞职报告的基本内容。

(2)挽留程序。提出辞职申请员工的直接主管应当与辞职员工进行沟通,对于工作称职、业绩良好的员工进行挽留,并了解其辞职的原因,寻找解决办法,减少企业因员工流失而造成的损失。

(3)辞职审批。经挽留无效或者没有必要挽留的员工,可以进入辞职审批流程,按照企业相关程序进行审批。完成审批流程后,应将有关书面文件交人力资源部门确认。

(4)工作交接。人力资源部门收到书面审批文件后,通知有关部门主管进行辞职员工的工作交接。有关交接人员和负责人书面确认后,方可视为交接完成。

(5)用品收回。企业要收回离职员工的工作证、名片,检查办公室物品是否完好,收回钥匙和非低值易耗办公用品等与企业相关、所有权为企业的物品。

(6)财务结算。企业应与离职员工做好借款、贷款等应收款项结算,工资、奖金、福利结算,违约金、承诺合同期未满的补偿费用等结算事宜。

(7)劳动关系解除。企业应为离职员工出具工作证明,办理退工手续,转调人事关系、档案和保险关系等。

(8)后续管理。员工与企业解除劳动关系后,从法律角度而言,不再是企业的员工,企业对员工的管理可以结束了,但是离职的员工(尤其是主动离职的员工）对企业依然具有价值。因此，进行离职员工的后续管理不仅可在员工离职时规避许多风险，在社会上树立良好的企业形象，还可以让他们今后成为企业重要的社会资本。

（四）裁员管理

裁员是非自愿离职的典型形态，在企业经营出现困境或遭遇经济危机时，裁员是企业降低人工成本、提高劳动生产率和竞争力的重要手段。因为裁员是员工的非自愿离职，可能会引起一部分员工的不满和怨言，如果处理不好企业与被裁员工的关系，极有可能损害企业的形象，甚至为企业带来负面影响。此外，通过裁员虽然可以降低企业的人工成本，但同时也会在某种程度上增加企业的管理成本，如招聘成本、培训成本、对员工的补偿成本等。如果裁员不当，在经济好转时，还必须付出更大的成本重新招聘、培训等。所以，裁员一定要有规划，不能盲目裁员。在面临裁员时，可以就替代方案进行比较，如冻结招聘、停发奖金、限制加班、工作分享、弹性工作等，从中选择对企业长远发展最为有利的方式。

当必须裁员时，也要进行详细的规划，设计合理的裁员方案，尽量把负面影响降到最低。一般而言，企业的裁员分为以下几个步骤。

1. 裁员计划

裁员计划共有五个阶段：

（1）明确企业战略及目标，充分考虑企业的现实与未来，列出具体裁员岗位、数目及依据，对裁员的商业价值进行评估；

（2）计划制订，具体包括筛选被裁员工的依据，确定遣散费、补偿费及相关法律依据，制定保留或重新雇用战略；

（3）制定沟通策略，沟通内容包括企业经营现状、裁员原因、标准和过程说明等，确定沟通方式；

（4）建立裁员小组；

（5）制定裁员时间表。

2. 裁员筛选

裁员筛选主要有四个步骤：

（1）制定筛选标准，依据该标准对需要裁员的岗位上的员工进行初步评估；

（2）确定最优秀和最应保留员工名单，并对名单进行评估；

（3）确定裁员对象，对裁员名单再次进行评估；

（4）人力资源部门工作人员与各有关部门主管进行沟通和商讨，确定最终的裁员名单。

在此过程中，要注意保留筛选依据。

3. 裁员实施

裁员实施过程主要包括以下三个步骤：

（1）面谈并提供咨询帮助，由人力资源部门的高层领导与被裁员工进行裁员面谈，沟通裁员结果并充分解释裁员原因。沟通时，领导的态度应真诚，能够站在员工的立场上，表示感同身受；同时为员工提供咨询服务，提高他们对劳动力市场的了解，帮助他们寻找下一份工作。

（2）确定遣散费用方案，包括遣散费用的计算依据、计算公式，以及审定福利授予方案，处理相关的法律问题和手续。

（3）与保留员工进行深度沟通，消除他们对于裁员的恐惧心理，安抚他们的情绪，鼓励他们尽快恢复正常的工作状态。

4. 裁员评估

事后需要对裁员进行评估，评估内容包括：

（1）裁员计划和裁员方案的完整性和周全性；

（2）裁员工作是否按计划进行，时间掌控、使用成本、最终效果是否都达到预期；

（3）员工的不满情绪是否得到很好的平复，裁员过程中是否出现与员工矛盾的激化和诉讼问题；

（4）裁员名单的确定是否科学、合理，有没有裁掉不应该被裁的员工或保留不应该保留的员工。

根据评估结果，汲取经验，改进方案。

（五）离职管理的注意事项

一般而言，员工离开原企业后，都会进入另一家企业。跳槽作为一件比较敏感的事情对企业的形象有较大的影响。如果人力资源管理者能够很好地对员工的离职进行管理，妥善处理员工的情绪，也可以帮助企业树立一种正面的、良好的形象；相反，则会极大损害企业声誉。所以，企业应该切实重视对员工离职的管理，构建一整套体系来对员工的离职进行监察和管理。这套体系适用于所有企业离职人员。

（1）人力资源管理者和部门管理者在平时应加强对下属员工的观察和关心，及时与员工进行沟通，随时了解员工的需求和心理变化，帮助员工排遣压力和对工作的不良情绪，让员工体会到上级的关心，能够有效降低员工的离职意愿。

（2）按照《劳动合同法》的规定，员工提前30日以书面形式通知用人单位，可以解除劳动合同；试用期内，提前3日通知用人单位，可以解除劳动合同。在员工递交辞职信后，管理者应该及时与员工进行沟通，了解其辞职原因，对于优秀的员工和企业的核心员工，人力资源管理者应该与其直接上级进行沟通，尽力帮助其解决问题，在允许的范围内满足其需求，加以挽留。如果挽留不成功，也尽量不要恶化与该员工的关系，不能故意克扣员工应得的工资和扣押其证件，应保持友好的态度，按照企业的规章制度对各项事宜进行处理。对于属于竞业限制的人员，企业应进行后续的跟踪调查，以确定其是否违反禁业协定。

（3）在接受辞呈后，由离职员工直接上级监督其完成交接任务，同时，人力资源管理者及时与部门主管协商、沟通，寻找合适的员工接替离职员工的工作。如果内部没有合适人选，人力资源管理者应立即着手从外部招聘，争取不使工作出现断层，不影响部门工作的正常运转。

（4）员工正式离职前，人力资源管理者应该再次与该员工进行深度沟通，询问其对企业的看法和意见。由于离职员工不再有自身利益的牵涉，一般会真实地表达自己的看法，同时也能够说出很多在职员工中普遍存在的不满和问题。人力资源管理者应该深入了解员工的心声，并在未来的工作中采取措施并加以解决。

六、劳动保护

劳动保护是指在生产过程中,为保证员工的安全与健康,改善劳动条件,防止职业病和工伤事故所采取的一系列措施。我国劳动保护工作经历了建立和发展、停顿和倒退、恢复和提高三个阶段。当前我国实行"企业负责、行业管理、国家监察、群众监督和劳动者遵章守纪"相结合的劳动保护管理工作体制,坚持"安全第一、预防为主、综合治理"的安全生产方针。

(一)劳动保护的主要内容

1. 劳动保护管理

劳动保护管理是指从立法和企业管理措施的角度来研究如何处理好生产(经营)活动中人与人之间的社会关系,实现安全生产,保障劳动者的安全和健康,促进生产(经营)活动的发展。

2. 劳动安全技术

劳动安全技术是指为防止在生产(经营)活动中发生伤亡事故,保障劳动者的生命安全,运用安全系统工程学的观点、方法,分析事故的原因,掌握事故发生的规律,而在技术、设备、个人防护方面所采取的一整套防止事故发生的措施。

3. 职业卫生

职业卫生(又称劳动卫生、工业卫生)是指为了保障劳动者在生产(经营)活动中的身体健康,防止职业病和职业性多发病等职业危害,在技术、设备、医疗卫生上所采取的一整套措施。

(二)劳动保护的目的及任务

劳动保护的目的是为劳动者创造安全、卫生、舒适的工作条件,消除和预防劳动生产过程中可能发生的伤亡、职业病和急性职业中毒,保障劳动者以健康的身心参加社会生产,促进劳动生产率的提高。

劳动保护工作的任务是采取积极有效的管理措施和工程技术措施，保护劳动者在生产过程中的安全与健康，促进社会主义建设事业的顺利发展。具体分为以下几个方面。

1. 劳动条件

改善劳动条件，减轻劳动强度，为劳动者创造舒适、良好的作业环境。

2. 现代安全技术

采取各种保证现代安全生产的技术措施，控制和消除生产过程中容易造成劳动者伤害的各种不安全因素，保障劳动者安全地从事生产劳动。

3. 现代劳动卫生

采取各种保证现代劳动卫生的技术措施，改善作业环境，预防和消灭职业病及职业危害，保障劳动者的身体健康。

4. 女职工和未成年工

根据女职工和未成年工的生理特点，依法对他们进行特殊保护。

5. 工作时间与休假

严格控制加班加点，保证劳动者有合理的休息时间，使劳动者能经常保持健康的体魄、高涨的热情和充沛的精力，保证现代安全生产，提高劳动效率。

（三）劳动保护的措施

劳动保护的具体措施主要包括以下四点。

1. 对生产中的高温、粉尘、噪声、振动、有害气体和物质等采取技术措施加以治理

（1）防止有毒有害物质危害。根据国家标准《有毒作业分级》，对劳动者进行保护；凡散发有害健康的蒸汽、气体的设备应加以密闭，安装通风、净化装置；有毒物品、危险物品应储藏在专设处所，严格管理；有毒或有传染性危险的废料应在有关部门的指导下进行处理等。

（2）防止粉尘危害。根据国家《工作场所职业病危害作业分级　第

1部分：生产性粉尘》，对劳动者进行保护；设置吸尘、滤尘和通风装置，发放个人防尘用品和保健食品，定期进行健康检查等。

（3）防止噪声和强光刺激。设置消声装置，合理安放在工作场所中，发放相应的个人防护用品等。

（4）防止电磁辐射危害。设置电场屏蔽或磁场屏蔽装置；推进自动化或远距离控制作业，采取必要的个人防护措施等。

2. 改善通风、照明、防暑降温、防寒防冻等设施

（1）通风。工作场所可以自然通风的应保证自然通风，有毒有害气体聚集的工作场所应进行机械通风，并要有相应的管理措施。

（2）照明。局部照明应符合操作要求。

（3）防暑降温和防寒防冻。严格执行《低温作业分级》《冷水作业分级》标准，工作场所温度在 5 ℃以下、35 ℃以上应采取相应的措施等。

（4）配备个人防护用品和生产辅助设施。

3. 定期对员工进行健康检查和职业病防治观察

（1）劳动者健康体检制度包括员工招聘健康检查和企业员工定期体检两类制度。

1）员工招聘健康检查。企业对拟招聘人员进行体检，一般岗位为常规体检，岗位对员工的健康有特定要求的应进行特定体检，以便决定其是否符合从事某项特定工作岗位要求。

2）企业员工定期体检。安排企业员工定期体检，可以及时发现疾病及时治疗，并可预防职业病的发生。

（2）职业病相关管理规定。《中华人民共和国职业病防治法》对职业病的管理做了详细规定。

4. 工伤保险

工伤保险是指国家通过立法，建立工伤保险基金，向因工负伤（职业病）而中断生活来源的职工和因工死亡职工供养亲属提供物质帮助的一种社会保障制度。在国家标准《企业职工伤亡事故分类》中将"伤亡事故"定义为"企业职工在生产劳动过程中，发生的人身伤害、急性中毒"。工伤保险除为受害者及其家庭提供必要的物质补偿外，还可以减少事故的发生，并使受伤害者尽快恢复劳动能力。

除以上措施外，还应搞好环境卫生和绿化工作，并对员工及其家属提供卫生防疫、医疗预防、妇幼保健等服务。

七、职业健康与卫生

（一）职业健康管理

1. 职业健康管理定义

1950年，由国际劳工组织（International Labour Organization，ILO）和世界卫生组织（World Health Organization，WHO）组成的联合职业健康委员会把职业健康定义为各行业的工人在身体上的、精神上的和社会福利上的良好状态。职业健康目标是保持和改善劳动者身体上、精神上以及社会福利上的良好状态，防止职业病和因工受伤，使工作地点和工作环境满足工人的需求，工作重点放在预防而非治疗上。

职业健康管理是指为了保护员工健康，通过对生产过程中职业病危害因素进行识别，了解职业病危害因素的强度及其对员工可能造成危害的程度，并对这些职业病危害因素加以控制和预防的活动。

2. 职业健康检查

用人单位组织劳动者进行职业健康检查，并承担职业健康检查费用。劳动者接受职业健康检查应当视同正常出勤。用人单位应当选择由省级以上人民政府卫生健康行政部门批准的医疗卫生机构承担职业健康检查工作，并确保参加职业健康检查的劳动者身份的真实性。

职业健康检查包括：上岗前、在岗期间、离岗时和应急健康检查。具体包括以下事项。

（1）对未进行岗前检查的劳动者，用人单位不得让其从事有害作业；对未进行离岗体检的劳动者，用人单位不得与其解除或终止劳动合同。

（2）用人单位发生分立、合并、解散、破产等情形时，应对从事有毒有害作业人员进行健康检查，并妥善安置职业病病人。

（3）对急性职业中毒人员，应及时进行健康检查。

（4）健康检查结果应及时通知本人，对患有职业禁忌证的劳动者，应及时调离原岗位。

（5）职业健康检查应根据接触的职业病危害因素，按《职业健康检查项目及周期》的规定，确定检查项目和检查周期。

3. **职业健康档案管理**

职业健康档案管理应包括以下内容。

（1）劳动者职业史、既往史和职业病危害因素接触史。

（2）相应作业场所职业病危害因素监测结果。

（3）职业健康检查结果及处理情况。

（4）职业病诊疗情况等劳动者健康资料。

职业健康档案应妥善保存，劳动者有权查阅、复印本人档案，离岗时有权索取复印件。

（二）职业卫生管理

1. 职业卫生管理定义

职业卫生是研究人类从事各种职业劳动过程中的卫生问题，它以职工的健康在职业活动过程中免受有害因素侵害为目的，其中包括劳动环境对劳动者健康的影响以及防止职业病危害因素的对策。其实质是对各种工作中的职业病危害因素所致损害或疾病的预防，属预防医学的范畴。

职业卫生管理是指为预防、控制和消除职业病危害因素，保护和增强劳动者健康，提高工作生活质量，依法采取的一切卫生技术或者管理措施。它的主要任务是识别、评价和控制不良的劳动条件，保护劳动者的健康。

2. 职业卫生相关法律法规

职业卫生相关法律法规见表10-2。

表 10-2　　　　　　　　　　职业卫生相关法律法规

法律法规	内容
法律	《中华人民共和国宪法》《中华人民共和国职业病防治法》《中华人民共和国劳动法》《中华人民共和国工会法》《中华人民共和国矿山安全法》《中华人民共和国妇女权益保障法》《中华人民共和国乡镇企业法》《中华人民共和国民法典》《中华人民共和国刑法》《中华人民共和国建筑法》《中华人民共和国医师法》《中华人民共和国行政处罚法》《中华人民共和国行政复议法》《中华人民共和国行政诉讼法》《中华人民共和国国家赔偿法》
法规	《中华人民共和国尘肺病防治条例》《使用有毒物品作业场所劳动保护条例》《突发公共卫生事件应急条例》《放射性同位素与射线装置安全和防护条例》《工伤保险条例》
部门规章	《放射事故管理规定》《国家职业卫生标准管理办法》《职业病诊断与鉴定管理办法》《职业卫生技术服务机构管理办法》《工作场所职业卫生管理规定》《用人单位职业健康监护监督管理办法》《职业病危害项目申报方法》
规范性文件	《职业病危害因素分类目录》《职业病分类和目录》《卫生部关于加强建设项目放射卫生审查工作的通知》《卫生部关于印发放射诊疗许可证发放管理程序的通知》《国家卫生健康委关于印发用人单位职业卫生监督执法工作规范》《国家卫生健康委关于放射卫生技术服务机构管理有关事项的通知》《国家卫生健康委办公厅关于印发职业卫生监督协管服务技术规范的通知》
标准	《中华人民共和国国家职业卫生标准》《工业企业设计卫生标准》《工作场所有害因素职业接触限值》《职业病诊断鉴定规范》《职业照射放射卫生标准》《劳动防护用品配备标准》《职业危害因素检测规范》

第三节　员工援助计划

一、员工援助计划概述

员工援助计划（Employee Assistance Program，EAP），又称员工心理援助项目、全员心理管理技术，是企业为员工设置的一套系统的、长期的福利与支持项目。

EAP 起源于 20 世纪二三十年代的美国，最初是为了解决员工的酗酒问题。当时，人们已经意识到酒精依赖是疾病而非精神或道德问题。因此，为消除员工酗酒问题给个人和企业绩效所带来的负面影响，有的企业聘请专家帮助员工解决这些问题，并建立了职业酒精依赖项目（Occupational Alcoholism Program，OAP），这就是 EAP 产生的开端。

20 世纪 60 年代以后，美国社会酗酒、吸毒、滥用药物等问题日益严重，家庭暴力、离婚、心情抑郁越来越影响员工的工作表现，于是 OAP 扩大了服务范围，其服务对象也扩展到员工家属，项目增多，内容也更加丰富。

1971 年，美国洛杉矶成立了一个 EAP 专业组织，即现在国际 EAP 协会的前身。目前，EAP 的服务范围已经发展到关注员工心理和行为健康的各个方面。

EAP 的内容丰富多彩，涉及工作压力、心理健康、危机事件、职业生涯发展、健康生活方式、法律纠纷、理财问题、减肥和饮食紊乱等多个方面。但是，它的核心内容还是解决员工及其家属的心理和行为问题。

（1）EAP 内容。

1）处理造成问题的外部压力源本身，即减少或消除不适当的管理和环境因素。

2）处理压力所造成的反应，即情绪、行为及生理等方面症状的缓解和疏导。

3）改变个体自身的弱点，即改变不合理的信念、行为模式和生活方式等。

（2）确定 EAP 的因素。

1）根据企业文化、企业的内部环境和外部环境及企业面临的挑战和压力来选择 EAP 的内容。

2）注意区分心理咨询与 EAP 的内容，心理咨询仅对个体负责，而 EAP 的内容更倾向于针对企业现状，它不仅服务于个体，更重要的是要通过解决个体遇到的问题，完善个体心理和行为方式，使个体更好地服务于企业，促进企业绩效的提高。

二、员工援助计划的服务

EAP 已经发展成一种综合性的服务,其服务目的在于使员工从纷繁复杂的个人问题中解脱出来,减轻压力,维护心理健康。企业实施 EAP 服务项目时,应当重点了解以下内容。

(一) EAP 服务的类型

概括而言,EAP 服务的类型可划分为七种,具体内容如下。

1. 通过压力管理、挫折应对、保持积极情绪等一系列培训,帮助员工掌握提高心理素质的基本方法,增强对心理问题的抵抗力。

2. 利用海报、自助卡、健康知识讲座等多种形式树立员工对心理健康的正确认识,鼓励员工遇到心理困扰问题时积极寻求帮助。

3. 对那些拥有个人问题以致影响到业绩表现的员工,运用建设性的对策、激励和短期的干涉方法,使其认识到个人问题和表现之间的关系。

4. 为这些员工提供医学咨询、治疗、帮助、转介和跟踪等服务。

5. 提供企业咨询,帮助他们与服务商建立和保持有效的工作关系。

6. 在企业中进行咨询,使得政策的覆盖面涉及有关不良现象或行为,并进行医学治疗。

7. 针对企业的现状,创建人文关怀,为每一位员工建立心理档案,做心理健康指数的评估,在此基础上与企业管理相结合,缓解企业内部矛盾,构建企业的新机制。

(二) EAP 的服务程序

EAP 的服务程序可以分为以下步骤。

1. 明确问题,确定 EAP 服务内容

EAP 工作人员可以通过专业的访谈和问卷调查分析法,寻找问题,以此确定 EAP 服务内容。

2. 问题诊断

EAP 工作人员通过采用专业的心理健康评估方法评估员工心理生活

质量并确定问题产生的原因，从而为针对性地提出科学有效的 EAP 做准备。

3. 宣传推广

利用报纸、杂志、宣传栏、海报、网络、讲座等多种形式搞好职业心理健康宣传，强化管理层及员工对 EAP 的了解和认识。

4. 教育培训

对管理者进行培训，使其了解和掌握一定的心理知识和心理咨询技巧，以便在工作过程中及时发现、甄别、解决和预防员工心理问题。对员工进行培训，使其了解和掌握基本的心理知识和自我管理技巧，以帮助员工了解自我，澄清困惑。

5. 咨询辅导

针对个别员工的特殊问题进行心理辅导。

6. 服务实施效果评估

在项目实施过程中和结束时，分别提供阶段性评估和总体评估报告，帮助管理者及时了解 EAP 的实施效果，也为改善和提高服务质量提供依据。

本章自测题

1. 员工离职的分类有哪些？
2. 劳动争议处理方式有哪些？
3. 劳动保护的具体措施有哪些？
4. 职业健康检查包括哪些方面？

第十一章 人力资源服务

 学习目标

➢ 目标1 了解人力资源服务发展现状
➢ 目标2 掌握人力资源服务八大业态
➢ 目标3 知晓人力资源服务各业态的内容和分类

 引导案例

某公司是中国民用视听产品、游戏产品、通信产品关键零部件和信息技术等领域的先导之一,在公司成长的30多年时间里,作为一家具有高度责任感的企业,该公司一直致力于以高品质的产品和服务,帮助人们实现享受娱乐生活的梦想。

截至2022年年底,该公司在中国六个省建立了分工厂,其中公司60%的销售来自中国市场,40%的销售来自欧美市场。截至2023年7月31日其销售额约达500亿元。

随着业务的不断扩大,该公司人力资源经理意识到繁杂的事务性工作占据了人力资源部人员大部分的时间,人力资源日常行政管理工作有碍于他们考虑公司战略层面的工作,且他们不应仅

仅需要通过人力资源信息系统技术来解决现存的人力资源问题。

在对人力资源服务机构和其他公司人力资源工作进行分析后，该公司人力资源部开始审慎地思考人力资源外包服务方案，希望通过外包能更有效地管理和降低人力资源服务成本，并以此提升人力资源职能的战略角色地位。

在上述案例中，为使人力资源外包工作得到有效实施，该公司人力资源部人员应选择哪个或哪些人力资源职能/活动作为外包对象，其选择依据是什么？

第一节 人力资源服务的发展现状与趋势

一、人力资源服务概述

（一）人力资源服务的概念

人力资源服务（human resource service），是指人力资源服务机构为人才和用人单位提供人力资源相关服务，从而促进人力资源优化配置及人力资源的有效开发。

（二）人力资源服务与人力资源管理

人力资源管理工作效率的高低在一定程度上影响着企业在市场竞争中的强弱。科学的人力资源管理体系对企业发展具有持久的推动作用和良性的带动作用，有利于提高企业的竞争力和灵活性。

对于企业而言，选择第三方人力资源服务是对本企业人力资源管理的完善和补充。人力资源服务可以通过提供不同形式的服务和产品来满足人员、企业、社会发展中人力资源开发领域的各自需求，目的在于帮助该主体更加合理有效地获取、开发、配置和利用人力资源。

(三) 人力资源服务的特点

人力资源服务既有服务业的共性，又有自身特点，主要表现在三个方面。

1. 基础性

人力资源是第一资源，是经济社会发展的基础和源泉，在市场环境下，人力资源管理在企业管理中具有重要的战略位置。企业管理是以人力资源管理为主开展的针对企业生产经营活动进行的包括计划、组织、指挥、协调和控制等在内的一系列活动的总称。企业将自身的基础性工作外包给社会服务机构后，可以腾出更多的时间和精力谋求进一步的发展。这类社会服务机构通过直接提供人力资源服务，可以广泛渗透到社会各个行业、各个部门，所以人力资源服务具有基础性。

2. 通用性

因为人力资源服务具备社会属性，所以为企业提供人力资源服务的社会机构，并不只是针对某个特定的企业为其提供服务、满足其需求。人力资源服务社会机构要满足的是某一类企业的服务需求，为其提供所需要的服务，因此具有通用性。

3. 无形性

人力资源服务是对企业内部事项及人力资源相关操作进行服务，提供的可能是方案或具体的操作服务。它不同于实物商品的服务，既能看到还能摸到，人力资源服务是无形的，所以人力资源服务具有无形性。

二、人力资源服务的发展现状

我国人力资源外包服务最早在东部地区开始，目前也是该地区发展得最好，特别是北京、上海、深圳、苏州等地区的人力资源外包服务行业已经形成了产业规模。许多国外先进的人力资源外包服务公司如万宝盛华、任仕达等纷纷进入中国市场，从提供人力资源工具到人力资源服务，再到人力资源所有功能的一体化，每年有数十亿元的资本涌入人力资源服务行业。从2010年起，人力资源社会保障部和相关省市陆续建成上海、重庆、苏州、杭州、成都、烟台、长春、南昌、西安、北京、天津、广州、深圳、长沙、合肥、武汉、宁波等 26 个国家级人力资源服务产业园。

2022 年，人力资源社会保障部与商务部共同评审认定首批 12 家人力资源服务出口基地，成为创新要素集聚平台。与此同时，人力资源服务机构广泛应用大数据、人工智能等新兴信息技术，远程面试、网络培训、灵活用工等服务层出不穷。人力资源服务数字化产品受到经营主体广泛认可，全行业逐步向价值链高端延伸。

1. 行业营业收入情况

行业总体及各类服务机构的营业收入均增长迅速。截至 2022 年年底，我国共有各类人力资源服务机构 6.3 万家、从业人员 104.2 万人、年营业收入超 2.5 万亿元，分别是 2012 年的 2.2 倍、3.1 倍和 4.4 倍。数字经济等领域催生大量人力资源服务需求，行业发展新动能日益显现。人力资源服务业作为生产性服务业重要门类、现代服务业重要组成部分的地位不断巩固并持续提升。

2. 人力资源服务机构情况

2022 年，全国各类人力资源服务机构共举办现场招聘会 27 万场次，网络招聘发布岗位信息 9.3 亿条，发布求职信息 9.6 亿条，全行业为 3.1 亿人次劳动者提供了就业、择业和流动服务，为 5 268 万家次用人单位提供了人员招聘和管理服务，其中 40% 左右是制造业企业，78% 是民营企业，大部分是中小微企业。2022 年年底，全国共有市场化人力资源服务机构 5.8 万家，11 家企业已在国内外资本市场上市，中智集团、北京外企、上海外服等龙头企业年营业收入超过千亿元，进入我国企业 500 强行列。

3. 人力资源服务业务发展情况

随着改革开放步伐不断加快，人力资源市场化流动配置得以开始全面展开。劳动者和用人单位作为人力资源市场的主体地位正式确立，劳动力市场和人才市场基本形成，各类服务机构规模不断扩大，人力资源服务业态不断丰富。2022 年网络招聘发布岗位信息数亿条，培训劳动者数千万人次。人力资源市场建设提质增效,共设立固定招聘场所近5万个、人力资源服务网站2.1万个。

三、人力资源服务的发展趋势

近年来,随着全球经济与新技术的蓬勃发展,人力资源服务业也迎来新一轮的快速发展,呈现出一些新趋势。

1. 专业化发展

人力资源服务业必然向专业化、深入化、精细化发展。企业对人力资源服务要求的不断提升和各种个性化需求的不断提出,都要求第三方人力资源服务企业提高服务专业度、精细度和灵活度。

2. 整合化重构

市场的需求是多样的,人力资源服务机构要在市场中占领一席之地,必须拥有特色化的产品和项目。人力资源服务机构开始探索产品和产业链的整合重构,着力为客户提供全链条、"一站式"人力资源整体解决方案。

3. 服务"一带一路"国际化

随着全球化和中国对外开放程度的加深,我国越来越多的企业积极参与"一带一路"建设和对外投资。国内一些人力资源服务机构为了满足这些企业的需求,也在海外设立了分支机构,为国内外企业提供招揽人才、培训以及管理咨询等相关人力资源服务。

第二节 人力资源服务业态

一、人力资源招聘服务

(一)人才招聘服务概述

人才招聘服务是指人力资源服务机构根据用人单位的人才需求,通过自己的独特渠道和选拔操作,为用人单位提供符合其需求的专业人才的服务形式。

相对于企业内部招聘而言，人才招聘服务具有以下几个重要作用。

1. 满足用人单位特别的人力资源配置需求，提升人力资源工作效能

随着社会经济的发展和产业结构的调整，用人单位对人才的需求逐渐多样化，而且有时还面临批量招聘的压力。通过人才招聘服务，用人单位可以快速满足自己的多样化用人需求，提升人力资源管理效能。

2. 增加用人单位的招聘渠道

与内部招聘相比，人力资源服务机构的招聘服务属于外部招聘，而且其效率、专业性和渠道的广阔性往往不是一般的用人单位所能比拟的。

3. 提升用人单位的品牌价值

通过招聘服务，企业的品牌形象将会在受众群体中广泛传播，这将大幅提升企业的品牌价值，增加企业在市场上的影响力。

（二）招聘服务业务类型

1. 网络招聘

网络招聘又称在线招聘，是指通过运用互联网技术向公众发布招聘信息，帮助用人单位完成招聘的过程。

人力资源服务机构可以运用网络招聘操作方式便捷、信息量大、招聘效率高、成本较低、不受地点和时间的限制等优势为个人及用人单位提供招聘服务。这一方式不仅可以为个人提供网上求职、简历设计、求职指导等个性化服务，还可以为用人单位"量体裁衣"，提供以网络招聘为核心的人才解决方案。

2. 现场招聘会

现场招聘会是指在约定的时间和场地，组织用人单位和求职者进行洽谈、双向选择的人力资源交流活动。现场招聘会分为不定期招聘会和定期招聘会两种。

人力资源服务机构通过举办招聘交流会，使得用人单位和求职者之间可以面对面地进行交谈，节省了用人单位和求职者的时间。

大部分招聘会具有特定的主题，例如"应届毕业生专场""研究生学

历人才专场""IT类人才专场"等，通过这种毕业时间、学历层次、知识结构等的区分，企业可以较方便地选择适合的专场设置招聘摊位进行招聘。

3. 代理招聘

代理招聘是指由第三方人力资源服务机构为企业提供整体招聘解决方案，快捷高效地为企业招募到所需人才。此项服务可满足企业在短时间内、批量招聘具备相似技能的候选人的需求。

代理招聘这一方式主要通过强大的网络及报纸资源平台，在规定的时间内为企业批量提供高质量的简历，以帮助企业解决招聘人手短缺等问题。

4. 校园招聘

校园招聘是指由招聘代理机构的招聘人员到学校直接招募企业所需人员的招聘形式。校园招聘具有招聘时间集中、招聘范围大、候选人专业多样化的特点。由于招聘对象基本是应届毕业生，相对于社会上有经验的求职者，他们一般具有可塑性较强、学习能力强、专业知识丰富等优势，但应届毕业生在工作经验、职业定位、职业规划等方面不同程度地存在不足，因此企业进行校园招聘的主要目的是招聘一些专业技术人才及储备人才。

（三）招聘服务商业模式创新

1. 招聘服务+共享经济

共享经济，一般是指物品的所有者以获得一定报酬为主要目的，将自己闲置物品的使用权暂时转移的一种新的经济模式。其本质是整合线下的闲置物品、劳动力、教育资源、医疗资源等。

针对招聘服务而言，即在一个共享的平台上，运用技术手段解决问题，利用人工智能技术（AI）做好信息的机器筛选和匹配，之后再由人力资源资深人士对机器筛选的结果进一步进行优化，增加简历评语和推荐等信息。通过此种方式可以提升企业招聘效率。

此种方式实质上是通过利用共享人力资源的方式调动社会闲置劳动

力资源，来解决招聘与求职双方的痛点，是共享经济在招聘领域的完美应用。

2. 招聘服务 + 直播平台

直播平台是近年来兴起的、利用互联网的优势进行交流的一种新型的社交媒体。

网络直播吸取和延续了互联网的优势，利用视讯方式进行网上现场直播，可以将产品展示、对话访谈、在线培训等内容现场发布到互联网上，利用互联网的快速传播、表现形式多样、内容丰富、交互性强、不受地域限制、受众可划分等特点，加强活动现场的推广效果。现场直播完成后，还可以随时为受众提供重播、点播服务，有效延长了直播的时间和空间，使直播内容发挥出最大作用。

这一方式也以其广泛的受众而受到人力资源服务业的青睐，利用这一方式发布招聘信息，可以详细介绍企业概况及招聘职位的信息，有助于求职者对企业及招聘职位有更清楚的了解，是目前较为盛行的招聘方式。

二、高级人才寻访服务

（一）高级人才寻访服务概述

高级人才寻访（executive search），俗称猎头，是指为客户提供咨询、搜寻、甄选、评估、推荐并协助录用高级人才的系列服务活动，是人力资源服务市场对高端人才进行市场化配置的重要业态。

高级人才寻访服务始于20世纪20年代的美国，经过近百年的发展，现在全球70%的高级人才通过高级人才寻访服务实现职业转换，90%以上的跨国公司和几乎所有的全球500强企业都在使用高级人才寻访服务招聘高级人才。高级人才寻访服务机构以成熟的人才渠道、专业化的运营流程，承担了企业招募"将才"中最困难的环节，已成为发达国家不可缺少的专业服务机构。我国高级人才寻访服务是在20世纪90年代伴随外资企业的进入而开始发展的。随着市场经济的发展，高级人才寻访服务机构迅速增长，队伍日益扩大。

（二）高级人才寻访服务业务类型

1. 预付费模式

预付费模式是指在项目实施的前、中、后期分别收取各三分之一的费用。这一模式通常在独家委托时使用，一般在寻访人才级别较高、候选人库中名额较少、雇主公司希望低调进行招聘时采用。采用预付费模式的猎头一般为行业声誉高及综合能力较强的顾问，他们一般具有极强的专业性，在与候选人的沟通过程中，会让候选人感觉非常舒适，这有利于提高雇主在行业中的口碑。同时，这一模式也保证了高级人才寻访机构的收入，他们对候选人的评估会更加公正和客观，力求推荐最符合雇主要求的候选人。

2. 按结果付费模式

按结果付费模式是指在项目成功完成后收取费用。目前大多数猎头公司均采用这一模式。如果对所招聘人员没有特殊要求或招聘方希望了解更多的候选人信息进行挑选时，一般采用这一模式。

在大多数情况下，招聘方会同时委托多家猎头公司进行招聘，最后对搜索到最合适候选人的公司进行付费。如果招聘不成功或因战略调整取消职位，招聘方可以不用付费，有利于节约招聘方的成本。因此，这也是在无特殊要求的情况下，雇主较常采用的方式。

（三）高级人才寻访服务商业模式创新

1. 高级人才服务＋技术工具

随着互联网技术的迅猛发展，网络猎头横空出世。网络猎头指的是利用网络技术开辟"平台＋工具＋顾问"的服务模式，让用人企业与高级人才直接"面对面"的服务模式，是一种传播速度更快、佣金更低、周期更短、推荐更精准的新型招聘方式。

近年来，随着人工智能技术的飞速发展，一大批在线招聘创新企业随之诞生，网络招聘工具也有了新的发展，包括垂直类招聘、移动社交招聘、大数据招聘、机器智能招聘等招聘模式，这些均有助于提升高级人才寻访的效率。

2. 高级人才服务 +App

App 是指可以在移动设备上使用，满足人们咨询、购物、社交、娱乐、搜索等需求的第三方应用程序。

随着移动互联网时代的到来，移动互联网 App 迅猛发展，也催生了大量的猎头寻访 App，为猎头公司进行高级人才寻访提供了较大的便利。

三、人才测评服务

（一）人才测评服务概述

人才测评服务是指市场上的第三方人力资源服务机构，通过科学的测评方法和手段对被测评人员的能力素质状况、个性特点、工作动机、职业兴趣和发展潜力等方面进行评估，以便为客户企业的选人、用人提供一定的科学依据，也对被测评人员的能力和素质状况及其职业发展提供建议和参考。

人才测评服务范围根据划分标准不同，可有不同的服务范围，具体的人才测评服务范围如图 11-1 所示。

图 11-1　人才测评服务范围

（二）人才测评服务机构

我国目前大部分从事人才测评服务的都是一些中介机构或者咨询公司，他们不仅提供人才测评服务，还提供其他人力资源服务。

从事人才测评服务的机构主要有人才中介服务机构、人力资源咨询服务机构、人才市场。

1. 人才中介服务机构

人才中介服务机构是指为用人单位、求职者、职场人士等提供中介服务及其他相关服务的专营或兼营机构。人才中介服务机构可以从事人才推荐、人才招聘、人才培训、人才测评等服务,以及法规、规章规定的其他有关业务。

2. 人力资源咨询服务机构

人力资源咨询服务机构是指专门从事人才测评或者从事人力资源管理相关业务模块的专业管理咨询服务的机构,人才测评是其人力资源管理相关业务模块之一。

3. 人才市场

人才市场是指提供劳动力供求信息的市场,由于市场竞争日益加剧,人才市场也在积极地推出人才测评服务这一项重要业务。

(三)人才测评服务内容

人才测评服务主要是针对被测评人的知识结构、个性特征、能力素质、工作业绩和工作资历五个方面的内容进行测评。因此,人才测评服务内容包括知识结构测评、个性特征测评、能力素质测评、工作业绩测评和工作资历测评(见表11-1)。

表 11-1　　　　　　　　人才测评服务内容

内容	具体说明
知识结构测评	◆ 对客户企业管理人才进行测评时,需对其知识构成情况进行测评 ● 知识结构包括国家方针、政策、法规的相关知识,以及企业经营管理知识、产品相关知识、业务操作相关知识等
个性特征测评	◆ 个性特征测评包括个性倾向性和个性心理特征等的测评 ● 个性倾向性测评包括需要、动机、兴趣、理想、信念、价值观等,进一步可引申为人生观、价值观、择业观、社会观以及政治思想品德、伦理道德、职业道德、社会责任感和社会公德等的测评 ● 个性心理特征测评主要指对气质、性格等的测评

续表

内容	具体说明
能力素质测评	◆ 能力素质测评包括认知能力、职业技能、职业能力倾向性等的测评
工作业绩测评	◆ 工作业绩测评是对客户企业员工担当工作的结果或履行职务工作结果进行测评 ● 工作业绩测评的结果是对企业员工贡献程度的衡量,直接体现出员工在企业中的价值 ◆ 常见的工作业绩指标包括:企业的规模、投资收益率、市场占有率等
工作资历测评	◆ 工作资历测评是指对被测评人的具体工作经历、工作业绩、工作年限等情况进行测评

(四)人才测评服务主要环节

人才测评服务主要包括七个环节,具体为测评需求分析、明确测评目的、测评调研与准备、设计测评方案、人才测评实施、测评数据分析处理和测评结果反馈。各环节的具体说明见表11-2。

表11-2　　　　　　　　人才测评服务主要环节

序号	环节	环节具体说明
环节1	测评需求分析	◆ 测评人员需要与客户企业进行沟通确定测评的具体需求
环节2	明确测评目的	◆ 测评人员需要弄清楚测评的最终目的是什么,是选拔某种人才,还是进行有针对性的培训或者是考核性测评,测评目的不同,测评的内容和方法也不相同
环节3	测评调研与准备	◆ 在测评之前,需要进行前期相应岗位的详细分析和调查工作
环节4	设计测评方案	◆ 测评方案包括测评背景、测评目的、测评主体、测评指标体系、测评方法体系、测评实施程序、费用预算、预期效果和测评结果运用
环节5	人才测评实施	◆ 进行人才测评时,首先需要确定测评时间、测评人员和测评环境 ◆ 在准备工作完成之后,测评实施人员应当向被测评人员宣传测评的目的和流程

续表

序号	环节	环节具体说明
环节5	人才测评实施	◆ 按照制定的流程,并在规定的测评时间和测评环境下进行测评,从而收集并记录测评信息
环节6	测评数据分析处理	◆ 在收集到被测评人员的测评信息后,就可对数据进行分析处理,确定其是否有效
环节7	测评结果反馈	◆ 人才测评服务机构需要将测评的结果反馈给客户企业或个人

四、人力资源培训服务

(一)人力资源培训服务概述

人力资源培训服务是指受客户(企业或个人)委托,独立提供培训服务的专业机构,以第三方的角色为客户(企业或个人)提供专业性培训服务的过程。当下比较流行的人力资源培训服务主要包括职业技能鉴定系列培训、企业领导力系列培训、销售系列培训、营销系列培训、行政系列培训等,培训方式有大型公开课、在线商学院、高端沙龙、企业内训、精品班、保过班等。

培训工作是指有计划、有组织地向受训者传授其完成本职工作及提高工作能力所必须掌握的各种知识和技能、应具备的职业观念和态度、应牢记并遵守的行为规范等内容的过程。从广义上来说,第三方举办的各类考试性培训、认证性培训也属于人力资源培训的范畴。

人力资源培训服务单位在面向客户企业及其员工、个人等提供培训服务时,大体过程包括培训前的调研、培训中的实施授课、培训后的跟进落实这三个阶段。

1. 培训前的调研

对客户企业的基层员工、中层员工及高层进行调研,并对其发展历史、战略目标、业务常态、客户群体等进行调研,全面了解客户单位各层级员工对培训课程的需求,从而有针对性地设计、开发培训课程。

2. 培训中的实施授课

专业讲师根据培训计划，借助能广泛引起学员学习兴趣并有助于理解和掌握培训内容的授课方式进行授课。

3. 培训后的跟进落实

通过组织读书会、案例分享会，配合客户企业人力资源部门制作培训内容落地实施手册，促进学员在实际工作中积极运用培训中学到的知识和技能。

（二）人力资源培训服务分类

根据不同的分类依据，人力资源培训服务可以划分为不同的类型，具体说明见表11-3。

表11-3　　　　　　　　人力资源培训服务分类

分类依据	类型	类型说明
服务对象	个人技能培训	如职业技能鉴定培训、学历培训等
	企事业单位的员工培训	如企业内训、公开课培训、认证培训、咨询式培训、企业网络培训等
培训内容	管理培训	如企业仓储管理培训、企业财务管理培训、企业生产管理培训、企业5S管理培训等
	IT培训	如Office办公软件培训、CAD培训、Photoshop培训、Flash培训、Java培训等
	外语培训	如英语培训、法语培训、俄语培训、德语培训、韩语培训等
有无认证	一般培训	在培训结束后，无须进行专业性认证
	认证培训	在培训结束后进行专业考试及认证，如CPA培训、出版专业技术人员职业资格培训等
受训者状态	在校学生培训	一般多为针对在校大学生开展的培训
	失业人员培训	针对失业人员再就业所需掌握的知识、技能开展的培训
	在职培训	1. 岗前培训：接受客户企业委托，向受训者提供团队拓展训练、职业态度训练、职业化塑造与修炼、自我管理能力提升等

续表

分类依据	类型	类型说明
受训者状态	在职培训	2. 在岗培训：接受客户企业的委托，利用业余时间或部分工作时间，对在岗员工开展的培训，如企业内训、公开课培训等 3. 脱岗培训：接受客户企业的委托，对脱岗培训人员进行脱岗培训，主要培训内容集中在知识、技能、业务、状态等方面

（三）人力资源培训服务机构的发展前景与趋势

1. 人力资源培训服务机构的发展前景

进入21世纪，国内民营企业、外资企业迅速发展，企业管理层的培训意识也有所增强，对人力资源培训的认可度也越来越高，形成了较广的人力资源培训需求市场，因此可以说人力资源培训服务机构正进入一个锐意开拓、创新的阶段。

从目前的发展状况来看，人力资源培训服务行业尚处于成长阶段，面临的竞争虽非常激烈，但并没有出现垄断的局面。因此，对于一些行业新入者或中小微企业来说，机会还是很大的。

2. 人力资源培训服务机构的发展趋势

人力资源培训服务行业具有准入门槛低、市场广阔和利润高的特点，因此有的单位不管自己是否具备相应资格，如对应的师资、标准化教材及硬件设施，也一哄而上，导致最终铩羽而归。

对于人力资源培训服务行业的新入者或从业者来说，必须掌握人力资源培训服务机构的发展趋势，注重内外提升，方可立足于此行业，并取得丰厚的回报。人力资源培训服务机构的发展趋势主要如下。

（1）专业化。未来越来越多的企业会倾向于将内部的培训工作外包给专业化的人力资源培训服务机构。这就要求人力资源培训服务机构在专业上必须有所长，以便在激烈的市场竞争中赢得地位。

（2）个性化。随着培训市场竞争的日趋激烈，人力资源培训服务机构要想争取新的商机，就需要另辟蹊径，走差异化培训课程道路，向个性化发展，逐渐打破培训服务单位之间的同质化竞争格局。

（3）实战化。从课程的设计到培训过程必须具有实战性和针对性。一个不具有实际指导意义的课程，即使课堂气氛活跃，其培训效果也是不佳的，这种不佳的培训效果往往会影响客户企业的二次消费。

（4）多元化。培训模式从以课程培训为核心向咨询式、培训服务一体化转变。所谓咨询式培训，就是人力资源培训服务机构协助客户企业培训主管，厘清客户企业未来的重点业务方向，在企业诊断基础上有效地建立起完整的培训规划体系，形成中长期培训工作计划，并有始有终地执行与实施。

（5）创新化。培训方式由过去的面对面授课发展为多种授课方式并存，如网络培训、离线培训等。

五、人力资源咨询服务

（一）人力资源咨询服务概述

人力资源咨询服务是指从事第三方人力资源服务的单位利用己方丰富的知识、经验及专业所长，在客户企业提出咨询服务要求的基础上，深入客户企业进行调研，找出客户企业人力资源管理存在的主要问题及原因，进而提出切实可行的人力资源咨询方案并指导实施，帮助企业提高管理水平及经营效益的一种服务形式。

人力资源咨询服务是针对"人力资源"这一活的资源，围绕招聘、绩效考核、薪酬体系、培训和职业生涯规划等方面展开的咨询服务工作。人力资源咨询服务的主要范围及其详细说明见表11-4。

表11-4　　　　　　　　人力资源咨询服务范围

服务范围	范围说明
人力资源战略规划	分析客户企业发展战略对人力资源的要求，进行人力资源供需预测，制定保证客户企业发展战略目标实现的人力资源配置计划和人力资源管理政策
岗位管理	通过客户企业的岗位设置、岗位说明书编制、定岗定员等岗位管理工作，落实岗位职责，实现人岗匹配

续表

服务范围	范围说明
员工招聘管理	优化客户企业的员工招聘操作流程，指导招聘与面试各个环节实施，设计面试及测评具体工具并辅导应用
人才测评	运用心理测评、智力测评、能力测评、人格测评等人才测评技术，对客户企业重要岗位的内外部应聘人员进行心理、知识、能力、业绩等方面的测评，公平、公开、科学地选聘客户企业所需要的人才
岗位胜任素质模型	为客户企业建立岗位胜任素质模型，为员工的选、用、育、留提供科学依据
培训管理	帮助客户企业设计、构建培训课程体系，帮助企业内部培训讲师掌握培训内容设计、培训实施的主要方法和技巧，努力提高培训投入产出效果
薪酬设计和激励管理	根据客户企业的特点和需要设计薪酬构成、各类人员薪酬制度及激励方案，真正体现多劳多得、少劳少得、不劳不得，激发员工潜力，充分发挥薪酬的激励功能
绩效考核和管理	根据客户企业的经营特点和需要，设计科学实用的绩效考核办法，进行绩效目标分解，建立绩效管理体系，指导实施绩效考核工作并有效运用绩效考核结果，促进客户企业绩效水平的不断提升
员工职业生涯管理	为客户企业建立员工职业生涯管理体系，规划不同类人员的职业生涯发展通道，制定出员工职业发展规划及人才储备计划和接班人计划，指导客户企业有力落实员工职业生涯管理规划
劳动关系管理	指导客户企业用工及劳动合同管理，帮助客户企业处理解决劳动纠纷，规避劳动用工风险
保险、福利计划	设计客户企业各项保险方案和福利计划，既有效规避风险，又能长效激励员工
人力资源管理提升	帮助客户企业的人力资源部门建立、健全部门职能和管理制度，完成由人事管理向现代人力资源管理的转变
人力资源外包	为客户单位制定人力资源外包方案，向其推荐合格合适的外包服务商等

（二）人力资源咨询服务分类

人力资源咨询服务根据不同标准有不同的分类。

1. 根据服务范围分类

根据服务范围，人力资源咨询服务可分为全局性咨询和单元性咨询。其中，全局性咨询是对客户企业的总体人力资源管理情况进行咨询；单元性咨询是对客户企业的某一人力资源管理模块（如绩效、薪酬等）进行具体咨询。

2. 根据服务对象分类

根据服务对象，人力资源咨询服务可分为国有企业人力资源咨询服务、中小企业人力资源咨询服务、外资企业人力资源咨询服务。

（1）深化国有企业改革是大型国有企业发展的要求及机会，对现代化、专业性的咨询建议需求很大，因此，改革中的大型国有企业为第三方人力资源咨询服务单位提供了良好的发展机会。

（2）中小企业由于发展迅速、管理不规范、竞争激烈、人才问题严重等，对人力资源咨询服务十分渴求。

（3）外资企业一般具有重视人力资源管理的传统，其对人力资源咨询服务的需求也很大。

3. 根据从业主体分类

根据从业主体，人力资源咨询服务可分为咨询公司人力资源咨询服务、个体人力资源咨询服务及政府机构服务部门的人力资源咨询服务。

（1）咨询公司人力资源咨询服务涉及国内咨询公司和外资咨询公司。国内咨询公司处于萌芽发展阶段，主要靠提供本地化的人力资源咨询服务而逐步发展壮大。外资咨询公司凭借其规范化的运作及良好口碑，服务范围覆盖全球。

（2）个体人力资源咨询服务涉及所有尚未注册企业而从事人力资源咨询活动的个人或群体，如高校里的教研人员、科研机构的研究人员及独立从业的专家。个体人力资源咨询服务者凭借丰富的经验、专业特色、个人关系及口碑相传，在业界树立了良好的个人形象及品牌。

（3）政府机构服务部门的人力资源咨询服务凭借其特殊地位，向企事业单位提供各种培训、人才中介、人事代理服务，具有较浓厚的行政色彩。

(三）人力资源咨询服务主要环节

所有的业务程序都有开始、经过和结束阶段，人力资源咨询服务也不例外。根据咨询服务的具体事项，第三方人力资源咨询服务机构可将人力资源咨询服务分为下列六个阶段。

1. 客户营销

任何一项业务的开展都离不开营销工作。在开展人力资源咨询服务前，第三方人力资源咨询服务机构的工作重点是进行市场营销、线上线下品牌推广等，促使潜在客户能找上门。

2. 立项准备

第三方人力资源咨询服务机构在立项准备阶段的主要工作事项包括接受客户企业委托、初步洽谈、初步需求调研、编制项目建议。

3. 项目正式启动

（1）第三方人力资源咨询服务机构组建咨询项目组，任命项目经理。项目经理明确咨询项目组成员的职责分工。

（2）咨询项目组对项目进行整体规划，确定项目操作目标、工作内容、工作程序、经费安排等。

（3）咨询项目组明确客户企业在本项目中的角色、分工及沟通方式等。

（4）咨询项目组进驻客户企业现场，召开项目启动会。

4. 问题诊断

问题诊断是解决问题的第一步，只有准确诊断出问题所在，才能有针对性地制定真正能够解决问题的咨询方案。问题诊断一般包含运用各种方法收集信息、识别引起和影响这些问题的因素和要点、编制问题诊断报告、诊断报告反馈与确认等步骤。

5. 咨询方案设计

咨询项目组设计的咨询方案一般包括多种小的方案，如薪酬体系设计方案、培训体系设计方案、绩效体系设计方案、岗位职责优化方案等。

6. 咨询方案实施

咨询工作的目的是帮助客户企业实现真正变更，因此咨询方案的实施也是咨询服务的重中之重。咨询项目组应协助、指导客户企业实施方案，直到客户企业验收通过。

六、劳务派遣服务

（一）劳务派遣三重关系分析

劳务派遣是指劳务派遣机构或企业（以下简称派遣单位）与实际使用劳动者的单位（以下简称用工单位）签订劳务派遣协议，根据用工单位提出的人员标准与工资待遇等要求，招聘、录用合格人员，并将该劳动者派遣至用工单位工作，从中获得收入的经济活动。劳务派遣是一种区别于用工单位直接聘用员工的补充用工形式，在我国还被称为"人才派遣""人才租赁服务"。

劳务派遣的本质特征在于人员"雇用"与人员"使用"相分离。在劳务派遣业务中，存在着三种主体、三重关系。三种主体分别是实际从事工作的劳动者、派出该劳动者的派遣单位、实际使用该劳动者的用工单位。这三个主体实际运行的关系如图11-2所示。

通过图11-2的描述可以看出，实际从事工作的劳动者与派遣单位之间虽然签有劳动合同，但双方未兑现劳动力的给付，形成的是一种特殊的劳动关系——形式劳动关系。劳动者与用工单位因为实际劳动力的给付，形成的是实际劳动关系；而派遣单位与用工单位之间，因签订劳务派遣协议所形成的劳务关系，是一种民事法律关系。

（二）劳务派遣业务范围界定

通过图11-2的关系分析来看，派遣单位作为劳务派遣业务的主体之一，围绕劳动合同关系，既要开展与用工单位的业务合作，也要为劳动者开展相应的人力资源配套服务。

1. 面向用工单位的业务范围

面向用工单位时，派遣单位经常开展的业务主要包括以下七个方面。

（1）开发有劳务派遣用工需求的企业或组织，对该企业或组织的派

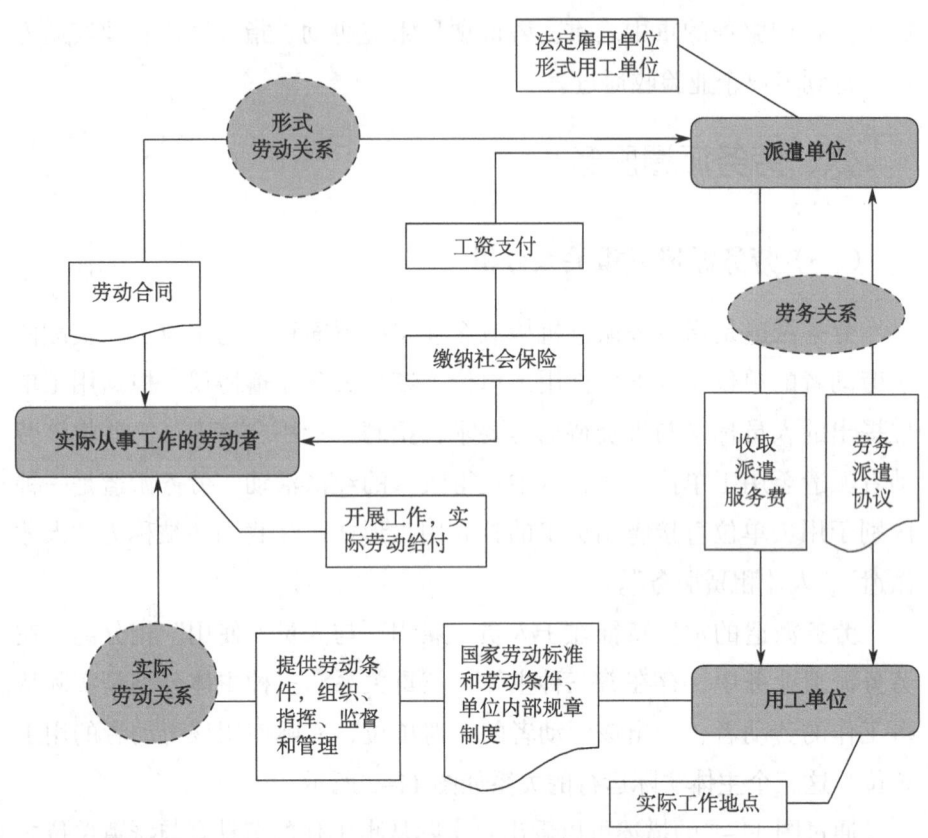

图 11-2 劳务派遣三重关系分析示意图

遣用工需求背景进行调查,并提出派遣用工的建议或制定劳务派遣用工方案。

(2)与符合法律法规规定的用工单位开展"劳务派遣协议"谈判及签订工作。

(3)了解用工单位对派遣用工岗位的岗位职责与任职资格、薪酬福利情况、劳动条件等,以便对口开展招聘、录用、薪酬谈判等工作。

(4)将劳动者派遣至用工单位,督促用工单位执行国家劳动标准和劳动条件,协助用工单位做好劳动者的日常管理。

(5)受理用工单位的退工申请,协调解决劳动者与用工单位的劳动纠纷。

(6)向用工单位收取劳务派遣费用,以及需要支付给劳动者的工资、福利待遇等。

（7）履行劳务派遣协议中规定的其他业务内容。

2. **面向被派遣劳动者的业务范围**

派遣单位作为被派遣劳动者的法定雇主单位，需要全面负责被派遣劳动者的人事管理工作，其业务范围囊括人力资源管理的各个模块，通常包括以下十个方面的业务。

（1）被派遣劳动者的招聘、面试、甄选、录用，与其签订两年以上的固定期限、以派遣形式用工的书面劳动合同。

（2）依据劳务派遣协议、劳动合同等约定，按月向被派遣劳动者支付工资、发放福利待遇。

（3）为被派遣劳动者申报并缴纳社会保险费、住房公积金，代扣代缴个人所得税。

（4）根据与被派遣劳动者的约定，办理人事档案接转、传递或落户等事项。

（5）为被派遣劳动者提供职业技能、派遣文化理念等方面的培训。

（6）为被派遣劳动者办理用工单位的退工手续。

（7）为被派遣劳动者处理工伤申报支付、异地就医、劳动纠纷、违纪与争议处理等事项。

（8）为被派遣劳动者出具各种人事证明，证件办理等。

（9）为被派遣劳动者办理劳动合同期满后的续签、终止、解除等手续。

（10）为解除合同的被派遣劳动者办理社保关系、人事档案等转出手续。

（三）劳务派遣业务分类

在实际开展劳务派遣的过程中，根据派遣业务的适用范围、使用目的、影响程度等分类依据，可将劳务派遣业务划分为完全派遣、转移派遣、短期派遣、减员派遣、项目派遣、晚间派遣、钟点派遣、双休日派遣等类型。

1. 完全派遣

完全派遣即由派遣单位负责整套员工派遣管理服务工作，包括人才招募、选拔、培训、绩效评价、薪酬和福利、安全和健康等。

在完全派遣的模式下，用工单位只需将用人的条件向派遣单位提出来即可，具体的招聘、管理和培训工作将由派遣单位负责完成；而派遣单位利用自己在劳动力市场中积累的资源，以及人力资源专业化管理的优势，使用工单位从烦琐的人事工作中解脱出来，在降低用工单位管理成本的同时，使用工单位专注于核心业务，提高用工单位的效率。因此，完全派遣的需求会越来越大。

（1）完全派遣的积极意义。完全派遣中派遣单位承担一条龙服务，包括人力资源招聘、选拔、培训、绩效考核等，可保证派遣人员的质量，避免人员素质参差不齐，方便用工单位和派遣单位的管理。

（2）完全派遣服务的风险。

1）完全派遣中派遣单位管理服务的工作量较大，自然要面临和承担更多的风险，如法律风险、管理风险、财务风险、经营风险等。

2）完全派遣中派遣单位要承担的成本较高，面临着收益风险。

2. 转移派遣

转移派遣即由用工单位自行招聘、选拔、培训应聘人员，再由派遣单位与应聘员工签订劳动合同，并由派遣单位负责这些员工的工资、福利、绩效评估、处理劳动纠纷等事务。

（1）转移派遣的适用情况。当用工单位面临兼并或重组而产生大量人员岗位变动、调动的情况时，可以通过转移派遣将这些员工的劳动关系转移给派遣单位，由派遣单位与这些员工签订劳动合同，用工单位再返租这些人员作为劳务工使用，以此帮助用工单位更加方便灵活地进行员工岗位调整和流动。

（2）转移派遣的积极意义。

1）转移派遣减轻了派遣单位的工作量，派遣单位只需对派遣人员的劳动关系进行管理，免去了前期的招聘、面试、培训等流程。

2）转移派遣降低了派遣单位招聘、培训的费用和时间成本，派遣人员全部来自用工单位，派遣单位不需要发布招聘广告，也不需要进行员工培训。

3）转移派遣可以消除派遣单位派遣人员的录用风险，避免了来自用工单位招聘需求的压力，解决了人员的到岗率、及时率等一系列问题。

（3）转移派遣服务的风险

用工单位使用转移派遣如果只是为了大量裁员以此降低用工成本和风险，就会导致派遣单位在协议中承担各种不规范操作导致的风险。同时，企业随意裁员退员，还存在产生大量纠纷的可能。

3. 短期派遣

短期派遣是指派遣单位为用工单位的临时用工需要而提供的一种劳动力派遣服务，是人力资源外包服务的一种形式，这些派遣员工与派遣单位签订劳动合同。

（1）短期派遣的适用情况。对于一些企业来讲，一年当中某些时段对人才的需求量高于平时，例如业务部门因公司扩大宣传，需要适时补充人员来满足业务需求，此时，采取短期派遣的方式便可为企业在人力资源上省去一些成本。

此外，短期派遣员工可以替代那些因病假、事假、产假、休假等而不能正常上岗的长期员工。

（2）短期派遣的积极意义。

1）相比传统单一的雇佣方式，短期派遣更加方便灵活，因而成为不少用工单位弥补间接性人员短缺的最佳方式，派遣单位提供短期派遣服务可以获得较大的收益。

2）短期派遣为派遣单位安置其他用工单位退回的派遣员工提供了一条良好的解决途径。

3）短期派遣在一定程度上分散了派遣单位安置其他用工单位退回的派遣员工所带来的风险。

（3）短期派遣服务的风险。

1）短期派遣服务虽然对用工单位、派遣单位、派遣员工本身来说都有一定的好处，但同时也存在很大的风险。

2）用工单位退回的派遣员工安置，尤其是大量的派遣员工退回，不仅会增加安置成本，还存在产生大量纠纷的可能。

3）大量的短期派遣员工，对派遣服务质量来说是一项很大的考验。

4. 减员派遣

减员派遣即员工原劳动关系在用工单位，经用工单位和派遣单位协商，先将员工与用工单位的劳动关系解除，再由员工与派遣单位重新建立新的劳动关系，员工依旧在用工单位工作。

5. 项目派遣

项目派遣即根据用工单位的需求，以项目运作的方式派遣专业人才为用工单位提供阶段性的项目服务。项目完成后，派遣即告结束。

6. 晚间派遣

晚间派遣即派遣单位为了满足用人单位利用晚上的特定时间，获得急需人才的需求而提供的一种服务。

7. 钟点派遣

很多行业都有钟点工需求，而为了更合理地节省成本，他们选择钟点派遣这一方式来满足自身的用工需求。钟点派遣即派遣单位以小时为基本计价单位派遣特种人员到用工单位工作。

8. 双休日派遣

双休日派遣，即派遣单位在周六、周日派遣人员到用工单位去工作。

七、人力资源外包服务

人力资源外包（human resources outsourcing，HRO）是指用人单位将人力资源管理工作部分或全部委托给专业的人力资源服务机构，由人力资源服务机构来管理、运作并完成其人力资源管理工作，相应的服务即为人力资源外包服务。

人力资源服务机构主要围绕人力资源的选、用、育、留这几个大环节来设计外包服务的产品，具体可包括人力资源信息管理系统外包、招聘流程外包、员工薪酬福利流程外包、人才能力与开发流程外包、绩效管理流程外包等内容。

（一）人力资源外包服务的含义及发展

人力资源外包服务是人力资源服务机构为有外包需求的企业提供的、承担解决一系列程序性强且重复性高的事务性工作的服务。2022年，用人单位使用人力资源外包服务的数量达到118万家次，充分体现了人力资源服务业在推动实体经济发展中的重要作用。

（二）人力资源外包服务的业务类型

根据企业需求不同，人员规模及业务性质不同，人力资源外包服务的业务类型也有所区别。人力资源外包服务，从总体上来讲可以分为招聘业务流程外包、薪酬外包、福利外包和人力资源事务外包等方面。

1. 招聘业务流程外包

招聘业务流程外包属于人力资源外包服务的一种方式，是包括招聘业务全流程的一站式服务，即从确定用人需求、与用人单位沟通用人理念、发布招聘信息、筛选简历、人员素质测评、面试、薪酬沟通到候选人员报到的全过程。招聘业务流程外包，可以缩减用工单位的招聘时间，提高招聘效率。

2. 薪酬外包

薪酬外包是指企业与人力资源服务机构建立合作关系，由人力资源服务机构负责客户企业的薪酬管理日常工作，如职位评价、薪酬方案设计、工资发放、代缴个人所得税和社保、公积金等。薪酬管理工作，涉及人力资源知识、财税知识、劳动法律知识等方面。做好薪酬管理工作，既要体现薪酬的激励价值，又要合理地降低和控制用工成本。薪酬外包服务业务的出现，有助于为企业面对市场的挑战提供灵活、可靠的解决方案。

3. 福利外包

福利外包是人力资源服务机构在深入分析企业员工福利需求的基础之上，结合企业福利经费计划，为企业制定个性化强、适用度高的福利解决方案并加以实施，以节省企业的福利成本，提高福利发放的满意度，为形成良好的企业氛围和员工关系提供保障。福利外包是满足员工福利多样化需求、提升企业核心竞争力的重要举措。

4. 人力资源事务外包

人力资源事务外包是指将企业整个人力资源管理过程中的事务操作性工作，外包给人力资源服务机构，如招聘人员信息的初步筛选、薪酬代发放、社保办理等，但不涉及各模块方案开发性工作。人力资源事务外包，在一定程度上能够使企业人力资源管理者将更多时间投入人力资源核心业务上来，为企业发展提供更多的支持。人力资源事务外包的目的是降低企业成本，实现人力资源管理效率的最大化。

（三）人力资源外包服务商业模式创新

1. 人力资源外包 + 互联网

在互联网的带动下，大数据分析、社交网络、云计算等新技术的兴起，不断促使整个人力资源外包服务行业创新人力资源外包产品和管理模式。

"互联网+"技术的应用，使一些传统的线下服务开始向线上延伸，很多人力资源服务机构将一部分可以与互联网技术相结合的外包业务搬到线上，一方面为客户提供更加便捷的服务，降低内部工作量；另一方面可以将特有的服务产品通过移动互联网与客户、员工分别进行互动。

从总体上来说，与传统人力资源外包服务的服务内容和服务方式相比，"互联网+"的应用会使人力资源外包服务更加精准。因为嵌入互联网技术后，人力资源服务机构可以针对个人或企业提供的特定情况，为其量身定做服务方案，在服务方式和服务内容的设计上更加具有针对性，客户对服务内容的满意度也会更高。

2. 薪酬外包 + 信息技术

随着市场薪酬水平的变化以及近年来国家各项税收政策的完善，薪酬管理工作日益复杂。越来越多的企业倾向于选择人力资源服务机构协助其完成薪酬管理工作。随着业务量日益增大，原有的处理方式存在数据零散、操作烦冗等缺点，严重制约了薪酬外包业务的发展。

鉴于目前计算机信息技术的迅猛发展和软件开发能力的日益强大，针对薪酬外包业务开发的相关软件产品也不断出现，这给薪酬外包问题的解决提供了强有力的支持，也为薪酬外包服务注入了新的活力。

3. 薪酬服务+C端增值服务

在薪酬服务业务链中，B端为被服务企业，C端为在B端任职的工作人员，在薪酬服务的过程中，尤其是为C端人员服务的过程中，可能会给人力资源服务机构带来潜在的机遇，挖掘C端人员价值点成了薪酬外包服务的又一利益增长点。结合目前互联网发展速度以及移动端平台的广泛运用，如何开展C端增值服务，是每个薪酬外包工作人员值得深思的问题。

八、人力资源管理信息化服务

（一）人力资源管理信息化服务的含义及发展

人力资源管理信息化服务，是指为企业人力资源管理提供专业的信息系统服务，涵盖企业人力资源管理的各项职能。

2017—2023年，全球核心人力资源管理信息化服务市场预计将以约8%的年复合增长率实现增长。人力资源管理流程的自动化、云部署的兴起和移动化渗透的增加是核心人力资源管理软件市场增长的主要因素。

新兴人力资源管理信息化服务创业机构几乎全部集中在云服务模式的市场里，一些传统厂商也通过技术开发、合作、并购等方式在向云服务模式转变。市场上99%的企业选择使用云服务，HR SaaS（Soft as a Service，软件即服务）模式已成为市场共识。

（二）人力资源管理信息化服务的业务类型

1. 人力资源管理软件

人力资源管理软件简称"HR软件"，即电子化的人力资源管理，是指应用或引进各种信息技术手段，协助进行企业人力资源管理的一个全新的信息化工具。它是一种全新的提升企业管理水平及管理效率的人力资源管理模式，市面上目前有很多这样的软件产品。

2. 人力资源管理信息化服务

人力资源管理信息化服务是指利用信息技术和先进的人力资源思想相结合，依靠信息技术为企业人力资源管理提供专业的信息系统服务的一种方式。这一方式涵盖了企业人力资源管理的各项职能，主要包括人力资源管理核心功能、劳动关系管理、薪酬与激励、招聘与配置、培训与开发、人才管理、学习与发展等功能模块。

（三）人力资源管理信息化服务商业模式创新

1. 人力资源管理信息化 + 移动云端服务

随着信息化技术的飞速发展，人力资源管理也由封闭式管理逐步向"云端化"转变。"云端化"是指人力资源管理系统在运作和实施过程中，通过网络技术沟通多台计算机，实现管理信息的传递与交互的一种方式。这一方式既能为企业节约人工成本、提高工作效率，也能帮助企业快速实现信息交互，是提升企业整体工作效能的有效手段。

2. 人力资源管理信息化 +SaaS 服务

SaaS 是指利用互联网及云服务的发展，满足特定行业或企业特定需求的一种专业型软件租赁使用模式。这一模式是指企业可以根据自身在人力资源管理方面诸如员工关系管理、客户关系管理、合同管理、费用管理等定制相应的软件。

同时，对企业而言，SaaS 服务也具有成本低、无须下载、供应商提供专业维护服务等特点。

3. 人力资源管理信息化 + 数据服务

数据服务，也称数据即服务，是指利用大数据技术进行数据接入、处理、存储、查询、分析，最后将数据根据用户需要提供给不同用户的一种方式。

随着大数据时代的到来，企业人力资源管理也逐渐由原来依靠经验进行管理向依靠数据的管理方式转变。通过利用先进的平台进行数据获取和分析，为企业管理策略和规划的制定、精准化招聘、培训方式调整等提供了科学的参考依据。

本章自测题

1. 人力资源服务的概念是什么?
2. 招聘服务业务类型如何分类?
3. 人力资源咨询服务主要环节有哪些?
4. 面向用工单位时,劳务派遣单位经常开展的业务主要包括哪些方面的内容?